지은이 ¦ 레이먼드 윌리엄스Raymond Williams

1921~1988. 영국의 저명한 문화비평가이자 소설가. 문화연구와 문화유물론의 기틀을 놓은 비평가로서 정치, 문화, 문학, 미디어 분야에서 다수의 저작을 남겼다.

웨일스의 작은 마을에서 철도 노동자의 아들로 태어나, 에버거베니의 헨리8세 문법학교를 졸업했고, 1939년 국가장학금을 받으며 케임브리지의 트리니티칼리지에 입학했다. 어린 시절부터 레프트북클럽 등의 독서활동을 했던 그는 대학 시절 영국 공산당에 가입했고 에릭 홉스봄 등과 함께 정치 팸플릿을 쓰기도 했다. 대학 재학중 2차대전이 발발하여 포병으로 징집되었고, 노르망디 상륙작전 이후의 전투에 투입되었다. 공산당 당적은 2차대전 때 소멸되었고, 종전 후 대학에 복귀하여 석사 학위까지 마쳤다.

1946~1960년, 옥스퍼드대학 사회교육원에서 드라마와 소설을 가르치는 한편, 노동자 야학에서도 강의했다. 이 시기에 여러 편의 소설도 집필했으나 『변방』(1960)만 출간되었다. T. S. 엘리엇의 『문화의 정의에 관하여』(1948)에 영향받아 문화의 개념에 관심을 가지게 되었고, 에세이 「문화의 이념」을 쓴 뒤 이를 확장하여 『문화와 사회』(1958)를 출간했다. 뒤이어 『기나긴 혁명』(1961)으로 당시 성장하던 신좌파 성향의 독자들에게 광범위한 지지를 받았다.

1961년 케임브리지 지저스칼리지의 영문과에 부임하여 드라마와 소설을 가르쳤다. 에드워드 톰슨, 스튜어트 홀 등과 함께 『신좌파 메이데이 선언문』(1967)을 발표했고, 웨일스 민족주의 운동에도 참여했다. 그람시의 영향을 받아 문화유물론을 기반으로 한 문화연구, 혹은 문화사회학의 기틀을 구축했다. 언어, 문학, 사회의 관계에 관심을 기울였으며, 텔레비전, 소설, 영화 등 커뮤니케이션 매체의 구성요소와 발달과정을 비판적으로 분석하여 미디어 이론의 권위자로도 명성을 얻었다.

1980년대에는 페미니즘, 평화주의, 생태주의 등의 사회운동과 활발히 교류하면서 노동운동이 환경운동과도 결합해야 한다고 주장했다. 1983년 케임브리지대학에서 은퇴했고, 1988년 새프런월든에서 타계했다.

주요 저서로는 『문화와 사회』 『기나긴 혁명』 외에 『입센에서 브레히트까지의 연극』(1961), 『커뮤니케이션』(1962), 『영국소설사: 디킨스에서 로런스까지』(1970), 『시골과 도시』(1973), 『키워드』(1976), 『마르크스주의와 문학』(1977), 『유물론과 문화의 문제들』(1980), 『희망의 원천: 문화, 민주주의, 사회주의』(1989) 등이 있고, 문학 작품으로는 장편소설 『변방』과 미완성 유작 『블랙마운틴 사람들』(1989~1990), 희곡 『코바』(1966) 등을 남겼다.

옮긴이 ¦ 성은애

서울대학교 영문과를 졸업하고 동 대학원에서 디킨스의 소설과 문체에 관한 논문으로 박사학위를 받았다. 현재 단국대학교 영미인문학과에서 영미소설, 리얼리즘과 모더니즘 미학, 그리스신화 등을 강의하고 있다. 지은 책으로 『지구화시대의 영문학』 『영국소설과 서술기법』 『에드워드 사이드 다시 읽기』(이상 공저), 옮긴 책으로 『더블린 사람들』 『젊은 예술가의 초상』 『두 도시 이야기』 『세상의 이치

기나긴 혁명

문학동네 인문 라이브러리
19

기나긴 혁명

레이먼드 윌리엄스 ¦ 지음
성은애 ¦ 옮김

문학동네

차례

일러두기

1. 이 책의 원서 초판은 Raymond Williams, *The Long Revolution* (Chatto & Windus, 1961)이며, 번역 저본으로는 저자의 주석과 서문이 추가된 개정판(Pelican Books, 1965)을 사용하되, 저자가 생전에 마지막 검토한 1980년판도 참조했고, 이 판본에서 서문에 덧붙인 문장도 추가로 번역했다.
2. 본문 각주는 모두 저자의 것이며, [ ]는 옮긴이의 부연설명 또는 첨언이다.
3. 단행본과 잡지, 신문은 『 』로, 기사나 시, 논문은 「 」로, 연극과 미술작품, 방송 프로그램 등은 〈 〉로 표시했다.

서문

이 책을 쓰는 데 도움을 준 여러분께 이 자리를 빌려 감사드리고 싶다. 특히 본문 전체를 쓰는 데 전반적으로 도움을 주었을 뿐 아니라 제2부 5장과 관련해서 세밀한 작업을 해준 아내에게 감사한다. 동료인 마이클 캐럿은 창조성이 무슨 의미인가 하는 문제를 놓고 토론을 하는 과정에서 많은 도움을 주었다. 그 토론은 한동안 매우 팽팽하게 지속되어서, 그의 의견과 내 의견을 구별하기 어려울 정도가 되었다. 어떤 경우에도 나의 설명은 그 자체로 그의 의견에 힘입은 바 크다고 나는 확신한다. 그러나 잘못된 점은 모두 내 탓이다. 대중 언론의 역사에 관한 초고를 읽어준 에드워드 톰슨의 비판도 많은 도움이 되었다. 다른 면에서도 도움을 많이 받았지만, 특히 이 점에 대해 감사드린다. 다른 친구들, 특히 스튜어트 홀과 H. P. 스미스는 그들 자신이 생각하는 것 이상으로 도움을 주었다.

이 책의 일부는 『파티즌 리뷰*Partisan Review*』(뉴욕), 『누오바 코렌테*Nuova Corrente*』(밀라노), 『먼슬리 리뷰*Monthly Review*』(뉴욕), 『유니버시티즈 앤드 레프트 리뷰*Universities and Left Review*』, 『뉴 레프트 리뷰*New Left Review*』에 실렸던 것이다.

R. W.

1965년판 서문

이 판본에서 나는 몇 가지 점을 수정하고 주석을 더 붙였으며, 이런 부분은 각주로 처리했다. 이는 주로 의미를 좀더 분명히 하거나 현재성을 더하기 위한 것이다.

나는 이 책에 관한 글을 보내준 모든 분들, 그리고 이 책에 관하여 『문화와 사회*Culture and Society*』의 경우보다 더 광범위하게 진행된, 공식석상의 논쟁과 토론에 참여해주신 모든 분들께 감사드린다. 토론이 아주 빠르게 진행되어서 나로서는 그저 듣고 있을 수밖에 없었지만, 적어도 토론 내용은 계속 경청해왔다.

물론 이 책은 여전히 논란거리이고 어려운 것이 사실이다. 사실 여러 가지 이유에서 『문화와 사회』보다 더 그렇다. 먼저 나온 책은 기존의 전통을 수집하여 다시 서술하고자 한 것인 데 반해, 이 책은 새로운 분야에 다다르고자 하는 시도이기 때문이다. 이 책의 방식은 더 파악하기가 힘들다. 왜냐하면 여기서는 방식이 곧 내용 자체이기 때문이다. 많은 사람들이 말하듯, 독자들이 이 책의 일부가 유용하다고 느낀다면, 그것은 그 자체로 환영할 일이다. 그러나 또한 내가 만들어내고 묘사하려고 했던 연관관계들을 보지 않고 받아들이지도 않는다면, 이 책은 초점을 맞추기 힘든 책이고 부분적인 난해함이 과장될 수밖에 없을 것이다. 기본적인 사례에 반드시 첨부되어야 했던 여러 가지 분석은 그 나름의 부수적인 문제들을 지니고 있다. 나는 그 난해함을 부인하거나 반박하고 싶지는 않다. 그러나 내가 보기에 그것은 대부분 의도의 난해함에서 오는 것이다. 이 점을 인식하고 이러한 기반에서 나에게 접근해온 분들께 특별히 감사드린다. 다른 경우에서와 마찬가지로 여기서부터 진정한 논란이 시작된다고 하더라도, 나는 이것을 알아주었다는 것 자체가 매우 고무적인 일이라고 생각한다.

R. W.
1965년

1980년판에서는 더이상 수정을 하지 않았다. 그러나 『기나긴 혁명』에 나타난 분석과 주장의 추후 전개과정에 흥미가 있는 독자들이라면, 『정치와 문학*Politics and Letters*』이라는 제목으로 출간된 인터뷰의 상세한 토론을 참조하기 바란다. (New Left Books, 1979, 133~174쪽)

서론

이 책은 『문화와 사회 1780~1950』에서 시작된 작업의 연장으로 기획되고 쓰인 것이다. 나는 『문화와 사회』를 "18세기 말부터 일어난 영국 사회의 변동에 대한 사상적·감성적 반응의 설명 및 재해석"이라고 묘사했다. 물론 이 책의 주된 기능은 이 결정적인 변동기의 사상과 가치관에 관한 비판적인 역사였다. 그러나 이 책의 방식, 특히 마지막 장의 방식은 그 이상의 의도를 담고 있다. 즉 나는 아직도 변화하고 있는 사회와 그 사회에서 나 자신이 경험한 것에 비추어 사상과 가치관을 분석하고 해석하는 것에서 벗어나 이들을 재해석하고 확장하는 작업으로 옮겨간 것이다.

『문화와 사회』를 쓸 당시, 나는 책이 출간될 즈음에 우리의 전반적인 사회적 사고가 내가 다룬 주제를 포함하는 노선을 따라 전개되리라고 예견하지 못했다. 이러한 전개의 결과로 인해 그 책은 매우 광범한 토론 대상이 되었을 뿐 아니라—나는 그 책에 관하여 5만 단어 이상의 논평을 읽었고 구두 토론에도 매우 여러 번 참여했다—, 많은 경우 새로이 전개된 논쟁의 가닥은 그 책 자체의 범위를 벗어나게 되었다. 나는 『문화와 사회』가 출간되기 이전에 이미 이 책의 많은 부분을 기획하거나 집필한 상태였으나, 진행되는 토론의 내용을 고려하여 상당 부분을 수정했다. 그러나 꼭 필요한 추후 작업에 대한 나의 생각은 그대로 지켰으며, 이 책의 내용을 어쨌든 애초에 내가 쓰고자 했던 범위로 한정했다. 즉 그것은 문화 이론의 문제, 특정한 문화적 제도와 형식에 관한 역사적 분석, 우리가 사는 현대의 문화적 상황의 의미와 행동이라는 문제이다. 나는 이렇듯 일반적인 분야를 다루면서도 나 자신의 관심 분야에 한정하여 작업했으므로 이 책이 이상적으로 완전한 것이라고는 생각지 않는다. 사실 나는 이미 학술적인 신중함의 한도를 넘어설 정도로 주제를 무모하게 확장하고 다양화했다고도 할 수 있는데, 그것은 내가 관심을 가진 문제들을 철저히 탐구할 만한 학문 분야가 없다는 그럴듯한 이유에서였다. 언젠가는 그런 학문 분야가 생겨나기를 바란다. 『문화와 사회』를 둘러싼 토론으로 미루어 보아 이러한 문제들이 개인적인 차원에서뿐 아니라 전체적인 차원에서도 매우 급박하다는 것이 분명하기 때문이다.

이 책의 제목은 『문화와 사회』의 한 문장에서 따온 것이다. 그러나 이 제목에 대해 잠시 설명하는 것이 유용하리라고 본다. 내가 보기에 우리는 기나긴 혁명의 과정 속에서 살고 있으며, 그것을 최고 수준으로 묘사함으로써 일부분이나마 해석할 수 있다. 그것은 인간과 제도를 변형시키는 진정한 혁명이다. 그것은 수백만 명이 활동함으로써 지속적으로 확장되고 심화되는 혁명이며, 공공연한 반동이나 관습적인 형식과 사상의 압력에 의해 지속적으로, 다양하게 저지되는 혁명이다. 그러나 이것은 정의하기 어려운 혁명이기도 하다. 그 불균등한 움직임은 대단히 장기간에 걸쳐 일어나고 있어서, 이 유별나게 복잡한 과정 속에서 길을 잃지 않는 것이 거의 불가능할 정도이다.

민주주의 혁명은 우리의 정치적 관심을 끈다. 민주주의 혁명에서는 갈등이 매우 뚜렷하게 드러나며, 이와 관련된 권력의 문제는 혁명을 매우 불균등하고 혼란스럽게 만든다. 그러나 전체적으로 보면 거의 모든 곳에서 새로이 발흥하는 결의의 내용은 분명히 민중이 스스로 다스리고, 어떤 특정 집단, 민족, 계급에만 권리를 양도하지 않고 스스로 결정을 내릴 수 있어야 한다는 것이다. 20세기도 60여 년이 흘러간 지금, 세계 정치는 이미 이전의 개념으로는 알아보기 힘들 정도로 변화하고 있다. 민중 혁명이든, 식민지 민중의 해방운동이든, 의회 선거권의 확대든 기본적인 요구가 동일하다는 것은 분명하다. 그러나 그 요구는 예전이나 지금이나, 그와는 다른 전통의 무게뿐 아니라 폭력과 기만에 의해 강력하게 저지당하고 있다. 민중이 스스로 통치해야 한다는 기준(여기서는 어떤 방식으로 그렇게 하느냐보다는 스스로 다스려야 한다는 중심적인 명제가 중요하다)을 우리가 받아들인다면, 민주주의 혁명은 아직도 매우 초보적인 단계에 있음이 분명하다.

과학의 엄청난 발전에 힘입은 산업혁명은 우리의 경제적 관심을 끈다. 전 세계적으로 산업혁명의 확장 정도는 어느 누가 예견했던 것보다도 거대하며, 쉽사리 해석할 수 없을 정도로 신속하다. 그러나 산업혁명의 목적과 방법이 보편적으로 받아들여졌는데도, 세계의 대부분은 선진국에서 실제로 도달한 단계에 비해 아직도 한참 뒤처져 있는 한편, 선진국에서는 자연을 변형시킬 수 있는 가능성에 대한 생각이 지속적으로, 빠른 속도로 확장되고 있다. 그러므로 광범위한 의미의 산업혁명 역시 비교적 초보적인 단계에 있다. 더욱이 산업혁명과 민주주의 성장 사이의 상호관계는 결코 단순하지가 않다. 산업의 발전은 새로운 민주 조직을 만드는 데 강력한 유인이 된다. 그러나 다른 한편으로는 자본의 축적으로부터 매우 광범위하고 세분화된 기술적 체계 내에서 노동자가 차지하는 지위에 이르기까지, 산업 조직으로부터 나오는 여러 수준의 분명한 요구들이 때때로 의사 결정권을 공유하려는 열망을 지연시키거나 좌절시키기도 한다. 민주주의 혁명과 산업혁명의 복잡한 상호작용이야말로 우리의 가장 난해한 사회사상의 중심에 있다.

그러나 제3의 혁명이 남아 있다. 이는 아마도 모든 혁명 가운데 가장 해석하기 어려운 혁명일 것이다. 여기서 말하고자 하는 것은 문화혁명이다. 우리는 분명히 글을 읽는 능력이나 다른 발달된 커뮤니케이션의 기술과 더불어 배움의 적극적인 과정을 제한된 집단이 아닌 전 민중에게 확대하려는 열망이 민주주의의 성장이나 과학적 산업의 발흥에 못지않게 중요하다는 것을 알아야 한다. 이 열망은 과거에도 지금도, 때로는 공공연히, 때로는 은밀하게 저지되고 있으나, 거의 보편적으로 공식적인 인정을 받고 있는 목표이다. 물론 이 혁명은 아주 초보적인 단계에 있다. 아직도 수억 인구가 겨우 글을 깨치는 단계에도 이르지 못한 반면, 선진국에서는 교육을 확대하고 새로운 커뮤니케이션 수단을 개발할 가능성에 대한 생각이 수정되고 확대되는 중이다. 민주주의나 산업과 마찬가지로, 여기서도 우리가 이제까지 해온 일은 앞으로 우리가 하고자 할 일에 비하면 거의 아무것도 아닌 셈이다.

그러나 이 시점에서 우리가 민주주의 혁명, 산업혁명, 문화혁명을 별개의 과정으로만 생각한다면, 우리는 자신이 몸담고 있는 변화의 과정을 이해할 수 없을 것이다. 우리가 몸담은 공동체의 형태에서 교육의 조직 및 내용에 이르기까지, 가족의 구조에서 예술과 오락의 지위에 이르기까지 우리의 생활방식 전체는 민주주의와 산업발전 간의 상호작용에 의해, 그리고 커뮤니케이션의 확장에 의해 심대한 영향을 받았다. 이 심오한 문화혁명이야말로 가장 의미 있는 우리 삶의 경험을 이루는 대부분이며, 예술과 사상의 세계에서 매우 복잡한 방법으로 해석되고 쟁취되는 것이다. 따라서 이러한 변화를 정치학, 경제학, 커뮤니케이션 등의 학문 분야로 포괄되는 변화들과 서로 연관지을 때에야 비로소 우리는 가장 난해하고 동시에 가장 인간적인 질문들의 일부나마 발견하게 된다.

이 전반적인 과정—민주주의를 위한 투쟁, 산업의 발전, 커뮤니케이션의 확장, 보다 심오한 사회적·개인적 변화들—의 규모는 너무나 커서 알기는커녕 상상할 수도 없다. 실제 논의에서 이러한 과정은 불연속적이거나 국지적인 변화로 환원된다. 통상적인 의미에서는 이렇게 되는 것이 합리적이겠지만, 나로서는 이렇게 규모를 축소함으로써 가장 심오한 문제와 긴장관계를 은폐하는 데 이르게 된다고 생각한다. 이렇게 되면 이러한 문제들은 단순히 불안과 불확정성의 산발적인 증상으로만 비친다.

기나긴 혁명이 비교적 선진적인 단계에 와 있는 영국 같은 국가에서는 각 세대가 저마다 혁명의 종결을 고하고 나서, 젊은 세대가 혁명은 애당초 일어나지도 않았다고 주장하면 당황하고 분개하는 일이 이제 습관이 된 것 같다. 우리는 1960년대에 분명히 이러한 상황에 도달했다. 여러 세대에 걸쳐 추구했던 목표들이 이제 전반적으로 꽤 달성되었는데도 사회에 대해 이렇게 급진적인 비판이 쏟아져나온 시대는 없었던 것 같다. 특정한 작가나 사상가가 명시적인 방식으로 비판할 뿐 아니라, 더욱 일반적이고 종종 불분명하며 혼란스러운 방식으로도 비판이 제기되어서, 전반적으로 이를 냉소주의, 무감각, 방향 상실 같은 케케묵은 표현들로만 묘사할 수 있을 뿐이다. 이러한 상황에서는 논의의 대상을 축소하는 것 자체가 우리를 심각한 곤경에 빠뜨린다. 이런 방식으로 특정한 기대들—보통선거, 특정한 생활수준, 교육 연한, 교육 수준 등—이 형성되고 정의될 수는 있다. 이러한 것은 어떤 노력을 하는 데 적절한 동기가 되며, 이러한 기대의 내력을 이해하는 사람이라면 누구든 그 기대를 충족시키는 일이 단순한 진화가 아니라, 여러 세대에 걸쳐 일하고 싸워온 목표라는 사실을 알고 있다. 그러나 내가 기나긴 혁명이라고 이해하는 이 역사의 특징은 그러한 목적이 달성되자마자 흡수되고, 새로운 기대들이 공통적으로 규정되거나 아니면 기대할 것이 없어서 정체와 불안의 분위기가 팽배해진다는 것이다. 오랫동안 우리는 온갖 부류의 지배계급에게서 민중은 결코 만족하지도 못하고 심지어 감사할 줄도 모른다는 말을 들어왔다. 실로 이러한 요구의 돌출이야말로 아주 잘 알려지고 몹시 두려운 것이므로, 사방에서 양보를 지연하고 차등화하려는 지배자의 철학을 볼 수 있다. 왜냐하면 이미 말한 대로 오늘의 양보는 내일의 발구름판이 되기 때문이다. 지배 집단들에게는 그 나름대로 이 혁명의 실제 규모를 인정하지 않으려는 이유가 있겠으나, 다른 경우에는 이것이 의식의 진정한 위기이므로, 자신의 삶과 자신이 살고 있는 사회의 발전에 관심을 가진 사람은 누구나 이 전반적인 변화의 과정에서 문제를 해결하고 규명하려고 분명히 최선을 다하기 마련이다. 내 견해로는 이론적 위기나 실제 역사, 혹은 직접적 상황의 현실과 변화의 조건 등을 이해하고자 한다면, 우리는 이 과정을 전체적으로 보도록 노력해야 하며 이를 새로운 방식으로, 하나의 장구한 혁명으로 보아야 한다.

그러나 사회적 실천은 물론이고, 우리 지적인 삶은 대부분 이런저런 면에서 여러 가지 강력한 선별 기술을 동원하여 이 기나긴 혁명을 비판하는 쪽에 치중해 있다. 그렇지만 혁명 자체가 확장되어 이를 피해갈 도리가 없어지면서, 이러한 흐름 전체는 점점 더 무의미하게 보인다. 이 거대한 변화의 과정을 기나긴 혁명이라 명명하면서 나는 이 혁명을 찬성하고자, 온 정신과 영혼을 다해 온당하게 찬성하고자 노력했다. 나는 점점 더 내게 필요한 가치와 의미가 모두 이 변화의 과정에 처해 있다고 생각하게 된다. 전통적인 용어로 말해서 민주주의, 산업, 커뮤니케이션의 확대 등이 그 자체로 목적이 아니라 수단이라고 한다면, 나는 정확하게 바로 이것이 그들의 혁명적 특성이고, 이를 깨닫고 받아들이는 데에는 우리가 앞으로 탐구해야 할 새로운 사고와 감수성, 관계에 대한 새로운 개념이 필요하다고 답하고 싶다. 이 책은 그러한 시도에 관한 기록이다.

제1부는 창조적 활동의 본질에 대한 검토에서 시작한다. 이는 내가 『문화와 사회』에서 확립하고자 했던 커뮤니케이션과 공

동체의 관계에 대한 설명을 확대하는 데 필수적 토대라고 생각한다. 그러고 나서 다시 문화의 정의와 분석에 관한 이론적 문제들을 검토하고, 실제 사례들을 살펴볼 것이다. 커뮤니케이션에 관한 기존의 논의를 이어받아, 나는 우리가 일상적으로 사용하는 '개인'과 '사회'라는 개념을 분석하고, 이러한 종류의 전형적인 관계들을 묘사하고자 한다. 그러고 나서 나는 이 논의를 우리 사회에 이미 존재하는 몇몇 개념을 논의하는 데까지 확대해보고, 사회적·문화적 변동과정의 일부에 대해 논의할 것이다.

제2부는 교육에서 언론에 이르는 우리의 주요 문화적 제도의 발달을 분석한 것이며, 예술의 특정 형식과 사회 전체의 발전 사이의 관계에 관한 에세이로 마무리된다. 물론 사실적 자료들은 연구를 거듭해나가면서 수정해야 하지만, 나는 공통된 과정이라는 관점에서 정보를 여기에 모아놓은 것만으로도 유용할 것이라고 생각한다. 비평적 에세이는 실험적이고 논란의 여지가 많을 것이지만, 이러한 종류의 탐구를 진전시키려는 시도는 『문화와 사회』의 '산업소설industrial novel'에 관한 장에서 대표적으로 나타나 있다.

제3부는 결론으로, 내가 변화 유형으로서 인식한 현대의 문화와 사회에 대한 묘사를 시도하여 서론에서 간략하게 설명한 기나긴 혁명이라는 주제로 되돌아온다. 나는 영국에서 일어난 기나긴 혁명의 과정을 간략하게 평가하고 그다음 단계를 생각해보고자 한다. 내가 논의를 영국 사회에만 한정한 것은 다른 데서 무슨 일이 벌어지고 있는지 관심이 없어서가 아니라, 내가 관심을 가지고 있는 종류의 증거들은 자기가 몸담고 사는 곳에서만 현실적으로 얻을 수 있기 때문이었다. 영국은 이러한 혁명을 시작한 지 매우 오래되었으므로, 결과적으로 영국 사회가 이 혁명에 관한 일반적인 문제들을 고려하는 데 매우 풍부한 자료를 제공할 수 있다는 것을 덧붙인다. 또한 현재 영국 사회의 위기는 그 자체로도 충

분히 흥미 있는 사례이며, 우리 가운데 여기에 연루된 이들에게는 막대한 중요성을 지닌 것이어서 방향을 잡아나가려는 시도가 유용한 일이라는 것 또한 사실이다.

일반적인 문제를 다룬 이 책과 『문화와 사회』, 그리고 그 나름대로 특이하고도 색다른 방식으로 본질적인 연관성을 갖는다고 생각되는 나의 소설 『변방*Border Country*』을 통해, 나는 10년 전부터 하고자 마음먹었던 일을 일단 완성했다. 물론 여기서부터 또다른 연구가 반드시 뒤따를 것이지만, 어쩐지 이 책을 냄으로써 내 인생의 특정한 한 단계가 마무리된 것 같은 느낌이 든다. 아무도 이런 말에 관심이 없을는지는 모르지만, 여하튼 일단 적어둘 만한 가치는 있을 것 같다.

제1부

1 창조적 정신

영어에서 어떤 단어보다도 더 일관되게 긍정적인 의미를 지닌 말은 바로 '창조적creative'이라는 단어이다. 이 말이 표현하고자 하는 가치와 이 말이 묘사하고자 하는 행위들을 생각하면 분명히 기뻐할 일이다. 그러나 분명히 그 의미가 폭넓다는 것 자체는 결국 의미가 난해할 뿐 아니라 쓸모없을 정도로 아무 생각 없이 습관적으로 그 말을 되풀이한다는 것을 포함한다. 나는 바로 이 '창조적' 사상의 의미를 검토하고자 한다. 우선 그 역사를 살펴보고, 둘째로 예술 용어로서 이 단어의 발전을 인지와 커뮤니케이션에 관한 최근의 주요 과학적 업적과 비교해보며, 셋째로는 이 단어를 문화에 대한 우리 시대의 논의—예술과 교육, 그리고 우리가 사회라 부르는 행위의 복합체 전체 사이의 관계에 대한 논의—에 사용될 주요 용어로서 살펴보겠다.

I

'창조적' 사상의 역사는 여러 가지 면에서 추적하기가 어렵다. 내가 보기에 이는 본질적으로 르네상스 시대의 사상에서 비롯된 것 같지만, 그 시기의 자료들을 살펴보면 그 자료를 쓴 사람들은 자기들이 새로이 강조하고 있는 사실의 중요성을 의식하지 못하는 듯, 그 사상의 원천을 고전시대라고 밝히고 있다. 과거의 어떤 문헌에서라도 복원할 수 있는 것은 원래 의미의 일부뿐이다. 왜냐하면 전체로서의 의미란 여러 사람의 머릿속을 거쳐 우리에게 전달된 것이기 때문이다. 설사 그 영향력을 구분해낼 수 있다고 해도, 우리는 원래의 의미가 그 문맥과 더불어 여전히 부분적으로는 감춰져 있다는 것을 알게 된다. 그러나 그 옛날 문헌들, 특히 르네상스의 사상가들이 의존했던 아리스토텔레스와 플라톤을 읽으면서, 나는 근원적 중요성을 갖는 구분 혹은 의미의 변화를 본다. 거기에 묘사된 행위는 공통된 것이지만, 그에 대한 묘사는 본질적으로 다르다.

우리는 예술가의 행위를 '창조'라고 부른다. 그러나 플라톤과 아리스토텔레스가 사용하던 말은 이와는 매우 다른 '모방'이라는 말이다. 그리스어인 미메시스mimesis의 일반적 의미는 '다른 사람이 이미 했던 일을 하는 것' 혹은 '다른 것과 같게 만드는 것'이다. 또 실제의 용법에서 이 말에는 무용수, 가수, 연주가, 화가, 조각가, 배우, 극작가의 활동이 포함되었는데, 이러한 활동의 공통점은 '다른 어떤 것의 재현', 즉 '모방'으로 간주되었다. 아리스토텔레스는 다음과 같이 썼다.

> 시의 보편적 근원은 두 가지 원인에서 나오며 그 두 가지는 모두 인간 본성의 일부이다. 모방은 어린 시절부터 인간에게 고유한 성질이고, 하등동물과 인간의 차이가 바로 이것이기도 하므로, 인간은 지상에서 가장 모방적인 존재이며, 처음에는 모방함으로써 배운다. 또한 모든 인간은 자연스럽게 모방의 작업에서 즐거움을 느낀다. 바로 이러한 점은 경험에 비춰봐도 사실임이 드러난다. 비록 바라보기에 고통스러운 대상이라 할지라도—예를 들

> 면 아주 하등한 동물이나 시체—우리는 그 대상에 대한 가장 사실적인 재현을 예술에서 보기를 좋아한다. 또한 나아가 다음과 같은 사실에서도 이에 대한 설명을 찾아볼 수 있다. 즉 무엇인가 배운다는 것은 철학자뿐 아니라 나머지 보통 인간들에게도 가장 큰 즐거움이며, 그림을 보면서 즐거움을 느끼는 이유는 그것을 보면서 동시에 무엇인가를 배우기 때문, 즉 사물의 의미를 파악하기 때문이다.

아리스토텔레스의 주요한 주장 전체를 봐도 그렇고, 이 부분에서도 그는 예술을 일차적으로는 무엇인가 이미 존재하는 현실에 대한 재현으로 간주하고 있음이 분명하다. 예술가는 이 현실을 모방하는 것이며, 첫 배움의 과정과도 유사한 예술가의 모방을 통해 우리는 모방된 사물의 의미를 알게 되는 것이다.*

이와 비슷하게 플라톤은 예술가를 이미 존재하고 있는 현실의 '모방자'라고 묘사했다. 신은 만물의 창조자이고, 장인은 사물을 지어내는 사람이며, 예술가는 사물을 모방하는 사람이다. 그러므로 플라톤과 아리스토텔레스는 예술이 모방이라는 사실에는 의견을 같이했지만, 여기에서 서로 다른 결론을 이끌어냈다. 플라톤은 비록 『이온』에서 시인은 천상의 영감을 받은 사람이라고 했지만, 그에게 모방 행위는 현실에서 두 겹 떨어져 있으며(이데아가 있고, 물질이 있으며, 그러고 나서 그 물질에 대한 모방이 있다), 시인들에 대한 검열을 주장하는 『공화국』의 유명한 논의는 이 '모방자 따위들'이 정신의 좀더 취약한 부분에 영향을 줄 위험이 있음을 강조하고 있다.

* 『쾌락을 위한 연극과 교육을 위한 연극』에서 학습의 즐거움을 강조한 브레히트와 비교해보라. 근대 이후 학습과 즐거움이 분리되어 오락과 교육이라는 소외된 범주들(따라서 그에 적합한 방법이 필요한 범주들)로 정리되면서 예술과, 심지어 교육에 대한 우리의 생각까지도 막대한 해를 입었다.

> 모방의 기술은 쓸모없는 친구의 쓸모없는 애인이며 쓸모없는 자손의 어버이이다. ……모방하는 시인은…… 진실의 잣대로 견주어보면 전혀 쓸모없는 물건들을 만들어낸다는 점에서 화가와 닮았으며, 최상의 것이 아닌 자신과 비슷한 영혼의 일부분하고만 교류한다는 면에서도 화가와 닮았다. ……그는 이러한 영혼의 쓸모없는 부분을 흥분시키고 만족시켜줌으로써 이성적인 부분을 파괴한다.

반면 아리스토텔레스는 모방이 정상적인 학습과정의 일부임을 강조했을 뿐 아니라 새로운 원칙, 즉 '보편적인 것'의 원칙을 도입했다.

> 시인의 기능은 이미 일어난 일을 묘사하는 것이 아니라, 일어날지도 모르는 일, 즉 그럴 법하거나 필연적으로 그렇게 될 수 있는 일을 묘사하는 것이다. ……그러므로 시는 역사보다 더 철학적이며 더 중대한 의의를 지닌다. 왜냐하면 역사의 진술은 개별적 성격을 띠는 반면에, 시의 진술은 보편적 성질을 띠기 때문이다. 보편적 진술이란 이런저런 종류의 인간이 아마도 혹은 필연적으로 말하거나 행하게 될 것을 말하며, 비록 시에 나오는 인물에 고유한 이름이 붙어 있다고 해도 시의 목적은 바로 이러한 것이다. 개별적 진술이란 알키비아데스가 그에게 행하거나 이미 행했던 일에 관한 진술을 말한다.

이렇듯 플라톤이 모방이란 궁극적인 현실의 모방이기는커녕 단지 현상의 모방일 뿐이라는 점을 들어 허구의 위험을 강조한 반면, 아리스토텔레스는 시가 보편적 진술을 통해 영구적이고 필연적인 것을 보여준다는 것을 근거로 그의 모방 개념을 학습의 한 형태로 발전시키고 나아가서는 가장 고차원적인 학습의 형태라고 정의한다.

플라톤과 아리스토텔레스에게서 흘러나온 방대한 지적 전통에는 이러한 두 가지 상반된 가치 판단뿐 아니라, 엄청나게 많은 수정과 재평가와 발전과 해석이 포함되어 있다. 그리하여 플라톤주의에는 『공화국』의 예술 이론과는 정반대의 이론, 즉 천상의 영감을 받은 시인은 현상을 꿰뚫어 보고 그의 작품 속에 신성한 이데아를 구현하고 있기 때문에 가장 높은 차원의 현실을 가르칠 수 있다는 주장까지 포함될 지경에 이르렀다. 아리스토텔레스의 보편성 개념은 원래 문맥에서는 일차적으로 인간 본성에 대한 보편적 진실의 구현을 말하는 것이었지만, 그후 여러 사람들은 이것이 결국 플라톤과 같은 이론이라고 생각했다. 즉 보편적인 것은 곧 신성한 이데아이며, 시인은 이를 구현한다는 것이다. 그러나 이러한 발전 이후에도 예술의 과정은 '모방'이지 '창조'가 아니었다.

르네상스 이론이 일으킨 흥분과 혼란 가운데에서 예술에 대한 네 가지 이론이 생겨났다. 첫번째 이론은 예술을 숨겨진 현실의 모방으로 정의하고 일종의 계시라고 생각했다. 이는 특히 기독교 사상가들에게 유용한 이론으로서, 그들은 예술을 신의 마음에 대한 알레고리로 보았다. 이는 나아가서 예술을 은밀하고 신비한 활동으로 생각하고 알레고리적인 혹은 상징적인 작품을 높이 평가하도록 만들었다. 이러한 예술론과 근본은 같으나 기독교적 사고의 영향을 덜 받은 두번째 이론은 예술을 '미의 이데아Idea of Beauty'의 영원한 모방이고 구현이라고 보았다. 이러한 예술론은 실제에서는 '미의 이데아'를 구현한 과거의 작품들을 맹종하는 것이 아니라 진지하게 모방해야 한다는 생각을 포함했다(이는 고전주의라고 알려진 주요한 전통이다). 세번째 이론은 아리스토텔레스가 강조한 바를 발전시켜 예술을 '자연의 이상화Idealization of

Nature'로 보았다. 즉 사물을 있는 그대로 보여주는 것이 아니라 마땅히 그러해야만 하는 형태로 보여준다는 것이다. 이는 근본적으로 '미의 이데아'에 대한 헌신과 같지만, 고전주의로 발전했던 것이 아니라 모범을 제시하는, 도덕주의적이고 교훈적인 작품들의 중요한 전통을 이루게 되었다. 네번째 이론은 바로 '창조성'을 처음으로 강조한 것으로서, 자연을 신의 예술로 보고(타소), 예술을 자연과 겨루는 에너지의 한 형식으로 보았다. [로도비코] 카스텔베트로는 이를 다음과 같이 표현했다.

> 예술은 자연과 다른 것이 아니며, 자연의 한계를 뛰어넘을 수도 없다. 예술은 자연과 동일한 목적으로 출발한다.

이러한 목적은 분명한 창조의 한 형식이다. 자연은 신의 창조물이며 예술은 인간의 창조물이다. 타소는 이렇게 썼다. "세상에는 두 창조자가 있다. 즉 신과 시인이다."

이러한 용어들은 극도로 애매하고 모호한 것이어서, 르네상스의 특정한 작품을 보더라도 내가 여기서 구분해놓은 네 가지 이론은 서로 배타적이기보다는 종종 서로 뒤얽힌 채 나타난다. 그러나 좀더 중요한 작가들에게서는 어김없이 인문주의적 예술론으로 기우는 성향이 뚜렷하게 나타난다. 그럼에도 불구하고 여러 세기 동안 창조로서의 예술이라는 관념은 신과 일종의 경쟁관계라는 의미에서 신성모독적인 것으로 비치곤 했다. 그러나 플라톤과 아리스토텔레스에 실제로 혹은 허구로 의존하여 헝클어져 있고, 서로 다른 종류의 기독교적 전통으로 인해 복잡해진 상태이긴 하지만, 이러한 창조의 관념이 출현했다는 것은 르네상스 시대의 새로운 사고의 일부이며 오늘날까지 이어져 내려오는 흐름의 시초가 된다고 할 수 있다. 영문학 전통에서 이러한 이론의 고전적 진술은 필립 시드니 경의 글이다. 그에 따르면 다른 모든 '예술'과

'학문'(천문학, 수학, 음악, 철학, 법률, 역사, 문법, 수사학, 의학, 형이상학)은 자연에 얽매여 있다는 것이다.

오직 시인만이 그러한 종속 상태에 얽매이는 것을 비웃으며 자신의 발명의 기운으로 고양되어 결국 또다른 자연을 만들어낸다. 그는 사물을 자연이 만들어내는 것보다 더 훌륭하게 만들거나, 자연에 없는 전혀 새로운 형태들, 영웅, 반신半神, 키클로페스, 카이메라, 에리니에스 등을 만들어낸다. 그리하여 시인은 자연의 재능이 보장하는 좁은 한계에 갇혀 있는 것이 아니라, 다만 자신의 재주의 한도 내에서 자유롭게, 자연과 손에 손을 잡고 간다.

자연은 수많은 시인들처럼 그렇게 풍부한 문양으로 세상을 만들어낸 바 없으며, 시인들보다 더 어여쁜 강물도, 더 풍부한 과실과 달콤한 냄새가 나는 꽃이 달린 나무도 만들어내지 못했으며, 너무나도 사랑스러운 세상을 더욱더 아름답게 만들 그 어떤 것도 만들어낸 바 없다. 자연의 세계가 놋쇠로 만든 것이라면, 시인은 온통 금으로 된 세상을 안겨준다. 그러나 이런 것은 제쳐두고 인간을 보자. 왜냐하면 다른 것 못지않게 자연이 자신의 재주를 한껏 발휘해 만든 것이 인간이기 때문이다. 그렇지만 자연이 테아게네스만큼 진실한 연인을, 필라데스만큼 한결같은 벗을, 올란도만큼 용감한 남자를, 크세노폰의 키루스만큼 강직한 왕자를, 베르길리우스의 아이네아스만큼 뛰어난 인간을 만들어낸 적이 있던가? 자연의 작품은 본질적인 것이고 시인의 작품은 모방이거나 허구라는 이유로 이러한 얘기를 웃어넘기지 말자. 장인의 기술은 작품에 대한 관념 혹은 예상에 있는 것이지 작품 자체에 있지 않다는 것을 누구나 알기 때문이다. 또한 시인이 그 관념

> 을 가지고 있다는 것은 그가 상상한 대로 그것들을 탁월하게 전달함으로써 분명히 드러난다. 또한 그 전달하는 것도 우리가 흔히 공중에 성을 짓는다고 표현하는 식으로 전적으로 상상에 의존하는 것은 아니다. 오히려 단지 특별한 탁월성을 보이려고 자연이 만들었을 법한 모습으로 키루스라는 사람을 만들어내는 것이 아니라, 세상 사람들에게 키루스라는 사람을 보여주어 예술가가 그를 왜, 어떻게 만들었는가를 사람들이 제대로 알게 된다면 세상에 키루스 같은 사람들이 많아질 것이기에 예술가의 작품은 훨씬 실제적인 기능을 한다.
>
> 인간이 가진 재능의 최고 수준을 자연의 효율성과 비교하는 것이 건방진 일이라고 생각하지도 말자. 오히려 당신의 모습대로 인간을 지어 인간을 모든 제2의 자연물 위에 세우시고, 시에서 자연을 가장 많이 드러내게 하셔서 신의 숨결에 힘입어 시인이 자연보다 더 뛰어난 자연을 내놓게 하신, 창조자를 만들어낸 천상의 창조주께 그에 합당한 영광을 돌리라. 우리의 우뚝 선 재능으로 인해 완벽이 무엇인지 알건만, 우리는 오염된 의지로 인해 그 완벽에 다다를 수 없으니, 이는 최초로 아담이 저주를 받아 타락했다는 것을 믿지 않는 이들에 대한 강력한 반론이 된다.

여기에서 여러 가지 전통의 가닥을 볼 수 있으나, 결정적으로 새로운 점(시드니의 새로움이 아니라 그가 살던 시대의 새로움이다)이 있음은 분명하다. 그것은 "신의 숨결에 힘입어" 자연을 "훨씬 능가하는" 사물을 만들어내는 창조자로서의 인간이라는 이론이다. 시드니는 어떤 부분에서는 플라톤의 가르침을 되돌아보며 이러한 재능이 어떤 종류의 인간, 즉 시인에게 신이 내려준 선물임을 발견한다. 그러나 그러한 주장도 좀더 큰 생각의 흐름 안에서 이루어진다. 즉 인간은 자연의 질서를 깨뜨리고 나올 권리가 있으며, 자연의 나머지 부분은 인간의 창조적 의지에 종속된다는 생각이다. 시드니에게 시란 신을 발견함으로써 자연의 한계를 뛰어넘을 수 있는 영혼의 에너지이기 때문에 초자연적이라고도 할 수 있다. 그러나 이런 주장을 좀 다른 식으로 표현하면 순전히 인간적인 창조성, 새로이 생겨나는 정신의 힘을 주장하는 것일 수도 있다. 현실을 학습하는 모방이 창조, 즉 인간이 새로운 현실을 만든다는 개념으로 바뀔 때, 이미 예술과 사상의 중대한 단계는 시작된 것이다.

II

역사적 논쟁을 따라오다보면 우리는 이러한 주장의 암시적 의미가 실현되면서 얘기가 점점 더 복잡해지는 것을 볼 수 있다. 앤드루 마블의 「정원The Garden」의 유명한 구절에서는 여전히 시드니의 주장을 볼 수 있지만, 그 내용이 재미있게 표현되어 있다.

> 정신은, 삼라만상이 곧바로 자신과 닮은 것을
> 찾아낼 수 있는 대양大洋이로다.
> 그러나 정신은 그것을 뛰어넘어 창조하느니,
> 전혀 다른 세상을, 전혀 다른 바다를.
> 초록의 그늘 아래 갓 피어난 생각 속에
> 만들어진 모든 것을 없애버리고.

이 시 전체에서 분명히 드러나듯, 여전히 이러한 '창조'는 신에게로 다가가려는 영혼의 에너지다. 그러나 이와 대조적으로 여기에는 자연스럽게 보는 행위의 질서, 즉 '삼라만상이 곧바로 자신과 닮은 것을 찾아낼 수 있는 곳'이 있다.* 시드니도 이러한 것을 상정하긴 했지만 오로지 시인만이 이러한 한계를 뛰어넘을 수 있다고 주장했다. 마블에게 이것은 인간 정신 자체의 창조적 활동으로 나타난다. 우리가 이제 이른바 낭만적 사고Romantic thought라는 것의 발전에서 창조적 관념이 특히 만개한 현상을 바라볼 때 염두에 두어야 할 것은 바로 이러한 강조점이다. '창조성'을 예술가의 작품에 갖다 붙이는 현상을 추적하는 것은 아주 용이하다. 존 던은 시를 '모의模擬 천지창조'라고 했다. 1728년 [데이비드] 말렛은 '뮤즈의 친구, 창조력, 상상력'에 대해 언급했다. 18세기 말에 오면 이러한 강조는 '상상력'이라는 키워드와 함께 지배적인 것이 된다. 그 주된 흐름은 시인에게서 최고조로 발휘되는 보편적인 인간의 능력으로서 '창조적 상상력'을 강조하는 것이다. 이것이 바로 [퍼시 비쉬] 셸리가 쓴 『시의 옹호*Defence of Poetry*』의 기초이다. 이 글은 시드니의 『변명*Apologie*』과 마찬가지로 여러 갈래의 전통적인 사상들을 담고 있지만, 인지認知와 상상력에 관한 생각의 발전과 관련해서 매우 중요한 글이다.

> 인간은 마치 풍명금風鳴琴 위로 변화무쌍한 바람이 스치고 지나가 변화무쌍한 가락을 만들어내는 것처럼 외적·내적 인상들이 스쳐지나가는 악기이다. 그러나 인간 존재의 내부, 아니 모든 감각 있는 생물이라면 그 내부에는 하나의 원칙이 있어, 수금과는 달리, 움직여서 가락만 만들어내는 것이 아니라 이렇게 촉발된 소리와 움직임을 그것

* 이 비유는 지상의 동물에 그와 상응하는 바다짐승이 있다고 하는 믿음에 근거한다. ([하워드] 가드너) 여기서 암시된 것은 '자연스러운' 보기와 '주어진' 보기이지만, 아마 '자연스러운' 인지에 관한 그 이후의 이론과는 좀 다른 방식일 것이다.

> 을 만들어낸 인상들에 내적으로 적응시켜서 조화를 이루어낸다. 그것은 마치 수금이 수금을 켜는 동작에 화음을 맞추어 정확한 비율의 소리를 내는 것과도 같다.

이는 물론 역시 '모방'에 인간의 창조적 행위로서의 조직 원리—셸리는 이를 '종합'이라고 했다—를 덧붙인 것에 불과하다. 어린아이나 미개인도 외적인 대상을 모방한다.

> 언어와 몸짓은 조형적 혹은 회화적 모방과 더불어 그 대상의 복합된 효과와 그 대상에 대한 그의 이해의 이미지가 된다.

시인이 된다는 것은 이러한 보편적 행위를 최고의 형태로 끌어올리는 것이다.

> 존재하는 선한 것을…… 우선 존재와 인지 사이에, 그다음으로는 인지와 표현 사이에 내재하는 관계 속에서 이해하는 것이다.

시인은 언어를 사용해서 이러한 일을 하는데, 언어란 다음과 같다.

> [언어란] 원천적으로 비유적이다. 즉 언어는 채 이해되기 이전 사물들 사이의 관계를 포착하여 그에 대한 이해를 영속화한다.

'혁명적인 견해를 가진 작가'도 비슷한 일을 한다. 그 이유는 다음과 같다.

> 그들의 언어는 진리의 삶에 가담하고 있는 이미지들을 통해 사물의 영속적 유추관계를 드러내는 것이기 때문이다.

시란 다음과 같다.

> [시는] 인간 본성의 한결같은 형식에 의거한 행위를, 창조자의 정신—이 자체는 또한 다른 모든 사람의 정신의 이미지이기도 하다—에 존재하는 그대로 창조하는 것이다.

셸리는 다른 부분에서는 시드니가 강조했던 점 이상으로 나아가기도 하지만, 여기서는 시드니의 주장으로 되돌아온다. 그러나 곧 그는 강조점을 달리한 채 다시금 그의 가장 유명한 정의로 되돌아온다.

> 모든 사물은 인지된 그대로 존재한다. 최소한 인지하는 사람에 대해서는 그러하다. '정신은 바로 정신이 있는 장소이며, 그 자체로 지옥에서 천국을, 천국에서 지옥을 만들어낼 수 있다.' 그러나 시는 우리를 둘러싼 우연한 인상들이 좌우하는 종속의 저주를 깨뜨린다. 그리고 시가 그 자신의 무늬가 새겨진 커튼을 드리우든, 사물의 광경에서 인상의 검은 베일을 벗겨내든, 그것은 우리에게 우리 존재 안에 있는 어떤 것을 만들어 보여주는 것과 마찬가지다. 시는 우리를 한 세계의 주민으로 만들어주며, 그 세계에 비하면 우리가 사는 세계는 혼돈이다. 시는 우리가 그 일부이며 참여자인 공동의 우주를 재생해내며, 내면의 시선에서 우리 존재의 경이를 보지 못하게 흐려놓았던

> 익숙함의 막을 벗겨낸다. 시는 우리가 인지하는 것을 느끼도록 하고, 아는 것을 상상하도록 한다. 시는 우리 마음속에서 되풀이됨으로써 무뎌진 인상이 반복되어 둔탁해진 우주를 새로이 창조한다. 시는 타소의 과감하면서도 진실한 말을 정당화해준다. '아무도 창조자의 이름에 값하지 못한다. 신과 시인 이외에는Non Merita nome di creatore, se non Iddio ed il Poeta.'

이는 실로 웅변적인 주장이며 여전히 중요하다. 그러나 이 글은 인지를 모방으로 보는 관념과 창조로 보는 관념 사이에서 동요하고 있으며 진정한 창조는 그다음 문제로 남겨놓은 듯하다. 또한 이 글은 보편적인 인간의 창조성을 부정하고 시인에게만 특별한 위치를 따로 부여하는 경향이 있다. 창조의 개념을 모든 인지로 확대한 것은 콜리지가 특별히 지혜로운 통찰력을 발휘하는 순간에 가장 잘 나타난다.

> 일차적 상상력은 모든 인간의 인지 활동의 살아 있는 힘이고 으뜸가는 동인이며, 유한한 정신 속에서 창조라는 영구적인 행위를 되풀이하는 것이다.

이것이 어떠한 의미를 갖게 되는가는 좀더 있다가 살펴볼 것이지만, 이러한 놀라운 가정과 더불어 '모방' 이론에서 '창조' 이론으로의 변화는 또다른 중요한 국면을 맞게 된다.

III

우리는 이제 방향을 조금 돌려서 콜리지 이전에 존재했던 '창조' 이론의 효과를 살펴야겠다. 예술이 '우월한 현실', 본질적으로 다른 인간 능력으로 도달할 수 있는 것보다 더 고차원적인 현실을 재현한다는 주장은 당연히 많은 반대에 부딪혀야 했다. 그 반대의 근원은 플라톤에게까지 거슬러올라간다. 새로운 사상가들이 창조라고 불렀던 것을 플라톤은 이미 가짜라고 부른 바 있다. 예술은 허구이고, 그런 만큼 현실보다 열등하다는 것이다. 이러한 태도가 얼마나 완강하게 지속되었는가는 새삼 강조할 필요가 없다. 이는 현대적 사고에서도 아주 흔해빠진 논리로서, 전기傳記가 소설보다 더 좋은 이유가 '최소한 전기는 진짜다'라고 말하는 사람이 긍정할 만한 것이다. 여기서 언급하고 싶은 것은 근대 사상에서는 예술이 '우월한 현실'이라는 주장과 '저열한 허구'라는 경멸적인 묘사가 서로 대응관계에 있었다는 것이다. 모방으로서의 예술이라는 이론에 의지하다보면 어떤 단계에서는 이것이 불가피하다. '현상' 너머에 '실체'가 있다는 것을 진지하게 받아들이는 문화권에서도 예술가만이 특별한 능력으로 이러한 현실에 도달하여 그것을 그려낼 수 있는가는 결코 확실하지 않다. 만약 종교가 '보다 고차원적인 현실'에 대한 믿음의 매개라면, 예술가의 독특함을 굳이 인정하지 않으려 할 것이 분명하다. 그러한 현실을 이미 통용되는 종교적인 방식으로 그려내는 예술가의 역할을 종종 강조하기는 하겠지만 말이다. 그러나 그런 경우 이것이 특별히 '창조적'인 행위는 아닐 것이다. 우월한 현실을 매개하는 예술적 창조에 대한 신념은 원시적인 종교 문화에서 초보적인 인문주의 문화로 이행하는 시기에 주장되었을 가능성이 크다. 왜냐하면 그러한 신념은 두 가지 문화의 사고방식, 즉 평범한 인간의 시각을 넘어서는 어떤 현실이 있고, 그럼에도 불구하고 인간은 탁월한 창조력을 가졌다는 생각을 모두 구현하고 있기 때문이다. 그러나 이러한 이행기에는 인간의 창조력을 보편적 견지에서 주장하여 예술가의 독특함이라는 견해에 도전하는 경향이 드러날 것이다. 더욱이 인간의 능력을 주장하는 데는 '상상력'을 평가절하하거나 적어도 애매하게 만들려고 하는 경향이 있다. 회의주의의 성장은 일차적으로는 종교 문화에서 비롯된 운동이지만, 이러한 영역에까지 확대되어 [상상력이] 환각일 가능성 혹은 부질없이 '한갓 로맨스'를 지어내는 것이라는 점을 점점 더 강조한다. 역사적으로 볼 때 이것이 일반적인 발전과정이었는데, 예술가가 더 나은 현실을 창조해낸다는 주장은 처음부터 상상력이 환각에 불과할 가능성, 허구와 로맨스가 사람들을 오도할 수 있는 요소를 강조하는 데서 맞부딪혔던 것이다.

수백 가지 예 중에서 특히 그 애매성에 주목하여 셰익스피어의 유명한 다음 구절을 보자.

T: 사실보다 더 기이하오. 난 믿을 수 없을 것이오.
이 옛날이야기도, 이 동화 같은 장난감도.
연인들과 미친 사람들은 그 머리가 들끓고,
마음대로 무엇이든 만들어내어, 차가운 이성이
이해하는 것보다 더 많은 것을 보느니.
광인狂人과 연인과 시인은
모두 상상력으로 가득차 있소.
어떤 이는 광대한 지옥에 들어찬 것보다
더 많은 악마들을 보니,
그는 미친 자요. 연인은 모두 그에 못지않게 미쳐서
이집트인의 이마에서도 헬렌의 아름다움을 보지요.
시인의 눈은 섬세한 광기에 이리저리 구르며,
하늘에서 땅까지, 땅에서 하늘까지 바라보고

상상력이 알려지지 않은 것들의 형체를
쏟아낼 때 시인의 펜은
그들에게 형체를 주고, 아무것도 아닌 허공에 뜬 것에
살 곳을 마련해주고 이름을 붙여줍니다.
강력한 상상력은 이러한 재주를 지녀서
어떤 즐거움을 보기만 하여도
그 즐거움이 어디서 왔는지를 이해하오.
혹은 밤중에, 어떤 두려움을 상상하면
덤불숲을 곰으로 상상하는 것쯤이야 얼마나 쉬울까요.

H: 그렇지만 그렇게 이야기한 한밤중의 모든 이야기와
그렇게 온통 바뀌어버린 그 모든 사람들의 마음이
환상의 이미지보다는 더 많은 것을 보고,
뭔가 아주 일관성 있는 것으로 바뀌어가지요.

[『한여름 밤의 꿈』 5막 1장,
테세우스와 히폴리타의 대화]

시인에 대한 이 구절은 특히 이 구절이 분명히 속해 있는 '창조적' 전통의 맥락에서 자주 인용된다. 그러나 이 묘사의 맥락이 사실은 환각에 대한 일반적 묘사라는 것은 그리 자주 지적되지 않는다. 심지어 위의 글 속에서조차 이러한 가치 판단이 변해가고 있으며, 다음과 같은 지속적인 신념의 노선을 적절하게 대변하는 듯하다. 즉 환각 혹은 환상은 흔한 것이다. 그러나 환상에도 특별한 범주의 환상, 즉 예술가들이 사용하는 가치 있는 환상이 있다는 것이다.*

* '그렇게 온통 바뀌어버린 것'을 관습이라는 중요한 개념으로 확장하는 것도 가능할 듯하다. 이 맥락에서는 물론 그 의미가 분명히 일반적인 경험과 보고를 확인하는 것이지만 말이다.

이 혼란스러운 논란에서 가능한 거의 모든 입장의 변종들이 이미 주장된 바 있다. 실제로 18세기 초에 우리는 소박한 사실주의—'사물을 있는 그대로 묘사한다'는—와 '사물을 마땅히 그래야 하는 상태로, 이상적인 상태로 묘사한다'는 주장에서 단순히 '우월한 현실'에 대해 주장하는 것에 이르기까지 갖가지 낭만주의가 번갈아—단지 강조점의 차이이기는 하지만—나타남을 본다. 셸리의 다음 주장은 이러한 낭만주의의 예이다.

> 그는 새벽부터 어스름까지 지켜본다,
> 호수에 비친 태양이
> 담쟁이 꽃에 날아든 노란 벌들을 비추는 것을.
> 그것들이 뭔지 알지도, 보지도 않으면서.
> 그러나 이로부터 그는 산 사람보다
> 더 살아 있는 형상들을 만들어내니,
> 불멸의 자식들을.
>
> [『해방된 프로메테우스*Prometheus Unbound*』,
> 1막 743~749행]

우리 시대로 가까이 올수록 두 가지 점이 널리 강조되어왔다. 단순한 종류의 유물론에 대한 믿음이 증대하면서 대개는 초자연적 현실을 부정하는 경향이 수반되었고, 이에 따라 예술을 '현실의 반영'(모방), 혹은 좀더 세심하게 말하면 '현실의 조직'—예술가는 선택하고 조직하여(셸리가 말하는 '종합') 의미와 가치를 부여한다—으로 볼 여지도 생겨났다. 반면에 프로이트와 융을 비롯한 새로운 심리학은 인간이 도달할 수 없는 어떤 현실—즉 무의식—이 있다는 주장을 이전과는 다른 형태로 되풀이해왔다. 인간은 통상적 방법으로는 여기 도달할 수 없는데, 여기가 새로운 과학과 예술의 입구일 수도 있다는 것이다. 프로이트에게 예술의 재료는 '환상', 즉 그가 '현실'과 대비시키는 것이다. 프로이트는 예술가의 어떤 심리학적인 기질에 대해 다음과 같이 말한다.

> [예술가는] 현실에 등을 돌리고 모든 관심과 리비도를 환상의 삶에서 그가 바라는 것을 창조해내는 데 쏟아붓는 사람이다. ……그러나 예술가는 현실로 돌아오는 길을 다음과 같이 발견한다. 그는 단지 환상의 삶만을 사는 사람은 아니다. 환상이라는 중간 세계는 사람들이 전반적인 동의로 공인한 것이다. ……그러나 예술가가 아닌 사람들이 환상의 샘에서 이끌어낼 수 있는 만족감은 매우 제한되어 있다. ……진정한 예술가는 이러한 원천을 남들보다 더 많이 가진 사람이다. 우선 그는 자신의 백일몽을 어떻게 다듬어야 낯선 사람들의 귀에 거슬릴 법한 개인적 어조를 제거할 수 있는지 알고 있다. ……또한 그는 그것들을 수정하여 그것들이 금지된 원천에서 나왔다는 것을 사람들이 알아내지 못하게 하는 법도 알고 있다. 게다가 그는 자기 고유의 재료를 빚어 자신의 환상을 충실히 표현하도록 만드는 능력을 가졌으며, 그 환상적 삶의 반영에 즐거운 기운을 덧붙여서 적어도 당분간이라도 억압이 균형을 잃고 물러나게 하는 방법을 알고 있다. 이 모든 일을 할 때 그는 다른 사람들에게 그들 자신의 무의식적 쾌락의 원천으로 돌아가 평안과 위로를 얻는 길을 열어주어 그들의 감사와 존경을 받는다.

이 "감사와 존경"이야말로 예술가가 되돌아가는 '현실'의 일부라는 사실을 주목해야 할 것이다.

허버트 리드는 이러한 입장을 더욱 발전시켜 정신에 관한 프로이트의 설명에서 논의를 시작한다.

> 우리가 정신의 영역을 서로 포개진 세 개의 층으로 그려 본다면(그러한 그림이 얼마나 부적절한 것인가는 이미 살펴보았다), 이러한 비유를 계속 써서 말하건대 우리는 매우 드문 경우에 지질학의 '단층斷層'에 해당하는 현상이 일어나서 정신의 어떤 부분에 층들이 서로 어긋나고 평상시와 어긋나는 층을 서로 드러내는 경우를 상상할 수 있다. ……그러한 가정은 격발, 서정적 영감, 흔히 영감이라 알려지고, 모든 시대에 걸쳐 우리가 천재적 예술가라고 인정하는 극소수의 개인이 가진 보기 드문 자질을 설명하는 데 필요한 것이다.

그러나 융은 두 가지의 예술 창작, 즉 강렬한 의식에서 나온 재료로 만들어낸 '심리적' 예술과 '태고의 깊이…… 인간 정신의 오지奧地'에서 나온 '몽상적' 예술을 구분한다. 융은 나아가 예술가 개인의 개성과 예술활동의 본성을 구분하며 후자를 '몰개성적 창조과정'이라고 본다. 창조 행위란 일반적인 인간적 과정이며, 예술가는 예술을 통해 이러한 과정을 몰개성적으로 체현하고, 우리를 '개인이 아니라 인간이 사는 경험의 수준'으로 데려간다.

이렇듯 '창조적'이라는 관념은 한층 발전되어, 특별한 재능을 가진 예술가가 인간 안에 있으나 통상적인 방법으로는 접근할 수 없는 현실 영역을 꿰뚫고 들어가는 것으로 규정되었다. 그러나 특히 프로이트가 연상한 '환상'은 통상적 리얼리스트의 입장과 이어지는데, 결국 예술의 재료는 '현실'과 다르고 따라서 열등하다는 것이 전제되어 있는 것이다. 리얼리스트 편에서는 이러한 주장에 대해 반박하기를, 예술의 재료는 일상의 현실이지만 예술가는 그 현실을 모방하면서 가치 있는 것—모방하고, 기록하고, 가르치는 일—을 한다고 다시금 주장하거나, 아니면 예술이란 현실에 대한 특별한 탐구와 조직이며, 과학자가 '합리적' 탐구자인

데 반해 예술가는 본질적으로 '감성적' 탐구자라는 사실을 주장해왔다. 그래서 한편으로는 예술의 재료를 '환상'이라고 평가절하하든 '영감'이라고 추켜올리든, 예술은 특별한 종류의 비정상적 경험이라는 주장과, 다른 한편으로는 예술의 재료가 '나날의 평범한 현실'이며 예술가는 그것을 모방하거나 조직한다는 극단적 입장들이 탄생하게 된다. 종종 노기를 띠기도 하는 이러한 주장들 사이의 토론에서 언어학적으로 기이한 점은, 어떤 학파에서 어떤 가정을 하더라도 예술과 예술가는 '창조적'이라고 일컬어진다는 점이다. 예술의 본질에 대한 장구한 연구를 아무리 짧게 살펴보더라도, '창조적'이라는 말이 무엇인지 확실히 알겠다고 말하는 사람은 매우 용감한 사람일 것이다. 바로 여기서 우리는 두뇌와 신경체계의 과정으로서의 인지에 관한 최근의 업적을 살펴보아야 하겠다. 분명 이는 우리의 논의를 명확하게 하는 데 결정적 진전을 가능케 할 것으로 보인다.

IV

> 우리 각자의 두뇌는 문자 그대로 그 나름의 세계를 창조해낸다.

J. Z. 영 교수의 『과학에서의 의혹과 확신: 두뇌에 관한 생물학자의 성찰*Doubt and Certainty in Science: a Biologist's Reflections on the Brain*』에서 인용한 이 충격적인 문장은 이 문제에 관한 논의에 분명히 새로운 단계를 열어준다. 전통적 논의에서 '창조적인' 것에 대한 강조는 분명히 정반대라고 암시된 것, 즉 자연적 시각에 있었다. 플라톤주의자라면 이를 다음과 같이 표현할 것이다.

인간 — 자연적 시각 — 외양
예술가 — 특별한 시각 — 현실

낭만주의자라면 이렇게 표현할 것이다.

인간 — 자연적 시각 — 현실
예술가 — 특별한 시각 — 우월한 현실

전형적인 현대인의 설명은 이러할 것이다.

인간 — 자연적 시각 — 현실
예술가 — 특별한 시각 — 예술

'현실reality'이라는 말이 너무나 많은 의미로 사용되고 있으므로 이러한 관계를 표현하는 데는 헤아릴 수 없이 많은 변종이 있다. 그러나 그 모든 것의 중심에는 공통된 가정이 있다. 그것은 일상적인 보통의 인지가 있고, 특별한 사람이나 행위가 예외적으로 이를 초월할 수 있다는 것이다. 더욱이 대부분의 설명은 일상적 인지의 산물을 '현실'—즉 있는 그대로의 사물—이라고 하므로, 예술가적 인지의 산물은 어떤 경우에든 다른 사람들과 공유하는 '현실'의 변형(조직, 이상화, 초월)으로 보아야 한다. 이러한 사고방식은 언어와 지적 전통에 아주 깊이 박혀 있어서 인지에 대해 우리가 이제 알게 된 것을 바탕으로 필요한 재평가를 하기가 매우 어렵다. 영의 문장에서 도전적인 면은 '창조하다'라는 말을 단지 예술가의 행위만이 아니라 모든 인간 정신의 행위로 묘사한다는 것이다.

두뇌의 행위에 대한 새로운 설명에서 중심적 사실은 우리 각자가 보는 법을 학습해야 한다는 것이다. 모든 인간의 성장은 영이 '시각의 법칙'이라 칭하는 것, 즉 그것 없이는 우리가 어떤 통상적 의미로도 주변의 세계를 볼 수 없는 것을 배우는 더딘 학습 과정이라는 것이다. 그러니까 익숙한 모양, 색깔, 소리라는 현실이 있어서 우리가 그냥 그것에 눈을 뜨기만 하면 되는 것이 아니라는 것이다. 우리가 감각을 통해 주변의 물질세계에서 받아들이는 정보가 통상 '현실'이라고 부르는 현실이 되려면 인간적 법칙에 의해 해석되어야 한다. 우리가 정상적 인간으로서 무엇을 볼 수 있으려면 인간의 두뇌가 이러한 '창조적' 행위를 수행해야 한다.

> 이 시각적 수용체계는 훈련되지 않은 상태에서라면 매우 제한적인 힘밖에 없다. 우리는 아마 눈이 일종의 카메라와 같다는 사실에 속고 있는지도 모른다. 우리가 상상하는 것과는 반대로 눈과 두뇌는 우리 앞에 지나가는 광경을 사진처럼 단순히 기록하는 것이 아니다. 두뇌는 필름처럼 단순히 기록하는 수단이 결코 아니다. ……우리가 하는 일은 대부분 우리의 감각기관이 우리와 별개로 정확한 기록을 제공한다는 가정하에 이루어진다. 그런데 이제 알게 된 것은 이러한 생각이 대부분 착각이며, 따라서 우리가 지금 하는 것처럼 세상을 보기 위해서는 학습을 해야 한다는 사실이다.

이것이 영의 설명이다. 그는 이어서 다음과 같이 말한다.

> 어떤 의미에서 우리는 우리가 말하는 세계를 문자 그대로 창조한다. ……여기서 놓치지 말아야 할 것은 단순히 주변에 세계가 있어서 우리의 감각이 그에 대한 진실한 정보를 줄 수 있는 양 말할 수는 없다는 사실이다. 세계가 무엇인가를 말하고자 할 때 우리는 항상 보고 말하는 모

> 든 것이 우리가 학습했던 것에 의존하고 있다는 사실, 그리고 우리 자신이 그 학습과정에 들어간다는 사실을 기억해야만 한다.

이를 러셀 브레인 경은 이렇게 표현한다.

> 정상적인 인지의 감각적 특성, 즉 색채, 소리, 냄새, 촉감 등은 인지자의 두뇌에서 만들어지며 그러한 감각을 야기한 사물의 상태를 구성하는 외적인 사건들과는 다르다.

이러한 시각의 철학적 함축은 그 파급 효과가 크고도 어렵지만, 이제 우리는 '우리가 경험하는 현실'이란 이런 의미에서 인간이 창조해낸 것이라는 사실, 그래서 우리의 모든 경험은 우리가 살고 있는 세계에 대한 인간적 견해라는 사실에서 출발해야 한다. 이러한 견해의 근원은 두 가지이다. 하나는 진화된 형태의 인간 두뇌이고, 다른 하나는 우리의 문화들이 수행하는 해석이다. 자기가 사는 세계에 대한 인간의 견해에는 주요한 생물학적 기능이 있다. 즉 인간이 삶을 유지하고 환경에 대해 당연히 가져야 할 통제력을 더욱 잘 갖추도록 해주는 것은 바로 환경과의 상호작용이다. 우리는 삶의 한 방법으로서 특정한 방식으로 '본다'—즉 우리는 어떤 규칙에 따라 감각적 정보를 해석한다. 그러나 이러한 방식—규칙과 해석—은 전체적으로 보면 고정되어 있거나 일정한 것이 아니다. 우리는 새로운 규칙과 해석을 배울 수도 있고, 그 결과 문자 그대로 새로운 방식으로 볼 수도 있다. 그러므로 두 가지 면에서 우리는 이러한 행위를 '창조적'이라고 할 수 있다. 인간 두뇌의 진화와 특정한 문화에 의해 이루어지는 특정한 해석들은 우리에게 일정한 '규칙' 혹은 '모델'을 제공하는데, 그것이 없으면 어떤 인간도 일상적 의미에서 '볼' 수가 없다. 개개인이 계승과 문화에 의해 이러한 규칙들을 배우는 것은 일종의 창조 행위이다. 이는 확실히 구분되는 인간세계, 즉 그가 몸담은 문화가 규정하는 일상적 '현실'이 이러한 규칙들을 학습해야만 형성된다는 면에서 그러하다. 특정한 문화는 현실에 대한 특정한 견해들을 지니는데, 서로 다른 규칙을 지닌(비록 진화한 인간의 두뇌를 기반으로 하는 점에서는 동일하더라도) 문화들은 그 담지자들이 일상적으로 경험하는 그들만의 세계를 각기 창조한다는 점에서, 문화가 현실에 대한 견해들을 창조한다고 말할 수 있다. 그러나 좀더 나아가보면 문화들 사이에 차이가 있을 뿐만 아니라, 특정한 문화적 규칙을 지닌 개인들도 그 규칙들을 수정하고 확장하여 새롭게 수정된 규칙을 도입함으로써 확대되거나 남다른 현실을 경험할 수 있다. 그러므로 현실의 새로운 영역은 '드러나'거나 '창조될' 수 있으며, 그것은 한 개인에게만 한정되지 않고 어떤 흥미로운 방식으로 전달되어 특정한 문화가 지닌 규칙의 집합에 추가된다.

이러한 새로운 지식의 효과는 매우 중요한 것이지만, 나는 이를 받아들이는 과정에서 이것을 제대로 파악하기가 매우 힘들다는 것, 그래서 그것을 적용하려면 수많은 저항과 혼란에 부딪혀야 할 것이라는 사실을 알게 되었다. 지식의 공식화(그 자세한 내용을 설명하려면 원래의 설명으로 돌아가야 할 것이지만)는 그것 자체로서 새로운 해석, 새로운 규칙을 향한 노력이므로 그것을 학습하거나 전달하는 일은 매우 어렵다. 그러나 우리가 기왕 '창조적'인 생각을 이만큼 따라왔으니 이러한 노력의 본질을 이해하고 이를 좀더 분명히 하는 데 예외적으로 유리한 위치에 있는 것일지도 모른다.

V

'모방'과 '창조'에 관한 이론은 사실의 두 가지 영역, 즉 '현실'과 '예술' 사이의 관계를 규정하려는 시도로 보는 편이 좋다. 우리는 이들에 대한 정의가 얼마나 다양한지 살펴보았지만, 결국은 모든 예술 이론은 서로 구별되는 두 가지 실체가 대립관계에 있다는 내용을 포함하거나, 거기에서 출발한다는 것에 주목해야 한다. 그러니까 예술은 현실의 모방인데, 그것은 일정한 학습 혹은 기록의 형식으로 평가되고, 그렇지 않으면 단지 허구—한 단계를 거친 복제품—혹은 거짓으로 치부된다. 아니면 예술은 창조인데, 그것은 계시나 초월로 평가받기도 하고, 단순한 환상이나 환각으로 치부되기도 한다. 이 모든 입장에서 근본적 이원성에 대한 전제는 분명하다. 고매한 이론이나 저속한 편견이나 모두 이러한 입장을 공유하고 있다. 플라톤이나 청교도, 혹은 현대의 '실용적 인간'은 예술을 저열한 것이라고 일축할 것이다. 아리스토텔레스나 르네상스 이론가, 혹은 근대 낭만주의자나 미학주의자라면 예술을 더 우월한 것이라고 칭송할 수 있을 것이다. 그러나 이렇듯 대조되는 입장들 간의 장구하고 때로 신랄한 대화는 이제 어느 한쪽 편을 들지 않고, 말하자면 양쪽에서 공유하고 있었던 전제들을 거부하는 데로 나아가고 있다. 마침내 예술과 현실의 대조는 그릇된 의미라고 볼 수 있게 된 것이다.

엄청나게 다양하고 혼란스러운 양식을 목도한 금세기에 예술에 대한 현대의 복잡한 사고는 다음과 같은 입장으로 발전했다고 말할 수 있다. 우리가 재현적 혹은 사실주의적 혹은 자연주의적이라고 부르는 예술은 가장 평범하고 객관적인 견지에서 현실에 대한 묘사 혹은 재현을 제공한다. 이름 붙이기는 더 어려운 편이지만 편의상 낭만주의적이라고 불리는 또다른 예술은 단지 현실의 재현을 보여주는 것이 아니라 현실에 대한 예술가의 주관적인 감정적 반응으로 수정된 재현을 내세우는데, 여기서 현실은 예술가의 개인적 비전에 의해 조직되고, 선택되고, 이상화되고, 희화화된다. 보통 추상적이라고 불리는 세번째 종류의 예술은 현실의 재현이나 현실에 대한 주관적 변형이 아니라, 순전히 '미학적' 경험에 대한 직접적 표현이며 예술에서 현실을 재현하는 것이 아니라 예술가의 비전을 재현하는 것이다. 이런 식의 분류는 현대 예술에서 볼 수 있는 차이를 다루기 위한 시도로서 반드시 필요하다. 그러나 이러한 분류는 예의 이원론적 가정, 즉 예술과 현실의 분리 혹은 인간과 그가 관찰하는 세계의 분리에 기초하고 있기 때문에 기본적으로 부적절한 것임을 우리는 알 수 있다.

우리가 이제 알게 된 인지의 가장 중요한 핵심은 이원론을 극복할 뿐 아니라 예술에 관한 우리의 생각을 바꾸어놓을 수 있는 길을 열어준다. 인지에 관해 발견된 새로운 사실들로 인해 우리는 인간이 경험한 현실에는 인간 자신의 관찰과 해석이 반드시 들어간다는 것을 상정할 수 있게 되었다. 그러므로 소박한 사실주의의 가정—사물을 그것에 대한 반응과 상관없이 있는 그대로 보는 것—은 불가능하게 되었다. 그러나 이와 마찬가지로 인지에 관한 새로운 사실들이 우리를 관념주의의 말기적 형태로 이끌고 가는 것은 결코 아니다. 그러니까 인간의 정신 외부에 있는 현실이 없다고 가정할 필요는 없다. 오히려 인지에 관한 사실들은 우리에게 모든 인간적 경험은 비인간적 현실의 해석이라는 점을 지적하고 있다. 그러나 이것이 대다수 예술 이론이 기초하고 있는 주체와 객체의 이원론으로 돌아가는 것은 아니다. 오히려 우리는 인간의 경험은 분리할 수 없는 과정에서 객관적일 뿐 아니라 주관적이기도 하다고 생각해야 한다. [크리스토퍼] 코드웰은 다음과 같이 말한다.

신체와 환경은 지속적으로 서로 규정하는 관계에 있다.

> 인지는 피부에 톡톡 와닿는 것을 독해하는 것이 아니다. 그것은 신경과 환경의 전자電子들 간의 상호규정적 관계이다. 신체의 모든 부분은 다른 부분에 영향을 미칠 뿐 아니라 현실의 나머지 부분과도 서로 규정하는 관계에 있다. 신체의 모든 부분은 이들에 의해 결정되고 이들을 규정하며, 이러한 상호교환이 발전하여 서로 연관되고 지속적으로 변하는 사건들을 만든다. ……이 무수한 관계들 속에서 우리는 세계가 변함에 따라 변하는—세계와 함께 변하거나 세계와 무관하게 변하는 것이 아니라 세계와 상호적인 작용 가운데서 변화하는 특정한 집단을 구분해낸다. 이렇듯 풍부하고 고도로 조직된 가장 최근의 선택을 우리는 의식 혹은 자아라고 부른다. 우리가 그것을 선별해내는 것이 아니다. 발전과정에서 그것이 저절로 분리된다. 생성과정에서 생명이 분리되고 태양과 행성들, 원소들이 분리되듯. 분리되어 여전히 변화하는 그것은 우리가 스스로를 의식적 자아라고 여기는 한 의식이며 바로 '우리'이다. 그러나 의식은 다른 원소가 그러하듯이, 분리되어 나오면서도 완전히 분리되는 것은 아니다. 그것은 여전히 우주의 나머지 부분과 서로 규정하는 관계에 있으며, 이렇게 전개된 구조의 조직과 그 내적 관계, 우주의 모든 다른 체제와 의식체계의 관계에 관한 연구를 심리학이라 한다.

이러한 개념의 어려움은 새삼 강조할 것도 없으며, 이것을 어떤 구체적인 방식으로 파악하는 데는 오랜 노력이 필요할 것이다. 그러나 우리가 인지과학을 통해서뿐 아니라 '창조'로서의 예술에 관한 전통적인 생각을 통해서도 이러한 개념에 도달했다는 사실 자체가 흥미롭다. 이미 지적했듯 콜리지가 '1차적 상상력'에 대해 썼을 때, 그는 이러한 개념과 매우 근접해 있다.

> [1차적 상상력은] 모든 인간 인지활동의 살아 있는 힘이며 으뜸가는 동인…… 무한한 창조의 행위를 유한한 정신 안에 되풀이하는 것이다.

그러나 종래의 사고 습관이 여기에서도 한계로 작용한다. 이러한 과정을 의인화하려는 움직임과 '유한한 정신'과 의인화된 '창조' 사이의 대비를 암시하는 부분에서 그러하다. 우리는 생물학자인 영이 내린 결론에서 이러한 것을 다시 볼 수 있다.

> 시간과 존재에 관한 우리의 짧은 경험으로는 도저히 창조나 태초를 상정할 수 없다. 그렇게 하는 것은 시초와 끝이 있는 '나' 같은 삶의 기본 현실을 일컫는 모델에 의해 사물을 설명하는 우리 나름의 조야한 방법일 뿐이다. 생물학적인 발견은 우리 각자가 갑자기 시작되었다는 가정이 사실이 아님을 보여주었다. 우리에 대한 가장 본질적이고 지속적인 조직은 무에서 시작된 것이 아니라 계속해서 전달되는 것이다. ……창조 행위로서의 태초에 초점을 맞추는 대신 아마도 우리는 정반대로 지속성에 논의를 집중해야 할 것이다. 우리가 창조를 보는 시각은 바로 각 개체의 삶, 특히 인간의 경우 두뇌에서 진행되는 조직의 구축이라는 의미이다. ……우주에는 두 가지 일반 법칙이 있다. 첫째는 연관과 구속의 법칙으로서, 무작위로 흐트러진 과정들이 서로 연관되어 그보다 큰 단위들을 형성하는 경향이다. 둘째는 그러한 통일성이 영구적이지 않고, 조만간 와해되어 새로운 무작위성을 낳는다는 법칙이다. 이것은 분명히 생물학에서는 일반적인 원칙으로서, 우리는 어떻게 이 법칙이 두뇌와 인간 종족의 모든 조직의 성장을 집합과 분해의 교번交番으로 유용하게 묘사

> 하는가 살펴본 바 있다. 각 종들은 생장과 죽음의 시기가 교대로 반복되고, 뒤이어 새로운 유형의 조직으로 대체되면서 환경과 균형을 이룬다. 이는 말하자면 생명이 무생물의 세계와 커뮤니케이션을 유지하는 방법이다…… 조직과 무질서가 교대로 반복됨으로써 일종의 리드미컬한 형성, 지속적인 '창조'의 과정이 생겨나는 것이다.

이렇듯 인간은 모든 생물과 근본적 과정을 공유하지만, 사실 인간은 그동안 진화하여 인간의 '조직 형성'과정은 상대적으로 고정된 동물의 본능적 기제에 비해 학습과 재학습이 끊임없이 계속되었다. 앞서 말한 과정에 의해 지속적으로 학습하는 것은 인간의 본성이며 인간 진화의 역사이다. 지속적인 의식의 조직과 재조직이 인간에게는 현실의 조직과 재조직—자기 환경을 통제하도록 학습하는 의식적인 방식—이기에 인간을 창조자라고 부르는 것은 분명히 일리가 있다.

모든 살아 있는 생명체는 그 나름의 커뮤니케이션 체계를 가지고 있다. 그러나 인간에게 학습과 재학습은 사회조직과 전통에 의해 가능하기에 엄청나게 복잡하고도 강력한 다수의 커뮤니케이션 체계를 만들어냈던 것이다. 몸짓, 언어, 음악, 수학은 모두 이러한 종류의 체계들이다. 우리는 이것들을 별개의 체계라고 생각할 수도 있지만, 이들의 본질을 조금이라도 깊이 이해하기 위해서는 사회적 학습이라는 전체적 과정의 맥락에 넣고 보아야 한다. 어떤 수준에서는 예술과 과학 혹은 감정과 이성이 대립할 수 있지만, 이러한 명칭으로 묘사되는 활동들은 사실 깊이 연관된 전체적인 인간적 과정의 일부분이다. 과학은 객체에, 예술은 주체에 관계된다고 할 수만은 없는데, 우리가 파악하고자 하는 인간 활동의 시각에서는 이러한 주체와 객체의 이원론을 거부하기 때문이다. 즉 살아 있는 유기체의 전체적 과정 속에서 의식은 현실의 일부이며 현실은 의식의 일부이다. 콜리지는 '실체적 지식'에 대해 다음과 같이 말했다.

> [실체적 지식은] 우리가 스스로를 전체와 동일한 것으로 파악했을 때 발생하는, 사물에 대한 직관이다.

비록 인간이 성공적으로 파악한 과정이란 일상생활의 평범한 형태이긴 하지만, 이러한 깨달음, 즉 '실체적 지식'의 능력은 인간이라는 유기체가 지닌 최상의 형태이다. 덜 조직화된 수준으로 가면 우리는 콜리지가 '추상적 지식'이라고 부르는 것에 의존한다.

> [추상적 지식을 사용하는 경우 우리는] 자신을 별개의 존재로 인식하며, 자연을 정신의 반대편에 놓는다. 마치 객체와 주체, 사물과 사유, 죽음과 삶을 대립항으로 만드는 것처럼.

우리는 이제 '객체와 주체로서' 자연과 정신을 대립시키는 것이 잘못임을 알고 있지만, 우리 사고의 많은 부분이 이러한 대립에 기초하고 있어서 실질적 통일성, 전체적 과정에 대한 감각을 파악하는 것은 정신에 대해 길고도 힘든 혁명을 시작하는 일이다. 그렇지만 '예술가'와 '현실'이라는 별개의 범주에서 출발한 예술이론들은 이제 별 쓸모없어진 것이 분명하다. 우리는 이제 걸어온 길을 더듬어 새로운 개념 정의를 찾아 나서야만 한다.

VI

우리는 어떤 사물을 묘사함으로써 그것을 본다. 이것이 인지의 정상적 과정으로서, 이미 알려진 배열이나 규칙 혹은 새로운 법칙으로서 학습하려고 하는 새로운 배열에 의해 해석해냈을 때 우리는 다가오는 감각적 정보를 비로소 완전하게 인지한다고 볼 수 있다. 해석의 과정은 자의적이지도, 추상적이지도 않다. 그것은 중심적이고도 필수적인 생명 기능으로서, 우리는 이에 따라 환경을 이해하고 그 속에서 좀더 성공적으로 살아가고자 하는 것이다. 그러나 우리가 묘사함으로써 본다는 말은 사실 보는 행위를 근본적 의미에서 커뮤니케이션과 연관짓는 것이다. 우리는 여러 가지 묘사 방법을 가지고 있다. 학습된 규칙—즉 관습적 묘사—에 의한 묘사도 있고, 관습적 묘사가 들어맞지 않는 새로운 정보를 묘사하고자 하는 과정에서 종종 문자 그대로 창조한다고 느껴지는 몸짓이나 언어, 이미지로 드러나는 반응에 의한 묘사도 있다. 이렇듯 생생한 묘사의 노력—그것은 단지 알려진 어떤 것을 묘사하는 차후의 노력일 뿐 아니라, 문자 그대로 새로운 사물과 새로운 관계들을 보는 방식이기도 한데—은 종종 예술가들에게서 관찰되지만, 그렇다고 예술가들만의 행위는 아니다. 같은 종류의 노력이 과학자나 사상가뿐 아니라 필연적으로 모든 사람에 의해 이루어진다. 언어의 역사는 이에 대한 훌륭한 예인데, 한 언어가 변화하는 과정, 즉 낡은 묘사를 고치고 새로운 묘사를 수용하는 과정은 실로 사회적인 것이며, 가장 평범한 일상사 가운데 있다. 예술의 특별한 기능이나 예술가의 특별한 본질이 구별되는 것은 이러한 행위에서가 아니다. 생생하고도 상상력 풍부한 삶, 그리고 새로운 경험을 묘사하려는 심오한 노력은 예술가가 아닌 다른 사람들에게서도 많이 발견되며, 새로운 묘사와 의미는 여러 가지 방식으로—예술, 사상, 과학, 그리고 일상적인 사회적 과정 속에서—실현된다. 우리가 예술이라고 부르는 것은 묘사하고 의사소통하는 수많은 방법 중 하나이며, 대부분의 예술이란 분명 일상적으로 사용되는 방식을 발전시킨 것이다—몸짓에서 춤이 나오고, 연설에서 시가 나오듯이. 그러나 묘사는 의사소통의 한 기능이며, 우리가 예술을 가장 잘 이해하기 위해서는 경험을 묘사하여 실현하고(사실 이 묘사란 경험을 의사소통할 수 있는 형식으로 만드는 것이다), 묘사의 생물학적 목적인, 다른 유기체와 경험을 공유하는 생생한 관계를 보아야만 한다. 예술의 특징은 예술마다 서로 다른 방식으로 공유를 위한 아주 강력한 수단을 사용한다는 것이다. 그러나 다시 말하지만, 대부분의 예술에서 이 수단들은 일반적 커뮤니케이션의 발전된 형태이다.

예를 들어 이러한 수단 가운데 가장 두드러지는 리듬을 보자. 우리가 리듬에 대해 과학적 기반 위에서 조사하기 시작한 것은 얼마 되지 않지만, 이미 분명해진 사실은 리듬이란 경험의 묘사를 전달하는 방식일 뿐 아니라 경험이 그것을 받아들이는 사람에게 단지 '추상' 혹은 '감정'으로서가 아니라 유기체—피, 호흡, 두뇌의 물리적 패턴 등—에 미치는 물리적 효과로서 재창조되는 방식이라는 것이다. 우리는 리듬을 여러 가지 일상적 목적으로 사용하지만, 예술은(시각예술의 경우 증명하기가 더 어렵긴 하겠지만 모든 예술이 그렇다고 할 수 있다) 고도로 발달되고 이례적으로 강력한 리듬의 수단을 포함하며, 그것으로 경험의 소통이 실제적으로 이루어진다. 인간은 색채를 '만들었'듯 리듬을 만들었고 지금도 만들고 있다. 육체의 춤, 목소리의 움직임, 악기의 소리는 색채나 형태, 무늬와 마찬가지로 우리의 경험을 강력한 방식으로 전달하여 다른 사람들이 그 경험을 문자 그대로 체험하게 하는 수단이다. 우리는 실제로 예술을 경험하면서 이러한 것을 거듭거듭 느껴왔으며, 이제 이것이 어떻게, 왜 메타포 수준을 뛰어넘는지 살펴보고자 한다. 예술의 경험은 다른 경험과 마찬가지로 현실적인 물리적 경험인 것이다.

이렇듯 예술은 일반적인 커뮤니케이션의 특정하고도 강렬한 형태이다. 그러나 이 단계에서 우리는 또다른 난점에 부딪히게 된다. 말하는 목소리, 춤추는 신체, 조각, 그림 자체는 물론 해석되고 수용되어야 할 '객체'이기 때문이다. 그림을 보았을 때 우리에게 다가오는 감각적 정보가 그 그림과 '같지' 않다는 것은 돌멩이나 나무에서 오는 감각적 정보가 그 물체들과 다른 것과 마찬가지다. 그림은 다른 시각적 '객체들'과 마찬가지로 그 자체가 해석되고 묘사되어야만 비로소 정상적인 의미에서 보이는 것이다. 우리는 이로부터 모든 예술에 필수적인 사회적 기초를 인식할 수 있는데, 예술가와 다른 사람이 이미 학습된 커뮤니케이션 체계의 복잡한 세부사항과 수단들을 공유하지 않는다면 아무도 예술가의 실제 예술작품을 볼 수 없을 것이기 때문이다. 물론 커뮤니케이션에는 수많은 가능한 수준이 있다. 완전한 실패(어떤 주어진 문화 내부에서라면 거의 일어나지 않을)에서 부분적인 실패나 오해를 거쳐 완전한 이해라고 할 수 있는 경지에 이르기까지 말이다. 말하자면 우리는 어떤 그림을 보고 아무것도 못 느낄 수 있다. 무엇인가 전달되긴 했지만 의미 있는 수준까지는 이르지 못할 수도 있다. 이는 누군가의 잘못일 수도 있지만(보는 이의 잘못 못지않게 예술가의 잘못일 수도 있다), 늘 그러하듯 비난을 퍼붓기보다는 여기서 시도된 일—즉 경험을 한 유기체에서 다른 유기체에게 실질적으로 전달하는 일—의 본질과 어려움을 깨닫는 일이 더 유용할 것이다. 예술은 실질적 커뮤니케이션이 이루어지지 않으면 존재할 수 없으며, 이 커뮤니케이션은 예술가와 보는 쪽 쌍방이 참여하는 행위이다. 예술이 의사소통할 때 인간의 경험은 활발하게 제공되고 활발하게 받아들여진다. 이러한 행위의 선을 넘지 못한다면 예술은 있을 수 없다.*

* 연극의 '감정이입'에 대한 브레히트의 공격은 내 설명과 연결된다. 그가 반대했던 것은 잘못 연루되는 것, 즉 무비판적으로 받아들이는 것이며, 따라서

이 과정에서 예술 행위의 본질이 좀더 상세히 규정될 수 있을 것이다. 예술가는 다른 사람들과 보통 '창조적 상상력'이라 불리는 것을 공유한다. 다시 말해 경험에 대한 새로운 묘사를 발견하고 조직하는 능력을 공유한다. 사람들은 이러한 묘사들을 전달하는 능력을 예술가와 공유하는데, 이 묘사는 소통 가능한 형태여야만 비로소 완전한 의미의 묘사라고 할 수 있기 때문이다. 예술가의 작업이 지닌 특별한 본성은 그가 경험을 전달하는 특수한 방식의 학습된 기술을 사용한다는 것이다. 그가 이 기술에 통달해 있다는 것이 바로 그의 예술이다(우리는 '예술art'의 전통적 의미가 바로 '기술skill'임을 기억한다). 그러나 그 기술의 목적은 커뮤니케이션을 위한 모든 인간적 기술의 일반적 목적과 비슷하다. 즉 가치 있다고 여기는 경험을 전달하는 것이다. 따라서 소통하고자 하는 모든 인간적 충동처럼 예술가의 충동은 바로 자신의 경험을 중요하게 느끼는 것이다. 그러나 예술가의 행위는 전달이라는 작업이다. 이러한 관점에서 보면 '내용'과 '형식'의 분리는 있을 수 없다. 왜냐하면 형식을 발견하는 것이 문자 그대로 내용을 발견하는 것이고, 바로 그것이 우리가 '묘사'라고 칭했던 행위가 의미하는 바이기 때문이다. 자기 경험을 '묘사한다'는 것은 무엇보다도 모든 사람에게 개인적으로 막대한 중요성을 띠는 일이다. 왜냐하면 이는 문자 그대로 자신을 새로 만드는 일이고, 그 사람 개인의 구조에 창조적 변화를 가져오는 일이며, 그 경험을 포괄하고 통제하는 일이기 때문이다. 이렇듯 우리 자신을 다시 만들고자 분투하는 일—개인의 구성을 변화시켜서 우리가 환경과 적절한 관계를 유지하며 살도록 하는 일—은 사실 종종 고통스럽기까지 하다. 많은 신경학자는 지금 묘사가 성취되기 이전의 단계, 새로운

그는 몰입되지 않는 비판적 조사를 추천했다. 그가 강조한 관객의 행위는 중요하다. 꼭 그 행위가 그가 말한 식이어야 할 필요는 없지만 말이다. 우리는 극에 연루되면서도 여전히 우리 자신을 지킬 수가 있다.

감각적 경험이 이해되기 이전의 실제 신체 구조의 상태, 새로운 경험이 아직 혼란스럽고 불안한 상태에 있을 때 이에 적절히 대응하려는 노력이 우리가 '물리적 고통'이라고 부르는 것과 생물학적으로 동일하다고 말한다. 때로 과장이라고 생각되었던 '창조의 고통'은 문자 그대로 사실이다. 더욱이 소통하려는 충동이란 어떤 불안에 대해 학습된 인간적 반응이다. 물론 그 투쟁은 개개인이 적절하게 묘사함으로써 성공적으로 의사소통을 하기 위한 것이다. 종종 예술가들이 적절한 묘사—즉 단어나 그림에 대한 실질적인 조작—를 하려고 분투하는 것이 다른 사람에게 미치는 효과를 고려하지 않고 일차적으로 개인적 중요성만 갖는 것처럼 보이더라도 바로 이러한 의미에서 이해해야 한다. 묘사가 적절하지 않으면 적절한 커뮤니케이션도 있을 수 없기 때문이다. 이 정확한 경험을 가지고 다른 사람들과 접촉한다는 것보다 단지 접촉한다는 일 자체만을 생각하는 것은 무의미하며 초점을 흐리는 일이다. 진정한 커뮤니케이션이란 이렇듯 정확한 묘사에 몰두하는 데 달려 있다. 물론 그렇다고 묘사가 그 자체를 위한 것일 뿐이라는 이야기는 아니다. 오히려 묘사에 대한 관심은 적절한 커뮤니케이션을 위한 조건이다.

우리는 스스로를 다시 만드는 것뿐 아니라, 가능하다면 환경을 변화시켜서 불안 요소에 대응한다. 실로 이러한 것들은 의식과 현실이 상호 침투하는 것처럼 단일한 과정의 부분들이다. 예술가가 자신을 다시 만드는 방식은 보통 사람들의 경우와 마찬가지로 노동에 의한 것으로서, 이는 환경을 다시 만들고, 일하게 됨으로써 자신을 다시 만드는 것이다. 이는 언어나 소리, 움직임을 사용하는 예술에서 그러한데, 이때 예술가의 경험 전달에는 현존하는 실제적 관계들을 바꾸려는 의도가 있다. 이것이 조각가의 경우에는 좀더 단순하게 보일 수 있는데, 어떤 대상에 작업을 하는 과정에서 조각은 조형 경험의 전체적 과정이기도 하지만 조형 행위를 통해 특정한 경험을 발견하는 것이기도 하다. 예술가는 재료를 가지고 그것이 '제대로' 될 때까지 작업한다. 그러나 그 재료가 제대로 되면, 그 자신 또한 제대로 되는 것이다. 즉 예술작품이 만들어지면 하나의 연속과정으로서 예술가도 스스로를 다시 만들어내는 것이다. 추상적으로 말하면 그는 재료에 작업을 하여 스스로에게 자신의 경험을 다시 전달하게 했고, 혹은 새로운 경험을 발견했고, 결과적으로 그 경험으로부터 배웠다고도 할 수 있다. 그러나 계속 염두에 두기는 어려운 일이지만, 실제의 과정은 위에서 말한 그 어느 것도 아니다. 그것은 주체가 객체에 작용하는 것도, 객체가 주체에 작용하는 것도 아니다. 오히려 역동적 상호작용이며, 사실은 전체적이고 연속적인 한 과정이다. 인간은 형태를 만들고 그 형태는 인간을 다시 만든다. 그러나 이것은 예술가들이 잘 알고 있을 뿐 아니라 사실 인간에게 중요하기도 한 하나의 과정을 대안적으로 설명한 것뿐이다. 이러한 노력에서 비롯되는 흥분과 고통은 완성의 기쁨과 휴식으로 이어지며, 이는 예술가들이 살아가고 작업하는 방식일 뿐 아니라, 인간이 기나긴 한 과정 속에서 계속 끝내고 다시 시작하면서 살아가고 일하는 방식이다.

VII

인지와 커뮤니케이션에 관한 새로운 이해가 갖는 진정한 중요성은 예술의 창조적 행위를 일반적인 인간의 창조성이라는 맥락에서 확인해준다는 것이다. 전통 때문에 '창조적'이라는 말을 쓰기는 했지만, 그 전통을 만들어낸 힘 덕분에 다른 분야에서도 '창조적'이라는 개념을 사용하기에 이르렀다. 이것이 예술의 정의에 미친 한 가지 영향을 살펴보자. 영은 다음과 같이 말한다.

> 창조적 예술가는 관찰자로서, 그의 두뇌는 이전에는 커뮤니케이션의 대상이 되지 않았던 문제들에 대해 다른 사람에게 정보를 전달할 수 있도록 새로운 방식으로 움직인다. 우리는 바로 의사소통의 수단을 찾음으로써 관찰력을 날카롭게 한다. 예술가와 과학자의 발견은 이러한 면에서 정확히 닮았다.

그리고 이렇게도 말한다.

> 화가에게는 자신이 관찰한 것을 전달하는 그 나름의 방식이 있다. 독창적인 화가는 이러한 일을 하는 새로운 방식, 즉 새로운 예술 형식을 발견한다. 이는 예술가 자신과 그의 그림을 보는 사람들의 비전을 문자 그대로 확장한다. 예술가는 하나의 부호체계를 가지고 우주의 새로운 측면을 발견해낸 것이다. 마치 물리학자가 또다른 부호체계로 그러했던 것처럼.

이는 어느 정도까지 매우 유용하고 받아들일 만한 주장이지만, 예술 일반에 대해 생각하고 실제의 작품으로 돌아가보면 가치 있는 예술을 '새롭다'고 묘사하는 것에는 문제가 있다. 철학자나 과학자가 예술에 관한 논의를 무의식적으로 위대하고 독창적인 작품에만 한정하는 것은 매우 흔한 일이다. 반면에 온갖 종류의 예술과 더불어 살아가야 하는 비평가에게는 이러한 제한이 거의 보이지 않는다. 우리가 최근의 소설이나 신작 시, 상영중인 연극이나 영화, 일상적인 전시회들을 돌아보면, 최고의 미학적 개념이라도 매우 비현실적으로 보일 수 있다. 이것이 일반적 예술 조류에 대해서 사실이라면, 사례가 차고 넘치는 정말로 나쁜 예술에 대해서는 더더욱 그러할 것이다. 온갖 종류의 예술을 만드는 사람들은 당연히 '창조적' 묘사를 표방하지만, 그중 극소수만이 '이전에는 커뮤니케이션의 대상이 되지 않았던 문제들에 대한…… 정보를 전달한다.' 통상적으로는 이러한 정의에 들어맞지 않는 작품들을 '예술이 아니'라고, '진정한 예술이 아니'라고, 혹은 '사이비 예술가의 작품'이라고 말함으로써 이 문제를 회피한다. 그렇지만 이렇게만 한다고 될까? 거의 모든 예술은 『리어왕』이나 블레이크의 시 「해바라기」, [로히어르] 베이던의 그림 〈피에타〉를 만들어 낸 것과 동일한 보편적 행위, 동일한 '종류'의 기술의 결과이다. 가치의 불일치는 실천과 의도가 근본적으로 다르다는 증거가 아니다. 특히 우리가 훌륭한 예술과 나쁜 예술뿐 아니라, 그 사이에 종류가 다르다고 분명한 선을 그을 수 없는 무수한 단계를 찾아낼 수 있기에 더 그렇다. 내 생각에 사실 미학 이론은 인지와 커뮤니케이션에 관한 새로운 지식에 의해 엄청나게 풍부해지기는 했어도, 일반적으로 '창조적'이라는 것에 관한 두 가지 전통적 관념을 유지하고 있다. 미학 이론에서는 예술가가 특별한 영감을 받았다는 예술의 특성이라는 문제에 관해 손쉽지만 잘못된 해결책을 제공하는 관념이 묘하게도 계속 유지되고 있다. 즉 '예술은 특별한 영감을 받은 예술가의 작업을 말하며, 영감을 받지 않은 사람들은 글을 쓰거나 그림을 그리거나 작곡을 한다 해도 그 작업이 예술은 아니다.' 이렇게 분명히 써놓으니 매우 바보같이 들리겠지만, 결국 우리는 모두 이렇게 배워왔다. 두번째로 '계시'의 개념 혹은 '우월한 현실'의 발견이라는 생각 또한 비슷하게 유지되고 있으며, 물론 우리에게 예술가의 작업은 세계를 새롭게 발견하는('창조적'인 것은 '새로운' 것과 같다) 것이라고 믿도록 만든다. 그러나 이는 엄청난 양의 예술, 그것도 우리가 이해할 책무가 있는 게 분명한 예술을 배제해버린다는 점에서 정말 무능하게 만드는 생각이다. 이러한 관념들을 전통 속에서 그들이 차지하고 있던 자리로 되돌려놓음으로써 우리는 그것을 충분히 의식하고 거부하게 된다. 그러고 나면 특별히 선택한 사례들만이 아니라 모든 예술을 인지와 커뮤니케이션에 관한 일상적 설명의 일부로서 묘사할 수 있다는 것을 발견할 것이다.

미학 이론의 특징은 사회적 사실로서의 커뮤니케이션을 암묵적으로 배제한다는 것이다. 그러나 커뮤니케이션이야말로 예술의 요체이다. 경험에 대한 적절한 묘사라면 어떤 것이라도 단순한 전달은 아니기 때문이다. 그것은 수용과 반응을 포함해야만 한다. 예술가가 전달 가능한 형식으로 자신의 경험을 아무리 성공적으로 체화했더라도 모든 인지의 '창조적 행위'로 나아가지 못한 채 아무에게도 받아들여지지 않을 수도 있다. 다시 말해서 그 작품이 전달한 정보는 해석되고, 묘사되고, 보는 사람의 유기적 조직체 속에 수용되어야 한다. 그것은 수동적인 청중에게 '영감을 받아' 전달하느냐, '영감을 받지 못한 채' 전달하느냐의 문제가 아니다. 그것은 모든 수준에서 경험을 제공하는 것이며 받아들여질 수도, 거부될 수도, 무시될 수도 있다. 우리가 본 적이 있다고 의식하는 모든 예술작품은 단순한 의미에서 우리가 받아들였던 것이지만, 모든 보는 이의 마음속에는 그 이상의 중대한 단계가 있다. 경험은 어떤 의미에서 보는 이에게 가닿는다. 그러나 정확히 어떻게 그렇게 되고, 결국 그래서 어떻게 되는가?

어떤 경우에 특정한 매체를 통해서 작품 속에 묘사된 예술가의 경험은 보는 이의 마음속에서 예술가의 용어로 해석되어 그 경험이 문자 그대로 보는 이의 일부분이 될 것이다. 이러한 수단을 통해 도달할 수 있는 경험은 영이 말한 비전의 '문자 그대로의 확대'이지만, 여기서 '확대'가 가장 적합한 말은 아닌 것 같다. 때때로 이것은 실로 일종의 확장, 즉 새롭게 보는 방식이다. 그러나 위대한 예술을 포함해서 어떤 예술의 경험은 꼭 이러한 의미에서 '새롭'지는 않다. 우리의 경험은 분명히 서로 다른 '인식recognition'의 특성을 포함하고 있다. 즉 문자 그대로 우리가 이미 알고 있는 것이다. 예술의 역사를 살펴보면 이는 결코 드문 것이 아니다. 수많은 사회에서 예술의 기능은 우리가 그 사회의 공동 의미라 부르는 것을 구현하는 것이었다. 예술가는 새로운 경험을 묘사하는 것이 아니라 이미 알려진 경험을 구현하는 것이다. 예술이 지식의 최전방에서만 복무한다는 가정은 엄청나게 위험한 것이다. 예술은 특히 불안하고 빠르게 변하는 사회에서는 최전방에서 복무한다. 그러나 예술은 사회의 중심에서 복무하기도 한다. 어떤 사회가 하나의 사회임을 표현하는 것은 바로 예술을 통해서이다. 이러한 경우 예술가는 외로운 탐험가가 아니라 그가 속한 공동체의 목소리다. 심지어 우리가 사는 복잡한 사회에서도 어떤 예술가들은 최전방에 나가 있는 듯 보이지만, 또 어떤 예술가들은 공동 경험의 중심부 가까이에 있는 듯하다. 이러한 차이를 '보통의 예술'과 '위대한 예술'의 차이라고 생각해서는 안 된다. '생소한' 예술이라고 모두 가치 있는 것은 결코 아니며, '익숙한' 예술이라고 모두 가치가 없는 것은 아니다.

특히 보는 사람이나 청중에게 미치는 효과 면에서는, 예술을 경험의 조직이라는 견지에서 말하는 것이 더 나은 것 같다. 사람들이 같이 살면서 그들의 정신을 단련하여 행동을 유도하는 특정한 조직을 공유하고 있다면, 조직의 과정이란 사실 제도이고 예술도 대개 그 가운데 하나임을 알게 될 것이다. 영은 어떻게 봉분에서 성당에 이르는 한 공동체의 주요 건축물이 사실은 커뮤니케이션의 한 수단이 되는가를 지적한다. 즉 그러한 건축물은 공동체의 사람들이 의지해 살아가는 공동의 의미를 조직하고 지속적으로 표현한다는 것이다. 커뮤니케이션 수단의 발견은 공동의 의미를 발견하는 것이며, 여러 사회에서 예술가의 기능은 이러한 의미를 계속해서 경험하고 활성화하는 수단에 능통해야 하는 것이다. 그 의미들을 지니고 다니는 인간의 육체는 죽지만, 남아 있는 기념비 혹은 특정한 이미지, 문양, 리듬을 만드는 데 구현된, 과거부터 이어받은 전통적인 예술적 기능은 살아남아 조직의 과정을 계속한다. 그것은 전체 사회와 그 속에 사는 모든 개개인이 지속적으로 그 의미를 재창조해야 하는 것이다. 기능 자체도 수동적으로 전승되는 품목이 아니라, 모든 예술가 개개인의 성장의 일부로서 학습되어야 하는 과정이다. 즉 전체적인 과정 속에서 수단과 의미가 개인적으로 확인되어야 한다. 그러나 의미가 해석해내는 공동의 경험 자체도 거의 알아차릴 수 없을 정도로 느리게, 혹은 변한다는 사실을 모든 사람들이 의식할 정도로 급속하게, 다양한 속도로 변화할 것이다. 인간과 환경의 관계는 변화하지만 이러한 관계들에 관한 의식은 의사소통할 수 있는 묘사에 의해 성취되어야 한다. 이미 받아들여진 의미의 조직은 새로 나타날 가능성이 있는 의미들과 공존할 수 있어야 하며, 이는 엄청나게 복잡한 과정이다. 더욱이 구성원들이 공동의 의미 영역을 갖고 있다고 해도, 개개인에게 실제의 구성과정은 필연적으로 개인적일 수밖에 없다. 사회의 실질적 관계들의 복합체 내에서 그가 처한 위치에 따라, 또 중요한 요소로서 물려받은 개성에 따라(이는 인간의 유전에서 변이가 가능한 요인들의 커다란 복합체 가운데에서 특정하게 선택된 결과이다) 개인은 그 나름의 방식으로 변화하는 사회구조와 상호작용하는 가운데 학습한다. 그리하여 우리는 실제적인 관계들 속에서 변화하는 패턴을 학습하고 그에 기여하는 특이한 개인들을 보게 된다. 바로 이런 맥락에서 우리는 예술의 변화와 실패를 이해해야 한다.

각각의 예술가는 문자 그대로 자신의 개인적 구성을 다른 사람들의 용어로 구축한다는 의미에서 공동의 의미를 재창조하거나, 그의 실제 경험을 조직하기 위해 새로운 묘사를 발견한다는 의미에서 새로운 의미를 창조해낸다. 각 예술가들이 실제 작업을 하는 데는 어느 쪽의 과정이든 비슷할 것이다. 두 경우 모두 예술가는 특정한 경험의 형식을 스스로 아주 생생하게 만들어서 다른 사람에게 전달할 수 있도록 실질적인 노력을 기울이기 때문이다. 그렇지만 커뮤니케이션의 과정에서 그의 개인적 의미와 공동의 의미 사이의 관계가 정확히 어느 정도인가는 아주 중요할 것이다. 그 관계가 아주 가깝다면 그는 상용되는 커뮤니케이션 수단을 직접 사용할 수 있을 것이고, 그 수단에 대해 그의 독자들도 매우 익숙하게 느낄 것이다. 그렇다고 이것이 단지 가치 있는 예술일 가능성이 적다는 의미에서 '관습적' 예술은 아니며, 진정 위대한 예술이 이러한 조건에서 만들어졌을 가능성도 많다. 그러한 경우 예술가는 단지 공동의 의미를 '베끼는' 것이 아니다. 그 의미들은 심오한 깨달음을 통해 자신의 것이 되었지만, 의미를 전달하는 조건은 아주 풍부하게 주어져 있다. 반면에 공동의 의미와 개인적 의미의 관계가 멀 경우에는 의사소통의 수단을 찾으려는 싸움이 분명히 매우 길고도 어려울 것이다.

실제로 예술에서 변화의 과정은 보통 의미의 확장이거나 수단의 변경이다. 일정 정도를 넘어서면 새로운 의미는 거의 소통이 불가능하거나 심지어 묘사될 수도 없고, 그렇게 되면 그 압박이 예술가라는 유기체를 망가뜨릴 것이다. 모든 예술가의 '창조적' 행위는 어떤 경우라도 조직된 경험을 다른 사람들에게 전달함으로써 어떤 의미를 활성화하는 과정이다. 우리는 이를 특정한 수단에 의해 여러 가지 의미가 제시되고 이 의미들 가운데 단지 몇 개만이 받아들여지는 과정으로 보아야 한다. 종종 한 사회의 예술은 단절된다는 것을 의식하지 못하고 변화한다. 즉 효력을 발휘할 정도로 많은 개인의 작업들이 받아들여져 새로운 공동의 의미가 구성되고, 여기서 거부당한 의미들이 도전이나 긴장을 조성할 만한 강력한 잔여물이 되지 않는 상황 말이다. 반면 이 시대에 우리는 공동의 경험이 신속하게 변화하기 때문만이 아니라 공동체의 확장과 다변화 때문에 매우 복잡한 변화를 겪고 있다. 따라서 적어도 당분간은 단절이 중심적 요소로 보일 것이며, 우리는 예술을 일차적으로는 공동의 의미를 만드는 일이 거의 실종된 개별적인 결과물들로 인식한다. 바로 이러한 시대야말로 우리가 예술이 개별적 결과물이라는 측면을 적절하게 강조하면서도 커뮤니케이션이라는 현실은 무시하는 예술 이론을 만들어내는 시대이다. 예술가와 대중의 긴장은 불가피한 것으로 생각되고, 이러한 긴장의 형태는 예술가의 기능이 '새로운' 경험을 묘사하는 것이라는 견지에서 설명된다. 그러나 사실 이렇듯 복잡한 긴장 속에서도 제시된 의미들 중 상당수가 과거의 불안이나 변화를 새삼 의식하게 만드는 시차時差에도 불구하고 결국은 새로운 공동의 의미를 구성하게 된다. 이는 정상적 성장의 과정이며 물론 그 의미가 (그 이전에는 묘사된 적이 없다는 의미에서) 새로운 것이든 아니든, 새로운 것으로 느껴질 수 있다(개인의 차원에서 새롭게 경험된다는 의미에서). 그러나 성장을 유지하려면 공동의 묘사와 반응의 상당 영역이 유지되어야 하고, 예술의 기능 중 하나는 다른 커뮤니케이션 체계와 마찬가지로 이 영역을 우리 자신의 살아 있는 에너지로 재충전하는 것이다. 많은 새로운 예술이 이러한 일을 하고 있으며, 과거의 예술, 다른 지역의 예술도 그러했다. 우리는 바로 이러한 이유로 예술을 공통 경험의 감각을 재창조하는 수단으로서 보존해온 것이다(우리가 과거의 예술을 어떤 식으로 이용하고 있는가는 뒤에 전통의 본질을 논하면서 다시 언급할 것이다). 이와 동시에 다른 새로운 예술은 새로운 경험을 묘사하고 전달해내고, 그렇게 함으로써 우리를 새로운 반응과 활동으로 이끌 수도 있다. 여기서도 역시 이전 시대의 예술이나 다른 곳의 예술이 우리에게 새로운 묘사와 반응을 전달해줄 수 있다. 그러나 그것이 이미 알려진 조직의 형식들을 전달하는 것이든 새로운 형식으로 이끄는 것이든, 예술은 우리의 실제 성장의 일부로 다가오며, 정신의 '특별한 영역'으로 들어서는 것이 아니라 우리의 개인적·사회적 조직 전체에 작용하고 이들과 상호작용하는 것이다. 실제의 예술작품에서 가치의 특징은 늘, 그리고 우선적으로, 전달하는 실제 능력에 있다. 의미와 수단은 분리될 수 없는 것이므로, 성공적인 커뮤니케이션은 바로 그 경험을 겪어낸 예술가의 실제 능력에 달려 있다. 경험을 겪어낸다는 말은 그 경험이 이전에 기록된 것이든 아니든 예술가가 그 경험을 문자 그대로 자신의 일부로 만들어서, 자신의 온 에너지를 다 쏟아 아주 심오하게 그 경험을 묘사하고 다른 사람에게 전달할 태세를 갖추는 것을 의미한다. 그러므로 나쁜 예술이란 이러한 개인적 구성의 실패 혹은 상대적 실패이며, 우리가 알기로 이것은 단지 수사법의 하나가 아니라 우리가 살아가는 실제적 과정이다. 우리의 실제적 인간 조직은 커뮤니케이션을 목적으로 하며, 다른 종류의 커뮤니케이션—가장 뚜렷한 예는 성적 관계인데 이는 우리의 근원적 커뮤니케이션 과정으로서 삶이 제공되고 받아들여지는 과정이다—에서와 마찬가지로 예술에서도 커뮤니케이션의 능력은 느낌, 지성, 의지 같은 추상적 특성의 문제가 아니라 조직의 전체적 패턴에 뿌리박고 있다. 즉 성공이나 실패는 자아 전체의 문제이다. 인간이 개발해온 다양한 커뮤니케이션 체계는 개인의 조직을 더욱더 다양하고 복잡하게 만든다. 특정한 개인들이 어떤 커뮤니케이션에 특별히 집착하는 것, 그들이 높이 평가하고 고도의 기술로 다룰 수 있는 어떤 부류의 수단을 선택하는 것은 엄청나게 다양한 유전자적 다양성과 사회적 유산과 경험 내에서 이루어지는 성장의 형식들이다. 예술이 다른 커뮤니케이션 수단을 대체한다고 말할 수는 없다. 왜냐하면 성공적인 예술은 다른 방식으로라면 분명 전달할 수 없는 경험을 뚜렷이 전달해주기 때문이다. 우리는 오히려 예술을 조직 능력의 한 확장 형태로 보아야 한다. 즉 현실의 특수한 영역을 묘사하고 전달할 수 있게 해주는 삶의 능력으로 보아야 한다는 것이다.

예술에서 성공한다는 것은 한 경험을 다른 사람이 생생하게 재창조—'관조'하거나, '검토'하거나, 수동적으로 받아들이는 것이 아니라 그것을 접했던 사람들이 실제로 체험한 수단에 대한 반응으로서—할 수 있는 형식으로 전달하는 일이다. 이 단계에서 대다수의 예술작품이 기준에 미치지 못한다. 기본적으로 예술가의 경험이 불충분하게 조직되어서 예술가가 그 경험을 다른 사람과 공유할 수 있게 하는 수단을 발견할 수 없기 때문이다. 이런 의미에서 완전한 실패 사례들이 있는 한편, 수많은 부분적 실패와 부분적 성공 사례도 있다. 즉 경험의 어떤 부분은 전달되어 실제 사는 현실처럼 공유될 수 있는 한편, 다른 부분은 그 힘이 줄어들거나 부실하게 전달되는 것이다. 우리는 실패의 사례들에서 종종 조직(이는 또한 묘사이기도 하다)의 과정이 붕괴하는 것을 본다. 우리는 또 전반적 패턴이나 패턴의 세부사항에서 다른 작품을 단순히 모방하고 마는 경우도 보는데, 이때 실패는 다른 작품의 방법들이 원초적으로 부적합하다는 것이 아니라 그 특수한 경험과 맞지 않는다는 것이다. 이렇게 되면 생생한 묘사는 기계적 반복이 되어버린다. 이러한 실패는 흔하지만, 이론적으로 눈에 덜 자주 띄는 실패, 즉 새로운 묘사를 위해 분명히 노력은 했으나 의사소통은 실패하는 경우가 더 흔하다. 종종 청중(독자)이 예술가의 '새로운 언어'를 배우려면 인내심을 가져야 한다고 한다. 이 말이 옳기는 하지만, 시간만 있으면 모든 새로운 언어를 배울 수 있다고 암시해서는 안 된다. 이렇게 가정하는 것은 예술가들과 마찬가지로 청중에게도 커뮤니케이션이 삶의 한 방식이라는 사실, 즉 예술가의 경험을 받아들여 겪어보는 것이 아무렇게나 하는 행동이 아니라 실제적인 삶의 변화라는 사실을 망각하는 일이다. 우리는 자신에게 제공된 새로운 묘사들에 의지하여 성장하지만, 그것을 받아들이느냐 아니냐는 그러한 방식으로 성장할 수 있는 우리의 능력에 달려 있으며, 제시된 방식 가운데 어떤 것은 우리에게 불가능하고, 다른 어떤 것들은 적극적으로 거부되기도 할 것이다. 성공적 커뮤니케이션은 예술가뿐 아니라 청중의 조직에 달려 있으며, 우리가 스스로 배우고자 하는 개방적 태도를 가져야 한다는 것은 옳지만, 어떤 반응이든 삶의 한 방식이고 반응의 선택은 모든 조직의 조건이기도 하다는 사실을 기억해야 한다. 제시된 것을 받아들이기에는 우리가 말 그대로 능력이 없는 경우도 있을 것이다. 우리는 단지 그런 방식으로는 세상을 볼 수 없고, 경험에 반응할 수 없을 뿐이다. 작품의 힘이 우리를 감동시키지만, 결국 나중에 가서 우리가 그것을 거부하는 경우도 종종 있다. 왜냐하면 그 경험이 우리의 전체 조직 속에 끼워맞춰져야 하는데, 어떤 경우에는 오랜 세월에 걸쳐 진행될 수도 있는 비교과정을 거치고 나서 보면 받아들일 수 없게 되기 때문이다. 또한 명백한 실패도 궁극적으로는 성공적일 수 있고, 혹은 어떤 사람들은 거부하지만 또다른 사람들에게는 높이 평가될 수 있다. 커뮤니케이션의 실제 과정을 생각해보면 통속적인(그리고 감상적인) 공식—즉 예술가의 새로운 언어, 최초의 저항, 궁극적인 수용—보다는 좀 나은 것을 발견할 수 있다. 예술의 역사는 이러한 연속뿐 아니라 세 가지 다른 연속과정도 보여준다. 즉 예술가의 새로운 언어—최초의 수용—계속되는 수용, 예술가의 새로운 언어—최초의 수용—궁극적인 거부, 예술가의 새로운 언어—최초의 저항—궁극적인 거부이다. 우리는 바로 이러한 범위까지 예상해야 한다. 커뮤니케이션은 모두 배우는 과정에 있는 현실적인 개인들 사이의 과정이기 때문이다. 이러한 개인들의 범위 때문에 커뮤니케이션은 항상 불균등하며, 새로운 묘사가 문제가 될 경우 이 불균등성은 매우 현저해질 것이다. 새로운 묘사가 새로운 보편적 시각이 되느냐의 여부는 공통의 경험이 어떤 방향으로 가느냐에 달려 있다. 상황이 좋을 경우에는 처음에 실질적으로 실패했던 작품도 공통적 경험의 움직임에 의해 그 작품의 어조가 가치 있다고 여겨지면서 매우 성공적인 것이 될 수 있다. 상황이 나쁜 경우에는 그 작품이 아무리 당시 일부 사람들에게 새롭고 가치 있는 것으로 비쳤을지라도 그냥 잊히고 말 것이다. 공동의 의미를 갖는 예술의 경우도 마찬가지여서, 특정한 의미가 여전히 만족스러우면 예술이 보존되어 그 의미를 재충전해주지만, 그 의미가 현실적으로 실패할 경우 우리가 그 예술을 받아들여 자신의 의미에 맞춰 재해석하지 않는다면 우리를 감동시키는 힘을 잃고 만다.

마지막으로, 예술의 중요성에 대한 의식이 증대함에 따라 우리는 기록과 보존의 복잡한 과정으로 이끌리며, 결과적으로 이러한 작업이 예술의 지위를 바꾼다는 것을 기억해야 한다. 여러 가지 기술을 동원해서 기록과 보존을 함으로써 우리는 커뮤니케이션에 내재한 문제의 일부, 특히 불균등성의 문제를 통제할 수 있다. 커뮤니케이션은 대부분 단일한 행위가 아니다. 전달은 기록되거나 저장되며, 우리가 특정한 커뮤니케이션 체계를 가치 있게 여기는 이유는 바로 그것이 영속성을 지닐 수 있기 때문이다. 경험의 제시는 보존되어 두고두고 생각해볼 수 있게 하며, 커뮤니케이션은 100세대의 간격을 두고도 이루어질 수 있다. 성장의 복잡성을 고려하면, 제시된 것들을 되도록 많이 살려두는 것이 분명히 현명한 일일 것이다. 왜냐하면 우리는 궁극적으로 무슨 일이 일어날지 알 수 없고, 바로 이러한 저장의 경험이야말로 인간의 전체적 조직에 중요한 일이었기 때문이다. 그러나 우리는 그러한 저장물을 새로운 예술을 이용하듯 앞서 묘사한 적극적 과정에 의해서만 이용할 뿐이다. 새로운 시각들과 마찬가지로, 과거의 시각도 적극적으로 학습되어야만 한다.

VIII

예술을 창조적 발견과 커뮤니케이션이라는 일반적인 인간적 과정 중의 특수한 한 과정으로 보는 것은 동시에 예술의 지위를 재정립하고 그것을 우리의 일상적 사회생활과 연관시킬 수단을 찾는 것이다. 예술을 '창조적'이라고 규정하는 전통적 정의는 하나의 강조점으로서는 심대한 중요성을 갖지만, 이를 확대하여 예술과 일상적 경험을 대립시켰을 때 그 결과는 아주 파괴적이었다. 특히 현대 산업사회에서 예술은 이러한 특별한 지위를 부여받지 않으면 사라져버릴 것 같은 느낌을 주었다. 그러나 그러한 주장의 높이는 동시에 널리 퍼져 있는 실질적 거부 및 배제와 평행선을 그렸다. 예술을 진지하고 실질적인 관심에서 제외하려는 경향이 아주 강력했기 때문에 자연스럽게 방어 분위기가 조성되고, 예술은 특별하고 비일상적이라는 주장이 절박하게, 심지어 필사적으로 대두되었다. 적대적인 세상에서 스스로 예술에 대한 유일한 보호자라고 확신하는 사람들은 여기에 의문을 제기하는 것만으로도 극도로 난폭한 반응을 보였다. 예술과 문화가 일상적인 것이라는 암시는 아주 히스테리컬한 부정을 유발한다. 비록 예술이나 문화가 본질적으로 비일상적인 것이라는 주장으로 인해 그들이 불평하는 예술에 대한 배제와 적대감이 실제적으로는 강화되는 데도 말이다. 이에 대한 해법은 관습적으로 생각하듯 예술을 다른 사회적 활동과 같은 수준으로 끌어내리는 것이 아니다. 중요한 강조점은 본질적으로 '일상적인' 행동이란 없다는 것이다. 만약 '일상적'이라는 말의 의미가 창조적 해석과 노력의 부재를 의미하는 것이라면 말이다. 예술은 결국 우리 모든 삶의 창조성이라는 사실에 의해 비준되어야 한다. 우리가 보고 하는 모든 일, 우리의 관계와 제도의 전체 구조는 결국 학습과 묘사와 커뮤니케이션의 노력에 달려 있다. 예술의 창작과정을 생각하듯 우리는 그런 식으로 인간세계를 창조한다. 예술은 바로 이러한 창조의 중요한 한 가지 수단이다. 그러므로 예술과 일상생활의 구분, 예술을 비실제적이라거나 부차적인 것('여가활동')으로 치부해버리는 것은 똑같은 오류를 다른 방식으로 되풀이하는 것에 지나지 않는다. 만약 모든 현실을 성공적으로 묘사하려는 노력으로 학습해야 한다면, 우리는 '현실'을 분리해내어 예술을 치켜세우기 위해서든 비하하기 위해서든 현실의 반대편에 놓을 수는 없다. 만약 모든 행위가 묘사를 공유함으로써 학습되는 반응들에 달려 있는 것이라면 우리는 '예술'을 선의 한쪽에, '일'을 다른 쪽에 놓을 수도 없다. 우리는 순순히 '예술적 인간'과 '경제적 인간'으로 분리되어버릴 수는 없다.

예술은 묘사하고 소통하는 다른 방식들과 마찬가지로 학습된 인간적 기능이며, 한 공동체 안에서 알려지고 실천되어야만 비로소 경험을 전달하는 엄청난 힘을 사용하고 개발할 수 있다. 인간 공동체는 공동의 의미와 커뮤니케이션의 공동 수단을 발견함으로써 성장한다. 활동 영역 전반에 걸쳐 두뇌가 창조해낸 패턴과 공동체가 실현한 패턴은 지속적으로 상호작용한다. 개인의 창조적 묘사는 관례와 제도를 만들어내는 전반적인 과정의 일부이며, 이를 통해 공동체가 가치 있다고 여기는 수단들을 공유하고 활성화한다. 이것이야말로 과정의 공동체를 중시하는, 문화에 대한 현대적 정의의 진정한 의미이다.

커뮤니케이션은 독특한 경험을 공동의 경험으로 만드는 과정이며, 무엇보다도 삶의 권리이다. 우리가 어떤 종류의 커뮤니케이션에서 말하는 것은 바로 '나는 이런 방식으로 살고 있다, 왜냐하면 이것이 나의 경험이기 때문에'라는 말이다. 특정한 방식으로 살아갈 수 있는 능력은 궁극적으로 성공적 커뮤니케이션을 통해 다른 사람의 경험을 받아들이는 데 달려 있다. 그러므로 우리는 경험을 묘사함으로써 관계들의 네트워크를 형성하고, 예술을 포함한 모든 커뮤니케이션 체계는 말 그대로 우리 사회조직의 일부이다. 우리의 묘사와 연관된 선택과 해석은 우리가 다른 사람에게 분명히 밝혀서 그 정당성을 인정받으려고 하는 태도, 필요, 이해관계 등을 구현한다. 동시에 우리가 받아들이는 다른 사람들의 묘사는 그들의 태도, 필요, 이해관계 등을 구현하며, 비교와 상호작용의 기나긴 과정은 우리에게 매우 중요한 공동의 삶이다. 우리가 사물을 보는 방식이 말 그대로 삶의 방식이므로, 커뮤니케이션의 과정은 사실상 공동체의 과정—공동의 의미를 공유하고, 그리하여 공동의 활동과 목적을 지니며, 새로운 수단의 제시와 수용과 비교를 통해 성장과 변화의 긴장과 성취를 이루는 일—이다.

의사소통이 전체적인 사회적 과정임을 깨닫는 일은 정말 중요하다. 그렇게 한다면 우리는 이제까지 이른바 떨어져나가 있었지만 완전히 분리되어 있던 것은 아닌 특수한 커뮤니케이션의 종류와 수단을 유용한 시각으로 볼 수 있게 된다. 정치적 제도와 관례는 예술적 제도와 관례와는 다른 종류라고 흔히 생각하듯, 어떤 분야의 학문이든 서로 분리된 질서를 가정하는 것은 치명적으로 잘못된 접근법이다. 정치와 예술은 과학, 종교, 가정생활 혹은 우리가 절대적이라고 말하는 기타 범주와 함께 작용하고, 상호작용하는 관계들의 전체적인 세계에 속해 있으며 바로 이것이 우리 공동체의 연합된 삶이다. 전체적인 조직에서 출발한다면 우리는 나아가서 특수한 활동들이나 그것이 다른 종류에 미치는 영향들도 연구할 수 있을 것이다. 그렇지만 통상적으로 우리는 범주들 그 자체에서 시작하여, 계속해서 관계를 파괴적으로 억압하는 방향으로 나아간다. 각종 활동은 사실 전면적으로 추상화되고 분리된다면 해를 입게 된다. 예를 들어 정치가 일상적 관계들과 분리되면 심각한 문제를 겪게 되며, 이와 같은 과정을 우리는 경제, 과학, 종교, 교육에서도 볼 수 있다. 그동안 예술의 추상화는 바로 예술을 특수한 경험(감정, 미, 환상, 상상력, 무의식)의 영역으로 승진 혹은 좌천시키는 것이었다. 그러나 실제로 예술은 결코 특수한 영역에만 한정되지 않았고, 사실은 매일 하는 가장 일상적인 활동에서부터 예외적인 위기와 강렬한 사건에 이르기까지 폭넓게 걸쳐 있으며, 길거리의 언어와 흔한 통속소설의 언어에서부터 공동의 자산이라고 하기에는 아직 무리가 있는 기이한 체계와 이미지에 이르기까지 다양한 수단을 사용해왔다. 이제까지 창조적 활동을 이렇게 검토했던 목적은, 이것 자체가 예술의 진정한 역사이면서도, 아직까지 해석 단계에 머물러 있는 개념 정의와 공식들로 인해 우리가 제대로 보지 못했지만 이제는 그 단계를 넘어서서 나아가야 한다는 사실을 인정하게 만드는 것이었다. 더 나아가 창조적 행위의 이러한 의미가 갖는 결과는, 창조적 행위가 커뮤니케이션과 공동체에 대해 보여주는 바에 의해 우리의 공동체적 삶 전체의 본질을 다시 볼 수 있다는 것이다. 이 해설의 용어들은 바로 문화의 정의에 관한 용어들이다. 창조적 해석과 묘사로 도달한 의미들과, 관습과 제도에 의해 구현된 의미들 사이의 근본적 관계를 파악했을 때, 우리는 '창조적 행위'와 '삶의 전체적 방식'이라는 문화의 두 가지 의미를 화해시킬 수 있는 위치에 선다. 그리고 이러한 화해야말로 우리가 자신과 사회를 이해하는 힘을 진정으로 확대하는 일이다.

2

문화의 분석

I

문화의 정의에는 일반적으로 세 가지 범주가 있다. 첫번째는 '이상'이라는 정의로서, 문화는 절대적이거나 보편적인 가치의 견지에서 인간의 완성 상태 혹은 완성의 과정이다. 이러한 정의를 받아들인다면 문화의 분석은 본질적으로 삶과 작품들 속에서 영원한 질서를 구성하는 것으로 보이는, 혹은 보편적 인간 조건에 대해 영속적으로 관련된 가치들을 발견하고 묘사하는 것이다. 두번째는 '기록'이라는 정의로서, 문화는 세밀한 방식으로 인간의 생각과 경험을 다양하게 기록하는 지적이고 상상적인 작품 전체이다. 이 정의에 의하면 문화의 분석은 비평 활동이며, 이를 통해 생각과 경험의 본질, 언어의 세부사항들, 이러한 것들이 작동하는 형식과 관례 등을 묘사하고 가치를 부여한다. 그러한 비평은 '이상'의 분석, 즉 "이 세상에서 생각되고 쓰인 것 중 최상의 것"[비평가 매슈 아널드의 말]의 발견에서부터, 전통에 관심을 두면서도 연구되는(연구의 주된 목적은 작품을 명확하게 해주고 가치를 판단하는 것) 특정한 작품을 일차적으로 강조하는 과정을 거쳐, 특정한 작품들에 대한 연구가 이루어지면 그것들을 그 작품들이 출현했던 특정한 전통이나 사회와 연관시키고자 하는 일종의 역사적 비평에 이르기까지 다양하게 분포되어 있다. 마지막으로 문화에 대한 '사회적' 정의가 있다. 이 경우 문화는 예술이나 학문에서뿐 아니라 제도나 일상적 행위에서 어떤 의미나 가치를 표현하는 특정한 삶의 방식을 묘사하는 것이다. 이러한 정의에 의하면 문화의 분석은 특정한 삶의 방식, 특정한 문화 내에서 명시적으로 혹은 암시적으로 드러나는 의미와 가치를 해명하는 것이다. 그러한 분석은 이미 언급한 역사적 비평을 포함할 것이며, 이때 지적이고 상상력이 담긴 작품들은 특정한 전통이나 사회와 연관되어 분석될 것이지만, 문화에 대한 다른 정의를 추종하는 사람들에게는 결코 '문화'가 아닌 삶의 방식의 요소들—즉 생산의 조직, 가족의 구조, 사회관계를 표현하고 지배하는 제도들의 구조, 그 사회 구성원이 의사소통하는 형식들—에 대한 분석도 포함할 것이다. 또 그러한 분석은 '이상'에 대한 강조, 즉 절대적이거나 보편적인, 혹은 적어도 고상하고 비천한 의미와 가치를 발견하는 것뿐 아니라 특정한 생활방식을 구명하고자 하는 '기록'적 측면에 대한 강조를 거쳐, 특정한 의미와 가치를 연구함으로써, 이것을 하나의 등급표를 만드는 방식으로 비교한다기보다는 그들의 변화 양식을 연구하여 사회적·문화적 발전을 하나의 전체로서 더 잘 이해할 수 있도록 일반적 '법칙들'이나 '경향들'을 발견하고자 하는 데 이르기까지 널리 분포되어 있다.

이러한 정의들은 각각 나름의 가치를 지닌 듯하다. 예술이나 지적인 작업에서뿐 아니라 제도나 행동양식에서도 의미나 가치, 창조적 인간 행위의 기록을 찾는 것은 분명히 필요한 일이기 때문이다. 동시에 과거의 수많은 사회들과 우리의 과거 발전 단계들을 이해하기 위해 중요한 의사소통의 능력을 유지하고 있는 지적인 혹은 상상적인 작품의 총체에 의존하는 정도를 보면 이러한 용어들로 문화를 설명하는 것이 완전하지는 않지만 적어도 합리적이기는 하다는 것을 알 수 있다. 우리가 '사회'를 넓은 의미로 설명한 만큼, '문화'에 대해서는 이렇듯 다소 제한된 의미로 언급할 수 있을 것이다. 그러나 내가 보기에는 '이상'으로서 문화를 설명하는 정의도 가치 있는 듯하며, 좀더 광범위한 의미를 유지하는 데 도움이 되는 것으로 보인다. 이미 발표된 수많은 비교론 연구를 훑어보면서 내가 느낀 것은 흔히 그렇게 규정해왔듯 인간적 완성의 과정을 '절대적' 가치의 발견과 동일시할 수 없다는 것이다. 그러나 그 과정을 인간의 완성perfection(우리가 그것을 향해 갈 수 있는, 이미 알려진 이상을 암시한다)이라 부르지 않고, 인간의 진화evolution, 즉 한 종족으로서 인간이 성장하는 전반적 과정을 의미하는 것으로 부른다면 우리는 다른 정의들이 배제했을지도 모르는 사실의 영역들을 깨달을 수 있다. 특정한 사회에서 특정한 개인들이 발견하여 사회적 계승과 특정한 업적을 통한 구현으로 살아 있도록 만들어놓은 의미와 가치는, 일단 특정한 상황에서 학습하면 인간이 삶을 풍성하게 하고, 사회를 조정하며, 환경을 통제하는 힘을 키우는 데 근본적으로 기여할 수 있다는 의미에서 보편적인 것이라고 입증된 바 있다. 이러한 요소들은 특정한 기술, 의학, 생산, 커뮤니케이션에서도 발견되지만, 경험을 창조적으로 다루는 데서 만들어져야 하는 순전히 지적인 분야에 더 의존할 뿐만 아니라, 이 분야들 자체가 기본적인 윤리적 가정과 주된 예술적 형식과 더불어, 수많은 변형과 갈등을 거쳐 한 노선의 공동체적 성장을 대표하는 보편적인 전통에 포함될 수 있다는 것도 분명하다. 이러한 전통을 보편적인 인간의 문화라고 부를 수 있는데, 이러한 문화는 실제로는 좀더 국지적이고 일시적인 체계들로 형성된 특정한 사회 내에서야 비로소 활성화될 수 있다는 것을 덧붙여야겠다.

의미와 지시 대상의 변이는 문화를 하나의 용어로 사용하는 데 깔끔하고 배타적인 정의를 내리지 못하게 만드는 불리한 요소가 아니라, 경험의 현실적 요소에 대응하는 진정한 복잡성으로서 이해되어야 한다. 이 세 종류의 정의에 대해서는 각기 의미 있는 지시 대상이 있고 우리는 그것들 사이의 관계에 주목해야 할 것이다. 문화에 대한 적절한 이론이라면 이 정의들이 지시하는 사실의 세 가지 영역을 포괄해야만 하며, 반대로 이러한 범주들 중 어떤 것 내부에서 만들어진 특수한 정의라도 다른 나머지 것들에 대한 지시 관계를 배제한다면 부적합한 이론이다. 그래서 그것이 묘사하는 과정을 특정한 사회가 상세하게 구현하고 형성하는 것에서 추상화하고자 하는—다시 말해서 인간의 이념적 발전을 인간의 '동물적 본성' 혹은 물질적 필요의 충족과 별개의 것, 나아가서 반대되는 것으로 보는—'이상'으로서의 문화에 대한 정의는 받아들이기 힘들다. 마찬가지로 쓰이거나 그려진 기록에서만 가치를 찾고, 이러한 영역을 인간의 사회생활 나머지 부분과 구분하는, '기록'으로서의 문화에 대한 정의도 받아들이기 힘들다. 또한 일반적 과정이든 예술과 학문의 총체이든 단순한 부산물로서, 즉 그 사회의 현실적 이해관계의 수동적 반영으로 보는, 문화에 대한 '사회적' 정의도 잘못된 것으로 보인다. 우리는 그것이 실제로 아무리 어려운 일이라 해도 그 과정을 전체로서 보고, 우리의 특수한 연구들을 적어도 명시적으로는 아니더라도 궁극적인 준거에 의해 실제적이고도 복잡한 조직에 연관시키도록 노력해야 한다.

이것을 예시하기 위해 분석 방법에서 예를 들어보자. 특정한 예술작품, 가령 소포클레스의 『안티고네』를 우리는 이상적 견지—절대적 가치의 발견—에서, 혹은 기록적 견지—예술적 수단을 통해 어떤 가치들을 전달하는 것—에서 분석할 수 있다. 어떻게 분석해도 많은 것을 얻을 수는 있다. 첫번째 방법은 죽은 사람들에 대한 경의의 절대적 가치를 알려줄 것이고, 두번째 방법은 코러스chorus와 이중의 코모스kommos[배우와 코러스 사이의 대화로 이루어지는 애가哀歌]라는 특수한 극적 형식과 운문의 특이한 강렬함을 통해 인간의 기본적인 긴장관계를 표현했음을 알려줄 것이다. 그러나 이 가운데 어떠한 분석도 완전하지 못하다는 것 또한 분명하다. 이 극에서 절대적 가치인 경의는 특수한 친족 체계와 그 체계의 관습적 의무—가령 안티고네는 오빠를 위해서는 이런 일을 할 것이지만 남편을 위해서는 하지 않는다는 것—에 의해 제한된다. 비슷한 이유로 극적 형식, 운문의 음보들은 예술적 전통, 즉 여러 사람들의 작업, 경험상의 요구에 의해서만이 아니라 극적 전통이 발달한 특정한 사회 형태에 의해서 형성된 것이라고 할 수 있다. 우리가 원래 했던 분석을 이런 식으로 확장하는 것은 받아들일 수 있지만 이러한 확장 때문에 경의 혹은 극적 형식과 특정한 운문의 가치가 우리가 지정한 맥락에서만 의미가 있다는 것까지 받아들일 수는 없다. 이렇듯 강렬한 사례를 통해 경의의 감정을 배우는 것은 그 맥락을 뛰어넘어 인간 의식의 보편적 성장에도 해당된다. 극적 형식은 원래의 맥락을 뛰어넘어 전혀 다른 사회에서도 중요하고도 일반적인 극적 전통의 요소가 된다. 특수한 의사소통으로서의 연극 자체는 그것을 만들어냈던 사회의 종교보다 오래 살아남아 재창조되어, 애초에 상상도 못했던 관중을 향해 직접 이야기할 수 있다. 그러므로 우리는 이상적 가치나 특정한 기록을 추상화해서도 안 되지만, 이러한 것을 특정한 문화의 국지적 견지에서만 설명하는 것으로 축소해버려도 안 된다. 실제의 분석에서 현실적 관계들을 연구해보면, 우리는 특정한 사례를 통해 일반적 조직을 연구하고 있고, 이 일반적 조직에는 나머지 부분들에서 추상화하거나 분리할 수 있는 요소가 없다는 것을 알 수 있다. 어떤 가치관이나 예술작품을 그들이 나타났던 특정한 사회를 언급하지 않고도 제대로 연구할 수 있다고 가정하는 것은 잘못이지만, 사회적 설명이 결정적이라거나 가치관이나 작품이 단지 부산물에 불과하다고 가정하는 것도 잘못이다. 우리는 작품이나 가치가 그것이 나타난 전체적 상황에 의해 얼마나 뿌리깊이 규정될 수 있는가를 깨달았기에, 이러한 관계들을 정형화된 형식으로, 즉 "예술작품과 사회는 어떤 관계인가?" 하는 식으로 묻는 습관이 있다. 그러나 이 질문에서 '사회'란 그럴듯한 전체이다. 예술이 사회의 일부라면, 우리가 이런 질문의 형식을 통해 사회 바깥에 우선권을 줄 수 있는 실체는 없다. 예술은 하나의 활동으로서 생산, 교역, 정치, 가족의 부양 등과 함께 존재한다. 그 관계들을 제대로 연구하려면 우리는 모든 활동을 특수하고도 동시대적인 인간 에너지의 형식으로 보고 적극적으로 연구해야 한다. 이러한 활동 가운데 어떤 하나를 골라보아도, 우리는 얼마나 많은 다른 활동들이 전체 조직의 성격에 따라 다양한 방식으로 그 속에 반영되어 있는지 알 수 있다. 또한 우리가 특정한 목적에 봉사하는 특정한 활동을 구분해낼 수 있다는 사실 자체가, 바로 그 활동이 없으면 그 장소, 그 시간의 인간 조직 전체가 실현될 수 없었을지도 모른다는 것을 시사한다. 그러므로 예술은 분명히 다른 활동들과 연관되어 있는 반면에, 그 조직의 견지에서 보면 이런 식으로밖에 표현될 수 없었을 그런 요소를 표현한 것으로 볼 수 있다. 그러니까 문제는 예술을 사회와 연관시키는 것이 아니라, 모든 활동과 그들의 상호관계를 우리가 추상화하고자 하는 특정한 활동에 우선권을 부여하지 않은 채 연구하는 것이다. 종종 있는 일이지만, 특정한 활동이 전체 사회조직을 근본적으로 바꾸어놓은 것을 발견하는 경우라도, 우리는 이 활동에 다른 모든 활동을 연관시켜야 한다고 말할 수는 없다. 우리는 그저 변화하는 조직 속에서 특정한 활동들과 그들 사이의 상호관계가 영향을 받는 다양한 방식을 연구할 수 있을 뿐이다. 더욱이 그 활동들은 다양하고 때로는 상충하는 목적을 위해 이루어질 것이므로, 우리가 찾는 변화는 단순할 가능성이 거의 없다. 즉 특정한 활동들이나 전체 사회조직 속에 끈질기게 남아 있는 요소들, 적응, 무의식적 동화同化, 적극적 저항, 대안적 노력이 항상 존재하는 것이 정상일 것이다.

기록의 의미로 문화를 분석하는 것은 그것이 나타났던 사회조직 전체에 관한 특수한 증거들을 산출하는 것이므로 매우 중요하다. 우리는 특정한 형태 혹은 특정한 시기의 사회를 안다든가,

그 사회의 예술과 그와 관련된 이론을 살펴보겠다고 함부로 말할 수가 없다. 이러한 것들을 알기 전에는 그 사회를 진정으로 안다고 주장할 수 없는 노릇이므로. 이것은 방법의 문제인데, 여기서 이 문제를 언급하는 이유는, 역사의 상당수가 그 사회의 토대, 즉 정치적·경제적·'사회적' 배치가 사실의 중심핵을 이루며, 그러고 나서 예술과 이론은 주변적인 예증이나 '상관관계' 정도로 제시되었기 때문이다. 문학, 예술, 과학, 철학의 역사에서는 이러한 과정이 정확히 역전되어서, 이러한 것들은 그 자체의 법칙에 따라 발달한 것으로 묘사되고, '배경'이라고 불리는 것들(일반 역사책에서는 중심적인 핵을 이루는 것)이 간단히 묘사되는 식이었다. 분명하게 설명하려는 경우에는 강조를 위해 어떤 활동들을 선택해야 하며, 일시적으로 그것을 다른 것과 분리하여 발달의 특수한 과정들을 추적하는 것이 합리적이다. 그러나 그렇듯 특수한 작품에서 서서히 형성된 한 문화의 역사는, 활동적인 관계들이 복원되고 진정한 등가관계 속에서 그러한 활동들을 볼 때에만 쓰일 수 있다. 문화사는 특수한 역사들의 합계 이상인데, 그것은 문화사가 특히 관심을 두는 영역이 특수한 역사들 사이의 관계, 전체 사회조직의 특수한 형태들이기 때문이다. 그래서 나는 문화 이론을 전체적인 삶의 방식에 존재하는 요소들의 관계에 관한 연구라고 정의하고 싶다. 문화의 분석은 이러한 관계들의 복합체인 사회조직의 본질을 발견하려는 시도이다. 이러한 맥락에서 특정한 작품이나 제도에 대한 분석은 그 조직의 본질적 종류, 즉 작품이나 제도가 전체 조직의 일부로서 구현하고 있는 관계들을 분석하는 것이다. 이러한 분석에서 키워드는 패턴pattern이다. 모든 유용한 문화 분석은 특징적 종류의 패턴을 발견하는 데서 시작된다. 일반적인 문화 분석이 염두에 두는 것은 바로 지금까지 별개로 고찰되던 활동들 사이의 예기치 않았던 동질성이나 상응관계를 드러내거나, 때로는 예기치 않았던 단절을 드러내는 것이다.

우리가 실질적으로 전반적인 사회조직을 안다고 할 수 있는 것은 우리 시대, 이곳뿐이다. 우리가 다른 곳, 다른 시대의 삶을 꽤 많이 배울 수는 있지만, 내가 보기에 어떤 요소들은 절대로 복원할 수 없다. 복원할 수 있다 해도 추상적인 상태로 복원할 뿐인데, 이 사실은 아주 중요하다. 우리는 각각의 요소들을 하나의 침전물로서 학습하지만, 그 시대의 살아 있는 경험 속에는 모든 요소가 용해되어, 복합적 전체에서 분리할 수 없는 일부가 되어 있다. 과거의 시대를 연구하는 데서 가장 포착하기 어려운 것은 바로 특정한 장소와 시간의 특성을 체감하는 것, 다시 말해 특정한 활동들이 하나의 사고방식, 생활방식과 어떻게 결합되어 있는가를 느끼는 것이다. 우리는 특정한 삶의 조직에 대해 기본 윤곽 정도는 꽤 복원할 수 있다. 심지어 [에리히] 프롬이 '사회적 성격'이라 부르는 것, 혹은 [루스] 베네딕트가 '문화의 패턴'이라 부르는 것까지도 복원할 수 있다. 사회적 성격—행동과 태도의 가치 체계—은 공식·비공식적으로 가르쳐진다. 그것은 이상인 동시에 양식이기도 하다. '문화의 패턴'은 하나의 뚜렷한 조직, 하나의 '생활방식'을 만들어내는 이해관계와 활동의 선택과 설정이며, 그에 대한 특수한 가치 부여이다. 그러나 이런 것들도 우리가 복원해내면 보통 추상적인 것이 된다. 그렇지만 아마도 우리는 또다른 공통 요소, 그러니까 성격도 패턴도 아닌, 말하자면 이러한 것들이 체험된 실제적 경험에 대한 감각까지도 얻을 수 있을 것이다. 이 실제적 경험은 매우 중요한 것으로, 사실 우리는 어떤 시대의 예술에서 그러한 접촉을 가장 많이 느낀다. 그 예술을 그 시대의 외면적 성격과 대비해보고 개별적 변종들을 감안하고 나서도, 여전히 우리가 쉽게 자리를 정할 수 없는 중요한 공통의 요소가 있다. 이것을 이해하는 최선의 방법은 우리 자신이 공유하는 생활방식에 대한 비슷한 분석을 떠올리는 것이라고 생각된다. 왜냐하면 여기서 우리는 삶에 대한 특수한 감각, 거의 표현할 필요도 없는 특정한 경험의 공동체를 발견하며, 외부의 분석가도 묘사할 수 있는 우리 생활방식의 특성들은 그것을 통과하면서 특수하고도 개성 있는 색깔이 입혀졌기 때문이다. 우리는 보통 도무지 '같은 언어'로 말하지 않는 세대 간의 대조를 의식하거나, 우리 공동체 바깥에서 온 어떤 사람이 우리의 삶에 대해 설명한 것을 읽는다거나, 우리의 생활방식을 학습했으나 그 속에서 성장하지는 않은 어떤 사람에게서 나타나는 말투나 행동양식의 조그만 차이들을 볼 때 이러한 사실을 의식하게 된다. 거의 모든 공식적 묘사는 너무 조야해서 특수하고도 타고난 스타일에 대한 뚜렷한 감각을 제대로 표현할 수 없다. 우리가 직접적으로 알고 있는 삶의 방식에서 상황이 이럴진대, 우리 자신이 방문객, 학습자, 혹은 다른 세대에서 온 손님의 입장—어떤 과거 시대를 연구할 때는 너나없이 그런 입장에 서게 되는데—에 서면 분명히 더 그러할 것이다. 그것을 사소한 설명으로 돌려버릴 수도 있지만, 그러한 특성이 있다는 사실은 사소하지도 주변적이지도 않다. 그것은 정말로 중요한 것이다.

이것을 묘사할 때 내가 제시하는 용어는 감정 구조structure of feelings이다. 그것은 '구조'라는 말이 암시하는 것처럼 견고하고 분명하지만, 우리 활동 가운데서 가장 섬세하고 파악하기 힘든 부분에서 작동하고 있다. 어떤 의미에서 감정 구조는 한 시대의 문화이다. 그것은 전반적인 사회조직 내의 모든 요소가 특수하게 살아 있는 결과이다. 그리고 한 시대의 예술이—여기에 논의의 편의상 특징적 접근 방법과 어조가 포함된다고 하면—중요한 것은 바로 이러한 측면에서이다. 왜냐하면 다름아닌 바로 여기서 이러한 [감정구조의] 특성이 표현되기 마련이기 때문이다. 이는 종종 의식적으로 이루어지는 것이 아니라, 실제적인 생활 감각을 가지고 있는 보유자보다 오래 살아남은 커뮤니케이션의 기록물 중 독보적 사례들에서 찾아볼 수 있는, 의사소통을 가능케 하는 심층적 공동체가 존재한다는 사실에 의해 그렇게 되는 것이다. 그 감정 구조를—사회의 성격도 마찬가지지만—공동체의 개인 대다수가 가지고 있다는 의미는 아니다. 그러나 모든 실제의 공동체에서 그것은 매우 심층적이고도 광범위하게 소유되고 있는데, 그것은 의사소통이 의존하는 기반이 바로 감정 구조이기 때문이다. 특히 흥미로운 것은 그것이 어떤 공식적 의미에서 학습되는 것이 아니라는 사실이다. 한 세대가 사회의 성격이나 문화의 패턴에서 다음 세대를 꽤 성공적으로 훈련시킬 수는 있지만, 새로운 세대는 그들 나름의 감정 구조를 가질 것이며, 이것은 어디'로부터' 온 것으로 보이지는 않을 것이다. 바로 여기서 매우 뚜렷하게 변화하는 사회조직이 유기체 속에 체현된다. 즉 새로운 세대는 그 나름의 방식으로 그들이 물려받은 독특한 세계에 대응하여, 추적할 수 있는 수많은 연속적 요소를 받아들이고 따로따로 묘사될 수 있는 그 사회조직의 많은 측면을 재생산하지만, 그들의 삶 전체를 특정한 방식으로 다르게 느끼며 그들의 창조적 반응을 새로운 감정 구조로 형성시킨다.

그러한 어떤 [감정]구조를 가진 사람이 죽은 후에 우리가 그 생생한 요소들에 가장 근접하려면, 시에서 건물, 옷의 유행에 이르는 기록 문화에서 찾아야 한다. 기록된 문화에 대한 정의에 의미를 부여하는 것은 바로 이러한 관계에서이다. 그렇다고 기록이 자율성을 띤다는 의미는 아니다. 앞서 말했듯 한 활동의 의미는 전체 사회조직의 견지에서 찾아야 하며, 전체 사회조직은 각 부분의 합 이상이다. 우리가 찾는 것은 항상 그 조직 전체가 표현하고자 했던 실제의 삶이다. 기록 문화의 의미는 다른 무엇보다도 살아 있는 증인이 침묵할 때, 직접적인 말로 그 삶을 우리에게 표현해준다는 것이다. 동시에 우리가 감정 구조에 관해 생각해보고, 동시대의 예술을 포함한 엄청난 자료들을 앞에 두고도 그 시대의 감정 구조와 밀접하게 접촉했던 사람조차 그것을 완전히 이해할 수 없는 것을 보면, 우리로서는 어떤 채널을 사용하더라도 그것에 접근하거나 근사치를 얻는 것 이상을 기대하지는 말아야 할 것이다.

아주 일반적인 정의定義에서라도 우리는 문화의 세 가지 수준을 구분할 필요가 있다. 우선 그 시대 그 장소에 살고 있는 사람들만이 완전히 도달할 수 있는 특수한 시간과 장소에서 체험된 문화가 있다. 그리고 예술에서부터 가장 일상적인 사실에 이르기까지 모든 종류의 기록된 문화가 있는데, 이를 한 시대의 문화라 할 수 있다. 또한 체험된 문화와 시대적 문화를 연결해주는 요소로서 선택적 전통의 문화가 있다.

문화가 더이상 체험되지 못하고 기록을 통하여 협소한 방식으로만 살아남은 경우, 우리는 한 시대의 문화를 면밀히 연구하고 나서 마침내 그 시대의 문화적 업적, 사회적 성격, 활동과 가치의 전반적 패턴과 감정 구조의 일부에 대해 꽤 분명하게 알게 되었다고 느낀다. 그러나 문화의 생존은 해당되는 시대 자체에 의해서가 아니라, 전통을 서서히 조성해가는 새로운 시대에 의해 지배된다. 아무리 전문가라 하더라도 어떤 시대에 대해 그 기록의 일부밖에는 알지 못한다. 예컨대 19세기 소설에 대해 진짜 아는 사람은 아무도 없다고 자신 있게 말할 수 있다. 어느 누구도 인쇄된 책에서부터 1페니짜리 분책分冊에 이르는 모든 사례를 읽지도 않았고, 읽었을 수도 없다. 정말 전문가라면 수백 권쯤은 읽었을 것이고, 보통의 전문가라면 그보다는 좀 덜 읽었을 것이며, 교육받은 독자들은 그보다 더 조금 알 것이다. 물론 그 모든 사람이 그 주제에 대해 뚜렷한 의견은 있겠지만 말이다. 매우 가혹한 선택의 과정이 분명히 존재하며, 이는 다른 활동 분야에서도 동일하다. 마찬가지로 19세기 독자들이라고 해서 당시의 모든 소설을 다 읽지는 못했을 것이다. 한 사회에 속한 어떤 개인도 그 사회에 대한 사실들 중 선택된 부분밖에는 알지 못한다. 그러나 내가 말했듯 그 시대에 사는 사람이라면 모두 다음 세대의 어떤 사람도 결코 복원할 수 없는 무엇인가를 가지고 있었을 것이다. 그것은 바로 그 소설들이 쓰인, 그리고 우리가 선택을 통해 그에 접근해보고 있는 삶에 대한 감각이다. 이론적으로 한 시대는 기록된다. 그러나 실제적으로 이 기록은 선택적 전통에 흡수되며, 기록이든 선택적 전통이든 모두 체험된 문화와는 다르다.

선택적 전통의 작동을 이해하는 것은 매우 중요한 일이다. 어느 정도 그 선택은 바로 해당 시대부터 시작된다. 모든 활동의 총체에서 어떤 것들을 선택하여 가치를 부여하고 강조한다. 일반적으로 이러한 선택은 그 시대 사회조직 전체를 반영한다. 그렇다고 그 가치와 강조가 나중에도 인정받는 것은 아니지만 말이다. 우리는 이것을 과거 시대의 예에서 뚜렷하게 볼 수 있지만, 우리 시대에 대해서는 믿지 않는다. 지난 십 년간의 소설에서 예를 들어보자. 1950년대의 소설을 전부 읽은 사람은 아무도 없다. 아무리 책을 빨리 읽는 사람이 하루에 스무 시간을 투자한다 해도 그렇게 할 수는 없을 것이다. 그렇지만 출판과 교육을 통해 이 시대 소설의 일반적인 성격이 규정되었을 뿐 아니라 가장 의미 있는 작품들에 대하여 다수가 동의하는 꽤 짧은 목록이 이미 만들어졌다. 이 목록에 30여 편의 작품이 들어 있다고 하면(이미 이것만 해도 꽤 엄격한 선택이다), 50년 후에 1950년대의 소설을 전공하는 사람은 이 30편에 대해서는 알 것이고, 일반 독자는 그중 대여섯 편만을 알아볼 것이다. 그러나 여기서 우리는 1950년대가 지나간 이상 또다른 선택 과정이 시작될 것임을 분명히 알 수 있다. 이 새로운 과정은 선택된 작품의 수를 줄일 뿐 아니라 어떤 경우에는 그에 대한 가치 판단도 완전히 바꾸어놓을 것이다. 50년 후에는 꽤 영구적인 가치 평가가 이루어질 테지만 그조차도 부침浮沈을 거듭할 것이다. 그러나 이 기나긴 과정을 쭉 겪어온 사람이라면, 우리에게 중요한 요소들이 계속 무시되고 있음이 분명하다고 느낄 것이다. 우리는 힘없는 노인들이 하는 식으로, '왜 요즘 젊은 애들이 아무개를 안 읽는지 모르겠어'라고 말할 것이며, 또는 더 단호하게 '아니야, 이건 옛날에 진짜 그랬던 것과는 달라. 이건 너희들 입장에서 본 거지'라고 말할 것이다.* 어떤 시대든 최소한 3세대를 포함하기 때문에 우리는 항상 이러한 경우들을 보게 되고, 또 하나의 복잡한 요인은 우리 중 아무도, 아주 중요한 시기에조차 제자리에 가만히 있지는 않는다는 것이다. 즉 우리는 수많은 조정 과정에 대해 항의할 수 없고, 수많은 생략과 왜곡과 재해석을 그대로 받아들여야 하거나 아니면 거의 알아차리지도 못한다. 우리 자신이 그런 모든 것을 초래한 변화의 일부이기 때문이다. 그러나 살아 있는 증인들이 사라져버리면 더 큰 변화가 일어난다. 체험된 문화는 단지 선택된 기록으로 고정되는 것만이 아닐 것이다. 그 기록들은 축소된 형태로, 부분적으로는 인간적 진보의 전반적 과정에(불가피하게도 아주 작은 것이겠지만), 부분적으로는 역사의 복구를 위하여, 또 부분적으로는 우리를 정리하는 방식으로 과거의 일정 단계를 명명하고 자리를 정하는 데 기여하도록 사용될 것이다. 그러므로 선택적 전통은 어떤 수준에서는 전반적인 인간의 문화를 창조해내고, 다른 수준에서는 특정한 사회의 역사적 기록을 만들며, 세번째 수준에서는—가장 수용하고 인정해주기 어려운 부분이지만—한때는 살아 있는 문화였던 것의 상당 부분을 거부한다.

주어진 한 사회 내에서 선택은 계급적 이해관계를 포함한 다수의 특수한 이해관계에 의해 지배된다. 실제의 사회 상황이 대체로 동시대의 선택을 지배하는 것처럼, 그 사회의 발전과 역사적 과정은 대체로 선택적 전통을 지배한다. 한 사회의 전통문화는

* 페리 앤더슨Perry Anderson의 훌륭한 글 「50년대의 좌파The Left in the Fifties」(『뉴 레프트 리뷰*New Left Review*』 29호)는 내가 예상했던 것보다 좀더 이르게 이러한 느낌을 보여주었다. 그러나 그의 분석은 나름대로 공정했고 필요한 것이었다.

늘 동시대의 이해관계와 가치관의 시스템에 상응한다. 그것은 절대적인 작품의 총체가 아니라 끊임없는 선택과 해석이기 때문이다. 이론상으로, 그리고 실제로도 어느 정도까지 그 전통을 살아있게 만드는 데 공식적으로 관련된 제도들(특히 교육과 학문의 제도들)은 동시대적 이해관계에 따라 선택된 일부만이 아닌 전체로서의 전통에 헌신한다. 이 헌신의 중요성은 매우 크다. 왜냐하면 우리는 선택적 전통의 작용에서 역전과 재발견, 얼핏 보기에 죽은 것이라고 버려졌던 작품들로의 회귀 등의 현상을 반복하여 볼 것이며, 분명히 이는 과거 문화의 대부분을 살리지는 못하더라도 적어도 사용가능한 정도로 유지하고자 하는 제도들이 있을 때에만 가능한 것이다. 선택적 전통은 자연스럽고도 불가피하게 한 사회의 성장 노선을 따라가지만, 그러한 성장이란 복잡하고도 연속적인 것이어서 과거의 작품이 미래의 상황에 얼마나 연관이 있을지는 예측할 수 없다. 학문 기관에 그 사회의 발전 노선을 따라가라는 압력이 주어지는 것은 당연한 일이지만, 현명한 사회라면 적절한 연관을 유지하는 한편 일상적인 보존의 업무에 충분한 지원을 할 수 있도록, 그리고 이러한 활동 대부분이 별 의미가 없고 쓸데없다는 비판—어떤 시대든 이러한 비판을 의기양양하게 내놓기 마련인데—에 저항하도록 격려할 것이다. 종종 너무나 많은 학문 기관이 심각할 정도로 자기보전의 성향을 띠고 변화에 저항하는 것은 한 사회의 성장에 장애가 된다. 필요하다면 새로운 기관을 통해 그러한 변화를 이룰 수도 있지만, 우리가 선택적 전통의 과정을 제대로 이해하고 기나긴 세월에 걸쳐 관찰하여 역사적 변화와 굴곡을 제대로 감지한다면, 그에 따라 그러한 영속화의 가치도 인정될 수 있을 것이다.

전체로서의, 그리고 개별적 활동의 총체로서의 사회에서 문화적 전통이란 조상들에 대한 지속적 선택과 재선택의 과정이라 할 수 있다. 종종 한 세기 내내 특정한 노선들이 그려지다가, 갑자기 성장의 새로운 단계와 더불어 취소되거나 약화될 것이며 새로운 노선들이 그려질 것이다. 동시대 문화의 분석에서 선택적 전통의 현상태는 핵심적 중요성을 띤다. 왜냐하면 이 전통의 변화—즉 과거와 새로운 연결을 이루고, 현존하는 노선들을 망가뜨리거나 다시 그리는—가 사실은 근본적인 동시대적 변화인 경우가 종종 있기 때문이다. 우리는 문화적 전통이 어느 정도나 선택일 뿐 아니라 해석이기도 한가에 관해 과소평가하는 경향이 있다. 우리는 경험을 통해 과거의 작품을 보면서도 그것을 원래의 견지에서 보려는 노력조차 하지 않는다. 해석이 할 수 있는 일은 이러한 과정을 역전시켜 어떤 작품을 원래 시대로 돌려보내기보다는, 역사적 대안들을 보여주어 그 해석을 의식하게 해주고 그것이 기대고 있는 특정한 동시대의 가치와 해석을 연관시켜 그 작품의 현실적 패턴을 탐구함으로써 우리 선택의 본질과 직면하게 해주는 일이다. 어떤 경우에는 작품이 문화적 성장에 진정한 공헌을 하고 있기에 그것이 살아 있도록 보전하는 경우도 있을 것이다. 또다른 경우에는 우리 나름의 이유 때문에 작품을 특정한 방식으로 이용한다는 것이 드러날 것이다. 그리고 이러한 사실을 아는 것이 무작정 '위대한 평가자, 시간'이라는 신비주의에 굴복하는 것보다는 낫다. 우리 자신의 적극적 선택의 책임을 '시간'이라는 추상적 개념 탓으로 돌리는 것은 경험의 핵심적 부분을 억누르는 것이다. 모든 문화적 작업이 그것이 나타난 사회조직 전체 혹은 그것이 사용되는 동시대의 사회조직에 적극적으로 연관될수록 우리는 그 가치를 더욱 분명하게 알게 된다. 그러므로 '기록적' 분석은, 살아 있는 문화에서든 과거의 어떤 시기이든 혹은 그 자체가 사회적 조직인 선택적 전통에서든, '사회적' 분석으로 나아갈 것이다. 또한 우리가 이 수준의 과정을 인간의 완성(즉 정해진 가치로 향해 가는 운동)으로서가 아니라 여러 개인과 집단이 공헌할 수 있는 인간의 보편적 진화의 한 부분으로서 받아들인다면, 영속적 공헌의 발견 또한 일반적 분석으로 나아갈 것이다. 우리가 분석하는 모든 요소는 이러한 의미에서 활동적이다. 즉 그것은 서로 다른 수준에서 어떤 현실적 관계 속에 있는 것으로 나타날 것이다. 이러한 관계들을 묘사하는 과정에서, 실제의 문화적 과정이 드러날 것이다.

II

문화의 분석에 대한 모든 이론적 설명은 실제 분석을 통해 시험되어야 한다. 나는 1840년대 영국이라는 한 시기를 들어서 이제까지 말해왔던 이론적 방법과 개념을 문화의 맥락에서 검토하고자 한다.

우리가 1840년대를 직접 연구하려 했을 때 가장 먼저 부딪히는 놀라운 사실은 선택적 전통이 그 시기에 대해 얼마나 많이 작용해왔는가 하는 것이다. 간단한 예는 신문 분야이다. 그 시대의 특징적 신문으로 『타임스*The Times*』를 들고, 초기 빅토리아 시대 언론에 대한 개념들을 주로 『타임스』의 활동에서 끌어오는 것이 보통이다. 물론 『타임스』가 주도적 일간지였던 것은 사실이다. 그러나 이 시기에 가장 널리 읽혔던 것은 일요신문인 『디스패치*Dispatch*』『크로니클*Chronicle*』『로이즈 위클리*Lloyd's Weekly*』『뉴스 오브 더 월드*News of the World*』였다. 이는 분명하게 '일요신문'다운 뉴스를 선택한 것이라고 할 수 있다. 즉 『벨스 페니 디스패치*Bell's Penny Dispatch*』(1842년 2월에서 10월까지만 발행됨)의 부제는 '스포츠와 경찰 관보, 로맨스 신문'이었으며, 특징적 헤드라인을 보면 "과감한 음모와 미수죄" 따위였고, 커다란 목판 그림과 함께 상세한 소식이 나와 있었다. 이런 종류 신문의 전체 판매량은 1840년대 말경 27만 5천 부가량이었으며, 이에 비해 일간신문은 다 합쳐서 6만 부 정도였다. 우리가 그 시대의 실제 문화를 검토한다면, 『타임스』가 상류층 정치의 전통에서 지속적 중요성을 지녔다는 이유 때문에 그것만 따로 떼어내서 이해하기보다는 오히려 위에 언급한 사실들에서 출발해야 한다.

문학의 경우에도 이와 비슷하게 선택적 전통의 작용이 두드러진다. 우리는 이 시기를 디킨스, 새커리, 샬럿 브론테와 에밀리 브론테가 소설의 상층부를 이루고, 엘리자베스 개스켈, [찰스] 킹즐리, [벤자민] 디즈레일리가 하층부를 이루는 것으로 이해한다. 또한 우리는 그 '시대의' 작가로서 [에드워드 불워] 리턴, [프레데릭] 매리엇, [찰스] 리드 등도 알고 있다. 물론 디킨스는 그 당시 매우 널리 읽혔다. 예를 들어 『픽윅 *Pickwick*』은 정기적인 분할 출판 방식으로 매회 4만 부 정도가 팔렸고, 그 이후의 작품들은 7만 부 혹은 그 이상 팔린 적도 있었다. 그러나 당시에 가장 널리 읽혔던 다른 작가들은 1848년에 문을 연 W. H. 스미스 서적 판매상의 인기도 순으로 보면 다음과 같다. 리턴, 매리엇, [G. P. R.] 제임스, 제임스 그랜트, [메이] 싱클레어, [토머스] 핼리버튼, [앤서니] 트롤럽, [찰스] 레버, 개스켈, 제인 오스틴 순이다. 싸구려 소설 중 가장 인기 있었던 두 시리즈—'응접실 라이브러리 Parlour Library'(1847)와 '철도 라이브러리 Railway Library'(1849)—에는 주요 작가로 G. P. R. 제임스(47편), 리턴(19편), [앤] 마시 [콜드웰](16편), 매리엇(15편), [윌리엄] 에인스워스(14편), [캐서린] 고어(10편), 그랜트(8편), [토머스] 그래턴(8편), [윌리엄] 맥스웰(7편), 트롤럽(7편), 에마 로빈슨(6편), 메인 리드(6편), W. 칼턴(6편), 제인 오스틴(6편), [엘리자베스] 그레이(6편) 등이 포함되어 있다. 이러한 작가들의 작품 제목을 들어보면 그 작품들이 대개 어떤 범주에 속하는지 알 수 있다. 『아쟁쿠르 *Agincourt*』 『폼페이 최후의 날 *Last Days of Pompeii*』 『항해사 이지 *Midshipman Easy*』 『런던 탑 *Tower of London*』 『전쟁의 로맨스 *Romance of War*』 『브뤼허의 상속녀*Heiress of Bruges*』『워털루 이야기*Stories from Waterloo*』『미국의 피난민*Refugee in America*』『머리 가죽 사냥꾼*Scalp Hunters*』『방랑자 로디*Rody the Rover*』『오만과 편견*Pride and Prejudice*』『작은 아내*The Little Wife*』 등. 1851년 『타임스』에는 다음과 같은 논평이 실렸다.

> 이 시리즈에 추가되는 작품은 철도 문고본 독자의 주된 구성원인 상류층 사람들이 기차역에 들어서는 순간 평소의 자기 취향을 잃어버린다는 가정하에 선정되고 있다.

그렇지만 문제의 소설이 단지 비천하고 가난한 사람들의 읽을거리만은 아니었고, 적어도 기차 여행중에 소설을 읽는 것은 '상류층의 취향'이었다. 독자들 전체를 놓고 보면 우리는 앞서 언급하지 않았던 G. W. M. 레이놀즈라는 작가를 포함시켜야 하는데, 그가 죽었을 때 서적상은 그가 디킨스보다 훨씬 더 많은 작품을 썼고 더 높은 판매고를 올렸다고 언급한 뒤, 그가 '우리 시대의 가장 대중적인 작가'였다고 했다. 레이놀즈는 1840년대의 새로운 대중 정기간행물 시대에 전성기를 누렸으며, 『런던 저널*London Journal*』과 그 자신이 편집하던 『레이놀즈 미셀러니*Reynolds' Miscellany*』에는 「수사의 미스터리」나 「런던 법정 미스터리」 같은 전형적인 작품이 실렸다. 우리는 또한 그 시대 읽을거리의 목록에 '막대한 물량'이라고 묘사되는 포르노그래피 서적을 첨가해야 한다. 이러한 서적들은 '홀리웰가의 더러운 창고'에서 불법으로 생산되고 유통되었다. 또한 우리는 수많은 철학적·역사적·종교적·시적 저술 가운데 칼라일, 러스킨, [토머스] 매콜리, [J. S.] 밀, 토머스 아널드, [오거스터스] 퓨진, 그리고 테니슨, 브라우닝, [아서 휴] 클러프, 매슈 아널드와 [D. G.] 로세티 등의 작품을 포함시켜 선택해야 한다. 여기에 우리가 현재 그 시대의 특징적 작품이라 생각하는 것을 구성하는 선택적 전통이 작용하고 있음은 굳이 말할 것도 없다.

기록을 보면서 이미 우리는 그 시대의 사회사를 볼 수밖에 없다. 우리는 문화적 제도의 중대한 변화를 보게 된다. 즉 대중적인 '일요' 언론이 저널리즘의 가장 성공적인 요소로 민첩하게 자리잡는 것, 그 이전 시대의 좀더 차분한 '대중 교육' 잡지들과 달리 선정적이거나 낭만적인 소설과 요리법, 살림의 지혜, 편지 상담 등을 결합한 새로운 잡지의 출현(『페니 매거진 *Penny Magazine*』은 1845년에 폐간되는데, 그해는 새로운 형태의 『런던 저널』이 창간된 해이기도 하다), 1841년부터 나오기 시작한 '페니 드레드풀 penny dreadful (한 푼짜리 싸구려)' 문학에서 반(하프 half) 크라운[1크라운=5실링]과 1실링[1971년까지 사용. 12펜스]짜리 '응접실 라이브러리'나 '철도 라이브러리'에 이르는 저렴한 소설의 등장, 1843년 특허 극장 Patent Theatre의 독점 종식, 소극장의 발달, 1849년 뮤직홀 music-hall의 등장 같은 극장가의 중대한 변화들 등이다. 더욱이 제도적 차원의 이러한 변화는 실제 유통과정에서 다양한 대의명분과 연관되면서 그 시대의 역사 전체로까지 시선을 돌리게 만든다. 이렇듯 기술의 변화(신문에서는 증기 동력 인쇄와 윤전 인쇄의 발달, 서적에서는 직물표지 인쇄)는 일정 부분 인쇄문화 확대의 기반을 제공했다. 철도 붐은 새로운 독서 수요를 만들어냈고, 더 중요하게는 새로운 유통의 거점을 만들어냈다. 그러나 이러한 기술적 기회를 이용했던 사람들 또한 우리의 관심을 끈다. 이 시기에 이렇듯 수지맞는 장사에 새로 투자를 시작하는 사람들의 수도 괄목할 만하게 증가했다. 신문과 잡지에서 [에드워드] 로이드와 [조지] 벨은 일반화된 급진주의와 날카로운 상업적 본능을 결합했으며(레이놀즈 쪽이 좀더 진지한 편이었다), 극장가에서는 연극에 별로 관심은 없지만 극장을 지어 배우의 매니저와 극단에 임대하는 것이 상업적으로 좋은 기회라고 여기는 사람들이 극장을 소유하기 시작하면서 영국의 연극 발전에 심대한 영향을 미쳤다. 또한 싸구려 잡지를 출판하고자 하는 추진력은 대부분 노동계급의 발전을 통제해보려는 욕구에서 나온 것이며, 이러한 점에서 대중 교육 잡지에서 가족 잡지(이것은 우리 시대 여성 잡지의 직계 조상이다)로의 주목할 만한 변화는 매우 중요하다. 도덕과 가정을 개선한다는 점잖은 기획은 현존하는 계급 사회의 이해관계에 따라 특정한 사회적 가치들을 가르치고 암시하려는 것과 깊이 얽혀 있다. 이러한 변화는 넓은 견지에서 보면 우리가 검토해야 할 현실적인 문화의 과정에 필수적인 부분이다.

이제 좀더 넓은 분야로 나와보면 문서 기록에서와 마찬가지로 선택적 전통이 작용하고 있다는 것을 알게 된다. 앞서 언급한 제도의 발전은 대중문화의 상업적 조직화에서 중대한 국면을 나타내는 것으로, 일차적으로는 그뒤에 나타나는 주된 경향과 연관되기 때문에 우리의 관심을 끈다. 또한 같은 분야에서 좀 다른 종류의 발전 양상도 마찬가지다. 공공 박물관(1845년의 제한적 법안), 공공 도서관(1850년의 제한적 법령), 공원(1847년의 수준에서 허가된)의 창건 등이다. 이러한 혁신을 둘러싼 거센 논란(사치라는 비난에서부터 노동계급이 '개화'해야 한다는 애끓는 호소에 이르기까지)은 그 이후의 해석에 따라 우리 마음속에서 점점 잊히는 경향이 있다. 문화적 제도의 분야에서 우리가 파악해야 하는 복잡성은 1840년대의 십 년 동안 문화의 상업적 개발과 가치 있는 대중적 팽창, 계몽된 대중적 자산이 중대한 발전을 이룩했다는 사실이다. 선택적 전통의 다양한 조류가 늘 한 가지 발전 노선만을 추구하는 와중에 바로 이러한 현실을 축소해버린 것이다.

이는 또한 이 시기의 전반적인 정치사, 사회사에서도 마찬가지다. 내가 보기에 이 시기는 일곱 가지 특징이 주도했다. 우선은 1846년의 곡물법Corn Law 폐지로 자유무역이 중대한 승리를 이루었다. 또한 '젊은 영국Young England'의 사상에서 영향을 받아 디즈레일리 내각에서 새로운 스타일의 토리당이 실질적으로 재탄생했다. 무엇보다도 노동계급의 정치의식 발전에 중대한 계기를 이루는 차티스트운동Chartist Movement이 일어났다. 1847년의 10시간 노동법안에서는 공장법Factory Act 제정이 최대 쟁점으로 떠올랐다. 징벌적 구빈법을 둘러싼 복잡한 사연과 구빈법 시행을 개정하려는 1844년과 1847년의 시도가 있었으며, 이와 관련하여 [에드윈] 채드윅이 1848년의 공중위생법Public Health Act 제정을 위한 투쟁을 주도했다. 사회적 갈등에 교회가 다양한 방식으로 다시 깊숙이 개입하는 일도 있었다. 마지막으로 중공업과 특히 철도에 대한 자본 투자의 확대가 두드러졌다. 여기에 다른 요인들을 덧붙이기는 쉽지만, 여기까지만 봐도 우리는 분석의 두 가지 초점을 관찰할 수 있다. 첫째, 이 '요인들'은 매우 복잡하고 갈등으로 가득 차 있기는 하지만 하나의 이야기를 이루고 있다. 즉 이 요인들 중 몇몇은 분명히 서로 연관되어 있으며 그 시기의 현실 생활에서 어떠한 요인도 따로 떼어서 생각할 수는 없다. 둘째, 각각의 요인은 그 이후의 방향과 지지 양상에 따라 선택적 해석 대상이 되기가 아주 쉽다. 차티즘의 경우가 가장 분명한 예이다. 이제는 아무도 차티즘을 그 당시처럼 위험하다든가 사악하다고 여기지 않는다. 차티즘의 원칙 중 아주 많은 부분이 이후 '영국의 생활방식'으로 실현되었으므로, 가령 매콜리가 보통선거를 "문명과는 양립할 수 없는 것"이라고 말한 데 대해 그대로 동의하기가 어려워진 것이다. 그렇지만 그 운동의 다른 선택적 이미지들은 여전히 강하게 남아 있다. 즉 1926년의 총파업과 마찬가지로 차티즘은 '변화를 추구하는 잘못된 방법'의 비극적 사례였으며, 올바른 방법은 바로 그 이후에 이어진 국면이었다는 것이다. 아니면, 차티즘은 오합지졸의 지지자들과 아무런 주목도 받지 못한 괴물 같은 청원 등으로 혼란스럽고 심지어 우스꽝스러웠다는 것이다. 그러나 사실 우리는 차티즘의 역사를 결코 제대로 알고 있지 못하다. 우리는 그 역사에 대해 선택적 전통이 던져준 이런저런 부분적 이야기에 기초한 역사의 대체물만을 가지고 있을 뿐이다. 우리는 또한 여기에서 선택적 전통이 작용한 한 측면에 대한 이론적 관찰이 얼마나 중요한지 알 수 있다. 즉 그것은 그 이후의 주된 성장 노선에 따라 영향받고 심지어 지배당할 뿐 아니라, 그 이후의 변화 속에서 말하자면 소급하여 변화한다는 것이다. 오늘날 19세기 노동운동의 성장에 대해 기울이는 관심은 1880년대였더라면 말도 안 된다고 취급되었을 테지만, 지금은 이들 운동에 대한 자료에 의해서라기보다는 이 운동의 결실에 대한 인식과 그것을 지지하는 것에 의해 좌우되고 있다. 경제사에 대한 강조도 이와 비슷한 소급적 변화에 기초하고 있다.

문학의 경우에는 선택적 전통의 작용을 따로 검토해야 한다. 어느 정도까지는 우리가 지금 1840년대 이후에 관해 알고 있는 작품들이 그 시기의 최고작인 것이 사실이다. 즉 다양한 상황에서 되풀이하여 읽히는 가운데 덜 훌륭하거나 나쁜 것으로부터 훌륭한 것이 걸러진 것이다. 그러나 다른 요인들도 있다. 개스켈 부인과 디즈레일리는 이러한 기준에서 살아남았지만, 둘에게는 서로 다른 요인이 작용했다. 즉 개스켈 부인의 경우 이 시기 사회사의 유용한 기록에 대한 관심이, 디즈레일리의 경우 그 이후 그가 쌓은 정치적 명성이 작용했던 것이다. 내가 보기에 킹즐리의 소설은 문학적 가치만으로는 도저히 살아남지 못했겠지만, 기록으로서의 흥미와 그가 기독교사회주의 사상을 통해 지성사에 기여했다는 점이 중요하게 작용했다. 새커리, 디킨스, 샬럿 브론테는 순전히 문학적 미덕에 의해 살아남았지만, 우리는 그들이 최고의 작품들과 더불어, 다른 작가들의 것이라면 진작에 사라졌을 졸작들도 썼음을 알고 있다. 지금이라면 에밀리 브론테는 많은 비평가에게서 1840년대의 가장 빼어난 작가라는 평을 듣겠지만, 『폭풍의 언덕*Wuthering Heights*』은 오랫동안 언니 샬럿의 명성에 곁다리 붙어야 했다. 이제는 이 작품의 중요성이 20세기 문학의 변화와 연관되어, 그 작품이 나온 시기의 소설 전통에서 벗어나 『폭풍의 언덕』

의 주제와 언어 쪽으로 관심이 옮겨가고 있다. 운문에서는 테니슨과 브라우닝의 명성이 심한 굴곡을 보이지만 우리는 그 내재적 가치 때문에 이들을 읽는다. 그러나 매슈 아널드의 경우에는 이후에 좀 다른 종류의 명성을 얻지 않았다면 1849년에 나온 그의 시편들을 굳이 읽게 되지는 않았으리라 생각한다. 명백한 오류가 있는데도 우리가 칼라일, 러스킨, 밀을 읽는 것은 그들이 주요 작가일 뿐 아니라 살아 있는 지적 전통에 속해 있기 때문이다. 그러나 토머스 아널드를 읽는 것은 교육적 중요성 때문이며, 퓨진[19세기 건축가, 비평가]을 읽는다면 예술과 사회의 관계를 강조하는 것과 더불어 그의 의의를 재조명해야 할 것이다. 매콜리[휘그식 역사 해석의 창시자]를 읽는다면 아마 흥미는 다소 떨어질 텐데, 이는 그의 능력이 떨어져서가 아니라 그의 사고방식이 이제는 점점 우리와 관련이 없다고 느끼기 때문일 것이다. 이렇듯 선택적 전통은 계속 변화하는 것이며, 부분적으로는 일반적으로 가치 있는 작품을 강조하고, 부분적으로는 우리 자신의 성장이라는 관점에서 과거의 작품을 이용하기도 한다. 요즘 시대와 연관되는 선택적 전통은 해당 시대 자체와는 다르다. 의식적으로 연구된 그 시대의 문화가 살아서 경험한 문화와 다를 수밖에 없는 것과 마찬가지로.

의식적 재구성과 선택적 전통의 작업은 서로 다른 활동들을 각각 전문화하는 경향이 있다. 이제 이러한 활동들의 관계 영역을 들여다보면, 그러한 관계들을 이론적으로 묘사하는 우리의 방식이 유효한 것인가 여부도 알게 될 것이다. 우리는 이미 문화적 제도의 분야에서 한 부류의 중요한 관계를 살펴보았다. 사회 속에서 계급적 상황(특히 비국교도 노동계급에 대한 중산계급의 다양한 태도), 산업 경제의 발달에 기인한 기술의 팽창, 그러한 경제에 자연히 뒤따르는 특정한 소유관계와 분배 같은 요인들은 언론, 출판, 극장 등의 제도에 의해 영향받는 것으로 비치며, 이러한 제도의 형식은 그들이 표방하는 목적과 더불어 어떤 문화적 작업에는 눈에 띄는 영향력을 보이기도 한다. 즉 언론에 나타난 새로운 스타일, 분할 출판 방식에 따른 장편소설의 변화, 소재를 새로운 대중에게 다가갈 수 있는 방식으로 각색하는 것 등이다. 이러한 상호관계에 관해 우리는 비교적 친숙하게 알고 있지만, 이것만이 유일한 관계는 아니다.

두번째 종류의 관계, 즉 우리가 어떤 사회를 알고 나서 문화적 작품에 직접 반영되었을 것이라고 여기는 관계는 이 시대에 아주 분명하다. 1840년대의 정치·사회사에서 추려낸 일곱 가지 특징 모두가 그 시대의 문학, 특히 소설에 반영되어 있다. 『메리 바튼 *Mary Barton*』『시빌 *Sybil*』『커닝즈비 *Conningsby*』『돔비 부자 *Dombey and Son*』『이스트 *Yeast*』『올튼 로크 *Alton Locke*』『과거와 현재 *Past and Present*』 등만 읽어봐도 우리는 단숨에 차티즘과 공장법, 구빈법, 철도, 교회의 현실 참여(이 시기는 또한 종교적 신념과 소속감의 위기에 관한 소설들을 낳았다), 자유무역과 '젊은 영국'의 정치 세계로 옮겨간다. 그 상호관계는 중요하지만 유일하게 중요한 것은 아니며, 사실 관계를 이렇듯 직접적 묘사와 토의에만 한정한다면 우리는 이러한 작품들조차 제대로 평가하기 힘들게 된다.

우리가 이제 검토해야 할 좀더 넓은 의미의 관계들은 사회적 성격과 감정 구조 같은 개념에 의해 묘사되고 해석되는 영역에 속한다. 그 시대를 지배한 사회적 성격은 간단히 정리할 수 있다. 일의 가치에 대한 신념이 있으며, 이러한 맥락에서 획득된 성공의 개념과 밀접하게 결부되어 이것은 개인의 노력과의 관계 속에서 조명된다. 계급사회를 전제하지만, 사회적 지위는 점점 더 출생에 의해서가 아니라 실제의 지위에 의해 규정된다. 가난한 사람들은 자신의 결점 때문에 희생된 것으로 비치며, 사람들은 가난한 자들 가운데 가장 나은 사람의 경우 그 계급에서 벗어나 올라올 수도 있다고 강력하게 주장한다. 징벌적 구빈법은 노력을 자극하기 위해서 필요하다. 가족과 떨어져 지내고, 최소한의 끼니만 제공받으며, 돌 깨기나 뱃밥 만들기 같은 일을 하는 정도의 고생도 없이 구제책에나 기댄다면, 자신을 부양하는 데 필요한 노력을 하려 하지 않을 것이다. 또한 구빈법이나 그보다 더 넓은 분야에서 겪는 고통이란 겸손과 용기를 가르치고, 힘들더라도 도리를 다하게 만든다는 점에서 어떤 의미에서는 사람을 고귀하게 만든다. 절약, 금주禁酒, 신앙은 주요 덕목이며, 가족은 핵심적인 제도이다. 결혼의 신성함은 절대적이며, 간통과 화간은 용서받을 수 없다. 사람의 도리에는 약자를 돕는 것도 들어 있는데, 단 그 도움이 나약함을 더 부추기지 않는다는 조건이 붙는다. 즉 이러한 정의에 따르면 성적 과실을 묵과한다든가, 가난한 자를 위로하는 것 등은 약점에 속한다. 지배적 덕목의 훈련은 가혹하게 이루어져야 하지만, 또한 그런 훈련을 위한 제도들을 강화해야 할 의무가 있다.

이 시기의 특징적인 법 제정이나 관련 논쟁에서 사용되는 용어들, 대부분의 공적인 연설과 글에 담긴 내용들, 가장 존경받은 인물들의 성격들을 살펴보면, 앞서 말한 것들이 그 시대의 지배적인 사회적 성격이라고 볼 수 있다. 물론 이것은 사회적 성격이므로 전달이 거듭되는 가운데 계속 변화하며, 수많은 개인적 변종들을 만들어낸다. 우리가 좀더 심각한 어려움에 맞닥뜨리는 것은, 그 시대를 좀더 상세히 들여다보면 사실은 대안적인 사회적 성격도 활성화되었고, 이러한 성격들이 중대한 방식으로 당시의 삶에 영향을 미쳤다는 사실을 깨닫게 되면서이다. 사회적 성격은 지배적 집단에서 추상해낸 것이며, 이 시기에 이렇게 묘사된 성격—산업과 상업에 종사하는 중산계급의 도덕성을 발전시킨 형태—이 가장 지배적이었다는 데는 의심의 여지가 없다. 동시에 그 사회에는 실질적 기반을 지닌 다른 사회적 성격들도 존재했다. 귀족적 성격은 눈에 띄게 약화되고 있었으나 그 변종들—돈보다 출신 가문이 중요하다든가, 일이 유일한 사회적 가치는 아니라든가, 문명은 유희를 동반한다든가, 금주와 정절이 적어도 젊은이에게는 지고의 덕목이 아니며 오히려 쩨쩨하거나 치사하다는 표시일 수도 있다든가—이 여전히 이 시기에도 현실적으로는 전부, 이론상으로도 일부는 살아 있었다. 가난한 사람들에 대해서도 귀족적 성격은 애매한 태도를 취한다. 귀족적 성격은 그 지위의 일부로서 자선을 강조하며 이는 징벌적 재활과는 매우 다르지만, 말썽의 요소를 기꺼이 잘라버리는 잔혹함, 억압의 본성 역시 중산계급의 태도와는 다르다. 그런 면에서 1840년은 매우 흥미로운 시기다. 이 시기가 서로 다른 사회적 성격 사이의 상호작용, 즉 토리식의 자선과 휘그식의 재활, 잔혹성과 억압에 대비되는 제도를 통한 실제적 문명화 사이의 작용을 보여주기 때문이다. 휘그의 구빈법에 대한 최고의 비평들 중 일부는 특히 '젊은 영국' 운동에서 드러나듯 의식적으로 귀족적 이상을 가졌던 토리들에게서 나왔다. 위기 상황에서는 잔혹 행위와 억압이 으레 사용되었으나, 1820년대나 1830년대에 비하면 실증적인 법 제정에 점점 자리를 내주고 있었다. 사회적 성격에 따라 유희라면 눈살을 찌푸렸지만, 싸구려 소설에서 뮤직홀에 이르기까지 가벼운 종류의 오락이 엄청나게 증가한 것도 1840년대였다. 지배적인 사회적 성격은 여러 가지 면에서 그늘에서 살아가고 있던 삶과는 달랐지만, 대안적인 사회적 성격들은 이 시기에 현실적 갈등을 유발했다. 이것이야말로 사회적 성격이라는 개념의 주된 어려움이다. 사회적 성격이 매우 강력했던 1840년대처럼 지배적인 추상적 개념을 강조하는 과정에서 발견되는 변화와 갈등의 역사적 과정을 몹시 과소평가하기 때문이다. 그래서 우리는 아주 중요한 또하나의 대안을 덧붙여야 하는데, 그것은 그 경쟁자들과 중대한 면에서 다른, 노동계급의 사회적 성격이다. 억압과 징벌적 재활의 희생자로서, 성공의 복음과 가문의 자존심의 희생자로서, 노동의 현실적 본성과 고통에 노출된 희생자로서 노동계급에 속한 민중은 대안적 이상을 형성하기 시작했다. 그들은 다른 체제와 상호작용하여 중대한 동맹자들을 확보했으며, 곡물법 폐지나 공장법 제정에서 지배계급의 일부로부터 지원을 받는 경우 중대한 세력으로 작용할 수도 있었다. 1840년대에는 이러한 것들이 주로 다른 집단들과 동맹함으로써 이루어지기는 했으나, 그럼에도 불구하고 독립적인 목적들이 중대한 발전을 이룩한 시기였다. 그러므로 차티즘은 그 사회의 어떤 지배 집단의 용어도 뛰어넘는 이상이며, 민주적 갈망의 표현 이상이다. 또한 차티즘은 계급을 초월하는 개인의 존엄성을 주장한 것이기도 하다. 10시간 노동법은 노동계급이 생각하기에 단지 온정주의에서 비롯된 괜찮은 노동관계 법 제정 이상의 것이었다. 10시간 노동법은 여가에 대한 주장이기도 했고, 좀더 폭넓은 삶에 대한 주장이기도 했다. 동시에 발전해가던 노동계급의 조직에서는 무엇보다도 근본적 비판이 제기되고 있었다. 그것은 출신 가문이나 개인적 성공에 의존하는 사회가 아니라 상호원조와 협동에 기초한 사회의 개념이다.

이리하여 우리는 이 시기에 작용하던 세 가지 사회적 성격을 구분할 수 있게 되었고, 이들 사이의 관계를 연구함으로써 이 시기의 삶 전체에 현실적으로 접근할 수 있다. 이 모든 사회적 성격은 사회의 성장에 기여했다. 귀족적 이상은 중산계급의 이상이 최악의 경우 가혹해지는 것을 완화해주었으며, 노동계급의 이상은 중산계급의 이상이 최상의 상태일 때 내실 있고 결정적인 결합을 이루어냈다. 중산계급의 사회적 성격이 여전히 지배적인 것으로 남았지만, 귀족층과 노동계급은 여러 측면에서 중산계급의 성격과 협상했다. 그러나 이와 마찬가지로 1840년대에 들어서면서 중산계급의 사회적 성격은 여러 면에서 변형되었다. 노동과 자조自助의 가치, 출신이 아니라 위치에 의한 지위, 결혼의 신성함과 절약, 금주, 자선에 대한 강조는 여전히 지배적이었다. 그러나 징벌적 재활과 그에 따른 약점과 고통에 대한 태도는, 완전히 거부되지는 않았지만, 공공 서비스라는 주요한 이상과 결합했고, 이로써 문명화로 향한 노력이 진정한 이타주의와 실질적인 제도의 구성에 의해 적극적으로 추진되었다.

이것은 수준의 변화이며, 우리가 사회적 성격의 실체를 알려고 할 경우 이런 분석은 필수적이다. 어떤 면에서 감정 구조는 지배적인 사회적 성격에 대응하지만, 이것 역시 이미 묘사한 상호작용의 표현이다. 그러나 다시 말하지만 감정 구조는 사회 전체에 걸쳐 단일하지 않다. 감정 구조는 일차적으로 지배적인 생산 집단에서 두드러진다. 그러나 이 수준에서도 감정 구조는 개개의 사회적 성격들과도 다르다. 감정 구조는 공공의 이상뿐 아니라 체험된 상태 그대로 공공의 이상이 제외한 것과 그 결과까지 포함하기 때문이다. 1840년대의 소설을 보면 이러한 점을 분명히 알 수 있다.

잡지의 대중소설은 [마거릿] 댈지엘Dalziel이 자세히 연구한 바대로 이러한 맥락에서 매우 흥미롭다. 얼핏 보기에는 우리의 예상과 별로 달라 보이지 않는다. 요지부동의 계급사회에 대한 전제, 출신보다 부를 강조하는 것(사실 귀족계급은 개인적으로는 사악한 경우가 많다), 가난한 자들은 스스로의 잘못으로 그렇게 되었다는 것—그들의 우둔함과 궁핍을 강조하고 상호협조는 무시한다—, 결혼의 절대적 신성함, 성적 규율을 어긴 자들을 실질적 고통으로 이끌기 위한 플롯의 조작, 아무리 무시무시한 것이라 해도 열등함에 대한 싸움은 겸손한 미덕을 창조하는 주된 요인이라는 것 등이 그러하다. 종종 의식적으로 교훈적 속성을 띠는 모든 작품은 지배적인 사회적 성격을 직접 표현한 것이며, 이러한 가정들은 경건한 '계도'소설(예를 들면 [샬럿 엘리자베스] 토너Tonna의 『헬렌 플릿우드*Helen Fleetwood*』)과 개선론자들이 비난하는 선정소설sensational fiction에 모두 전제되어 있다. 그러나 우리는 여기서 대중소설이 종종 정형화된 인물의 관습을 통해 기존의 가치체계를 어느 정도나 유지하고 있는가를 상기해야 할 것이다. 1840년대 말에는 상류층의 삶을 다룬 '사교계 소설fashionable novel'

이 퇴조를 보인다. 전형적 주인공은 때때로 자조自助의 성공적 화신인 경우도 있지만, 교양 있는 신사나 신사도를 중시하는 군인, 또는 쾌락은 축복이요 일은 저주라고 생각하는 사람 등 과거의 전형인 경우가 더 많다. 과거의 주인공들에게 수입의 상실이나 노동의 필요성은 견뎌내야 할 불행이었다. 안전한 재산을 얻는 것은 의심할 바 없이 최상의 일이었다. 일에 대한 새로운 태도는 여러 가지 이해할 수 있는 이유들로 인해 아주 천천히 나타났다(보통의 중산계급의 삶이란 아직도 너무 평범하고 지루해서 정말로 재미있는 소설거리는 안 된다고 여겨졌다). 더욱이 어떤 주인공이든 강렬한 감정을 밖으로 드러내는 경향이 있었다. 그들은 강한 남자도 때로 그럴 수는 있지만 두 번 다시 그러면 안 되듯, 사람들 앞에서 울음을 터뜨리기도 하고 졸도하기도 했다. 여주인공은 좀더 연속성이 있었다. 그들은 나약하고 의존적이며 그런 성향을 가진 것을 기뻐하는 듯했으며, 물론 아름답고 정숙했다. 이 시기에 유지되었던 일반적 태도와 분명히 연관된 흥미로운 요인은 학교가 거의 예외 없이 끔찍한 곳으로 그려졌다는 점이다. 학교는 쩨쩨하고 잔인하고 교육적으로 우스꽝스러운 유혹과 사악함의 장소일 뿐만 아니라, 아이들을 양육하는 데 가정과 가족보다 열등한 곳이었다. 아마도 이 시기는 영국인들의 여론이 대부분 가정교육을 이상적이라고 믿었던 마지막 시기일 것이다. 이러한 생각은 16세기부터 근거를 확보해왔으나, 아널드 이후 새로운 퍼블릭스쿨의 기풍으로 이러한 상황이 완전히 역전되었다는 점은 매우 중요하다. 그러나 학교에 대한 새로운 태도는 1857년에 나온『톰 브라운의 학창 시절 *Tom Brown's Schooldays*』 이전에는 소설에 등장하지 않았다.

1840년대의 대중소설에서 우리는 인정받은 사회적 성격의 표준 감정이 충실히 재생산되었을 뿐 아니라 낡은 방식의 감정 표현도 많이 발견하게 된다. 또한 우리는 흥미로운 방식으로 이러한 감정들과 실제적 경험 사이의 상호작용을 보게 된다. 이 시기의 핵심은 성공과 돈이다. 노력하면 성공하며 부는 존경의 대상이라는 사회적 성격의 자신만만한 주장은, 최소한 무의식적으로라도, 매사가 그리 단순하지만은 않은 실제의 세계와 씨름해야 했다. 이 소설의 자신감은 단지 표피적인 것뿐이다. 강력하게 다가온 것은 불안정과 빚이라는 지배적인 분위기이다. 이러한 이야기에서 으레 등장하는 요소는 재산의 상실이지만, 이것이 성공이나 실패가 개인의 자질에 대응한다는 당시의 사회적 성격과 일치하는 방식으로 제시되는 경우는 거의 없다. 빚이나 파멸은 이렇듯 겉보기에 자신만만한 세상을 위협하고 있으며, 대부분의 경우 등장인물들 외부의 어떤 과정에 의해 그저 우연히 닥쳐온다. 어떤 수준에서는 사회적 성격의 가정이 유지된다. 즉 재산을 잃으면 사라져야 한다. 남아 있음으로써 자기 자신이나 친구들을 난처하게 해서는 안 된다는 것이다. 그러나 이렇듯 가차없는 규율은 보통 부수적인 인물, 가령 주인공의 부모들 정도에만 한정된다. 중요한 인물들에게는 그와는 좀 다른 조치가 필요하다. 소설 전체에 걸쳐서 이러한 조치는 두 가지 장치를 통해 발견된다. 즉 예기치 않았던 유산과 제국이다. 이러한 장치들은 마법의 차원에서나 그 사회에 필수적인 태도들을 발전시키는 수준에서나 매우 흥미로운 것이다.

마법Magic은 윤리와 경험 사이의 갈등을 지연시키는 데 꼭 필요하다. 마법은 성적 상황, 즉 남녀 주인공이 진정으로 사랑하는 사람이 곁에서 기다리고 있는데 사랑하지 않는 아내나 남편에게 얽매여 있는 경우에 널리 사용된다. 부정이나 결혼을 깨뜨림으로써 해결하는 것은 생각할 수도 없기에 표준적 용법으로 다음과 같은 공식이 전개된다. 즉 어울리지 않는 배우자는 단지 애정이 없을 뿐 아니라 알코올 중독자이거나 정신병자이다. 어떤 시기에, 그리고 일정한 시간 동안 체념하고 고통을 받고 나면, 사랑 없는 배우자가 때마침 애정과 도리와 경건함이라는 위대한 성정을 보이면서 편리하게도 종종 장엄한 죽음을 맞이하고, 그러고 나면 물론 진정한 사랑이 이루어진다. 돈 문제에서도 과정은 비슷하다. 결정적 순간에 유산이 아무데서나 튀어나와 재산을 되찾는다. 아무도 돈이 성공의 중심이라는 데 반대하지 않지만, 마찬가지로 가난한 자들에게 설파되는 윤리(성공할 만한 사람은 노력해서 성공하게 된다는)에 얽매여야 하는 사람도 거의 없다. 이러한 속임수의 요소는 사회적 성격과 실제 감정 구조 사이의 결정적 차이점을 보여준다.

[대영]제국의 활용도 비슷하지만 좀더 복잡하다. 물론 실제로 유산상속이 이루어지고, 이것은 궁극적으로 가장 단순한 형태의 자조론적自助論的 윤리를 바꿔놓는다. 이 단계에서는 바로 타이밍이 마법의 핵심이다. 그러나 제국은 좀더 광범위하게 활용 가능한 탈출로이기도 하다. 검은 양은 제국 속으로 행적을 감출 수도 있으며, 파멸하거나 오해받은 주인공들은 나가서 한밑천 챙겨 돌아올 수도 있다. 온갖 부류의 약자들은 식민지로 옮겨가 새로운 삶을 시작한다. 종종 제국은 예기치 않았던 유산의 원천이 되어 두 장치가 합쳐지기도 한다. 제국의 활용이 사회의 현실적 요인들과 연관 있음은 분명하다. 단순한 차원에서 보면 새로운 땅으로 간다는 것은 가장 순수한 자조自助와 창업으로 비칠 수도 있다. 또한 새로운 땅에서는 노동자가 많이 필요하므로, 현존 체제에 대한 가장 인간적인 비평가도 노동계급 문제에 대한 해결책으로 이민을 널리 권장한다. 1840년에 연간 9만 명이 이민했으며, 1850년에는 그 세 배가량 되었다. 또다른 차원에서, 즉 자본과 상업의 견지에서 제국은 산업화의 지렛대 중 하나였으며 자본주의 체제를 살아 있도록 유지하는 주된 방식임이 입증되었다. 이러한 요인들은 제국주의가 의식적 정책이 된 19세기 후반만큼은 아니지만 그래도 소설에 반영되었다. 한편 현실적 요인들이 반영되는 반면에 여전히 마법도 활용되었다. 즉 주어진 체제 내에서 자신의 운

명을 펼쳐나갈 수 없는 인물들은 그냥 배에 태워졌다. 그것이 윤리와 경험의 갈등을 해소할 때 당대 윤리에 근본적 의문을 제기하는 것보다는 좀더 간단한 방식이었다. 이 방식은 감정 구조의 다른 주요 요소들—당시 사회문제에 대해 전체적 해결은 없으며, 단지 유산에 의해서건 이민에 의해서건, 아니면 때때로 마음의 변화에 의해서건 개별적 해결책만이 가능하다는—과 일관성을 유지할 수 있다는 이점도 있었다.

묘사된 것과 같은 감정 구조의 매력은 현재 대중소설이라고 격하된 작품뿐 아니라 우리가 문학작품으로 읽는 거의 모든 소설에 나타나 있다. 이것은 현실의 반영이든 마법이든 마찬가지다. 디즈레일리가 양분된 국가라는 문제를 극화하기 위해 귀족과 차티스트 소녀의 사랑을 다룬 것은 황당무계해 보이지만, 시빌[소설 『시빌』의 주인공]은 잡지에 나오는 비슷한 상황의 가난한 여주인공과 거의 똑같은 패턴으로 결말에 이르면 '정말로' 몰락한 귀족 출신임이 드러난다(디즈레일리에게는 양분된 국가를 결합하는 문제가 농업 자본과 산업 자본을 결합하는 매우 낙천적인 정치적 예언이었으며, 『커닝즈비』도 똑같은 패턴으로 젊은 귀족이 랭커셔 제조업자의 딸과 결혼하고 산업도시 선거구 의원으로 선출되는 식으로 반복된다). 개스켈 부인은 가난한 자들이 스스로의 결함 때문에 그렇게 되었다는 대중적 허구는 거부하지만, 『메리 바턴』에서 노동자 집단을 살인과 결합시키고 그녀가 사랑하는 모든 인물을 캐나다로 보내버린다. 킹즐리는 『올턴 로크』에서 차티스트인 주인공을 미국으로 보낸다. 이 모든 작가는 인간적인 비평가들로서, 여러 면에서 당시의 사회적 성격에서 벗어나 있으면서도 여전히 당시의 감정 구조에 구속되어 있다.

이와 같은 대응관계는 사회문제에 그다지 관심을 두지 않는 소설에서도 분명히 나타난다. 샬럿 브론테와 앤 브론테의 작품은 플롯이나 감정 구조의 면에서 잡지에 나오는 많은 이야기들과 실질적으로 동일하다. 가정교사인 여주인공, 미친 아내 혹은 알코올 중독자인 남편, 체념을 통한 해결, 의무, 그리고 마법. 디킨스도 이와 비슷하게 잡지소설의 상황과 감정과 마법을 거듭해서 사용한다.

대중적 감정 구조와 당시의 문학에 사용된 감정 구조 간의 연관은 문화의 분석에서 매우 중요하다. 바로 여기서, 즉 제도보다 더 중요한 차원에서 그 문화 전체의 현실적 관계들이 분명해진다. 이러한 관계들은 오직 최상의 글만을 보존해두거나 사회적 맥락에서 벗어나 연구할 경우 흔히 무시될 수 있다. 그러나 이러한 연관은 조심스럽게 정의되어야 한다. 종종 훌륭한 소설에서는 일상적인 상황과 감정을 최대한 강렬하게 전개했을 뿐인 경우가 많다. 또다른 경우에는 큰 틀은 유지되지만 경험의 한 요소가 작품을 뚫고 넘쳐나와 관습적 견지로는 감당할 수 없는 경지에 이르러 그 자체로 의미를 띠기도 한다. 엘리자베스 개스켈의 경우 특히 『메리 바턴』의 전반부가 이에 해당된다. 샬럿 브론테의 경우도 고독한 개인의 욕망을 강렬하게 끌어올려, 그와 반대되는 관습들에 대해 진정으로 문제를 제기하도록 했다. 분명히 디킨스의 경우에도, 고아 혹은 재산을 잃고 풍파에 시달리는 아이라는 관습적 인물들이 그가 언급하는 체제를 뛰어넘어 당대의 현실적 경험에서 나오는 가장 심오한 감정들을 체현한다. 이러한 것은 여전히 통상적 감정 구조와 분명히 연관이 있기는 하지만 창조적 요소들이다. 고아, 풍파를 겪는 아이, 외로운 가정교사, 가난한 집안의 딸 같은 인물들은 현실의 생활방식에 대해 가장 심오한 반응을 표현하는 인물들이다. 보통 소설에서 이들은 관습적 인물들이다. 그러나 문학작품 속에서 이들은 거부할 수 없는 진정성을 띠고, 단지 사회체제의 우연한 사건들을 보여주는 본보기로서뿐 아니라 삶 전체의 인간적 속성에 대한 전반적 판단의 표현으로 떠오른다. 1840년대야말로 ([윌리엄] 고드윈이나 [새뮤얼] 리처드슨 정도의 간헐적 선례를 제외하면) 관습적 형식을 통해서라도 근본적인 인간적 저항을 처음으로 표현한 소설들이 등장했던 시기다. 사회적 성격의 차원에서 당시 사회는 그 전제들과 미래에 대해 자신만만했을지 모르지만, 외롭게 풍상을 겪는 이 인물들은 우리에게 최소한, 사회적 성격이 합리화했던 당시 체제의 개인적·사회적 현실로 보인다. 외롭고 두려움에 떠는 희생자로서의 인간, 이는 오래도록 남는 경험이다. 많은 경우 결말에 가서는 마법 같은 해결책을 그러잡게 되지만, 중심이 되는 강렬한 경험은 마법 같은 결말에도 불구하고 여전히 살아남는다. 바로 여기서 우리는 관습적 구조를 엄청나게 많이 거부한 『폭풍의 언덕』 같은 소설과의 연결고리를 발견하게 된다. 여기서는, 강렬함의 절정에 이르러, 관계들의 체계라는 복잡한 장애물들은 마침내 절대적인 인간적 헌신에 의해 무너지고 만다. 그 헌신이란 죽음을 통해 실현되며, 다른 작품에서라면 마법에 의해 구원받을 수도 있는 개인들에게서 구현된 본질적 비극이 바로 작품 전체의 형식이 된다. 다른 소설에서 창조적 요소들은 그 작품을 일상적 감정 구조 바깥으로 끌어내어 새로운 감정을 가르치는 온전한 전체를 이루게 된다.

예술은 사회를 반영하며 사회적 성격을 경험 속에서 현실감 있게 전개시킨다. 그러나 예술은 새로운 지각과 반응을 통해 사회가 그 자체로는 깨달을 수 없는 요소들을 창조해내기도 한다. 예술과 예술을 낳은 사회를 비교해보면 예술과 나머지 생활 전반 사이의 심오하고도 중심적인 관계를 보여주는 현실적 관계들을 발견할 수 있다. 거기에는 묘사, 토론, 플롯을 통한 전개, 사회적 성격의 경험이 들어 있다. 또한 어떤 특징적인 형식과 장치들 속에서, 이런 식으로는 처음으로 의식에 들어오게 된, 그 사회의 막다른 골목과 해결되지 않은 문제들의 증거를 발견할 수도 있다. 이러한 증거들의 일부는 실질적인 깨달음을 방지하기 위해 고안된 허위의식을 보여주기도 하고, 또다른 일부는 아직 정처 없으나 이

상태를 넘어서 나아가려는 깊은 욕망을 보여주기도 한다. 조지 엘리엇은 후자의 느낌을 1848년[프랑스 2월 혁명의 종결에 즈음하여]에 이렇게 기록했다.

> 흰 대리석 사원에 달콤한 향연香煙이 피어오르고 찬송가가 울려퍼질 그날이 오리라. 맘몬이 지배하는 이 비참한 시대가 종말을 고하고, 사람이 더이상 '바다 속의 물고기' 같지 않으며, 사회가 직업과 입발림이라는 한쪽 얼굴을 환하고 신성하게 보이면서 실행과 제도라는 다른쪽 얼굴은 메피스토펠레스의 비웃음으로 일그러진 주름지고 거친 늙은 얼굴이 더이상 아니게 될 그날, 그날에 대한 심오한 예시Ahnung를, 예감을, 갈망을, 뚜렷한 비전을 가졌던 모든 남녀들을 기릴 그날이.
>
> [찰스 브레이에게 보내는 편지. 1848년 6월 8일자]

1840년대에 나온, 마법을 활용한 수많은 예술이 이러한 욕망을 표현했다. 여기서 우리는 예술과 사회를 단순히 비교하는 것이 아니라, 모든 인간의 행위는 예술과, 우리가 통상적으로 사회라 부르는 것을 포함하는 전반적인 현실을 구성한다는 깨달음에서 출발해야 하는 어떤 과정으로 옮겨가게 된다. 우리는 이제 예술과 사회를 비교하지 않는다. 우리는 그 두 가지를 인간 행위와 감정의 복합체와 비교한다. 우리는 예술이 그 사회의 전반적 성격에서 표현하지 못했던 감정을 표현하고 있음을 알 수 있다. 이것이 새로운 감정들을 부각하는 창조적인 대응일 것이다. 그것은 또한 빠뜨린 것에 대한 단순한 기록, 즉 충족되지 못한 인간적 요구의 육성, 혹은 육성의 시도일지도 모른다. 우리가 앞으로 살펴볼 1840년대의 요소는 이러한 증거를 분명히 보여준다. 이 시기 『아서왕의 죽음*Morte d'Arthur*』과 「율리시스Ulysses」에서부터 「버림받은 인어The Forsaken Merman」에 이르는 테니슨과 아널드의 특징적인 시들은 다른 장소, 다른 시간을 통해 동시대의 일상적인 삶에서는 드러나지 않는 풍요로움을 표현하고자 하는 낭만주의 운동의 후기 국면이다. 이러한 시가 형식적으로 유사한 콜리지나 키츠의 시에 비해 취약하다는 것은 아마도 실제 삶의 에너지에서 멀어져 점점 몰락해간다는 표시인 듯하다. 그러나 그 충동만은 특징적인 것으로서, 강렬하거나 미약하거나 간에, 사회에 대한 연구만으로는 이끌어낼 수 없는 경험을 나타낸다. 그리하여 우리는 여기에다가 진지하게는 칼라일에서, 대중적으로는 역사소설의 형식에서 나타나는 과거에 대한 일반적인 낭만화 경향과, 1840년대 초반에 쏟아져나온 대중적인 작품들에서 점점 희미해져가는 낭만주의적 창조를 연관시킬 수 있을 것이다. 이국적 색채와 풍요로움을 내세우는 취약한 낭만주의와 좀더 충만한 인간의 삶에 대한 비전을 내세우는 강력한 낭만주의 사이의 연결고리는, 그 시대의 황량한 현실과 지배적 이상에 근본적인 인간적 요구가 빠져 있다는 바로 그 느낌이다. 무허가 극장과 뮤직홀의 금박과 마술, 장식적인 실내장식, 건축에 나타나는 고딕주의도 같은 범주에 속한다. 차티즘의 마지막 해였던 1848년은 또한 라파엘전파Pre-Raphaelite Brotherhood의 원년이기도 하다. 여기서 말하고자 하는 것은 우리가 라파엘전파의 예술을 다른 전반적인 삶과 연결할 수 없다는 것이 아니라, 그 사회의 주요 특징과 대조된다는 바로 그 이유 때문에, 문화를 전체로 놓고 볼 때 이들의 예술이 이렇듯 특정한 방식으로 표현되며, 다른 요소들과 대립 관계에 놓이는 보편적인 인간 조직의 한 요소로 볼 수 있다는 이야기다.

마지막으로, 이 시대 전체를 보면 우리는 이 시대의 창조적 활동이 예술에서뿐 아니라 그 사회의 주요 흐름을 따라 산업과 공학에서도 발견되며, 새로운 사회제도에서 사회에 대한 문제제기도 발견된다는 것을 깨닫게 된다. 인간의 기술과 노력에 의해 이루어진 진정한 기적을 알아보지 못한다면 우리는 산업혁명의 어떠한 시기도 이해할 수 없다. 다시 말하지만 그 사회를 비판적으로 보는 사람들도 인간의 힘이 이렇듯 특별하게 발휘된 데 대한 흥분을 인정하고 공유했다. 그것이 없다면 어느 누구도 그 사회를 받아들일 수 없었을 것이다. 칼라일은 1842년에 새 기관차를 보며 "이것은 우리의 시詩"라고 말했고, 이제는 간과하기 쉬운 이러한 요소야말로 그 당시 문화 전체의 중심이다.

새로이 조직되고 있던 노동자들이나 중산층 개혁가들이 전혀 다른 방식으로, 전혀 새로운 제도 속에서 다른 공동체 이미지, 다른 형식의 관계를 서서히 창조하고 있었다는 것은 인간의 정신이 그만큼 중대하게 성장했다는 것을 의미한다. 산업과 제도를 통한 이러한 활동을 무시하고서는 문화의 창조적 부분도 이해할 수 없다. 산업과 제도는 주요한 예술과 사상만큼이나 강렬하고 가치 있는 인간적 감정의 직접적 표현이기 때문이다.

1840년대의 문화를 완전히 분석한다는 것은 이 장章의 범위와 의도를 크게 넘어서는 일이다. 나는 단지 문화의 분석에 어떤 문제들이 개입하는가를 고려하는 방식으로 이 매력적인 10년간을 살펴보았다. 나는 그러한 문화 분석을 어떻게 시작할 수 있는가를 제시했을 뿐이지만, 앞서 말한 이런 분석은 그럴듯하며, 언뜻 분리된 것으로 보이는 삶의 요소들 사이의 관계를 탐구하는 것은 분명히 계몽적일 수 있다. 어쨌든 앞으로 이러한 분석을 해나가고 이러한 분석이 계속될 수 있는 방법을 살펴보면서, 우리는 주된 이론적 접근법과 그에 따르는 이론적 구분이 어느 정도나 유효한지 우리 스스로 판단할 수 있을 것이다.

3

개인과 사회

우리는 한 가지 중심 원칙을 정의하고 고찰하려 한다. 그것은 정신 속에서 학습되고 창조된 패턴과, 관계와 관습과 제도 속에서 소통되고 작용하게 된 패턴 사이의 본질적 관계, 진정한 상호작용의 원칙이다. 문화란 이러한 과정과 결과에 붙인 이름이며, 이 과정에서 우리는 그동안 전통적인 논란의 주제였고 이제 우리가 새로운 방식으로 보게 될 문제들을 발견한다. 그러한 문제들 가운데 개인과 사회의 관계는 뚜렷하고도 중요하다. 이 문제는 우리의 전통을 구성하는 여러 사상 체계 속에서 논의되어왔고, 최근의 경험으로 보면 바로 이 문제야말로 우리 시대 갈등의 핵심이라는 데 사람들이 동의하고 있어서 여전히 널리 논의되고 있다. 그러나 물론 우리는 이미 학습된 묘사를 통해 그 경험에 접근한다. 우리가 이 문제에 관해 축적된 엄청난 양의 이론을 일부라도 알고 있다면 다소 의식적으로 접근할 것이며, 그 이론을 직접적으로는 모른다 하더라도 그것이 우리가 살아가면서 사용해야 하는 언어나 관계의 형식에 바로 깃들어 있다는 것을 발견하게 된다. 실제의 관계들을 검토할 때 우리는 학습했던 묘사들에서 출발한다. '개인'과 '사회'를 말할 때 우리는 그들이 지시하는 경험에 대한 특정한 해석, 역사의 특정한 지점에서 통용되지만 실제로는 우리 마음속에 절대적인 것으로 확립된 해석을 구현하는 묘사들을 사용한다. 특별한 노력에 의해 우리는 '개인'과 '사회'가 '묘사 이상이 아니'라는 것을 의식하기도 하지만, 여전히 대부분의 실제 경험과 행동은 그러한 묘사에 얽매여 있어서 그 깨달음은 단지 학문의 영역에 한정되어 보일 따름이다. 그러나 경험과 묘사의 긴장이 너무 심해서 어쩔 수 없이 그 묘사를 검토해보고 새로운 묘사를 이론의 차원이 아니라 문자 그대로 행동의 문제로서 찾고자 할 때가 있다. '개인과 사회'에 대한 우리의 사고방식이 부적절하고, 혼동을 일으키며, 때때로 무의미하다고 여겨진 지는 꽤 오래되었다. 나는 이 문제에 대해 직접 생각했다기보다는 문화에 대해 생각하면서 경험에 대한 나의 묘사가 매우 근본적으로 바뀌고 있다는 것을 알게 되었다. 나는 지금까지 창조적 정신과 문화에 대해 말한 것을 통해 개인과 사회라는 전통적 논쟁을 재검토할 수 있는지 보고 싶다. 이제 주된 묘사들을 역사적으로 검토해보고, 여러 분야의 최근 업적이 그러한 묘사에 어떤 영향을 미쳤는지 살펴보면서 약간의 보완과 가능한 새로운 설명을 제시하고자 한다.

I

우리는 편의상 '개인'이 지금 우리가 알고 있는 그런 의미의 설명으로 떠오른 시기부터 역사적 검토를 시작할 수 있다. 한 개념의 시발점을 이야기함으로써 경험의 시발점을 이야기하기란 항상 어려운 일이지만, 한 단어가 나타날 때는—새로운 단어이건, 단어의 새로운 의미이건—변화에 대한 의식과 가장 근접한 특정한 단계에 도달했다고 할 수 있다. 중세 사상에서 '개인individual'은 '분리할 수 없는inseparable'이라는 의미였으며 신학적 주장의 맥락에서 이 말은 삼위일체의 본질을 말하는 데 주로 사용되었다. 이는 어떻게 한 존재가 자기 나름대로 존재하면서 동시에 자신의 본성에 의해 나누어질 수 없는 전체의 일부로 존재할 수 있겠는가를 설명하려는 노력이었다. 이러한 논리적 문제는 다른 경험의 영역으로 확산되었고, '개인'은 어떤 집단, 종류, 종의 일원을 가리키는 말로 사용되었다. 이 용어의 복잡성은 역사에서도 당장 분명해지는데, 왜냐하면 한 단위이면서도 어떤 부류의 일원이라는 견지에서 규정된 것이기 때문이다. 독립된 실체가 '분리할 수 없는'을 의미하는 단어에 의해 정의되고 있는 것이다. 즉 어떤 정체—특정한 이름—는 정체의 실현—공동의 지위라는 사실—과 연관되는 것이다. 근대적 묘사의 중대한 역사는 바로 우리에게 '개인'을 그 용어의 구조에 의해 그가 소속된 집단을 직접 언급하지 않으면서 절대적인 것으로 생각할 수 있도록 만든 초점의 변화이다. 그리고 불완전하게 기록된 이 말 자체의 역사를 더듬어보면 이러한 변화는 영국에서 16세기 말에서 17세기 초에 일어났다. 그 이후로 서서히, 그리고 매우 애매한 채로 우리는 '그 자체로서의 개인'을 생각하게 된 것이다. 그 이전에 한 개인을 묘사하는 일이란 그가 속한 집단에서 한 예를 내놓고, 또한 그 집단과 집단 내의 관계들에 대한 특수한 묘사를 제시하는 것이었다.*

이러한 의미론적 변화는 그 자체로도 매우 추적하기 어려운 것이지만, 관계들이 실질적으로 변화하는 맥락에서, 중세부터 오랫동안 들쑥날쑥 성장해오는 가운데 점점 분명해진 것 같다. 이를 묘사하면서 우리는 물론 복잡한 경험의 전 영역을 몇 가지 단순한 패턴으로 환원하고 있지만, 전반적인 변화를 느끼는 감각은 이러한 한도 내에서는 아마도 정확할 것이다. '개인'의 새로운 의

* 존 던의 『1주기』(1611)와 비교해보라.

> ……모든 사람들이 그저 자신은
> 불사조가 되어야 한다고 생각한다. 그렇게 되면 그가
> 오롯이 그 자신이기만 한 그런 부류가 아닌데도.

미의 근거는 개인의 영혼이라는 관념의 역사에서 흥미롭게 탐구해볼 수 있다. 종교개혁의 논쟁에서는 기독교 전통에 고유한 관념들이 연장된다고 보는 것이 옳을 것인데, 여기서는 영혼의 운명을 신과 교회라는 질서정연한 구조 속에서 보는 쪽으로부터, 그와 다른 방식으로 개인적인 것으로서 보는, 즉 인간이 신과 직접적이고 개인적인 관계를 맺는 쪽으로 옮겨갈 수 있게 된다. 양쪽의 사고방식에서 개인의 운명이라는 문제는 현실이지만, 한쪽에서는 이 문제를 공동 운명의 한 예로서, 일차적으로는 공동의 운명을 예시하기 때문에 중요한 것으로 보며, 다른 쪽에서는 일차적으로 바로 개인 그 자체의 운명에 주목한다. 한쪽 운명은 전체적 질서에서 관계들의 복잡한 구조를 통해 이해되며, 다른 쪽의 운명은 직접적 관계, 즉 개인과 그의 신의 관계를 통해서 이해된다. 우리가 개신교의 '개인주의'에 대해 이야기할 때, 그것은 그 이전 체제보다 한 사람의 운명이라는 사실이 더 현실적이라는 말이 아니라, 그 운명이 실현되는 관계들이 다른 식으로 규정된다는 의미다. 관계의 개념 변화—거칠게 말하면 인간-교회-신에서 인간-신으로의 변화—는 '개인'이란 무엇인가에 관한 새로운 의미로 기록되는 것이다.

인간의 삶에서 개인의 '지위position'에 관한 관념도 이와 연관되면서 유사한 양상을 보인다. '지위'를 말하는 것은 관계를 암시하고, 우리는 여전히 이러한 점을 잘 의식하고 있다. 그러나 중세와 근대의 사상에서 '사회 속의 인간'이라는 어려운 개념에는 명백한 변화가 보인다. 대부분의 중세 사회에 대한 설명은 한 인간이 그 사회적 질서 내에서 차지하는 위치에 의해 규정되는 방식에 중점을 둔다. 즉 그가 어떤 집단의 일원인가 하는 낡은 의미의 '개인'인 셈이다. 에리히 프롬이 말했듯, "한 사람은 그가 사회에서 사는 역할과 같다. 그는 농부이며 장인이며 기사이지 이러저러한 직업을 우연히 갖게 된 한 개인이 아니다." 우리는 '다른 무엇이 된다는 것'이 상대적으로 제한된 엄격한 사회에서는 이것이 대체로 사실임을 알 수 있다. 이동성이 증가하고, 최소한 일부 사람들이 자기 지위를 변화시킬 수 있게 되면, 그의 사회적 역할과 분리할 수 있는 의미의 개인이 된다는 생각도 힘을 얻는다. 자본주의의 성장과 그에 따른 엄청난 사회적 변화는 '개인'을 그의 '자유로운 사업'을 통한 경제활동의 원천으로 보도록 했다. 이제 고정된 질서 안에서 어떤 기능을 하느냐가 아니라 어떤 활동을 시작하고 특정한 방향을 택하는가가 문제이다. 어떤 경우 이러한 변화가 가져오는 사회적·지리적 이동성 때문에 개인—'나는 무엇인가'—은 '나는 무엇이 되고 싶은가' 그리고 '내 노력으로 무엇이 되었는가' 하는 정도까지 확장되어 재정의된다. 많은 사례 가운데 나는 1885년 피고석[사회주의 연맹 활동으로 체포됨]에 있는 윌리엄 모리스에게 치안판사가 했던 질문을 예로 들고 싶다.

> 손더스: 당신은 무엇입니까?
> 피고인: 나는 예술가, 문필가입니다. 제 생각엔, 유럽 전역에서 꽤 유명합니다.

이 질문의 간결함과 모리스가 질문을 일차적으로 이해한 방식은 뇌리에 내내 남는다. 왜냐하면 이런 경우 나의 반응은 '당신은 무엇입니까?'라는 질문에 '사람이오'라는 대답밖에는 할 수 없는 것을 알고 있으며, 그러면서도 그 질문을 건방지다고 생각한 만큼이나 내 대답도 건방지게 비칠 것임을 확실히 알고 있다. '당신은 무엇입니까?'라는 질문을 거부하면서 좀더 받아들일 만한 질문, 그러니까 '당신은 누구입니까?' 혹은 '당신의 직업은 무엇입니까?'를 생각하면서 나는 이 특수한 역사, 우리가 점점 더 개인의 존재를 직업, 사회적 기능, 사회적 지위와는 별개로, 그리고 그보다 더 중요한 것으로 의식하는 역사를 살아가고 있다. 나는 치안판사의 질문에 대해 자랑스럽게 '영국인이오'라고 대답할 법한 사람들을 떠올릴 수 있는데, 이러한 의식은 이 발전 단계의 한 국면이다. 이제 우리는 우리의 존재를 규정하는 여러 가지 방법을 알고 있다. 국적, 계급, 직업 등등의 용어에서 우리는 사실 어떤 사람에 대한 묘사를 한 집단의 일원이라는 견지에서 제시한다. 그러나 이러한 용어들을 다 쓰고 나면 우리 대부분에게는 의식과 가치 있는 경험의 영역이 남는데, 앞서 말한 식의 묘사로는 도저히 표현할 수 없는 부분이다. 바로 이러한 존재 영역과의 관계 속에서 '개인과 사회'의 문제가 생겨난다.

이제 우리는 '개인'의 개념을 르네상스, 종교개혁, 자본주의 경제의 시작이라는 각각의 국면에서 분석한 복잡한 변화에 따라 추적해보았다. 본질적으로 개인의 개념은 그 사람을 이제까지 통상적으로 규정했던 관계들의 복합체에서 추상해낸 개념이다. 이러한 과정의 반대편에 해당하는 것이 '사회society'라는 비슷한 추상화인데, 처음에는 실질적 관계—'동년배와의 교제'—를 표시하던 것이 16세기 말부터는 좀더 근대적인 의미의 '공동생활의 체제', 즉 하나의 사물 그 자체인 사회로 발전되었다. '공동체Community'도 17세기에 와서 비슷한 발전과정을 겪었으며, '국가State'는 이 단계에 훨씬 더 먼저 도달하여, 그전에 가지고 있었던 두 가지 의미—'나라의 상태'에서와 같이 공동생활의 상태를 의미하거나, '왕의 지위'에서와 같이 어떤 조건이나 지위의 표시를 의미하는 것에다가 공동생활의 '기구', 즉 공동생활의 틀이나 질서 체계라는 의미를 더하게 되었다. 이렇게 이러한 용어들이 분리되어서 마침내 한편에는 '개인'이, 다른 한편에는 '사회' '공동체' '국가'가 각기 추상적이고 절대적인 개념으로 이해될 수 있게 된 것이다.

그 이후 사회사상의 주요한 전통은 이러한 묘사에 의존한다. 영국에서는 홉스에서 공리주의자들에 이르기까지 다양한 체계가 공동의 출발점을 가지고 있었다. 그것은 발가벗은 존재로서의 인간, 즉 개인이 심리학, 윤리학, 정치의 논리적 출발점이라는 것이다. 이러한 전통에서 인간이 관계 속에서 태어난다는 사실에서 출발하는 경우는 드물다. 분리된 실체로서의 발가벗은 인간이라는 추상이 일반적으로 받아들여진 것이다. 다른 사상 체계에서는 공동체가 당연한 공리axiom이고 개인은 거기서 파생되어 나온 존재이다. 이에 비해 여기서는 개인이 공리이고 사회는 거기서 파생되어 나온 것이다. 홉스는 분리된 개인들과 국가 사이의 모든 중간 용어를 실제로 없애버렸으며, 개개인은 본래 이기적이므로 사회는 개개인의 파괴적 성향을 억제하고 협동을 강제하기 위한 합리적 구조물이라고 보았다. 로크는 합리적이고 협동적인 요소를 본질적인 것으로 보았지만, 홉스와 비슷하게 따로 떨어져 있는 개개인이 자신의 이익을 보호하기 위해 동의 또는 계약에 의해 사회를 만들어낸다고 보았다. 그 이후로 자유주의의 전통 전체는 개인과 개인의 권리에서 출발하여, 사회를 이러한 추상적 권리를 확보하기 위한 협정으로 판단하고, 그래서 대개는 필요한 최소한의 정부만을 요구한다. 분명한 것은 수많은 인간적인 선은 자의적이고 억압적인 체계에서 인간을 실질적으로 해방시킨 자유주의적 주장에서 나왔다는 것이다. 그러나 그것은 낡아빠진 사회 형태들을 뚫고 나오는 인간의 경험에 대응하는 반면, 새로운 종류의 조직을 만드는 어려움의 경험과는 갈등을 일으키는 설명에 의존하고 있다.

자유주의적 전통에서는 추상적 개인을 이상화하는 반면에, 대안적 전통에서는 자유주의의 용어를 전부가 아닌 일부 공유하면서도 사회를 이상화하는 방향으로 나아간다. 루소는 “우리는 시민이 된 후에야 비로소 인간다운 인간이 되기 시작한다”고 주장하면서 공동체를 가치의 원천이자, 나아가 ‘도덕적인 인간’ 자체로 보았다. 헤겔은 인간이 사회와 문명을 통해 개인이 된다는 비슷한 논지를 강조하는 것에서 시작해 국가를 최상의 인간적 가치를 실현하는 기구로, 곧 매슈 아널드가 '우리의 최상의 자아'라고 부른 것의 구현으로 보았다. 강조점은 달랐지만 루소나 헤겔 모두 개인과 커다란 사회를 매개하는 데 필요한 요소로서 실제 공동체와의 연관의 형식이 중요하다고 생각했다. 이러한 노선의 사상에서 바로 묘사에 관한 중대한 수정이 일어나게 된다. 우리는 초기의 자유주의로부터 '개인'과 '사회'의 절대성을 보전하고 있지만, 여기에 매개적 용어로서 '공동체'나 '연관' 등의 용어를 덧붙여 '개인'과 '사회'라는 거대한 추상적 개념들이 세부적으로 작용하는 개인 대 개인의 국지적 관계들을 묘사한다. 특수하고도 결정적으로 덧붙여진 개념은 '계급'이고, 이는 '신분'이나 '지위'라는 정적 개념과는 사뭇 다른데, 계급의 개념은 개인이 계급을 통해 사회와 연결된다는 점에서 '개인'과 '사회' 사이의 중간 용어이기 때문이다. 그러나 '계급'은 '공동체'나 '연관'과는 다른 면을 강조한다. 왜냐하면 이는 개별적 집단이 아니고 '사회' 자체와 마찬가지로 추상적 개념이기 때문이다. 마르크스는 사람들이 실제로 같은 공동체에 속해 있지 않은 경우라도 특정한 계급에 함께 소속됨으로써 공통된 방식으로 생각하고 행동하며, '사회'의 과정들은 이러한 계급들 간의 상호작용의 견지에서 가장 잘 이해된다고 주장한다. 그래서 19세기에는 '개인'과 '사회'라는 추상적 개념이 여전히 유력한 가운데 다수의 새로운 묘사가 만들어지고 강조되었는데, 그들의 일반적 의미는 특수한 관계들을 나타내는 것이었다. 20세기의 어떤 학문 분야들은 바로 이러한 전체적 영역—우리가 살펴보았듯 복합적인 역사적 변화들과 서로 대립적인 지적 전통에서 생겨난—에서 생겨난 것이다.

II

개인적·사회적 행동의 분석가로서 프로이트의 영향은 매우 크며, 우리가 검토했던 전통의 한 부분을 강화했다. 프로이트의 이론은 개인과 사회의 기본적 구분, 곧 개인에게 작용하는 사회적 동인으로만 비치는 '공동체'나 '계급'이라는 매개적 형식과 개인 사이의 근본적 구분을 전제로 하기 때문이다. '발가벗은 인간 존재'로서의 인간은 근본적으로 반사회적인 근원적 충동도 지니고 있다. 사회의 이런 부분은 억제되어야 한다. 다른 부분은 정련하여 사회적으로 수용가능하고 가치 있는 통로로 방향을 바꾸어야만 한다. 사회는 억제와 전환의 기제이며 문명은 억제된 자연적 충동의 '승화'로 이루어진 산물이다. 그러므로 발가벗은 인간 존재로서의 인간은 근원적으로 사회에서 소외되어 있어서, 개인과 사회 간의 서로 갈등하는 요구 사이에서 비교적 잘 적응된 균형을 유지하기를 바랄 뿐이다. 승화의 과정은 균형의 기제로 작용하며, 이것이 잘못 조정되면 탈이 난다.

프로이트가 설명한 개인과 사회에 대한 기초적 용어는 단지 낡은 전통 가운데 하나일 뿐이지만, 그의 실제적 탐구는 관계들에 대해 매우 의미 있는 강조점을 가리킨다. 실로 그는 완전히 새로운 방식으로 새로운 매개 형식, 즉 가족의 개념을 도입하여 실제적인 사회적 성장의 연구를 괄목할 만하게 확장했다. 최초의 연합 형태인 가족이라는 개념이 이제까지 없었다는 것이 아니라, 프로이트는 어린 시절에 확립된 관계의 패턴이 모든 인간 행동에서 근본적으로 중요하다고 강조함으로써 가족의 의미를 바꾸어 놓았다. 프로이트의 설명은 '개인'과 '사회'를 이론적으로 분리함으로써 한계를 보이지만, 그의 설명을 계승한 다른 사람들은 이를 다른 방식으로 발전시켰다. 교조적인 프로이트주의에서는 사회적 관계의 연구에 거의 관심을 나타내지 않는다. 그러한 관계들은 항상 부차적인 중요성만 있는 것으로 여기기 때문이다. 반면에 다른 이론가들은 우리의 내밀한 개인적 관계들과 사회적 관계의 네트워크 전체를 연결할 가능성을 흥미롭게 탐구했다. 프롬의 연구는 특히 유용한데, 그는 '사회적 성격'이라는 새로운 매개적 묘사를 발전시켰다. 이는 사회적 행위가 개인적 성격의 일부가 되는 과정을 묘사하고자 한 것이다. 즉 이는 프로이트가 주장한 것처럼 억제와 전환에 의해서가 아니라, 여러 종류의 관계를 포함하는 형성과정에 의해서 그렇게 된다는 것이다. '사회적 성격'은 아이가 태어난 공동체의 대다수에게서 일어난 경험에 대한 선택적 반응이며, 감정과 행동의 학습된 체계이다. 이때 가족은 그 공동체가 개인에게 요구하는 사회적 성격을 만들어내는 동인이다. 만일 이 과정이 성공적이면 개인의 사회적 활동은 그의 개인적 욕망과 일치할 것이다. 왜냐하면 사회적 성격은 "외적 필연성을 내면화하고 주어진 경제 및 사회 체제의 임무를 위해 인간의 에너지를 제어하기 때문이다." 그런 경우 개인은 "실질적 관점에서 자신에게 필요하면서 동시에 심리적으로 그의 활동에 만족할 수 있는 일을 하게" 된다. 개인의 심리는 사회가 억제하고 수정하는 영구적인 인간 본성이 아니라, "개인이 세계와 맺고 있는 특수한 종류의 연관성"이 된다. 이 연관성은 현재 통용되는 사회적 성격과 상응할 수도 있고 그로부터 벗어날 수도 있다.

여기서 프로이트는 홉스의 역할을, 프롬은 로크의 역할을 하고 있음을 우리는 알 수 있다. 양쪽 모두 개인-사회 관계의 실제 과정을 매우 세련되게 묘사하고는 있지만 말이다. 프롬은 어떻게 '사회'가 개인에게 진정으로 구현될 수 있는가, 그래서 우리가 그 둘을 분리되거나 절대적인 것으로서가 아니라 항상 관계의 견지에서 생각하게 되는가를 보여주는 데 상당한 진전을 이루었다. 그러나 진정한 문제는 사회적 성격과 어긋나는 개인적 성격의 원천이 무엇인가를 물을 때, 좀더 정확히 말하자면 사회적 관계의 형식이 아닌 관계들이 개인의 성격에 영향을 주는가를 물을 때 생겨난다. 만약 '사회적 성격'을 개인이 형성하는 실제적 관계들을 적절하게 혹은 적절치 못하게 해석할 특수한 구조에 한정한다면 그 기능은 좀더 분명해지며, 다양한 개인의 반응 가능성은 분명히 이론적 기초를 갖게 될 것이다. 그렇지만 이것은 '사회적 성격'이 궁극적으로 유용한 용어인가의 문제이다. 왜냐하면 '사회적 성격'은 어떻게 관계들(사회)이 심리(개인)를 만들어내는가에 대한 부분적 설명에 불과한 것으로 보이기 때문이다.

'사회적 성격'이라는 개념은 '문화의 패턴'이라는 인류학적 개념과 비슷하다. 서로 다른 사회에 대한 비교연구는 우리가 가지고 있는 역사적 증거에 덧붙여, 인간 집단이 채택하는 행동과 태도의 학습된 체계들이 얼마나 서로 비슷한지 보여준다. 각각의 체계는 그것이 지속되는 동안 곧 한 사회의 형식이며 문화의 패턴으로서, 개별 구성원들이 대부분 성공적으로 이에 따라 훈련된다. 여러 체제를 비교해본 덕분에 개인과 사회에 대한 전통적 주장들은 크게 바뀌었는데, 그 이유는 이 비교연구를 통해서 개별적이고 공통적인 만족감을 주는 감정과 행동양식이 얼마나 다양한가가 드러났기 때문이다. 표준적 욕망과 태도를 갖추고 관념적으로 확인된 개인과, 표준적 목적을 갖고 관념적으로 확인된 사회 간의 관계를 묻는 대신, 표준적 처방을 벗어나는 수많은 디테일과 더불어 실제적이고 변화하는 관계들을 보는 것이 가능해졌다. 그러나 증거들이 늘어나면서 이론적 탐구는 더욱 어려워졌다. 아마 이제까지의 중요한 결과는, 아주 내밀한 수준까지도 사회적 과정이 개인의 성품을 형성하는 정도를 강조하는 전통을 엄청나게 강화했다는 것이다. 이는 일반적인 인간 조건을 올바로 읽은 결과라기보다는 특정한 사회·역사적 상황의 산물로 보이는 관념, 즉 추상적인 '개인'을 강조하는 오류를 교정하는 방식으로서는 전적으로 가치가 있다. 그러나 올바로 해석해보면 이것이 곧 개인의 중요성을 부정하는 것은 아니다. 베네딕트는 다음과 같이 주장했다.

> 이제까지 관찰한 어떤 문화도 그 문화를 구성하는 개인의 기질 차이를 없애버릴 수는 없었다. 이것은 항상 주고받는 것이다. 개인의 문제는 문화와 개인의 적대관계를 강조함으로써 규명되는 것이 아니라, 그들의 상호 강화 관계를 강조함으로써 분명해진다. 이러한 공명rapport은 아주 밀접한 것이어서, 문화의 패턴을 논하려면 반드시 문화와 개인 심리의 관계를 특별히 고려해야 한다.

'문화의 패턴'은 '사회적 성격'과 마찬가지로 경험에 대한 선택적 반응이며, 특수한 사회 속에서 느끼고 행동하는 학습된 체계이다. 베네딕트에 따르면 이 패턴은 그 사회구성원 대부분에게는 '알맞은' 것일 테고, 따라서 구성원들은 그 사회의 일원이 되어 자신의 개인성을 적절하게 표현하는 방식으로 문화 패턴에 맞게 훈련될 수 있다. 그러나 어떤 사람들에게는 이 패턴이 '알맞'지 않을 것이며, 이들은 적응하지 않거나, 적응하더라도 개인적 욕구 면에서 엄청난 대가를 치를 것이다. '알맞은'이라는 말에 얼마나 무게가 있는가는 알기 어렵다. 즉 베네딕트가 실제로 묘사한 다양한 상태—좌절에서 비탄에 이르는 서로 다른 대응들—는 다른 사람들이 '학습된 반응'이라 부르는 것과 거의 비슷하다. 그렇게 되면 이 반응들이 '학습된' 것이지만 특정한 사회가 가르치고 인정하는 반응과 다르다는 문제가 발생하기는 한다. 이러한 반응들이 학습된 것이 아니라 타고난 것이라면, 우리는 다시 '인간 본성'을 단일한 것이 아니라 생래적으로 여러 가지 기질을 포괄하는 것으로서 이해해야 하는 문제로 돌아가야 한다. 다시 말해서 개인과 사회의 관계는 일종의 제비뽑기가 되어 특정한 기질을 가진 개인은 그가 우연히 태어난 사회에서 이기거나 지는 카드를 뽑게 되는 것이다. 우리는 아직 이러한 가정을 인정할 것인지 말 것인지를 판단할 준비가 되어 있지 않지만, 이러한 설명은 사회심리학의 전반적 조류와 다소 다른 방향에서 문제를 해결하려는 시도를 나타낸다. 또다른 인류학자인 [랠프] 린턴은 다음과 같이 말한다.

> 생물학적으로 규정된 타고난 요인들은 전체적으로나 그 심리적 구성에 내포된 다양한 반응 패턴으로서나, 성격의 설정을 설명하는 데 사용할 수 없다고 결론짓는 것이 안전할 것이다. 선천적 요인들은 단지 성격의 설정을 구성하는 여러 가지 요인 가운데 하나일 뿐이다.

린턴은 계속해서 이제는 익숙해진 방식대로, 학습된 문화 패턴에 의한 성숙한 개인의 탄생을 묘사하면서 다음과 같이 강조한다.

> 대부분의 인간 행위는 단순히 개인이 자기 경험에 기초하여 발전시키는 것이 아니라, 조직화된 설정이 가르친다는 사실이 중요하다.

전체적 패턴의 일부인 이러한 가르침에는 '개인적 필요를 충족시키는' 데 도움이 되는 요소들과 사회적 필요성을 만족시켜주는 요소들이 포함되어 있다. 그러나 이러한 패턴을 지닌 사람은 단지 '사회적 유기체의 한 단위'로만 행동할 뿐이며, 그에게는 자신의 개인성을 구성하는 또다른 원천들이 있다. 이 개인성의 사회적 기능은, 사회 전체가 살아가는 이 변화무쌍한 세계 속에서, 새로운 문제들에 직면하기 위해 패턴 자체를 변화시키는 데 도움이 된다.

그러나 정확히 말해서 이러한 개별화의 과정은 무엇인가? 사회심리학이 일반적으로 강조하는 점은 사고의 어떤 단계에서 개인이 어떤 식으로든 사회에 선행한다는 생각, 즉 사회는 억제나 수축을 통한 이차적 창조물이라는 생각에서 우리가 얼마나 멀리 벗어나 있는가를 보여준다. 요사이 사회심리학은 대부분 분리된 개인으로서의 자신에 대한 의식이 유아에 의해 학습되어야 함을 강조한다. 다시 말해서 "유아는 분리된 개인으로서의 자의식이 없다." G. H. 미드는 다음과 같이 말한다.

> 그 자체로 목적이 될 수 있는 자아는 본질적으로 사회적 구조물이며 그것은 사회적 경험 속에서 나타난다.

이러한 정의는 개인성에도 여러 수준이 있음을 암시한다. 우리는 일차적인 개별 유기체와 사회적으로 창조된 '자아'를 구분할 수 있다. 이러한 구분은 유용하지만, 사실 그 구분을 명확하게 하려면 매우 어려운 용어들을 사용해야 한다. 왜냐하면 '개인'이라는 말은 대개 이렇듯 이론적으로 분리 가능한 요소들을 모두 포함하기 때문이다. 아마도 가장 유용한 강조점은 개별화의 관점에서 '자아들'을 형성하는 사회적 과정을 묘사하는 것일 텐데, 다시 말하면 개인들 간의 의식적 차이는 사회적 과정에서 발생한다는 것이다. 애초에 개인은 서로 다른 천부적 잠재력을 지니고 있으므로 서로 다른 방식으로 사회적 영향력을 받아들인다. 더욱이 공통된 '사회적 성격' 혹은 '문화의 패턴'이 있다 하더라도 개개인의 사회사나 실질적인 관계 네트워크는 사실 유일무이하게 특별하다. 이러한 것들은 기본적 개별화의 요인들이지만, 독특한 잠재력과 역사가 상호작용하면서 자의식이 성장한다는 사실 자체는 자기 검토와 자기 결정이 가능한 뚜렷한 조직을 생산해낸다. 이렇듯 '자율적' 자아는 그에 근본적 영향을 미치는 사회적 과정에서 성장하지만, 획득된 자율성의 정도에 따라 이미 언급한 바 있는 다음 단계, 즉 개인이 자신에게 영향을 주었고 현재도 주고 있는 사회적 과정을 변화시키거나 수정하는 데 도움이 될 수 있는 단계가 가능해진다.

이렇듯 핵심적인 설명에 최근 사회학에서 강조하는 또하나의 구분을 덧붙여야겠다. '사회'에 암시된 추상 때문에 우리는 실제로 꽤 명확하게 보고 있는 것을 이론적으로 인식하는 데 어려움을 겪을 수 있다. 다시 말해서 아주 단순한 사회에서도 개인이 단일한 '사회적 성격' 혹은 '문화의 패턴'을 만나는 경우는 거의 없다는 것이다. 우리 사회와 같이 복잡한 사회에서는 만나는 변종들이 너무 두드러져서 우리는 그러한 것들을 '한 사회' 내의 대안적 체제들이라고 이야기할 수 있다. 이는 분명 매우 중요한 일이다. '개인'에 대한 분석이 어떤 추상적 설명을 실질적 성장과정으로 되돌려놓는다면, '사회'에 대한 분석은 하나의 추상을 현실적 관계들의 실제 복합체로 돌려놓는다. '사회'를 유일하고도 단일한 대상으로 생각하는 대신에 우리는 현실적인 집단들과 그들 간의 관계를 보는 것이다. 이러한 관계는 협력관계일 뿐 아니라 긴장과 갈등의 관계이기 때문에 그 나름대로 특수한 방향감각을 가지고 있는 개인은 그가 속한 사회의 대안적 방향들에서 다양한 성장을 사회적 용어로 표현할 수 있게 해줄 자료를 발견한다.

그러므로 한 사회 내에서 '집단들'을 의식한다는 것은 중요한 진전이다. 물론 단지 추상의 근거를 옮겨서 이번에는 집단을 단일한 절대자로 만들어버릴 가능성도 있다. 가장 단순한 집단에서도 마치 '사회'에서처럼 협동 관계뿐 아니라 긴장과 갈등의 관계도 존재한다. 이것은 가족이나 마을처럼 직접 얼굴을 맞대는 집단뿐 아니라 조합이나 사회계급 같은 공통의 이해관계를 지닌 집단도 마찬가지다. 이들 개개의 집단은 뚜렷한 '사회적 성격' 혹은 '문화의 패턴'을 가질 것이고, 그러한 방향으로 그 구성원들을 훈육하려고 할 것이다. 그러나 이를 둘러싸고 있는 것은 특수한 개개인들 간의 지속적 상호작용이며, 그러한 집단에서는 '사회'와 마찬가지로 새로운 방향들이 출현할 것이다. 그리고 그 집단은 다른 집단들과 현실적 관계를 맺을 것이므로, 집단 내에서 진행되는 훈육과 교정 과정은 더 큰 '사회'의 훈육과 교정 과정의 일부가 될 것이다. 어떤 집단은 척도의 편리한 표식이 될 수도 있으나 어디까지나 하나의 표식일 뿐이며, 전체적인 척도의 연속성이라는 사실 자체가 핵심적이다.

III

우리는 우선 '개인과 사회'에 대한 전통적인 논의, 그리고 현대 학문 분야들의 주요 방향들을 간단히 살펴보았다. 우리는 이제 경험으로, 다시 말해서 우리가 '개인과 사회'에 대해 생각할 때면 보통은 매우 단순한 모델—그러니까 한 개인이 순응하느냐 아니냐, 그리고 사회가 이러한 방향에 대해 어떤 태도를 보이느냐 하는 모델—에 스스로 한정되어 있음을 발견한다는 바로 그 사실로 돌아가야 한다. 우리는 순응conformity를 여러 가지 이름으로 부르는데, '책임감 있는' 혹은 '법을 준수하는'이라고 인정해주기도 하고, '소심하게 관습적인' 혹은 '비굴한'이라고 비난하기도 한다. 또 우리는 비순응nonconformity에 대해서도 여러 가지 명칭을 가지고 있는데, 이 중에서 '독립성'이나 '자유로운 영혼' 등은 긍정적인 쪽이고, '무법' 혹은 '괴팍함'은 비난하는 편에 속한다. 우리 중 어떤 사람은 이 가운데 한 가지 노선으로 가서 그 입장을 일관되게 견지하려고 한다. 좀더 흔한 경우는 양쪽 노선에서 그때그때 좋아 보이는 쪽으로 장점만을 따오려고 하는 것이다. 이러한 가치 판단은 현실적일지도 모르나, 우리가 궁극적으로 이 단순한 모델—순응이냐 아니냐—에 의존하는 한 매우 취약할 수밖에 없다. 따라서 나는 이 모델을 넘어서서, 개인과 사회의 몇몇 실질적 관계들을 검토함으로써 이 문제를 논의하는 데 우리가 사용할 수 있는 어휘를 넓혀보고자 한다.

우선 구성원member이라는 묘사를 들 수 있다. 근대적 의미에서 구성원은 그가 사는 사회와 개인이 긍정적으로 동일시되는 것을 묘사하는 방식으로서 유용하다. 한 사회의 구성원은 그 사회에 본질적인 방식으로 속해 있다고 느낀다. 즉 그 사회의 가치는 그의 가치이며, 그 사회의 목적이 그의 목적이어서, 그는 자신을 사회의 관점에서 묘사하며 자부심을 느낄 정도이다. 물론 그는 자신을 한 사람의 구성원으로, 즉 그가 속한 사회의 한 개인으로서 의식하고 있지만, 개인이 사회를 자신과 반대되는 것으로 생각하지 않고 자신의 목적을 실현할 자연스러운 수단으로 보는 것이야말로 구성원 자격의 본질에 속한다. 변화가 필요하다면 그는 그에 관한 논의와 그 논의의 실현에 기여할 것이다. 왜냐하면 그는 그 사회의 가치관이나 태도, 제도를 확신하고, 그 사회의 삶이 이루어지는 방식을 받아들이며, 그 사회 내의 갈등이나 긴장도 이러한 근본적인 방식과 가치관에 의거하여 그 사회의 근본적인 통일성을 보존할 수 있는 방식으로 해결될 수 있다고 본다.

이러한 구성원의 경험은 아마도 보통 이론적으로 허용된 것보다 훨씬 더 흔할 것이다. 다수의 현대사회에서 이것이 훨씬 어려워진 것은 사실이고, '개인과 사회'라는 문제가 가장 분명해지는 것은 바로 그러한 경험이 무너졌을 때이다. 그렇지만 분명한 것은 그러한 구성원의 경험이 현실적일 수 있다는 것이고, 그 경험의 중요성을 빼놓으면 그뒤의 모든 주장이 어그러진다.

그러나 구성원을 확인했다면 이제는 겉보기에는 그와 비슷하지만, 전치轉置에 의해 구성원에 대한 비판으로 이어지는 다른 관계들을 확인해봐야 한다. 실존주의 사상가들은 '진정한 자아'와 '진정하지 않은 자아' 사이에 중대한 구분이 있다고 보았으며, 그들이 일반적으로 묘사한 '진정하지 않은 자아'는 유전, 환경, 사회의 '피조물'인 사람에 관한 것이었다. 그러므로 키르케고르는 사회가 우리에게 '객관적'이고 '전형적'인 인간이 되도록 압박하므로 우리는 이것을 뚫고 자신의 실존으로 나아가야 한다고 주장한다. 현대사회는 '진정하지 않은 자아'가 마치 인간의 전부인 것처럼 제시한다고 야스퍼스는 주장한다. 어떤 기본적 경험(고통, 죄, 죽음)이 우리로 하여금 이렇게 제공된 형태의 인간관을 뚫고 진정한 실존을 확실하게 실현하도록 해주기 전까지 우리는 유전과 환경과 사회의 피조물이다. 이와 비슷하게 니체도 사회의 정형화를 받아들이는 것을 속물적이라 표현했고, 사르트르는 '진정하지 않은' 인간에게나 유효한 '역할' 혹은 '의무'라는 식의 사회적 개념들은 위험하다고 강조했다. 이러한 전통 전반에 중심적 인식은 매우 가치 있으나, '사회적 인간'을 '진정하지 않은 인간'과 등치하는 경향은 오해의 소지가 다분하다. 여기서 사회적 과정으로 묘사하는 것은 구성원의 경험이 아니라 신민subject 혹은 하인servant의 경험이기 때문이다. 어떤 사회든 그 안에서 태어난 사람들에게 특정한 방식으로 생각하고 행동하라는 압력을 가하지만, 그렇다고 해서 반드시 개인을 사회적 목적으로 개종시키는 것은 아닙니다. 그것은 많은 경우 사회가 개인들에게 그 사회가 지닌 최상의 경험에 따라 생존하고 성장하기를 바란다는 표현이기도 하다.

우리는 사회적 과정 안에서가 아니면 개인이 생존도 성장도 할 수 없다는 것을 인정하는 데서 출발해야 한다. 이러한 것을 전제하고 나면 '진정한' 것과 '진정하지 않은' 것의 위기는 개인적 과정이면서 사회적 과정이기도 하다. 실존주의자들이 강조하는 바에서 가치 있는 요소는 바로 선택과 헌신에 대한 주장이다. 개인이 성장과정에서 진정한 개인적 정체성을 성취하지 못한다면 그는 불완전하고 '진정하지 못한' 사람으로 간주될 수도 있다. 그는 자신이 생각하고 행동하는 방식의 유효성을 깊이 인식해야 하며, 그럼으로써 단지 사회의 '피조물'이 아니라 한 개인, 그 스스로 독자적인 인간이어야 한다. 그러나 이러한 과정은 실제의 개인과 서로 다른 사회 내에서 유례없이 다양하게 드러날 것이다. 그것이 완전히 의식적 평가에만 제한되는 경우는 거의 없을 것이며,

통상적 과정은 의식적 평가를 포함하기도 하지만, 두뇌가 행하는 의식적 활동뿐 아니라 그의 신경 체계, 신체 등 개인의 모든 유기체에 관련된 문제이다. 실제로 개인성을 구성하는 감정과 행위의 복합체 전체는 사회라는 감정과 행위의 복합체와 일정한 관계를 맺으며 성장할 것이다. 특수한 개인으로서 그의 통합을 구성하는 성장의 단계들은 그가 속한 사회의 유기체 전체와 맺는 관계의 형식이 될 수밖에 없다. 그러나 이러한 관계의 형식들은 내가 구성원으로서의 경험이라 불렀던 것을 포함할 수 있다. 특수한 개인들은 특수한 사회 내에서 '진정한' 개인이 될 수 있으며, 그들의 유기체 전체의 차원에서 그들이 속해 있는 사회의 살아 있는 유기체를 향해 자신을 깊이 투여할 수 있다. '사회적인' 것은 반드시 '진정하지 않은' 것이 아니라, '진정한' 것이 될 수도 있고 '개인적인' 것이 될 수도 있다. 그러나 그렇게 되면 실존주의의 주장에 실체를 부여하는 관계들을 구별하는 것이 필요할 것이다. 분명히 개인이 삶의 한 방식으로서 개인적 유기체와는 일치하지도 않고 만족스럽지도 않은 방식으로 순응할 수는 있다. 그는 개인적으로는 수용하지 않는 권위에 복종하고, 개인적 의미가 전혀 없는 사회적 기능을 수행하며, 심지어 그의 실질적 욕망과는 아무 상관이 없는 방식으로 느끼고 생각함으로써 자신의 존재에 해—종종 심각한 정서 장애, 자신의 유기체적 과정에 상해 —를 입을 수도 있다. 이렇듯 그릇된 순응의 표시는 그동안 우리의 사회적 경험에서 매우 뚜렷했지만, 그것을 낡은 '개인'과 '사회'의 이분법으로 해석하는 것은 잘못이다. 우리는 그것을 구성원과 대비하여 신민 혹은 하인의 역할이라 묘사하는 것이 좋겠다.

신민은 자신에게 어떤 폭력이 가해지더라도 그가 속한 사회의 삶의 방식과 그 안에서 자신에게 지정된 위치를 수용해야 한다. 그러지 않으면 그가 자신을 유지할 다른 방법이 없기 때문이다. 그는 이런 복종에 의해서만 먹고, 자고, 거처를 구하고, 다른 사람에 의해 파괴되는 것을 면할 수 있다. 그것은 중요한 의미에서 그의 삶의 방식은 아니지만, 그는 생존하기 위해서 그에 동조해야만 한다. 하인의 경우에는 압력이 좀 덜 가혹하지만, 그 역시 압력에는 저항할 수 없다. 신민에게는 선택의 여지가 없으나 하인에게는 선택의 환상이 주어지며, 자신을 규정한 그 위치의 삶의 방식과 자신의 삶을 동일시하도록 유도된다. 선택의 여지가 있다는 것은 망상일 뿐인데, 신민과 마찬가지로 거절할 경우 삶을 유지할 다른 방도가 없기 때문이다. 그러나 그 환상은 중요하다. 왜냐하면 그 환상으로 인해 그는 마치 선택권이 실질적인 것이라는 듯, 자신과 사회를 동일시할 수 있기 때문이다. 신민은 자신을 규정하는 관계에 대해서 환상이 거의 없다. 그는 그 삶의 방식이 자신의 것은 아니지만 복종해야 한다는 것을 알 것이다. 반면에 하인은 자신을 규정하고 있는 삶의 방식과 자신을 동일시할 수도 있다. 그는 심지어 의식적으로는 스스로를 구성원이라고 생각할 수도 있다('구성원'이라는 말의 옛 의미[=손발, 신체의 일부]에서 말이다. 왜냐하면 개인이 사회라는 유기체의 한 기관이라면, 특수한 개인들은 고등한 기관이든 저급한 기관이든 간에 여전히 자신이 사회의 진정한 일부라고 느낄 것이기 때문이다). 그렇지만 삶의 여러 단계에서, 특히 외롭거나 나이가 들었을 때, 개인이 하는 역할과 자신의 실제적 감각 사이의 불일치가 의식적으로 혹은 육체적·정서적 동요로 드러날 것이다. 알맞은 조건만 주어진다면 그는 마치 그것이 정말 자신의 것처럼 그 역할을 수행할 수 있지만, 홀로 남았을 때 혹은 그의 내밀한 개인적 감정을 불러일으키는 상황이 되었을 때는 동일시가 깨진다. 널리 기록된 경험에 비추어보면, 이러한 하인의 상황은 우리와 같은 사회에 매우 중요한 것처럼 보인다. 신민은 이론적으로 좀더 극단적인 경우이지만, 역사에서나 현대의 미개발국에서는 아주 흔한 경험이기도 하다. 현대 유럽과 미국에서는 하인의 경험이 훨씬 더 자주 기록되긴 하지만, 여전히 신민도 있다. 그러니까 우리는 자유로우며 공동의 운명을 형성해가고 있다고 듣고 있지만, 서로 다른 정도로, 우리 중 다수는 공적 활동의 패턴이 결국 우리의 사적인 욕망과는 거의 상관없다는 확신에 이른다. '개인'과 '사회'의 구별에서 오는 주된 현대적 힘은 바로 이러한 느낌에서 나오는 것이다. 또한 우리가 이러한 신념을 유지하면서도 반복해서 진심으로 사회의 목적들을 신봉하는 척할 수 있는 것은 바로 이 하인 콤플렉스 때문이다.

실존주의자는 하인 콤플렉스를 거부하고 개인적 선택의 중요성을 주장한다. 현대 개인주의의 풍성한 레퍼토리는 모두 구성원이 될 가능성이 실질적으로 배제된 현실로부터 나온다. 그러나 이 범위를 살펴보면 비순응의 양식은 최소한 순응의 양식만큼이나 다양하다. 구성원뿐 아니라 신민과 하인도 있다면, 이제 반역자뿐 아니라 망명자와 부랑자도 있다. 반역자rebel의 개념은 여전히 매우 긍정적인 가치 판단을 수반하지만, 실제로 반역자는 몇 안 된다. 반역자는 어떤 사회적 목적에 대해 아주 강렬하게 개인적 헌신을 하고, 그의 개인적 존재와 특정한 사회적 노력의 패턴을 적극적으로 동일시한다는 점에서 구성원과 비슷하다. 그가 속한 사회의 방식은 그의 방식이 아니지만, 사회적 형식에 반발함으로써 그는 또다른 사회적 형식을 확립하려고 하는 것이다. 여기서 혁명가와 개혁가 혹은 비평가 사이에 분명 중대한 구분을 해야 할 것이다. 왜냐하면 개혁가와 비평가는 내가 이제까지 내놓은 정의에 의하면 구성원이기 때문이다. 일반적인 삶의 측면에서 이런저런 점을 바꾸려고 하는 진실한 열망은 그 삶의 일반적인 가치들에 대한 충성과, 개혁가들과 비평가들이 일상적으로 고수하려 하는 사회의 본질적인 연속성 내지 통일성과 완전히 양립할 수 있다. 이와 대조적으로 혁명가에게는 개혁가나 비평가가 결국에는 그 사회의 현존하는 형식 내에서 그들의 목적을 성취할 수 있으리라고 생각하게 해주는 특정한 사회의 구성원 의식이 없다. 사회와 혁명가의 관계는 공공연한 반대와 투쟁의 관계이지만, 그의 특징은 다른 사회를 위해 싸운다는 견지에서 그 사회에 반대하는 것이다. 정치적 혁명가들의 경우가 바로 이에 해당하지만, 똑같은 패턴이 예술과 도덕, 종교의 반역자들에게서도 발견된다. 반역자는 그가 속한 사회의 생활방식이 자신에게는 틀렸다고 느껴지기에 그것과 싸우지만, 예술과 도덕, 종교, 그리고 더 분명하게는 정치 분야에서 그가 제안하는 새로운 현실이란 개인적인 것 이상이다. 그는 새로운 삶의 방식으로 그것을 제안하는 것이다.

바로 이 점에서 그는 더 개인적인 형태인 망명자exile나 부랑자vagrant와 구분된다. 망명자는 그가 속한 사회의 생활방식을 거부한다는 면에서 반역자와 마찬가지로 단호하지만, 사회와 싸우는 대신 떠난다. 순응하지 않으면 파멸할 것이라든지 혹은 자신의 생활을 유지하기 어렵다는 면에서 망명자는 신민과 비슷하기도 하다. 그러나 망명자가 신민과 다른 점은 어떻게든 탈출하거나, 빠져나갈 수 있는 여건이 된다는 점이다. 어떤 경우에 그는 빠져나가 다른 사회의 구성원이 되어 자신의 개인적 현실과 긴요한 가치관, 태도의 체제를 발견하고 그에 동조하게 된다. 아마도 더 흔한 경우는 망명자로 남아서 자신이 거부했거나 자신을 거부한 사회로 돌아오지 못하고, 그가 도달한 사회에서도 중대한 관계들을 형성하지 못하는 경우일 것이다. 이것이야말로 우리 세기에 거듭 반복되는 비극적이고도 특징적인 조건이다. 반역자는 사회의 가장 중요한 부분을 공격한다는 점에서 현실적 위험에 더 많이 노출되어 있지만, 자신의 개인적 가치들을 적극적으로 실현하면서 산다는 사실 때문에 어느 정도는 긍정적 관계를 지니고 있다. 반면 진정한 망명자는 그냥 기다리는 것뿐이다. 그의 사회가 바뀌면 고향으로 돌아갈 수도 있겠지만, 실제적 변화의 과정에는 개입하지 않는다.

우리는 망명자를 사회에서 추방된 사람으로 생각하는 경향이 있지만, 그와 비슷하게 현대적 특징을 지닌 유형은 바로 스스로 망명자가 된 사람들이다. 스스로 망명자가 된 이들은 원한다면 자신의 사회에서 편하게 살 수도 있는 사람들이지만, 그렇게 하면 자신의 개인적 실체를 부인하는 것이 된다. 때로 그는 원칙에 따라 빠져나가기도 하지만, 종종 그냥 머무르면서도 여전히 원칙에 따라 자신이 분리되었다고 느끼기도 한다. 볼셰비키들은 이러한 사람들을 '내부 망명자'라고 불렀는데, 이를 정치에만 한정하지 않고 본다면 매우 중대한 현대적 관계를 설명하는 데 사용할 수도 있다. 이러한 부류의 자발적 망명자는 자신이 태어난 사회 안에 살고 그 안에서 움직이기도 하지만, 자신의 개인적 현실 전체를 걸고 있는 대안적 원칙들로 인해 그 사회의 목적들을 거부하고 그 사회의 가치관을 경멸한다. 반역자와는 달리 그는 이러한 원칙들을 위해 싸우지 않으며, 다만 지켜보고 기다릴 뿐이다. 그는 자신이 다르다는 것을 알고 있으며, 그의 활동은 이러한 차이점을 보존하고 그의 분리성의 조건인 개인성을 유지하기 위한 것이다. 이러한 조건에는 엄청난 긴장이 따른다. 왜냐하면 적어도 이론적으로 자발적 망명자는 사회가 변화하여 자신이 거기에 속하고, 적어도 명목상으로나마 사회와 관계를 맺게 되기를 원하기 때문이다. 그러나 반역자와 달리 그의 개인적 반대는 개인적 단계에 머물러 있기 때문에, 그는 심지어 다른 반대자들과도 적절한 관계를 형성하기 힘들다. 그는 반대의 명분을 지지할지는 모르지만, 그러한 명분에 합류할 수는 없다. 그는 붙들려서 타협해야 할까봐 지나치게 조심한다. 그가 기본적으로 방어하고자 하는 것은 자신의 생활 패턴과 정신이기에, 거의 모든 관계가 잠재적 위협이 된다. 그는 '진정한 자아'를 형성하거나 그렇게 남아 있겠지만, 이러한 진정성은 다른 사람들과 공유할 수도 없고 전달할 수도 없다. 설사 전달하려고 노력한다 해도 그에 수반되는 헌신은 아주 적다는 데 특징이 있다. 무슨 말을 하고 무엇을 하건 그는 본질적으로 사회 내에서 자신의 내면에 있는 원칙을 지키면서 혼자 걷는 사람이다.

마지막으로 이러한 조건은 어떤 면에서는 이와 비슷하기도 한 부랑자의 조건과 구분되어야 한다. 부랑자 역시 자신의 사회에 머물지만 그 사회의 목적들은 무의미하며 가치관도 부적절하다고 여긴다. 그러나 그에게는 망명자의 자존심, 그리고 원칙을 고수하는 면이 결여되어 있다. 부랑자는 딱히 무슨 일이 벌어지기를 원하지 않으며, 기껏해야 그냥 자신을 가만히 내버려두기를 바란다. 망명자가 흔히 자신의 개인적 입장을 분명하게 드러낸다면, 부랑자는 사회뿐 아니라 자신의 내부에서도 아무런 의미를 발견하지 못한다. 그가 반대하는 것은 자신이 속한 사회가 아니라, 본질적으로 사회 그 자체라는 조건이다. 다른 사람에게는 사회가 특정한 관계들의 집합으로 다가오지만, 부랑자에게는 가능하면 피하고 싶은 무의미한 사건과 압력일 뿐이다. 그는 그 속에서 살아가기 위해 필요하다면 무슨 일이든 하겠지만 이 활동에는 개인적 의미도 사회적 의미도 없다. 그것은 단지 그냥 살아 있기 위한 혹은 '그럭저럭 버티기' 위한 일시적 방법일 뿐이다. 왜냐하면 부랑자는 심지어 사회라는 것 자체를 인정하지 않기 때문에 그에 반대할 수도 없는 지경까지 나아갔기 때문이다. 다른 사람들이 '사회'라고 해석하는 사건들이 그에게는 그저 폭풍이나 태양 같은 자연현상일 뿐이며, 그가 볼 수 있는 원칙이란 그저 돈이나 온기 같은 것을 어쩌다 얻게 되어 압박과 추위에서 벗어날 수 있을 때까지 견디는 정도의 행운 혹은 그렇지 못한 불운의 법칙뿐이다. 더욱이 이러한 것들은 여행중에 일어나는 것도 아니다. 왜냐하면 그는 특별한 방향감각도 없어서 아무데도 가지 않기 때문이다. 그의 인생은 그저 그 방향으로 지나가게 된 것뿐이다. 부랑자를 생각할 때 우리는 떠돌이 같은 사람들이나, 수많은 범죄자들이 속해 있는 사회의 변두리를 떠올리지만, 부랑자의 조건, 즉 그가 체현하는 관계들에 대한 본질적 부정은 이렇듯 명백한 사례에만 제한된 것은 아니다. 어떤 사회에서는 상당한 정도의 물질적 성공을 거두고도 이러한 조건으로 살아갈 수 있으며, 어떤 현대 사상에서는 부랑자의 조건이야말로 사회 속의 인간에게 가능한 유일한 조건이라는 기색도 보인다. 즉 인간이 무슨 일을 하건 간에 사람은 이렇게 느낄 수밖에 없고, 특정한 사회적 분위기가 주어진다면 심지어 굳이 다른 척할 필요도 없다는 것이다. 순응과 반항, 봉사와 망명은 모두 부적절하다. 인간은 자신이 좋아하는 일을 하지만 변화를 위해 싸우지 않으며, 당장의 편리함을 위해서 어떤 주인에게든 봉사하고, 어떤 봉사를 하건 원칙이 아니라 편리에 따라 할 뿐이다. 부랑자가 유일하게 확신하는 것은 부랑자가 아닌 다른 모든 사람은 의미 없는 의미를 위해 스스로를 죽이고 있다는 것, 오로지 중요한 것은 자신밖에 없는 상황, 그것도 의미 있는 자신이 아니라 단지 그저 살아가는 유기체 자체만 있는 상황에서도 의미가 있는 척하는 바보라는 것이다.

우리가 단지 순응이냐 비순응이냐 하는 난국에서 벗어나려면 구성원, 신민, 하인, 혹은 반역자, 망명자, 부랑자 같은 것을 묘사해야 한다. 그러나 다른 묘사와 마찬가지로 이들도 절대적인 것은 아니다. 이 묘사들은 단지 특정한 관계의 형식들을 분석할 뿐이다. 이러한 것들이 다양한 적응의 형식이 되는 단일한 '사회'는 없다. 실로 '사회' 자체도 그에 구현된 특정한 관계에 따라 마찬가지의 다양성을 띤다. 구성원에게 사회는 자신의 공동체이며, 다른 공동체의 구성원은 아마도 그의 인식이나 공감 밖의 존재일지 모른다. 하인에게 사회는 기존 제도이고, 그는 그 안에서 자신의 자리를 찾는다. 신민에게 사회는 강요된 체제로서 그의 위치는 이미 결정되어 있다. 반역자에게 특정한 사회는 독재이며 그가 대안으로 쟁취하려는 것은 새롭고도 더 좋은 사회이다. 망명자에게 사회는 그를 넘어선 존재이지만 변화할 수는 있다. 부랑자에게 사회는 그를 방해하거나 그가 이용할 수 있는 다른 사람을 일컫는 이름일 뿐이다. 이러한 것들은 '주관적' 가치 판단이 아니다. 현실의 사회는 그것을 구성하고 있는 개별적 조직의 종류에 따라 어쩔 수 없이 달라질 것이다. 구성원과 공동체, 하인과 기존 제도, 신민과 강요된 체제, 반역자와 독재, 망명자와 잃어버린 사회, 부랑자와 무의미한 사회 등은 모두 활동적인 조직과 작용과 상호작용의 형식들이다. 더욱이 실제 사회에서는 여기 설명된 관계들이 거의 항상 다른 집단과 척도들의 존재 때문에 복잡해진다. 특정한 공동체의 구성원이 되면서도 그 공동체가 더 큰 범위의 사회와 맺는 관계 때문에 어떤 사회적 경험의 영역에서는 하인이나 신민 혹은 반역자나 부랑자가 될 수도 있다. 이미 살펴보았듯 반역자나 망명자는 일정한 조건에서는 대안적 집단에서 사회적 구성원 자격을 찾을 수도 있다. 사실 집단들과 그 대안들은 서로 얽혀 있기 때문에, 한 개인이 사회와 맺고 있는 관계들의 총체적 현실은 종종 앞서 설명된 조직의 특수한 복합체인 경우가 많다. 더욱이 성장의 단계에서 개인은 다양한 조직을 거치기도 한다. 실제로 어떤 사회에서는 청소년기에 구성원이나 하인이 되기에 앞서서 반역자, 망명자 혹은 부랑자의 단계를 거치는 것이 매우 흔하기도 하다. 개인과 사회의 관계는 조직의 한 형식이지 단일한 실체가 아니기 때문에 이 조직의 형식들 내에서 앞서 설명한 형식들이 더 결정적일 수는 있어도 개인과 사회의 관계는 좀더 넓은 영역의 현실적 관계들의 복잡한 구현체가 될 것이다.

IV

'개인'과 '사회'에 대한 과거의 묘사로부터 좀더 세련된 현대의 논의에 대한 설명에 이르기까지, 우리는 삶의 과정에 고정되고 분리 가능한 대상이라는 분명한 지위를 부여하는 방식으로 설명하는 끈질긴 경향을 추적할 수 있다. 경험을 적절하게 설명하기 위해 우리에게 필요한 용어들은 본질적으로 활성화된 것이어야 하지만, 우리가 만들어내는 모든 새로운 설명은 다소 성급하게 하나의 대상이 되어버리는 것처럼 보인다. 그렇게 되면 경험을 분명하게 하기도, 경험에 충실하기도 매우 어려워진다. 중요한 사실은 모든 설명, 제공된 모든 해석이 성장의 용어라는 점이다. 그러므로 '개인'이라는 개념은 단지 사회적·경제적·종교적 변화의 복합체에 대한 반응일 뿐 아니라, 삶의 방식으로서 그러한 관계들을 창조적으로 해석한 것이기도 하다. '신분status'에 대한 제한적이고 케케묵은 정의를 제거하기 위해서, 인간을 '그들이 타고난' 사회적 기능과 분리해내기 위해서, 법과 교회, 경제, 행정을 다시 만들기 위해서, 사람은 모든 제한과 과거의 영향에 도전할 수 있는 공통된 요소로서 '원초적 인간'을 제안해야 했다. 사회가 태생이 아니라 일에 의해서 확립되려면 개인은 심지어 가족에서도 분리되어야 한다. 마찬가지로, 인간 조직의 문제를 특정한 사회체제가 설정한 것보다 더 광범위한 견지에서 고려하고자 한다면, '사회'라는 개념도 창조적 묘사로 구성되어야 한다. 공동체와 개인성의 사회적 기반에 대한 강조는 원초적 인간으로서의 개인이라는 개념이 지배적인 경우라면 해결할 수 없는 실질적 어려움에 창조적으로 반응한 것이다.

장구한 실제 역사의 과정에서 위의 설명 중 일부는 부적절한 것처럼 보이기도 했지만, 정도는 다르게 위의 모든 설명은 이러한 방식으로만 해석할 수 있는 중요한 경험에 의해 충전되어왔다. 예를 들어 현대 산업사회에서 살면서 '개인과 사회'의 구분이 지니는 힘을 느끼지 않기는 매우 어렵다. 우리 대부분은 개인으로서 하고 싶은 것과, 얼핏 보기에는 신비스러운 모종의 과정에 의해 사회 '저쪽에서' 실제로 일어나는 일 사이에 심각한 단절이 있다고 느낀다. 이러한 느낌은 아마도 개인과 사회가 처음으로 명확하게 구분되었을 때보다 더 강해졌을지도 모른다. 개인은 자신의 삶이 그들로서는 쉽사리 볼 수도 이름 붙일 수도 없는 어떤 힘들에 의해 변화할 때 근본적으로 불안감을 느끼며, 사회가 점점 커지고 복잡해지면서 사회 속의 환경이나 실제적 관계들을 변화시킬 힘이 엄청나게 늘어남에 따라 불안감도 분명히 증가했다. 이러한 불안감은 특정한 개인주의가 생겨나는 지속적인 원천이 된다. 토크빌은 다음과 같이 말했다.

> 개인주의는 새로운 생각이 만들어낸 새로운 표현이며, 성숙하고도 냉정한 감정이다. 그것은 공동체의 모든 구성원으로 하여금 자신을 동료들의 집단에서 분리하도록 하며, 그의 가족과 친구들에게서 멀어지게 만든다.

그것이 늘 성숙하고 냉정한 것은 아닐지 몰라도, 개인주의는 특히 현재 우리 사회에서는 분명 충분한 운동이다. 나는 도스토옙스키의 『카라마조프가의 형제들』에서 조시마[러시아정교회 장로]가 했던 말에 모두 동의하지는 않지만, 분명 여기에는 매우 핵심적인 패러독스가 있다.

> 사람들은 하늘을 날면서 거리를 극복하고, 생각을 다시 설정하면서 세상이 점점 하나로 통일된다고, 점점 더 형제애의 공동체로 묶인다고 주장하지. 아하, 그런데 그런 통합의 유대를 신봉하지 마. 인류에 대한 봉사, 형제애, 인류의 연대 같은 생각은 점점 세상에서 사라지고 있고, 정말이지 이런 생각들은 때로 비웃음을 사기도 하거든.

물론 이것이 진실의 전부는 아니지만 중요한 부분이기는 하다.

> 사람들은 자신의 개인성을 되도록 따로 분리해서 간직하려고 노력하고, 자기 삶의 충만함을 가능하면 혼자서 확보하려고 하지. 그러나 이런 노력들은 삶의 충만함을 얻는 것으로 귀결되는 게 아니라 자기파괴로 이어져. 왜냐하면 자기실현 대신 완전한 고독에 도달하게 되기 때문이지. 우습게도 요즘은 어디서나 사람들이 진정한 안정감이란 고립된 개인의 노력이 아니라 사회적 연대감에서 온다는 사실을 점점 잊고 있어.

이는 정말로 그렇게 보이는 경우가 많다. 게다가 이러한 경향은 감당 가능한 영역으로의 의미 전환으로서도 기꺼이 이해할 만하다. 이것은 개인의 위기일 뿐 아니라 사회의 위기이기도 하다. 인간이 자기가 원하는 대로 살고 가족이나 친구들과 일정한 만족을 찾을 수 있는, 멀찍이 떨어져 잘 보온된 따뜻한 집이란 본질적으로 차갑고 비인간적인 사회에서는 더더욱 의미가 있다. 우리는 그 노력이 실패할 것이고, 그 방어벽은 무너질 것이라고 말할 수도 있지만, 수많은 사람에게는 가혹하고 무의미한 사회의 외면적 확실성에 대항해서 해볼 만한 모험으로 비칠 것이다.

개인주의는 인간의 실제 삶을 안전하게 지킴과 동시에 제한하고 지시하는 경직된 사회를 뚫고 나온 성장의 용어이다. 개인주의를 넘어선 성장이란 필연적으로 낡고 신빙성을 잃은 해석으로 돌아가는 것 이상일 수밖에 없다. 우리가 이제 해석하려고 하는 경험은 개인주의의 소득과 한계를 모두 포함한다. 가령 우리가 살아갈 집을 공급하는 일만 해도 상호의존이라는 현실을 피할 수는 없다. 이러한 의미는 민주주의와 공동체의 정의와 더불어 새롭게 성장한다. 그러나 이것이 새로운 에너지를 가리키는 반면, 낡은 의미들 역시 지속적으로 충전된다. 즉 개인과 사회의 분리는 분명히 무너지지 않고 남아 있다. 이렇듯 계속되는 긴장

속에서 성장의 조건이었던 의미는 성장을 거부하는 의미로 변질된다. 민주주의와 공동체는 거듭하여 낡은 제한과 지시로 변모한다. 개인주의는 그 불완전성 때문에 이기심과 무관심이 되어버린다. 왜냐하면 외면한다는 것 자체는 '몰개성적' 사회에 대한 것뿐만이 아니라, 사실은 다른 개인들에 대한 하나의 태도이기도 하기 때문이다. 우리가 한 사람의 원초적 인간으로서 독자적으로 선다면, 모든 사람이 이런 상황에 있고 이런 권리를 가졌음을 인정하거나, 아니면 그들을 부인하고 그들에게 무관심한 태도를 취하면서 우리 자신이 주장한 바의 수준을 축소하는 길밖에 없다. 우리는 다른 개인들을 '군중'으로 만들어버릴 수 있고, 그들에게서 자신을 분리해낼 수 있다. 우리는 다른 개개인들을 특수한 계급이나 민족, 종족으로 구분하여 개별적으로 인정하는 것을 거부할 수도 있다. 어떤 사람들은 자신이 개인이고 나머지 사람들은 배제된 집단인 군중이라고 하면 만족스러워할 수도 있다. 그러나 이러한 과정을 확대하다보면 불가피하게도 우리는 모두 군중이 되어버린다. 왜냐하면 이렇게 구성된 세계 어느 곳에서도 우리 자신의 개별성을 다른 사람들이 완전하게 인식하지 못하기 때문이다. 그들은 우리를 외면하고 자신의 개별성을 구축할 것이다. 이것이 바로 우리가 이제 알고 있는 의미의 한도 내에서 직면하고 해석하려고 하는 경험이다.

V

새로운 의미로 나아가기 위해 우리에게 필요한 원칙은 유기체와 조직 간의 근본적 관계이다. 경험을 해석하고 설명하면서 우리는 자신이 살아가는 견지에서 특수한 체계를 개발한다. 모든 유기체는 이러한 조직을 구현하고 유지한다. 적응과 조직화의 행위 자체에 의해, 또한 그 유기체의 특수한 삶에 의해 지속가능한 형식으로 경험을 수용하고 전달하기 위해서이다. 우리 각자는 외면상 분리된 개별성 내에 이제까지 설명한 것 못지않게 세밀하고 복잡한, 관찰하고 선택하고 비교하고 적응하고 행동하는 체계를 가지고 있다. 그러나 우리가 개인이라고 부르는 이 특수한 조직은 근본적 방식으로 그것과 연속되는 더 큰 조직에 의거하여 존재한다. 한 종으로서 인간의 진화는 이렇듯 더 큰 조직의 가장 명료한 형태이다. 인간의 유전적 역사는 이러한 조직의 구조이며, 이 조직 자체가 어느 정도 변화할 수 있는 방식을 제공한다. 변화하지만 연속되는 조직에 전승되는 경험은 여전히 인간의 감정에서 중요한 부분이다. 인간은 문자 그대로 자신의 부모와 자식에게서 자신을 느끼거나 같은 경험의 한 형식으로서 자신 안에서 그들을 느낀다. 그러나 유전은 또한 좀더 넓은 집단에 그를 속하게도 만들어서, 특정한 상황에서는 자신의 연속성을 느낄 수 있다. 이러한 유기체적 유전은 뚜렷하게 구분되고 서로 연결된 개인들을 낳지만, 이들은 다른 유전의 측면에서, 다시 말해 개인들이 생존하고 성장하려면 학습해야 하는 명명과 의사소통, 행동과 반응의 특수한 체계를 가진 조직된 사회 안에서 살아가기도 한다. 그러나 인간의 조직 자체, 그리고 특수한 방식으로 발전한 사회조직은 개인에 의한 조직의 노력을 더더욱 요구한다는 점에서 개인의 성장을 유도하기도 한다. 그는 한 인간이자 그 사회의 구성원이지만, 바로 자신이 됨으로써만 그렇게 되는 것이다. 그것은 실로 재생산reproduction이 아니라 생성generation이다. 인간의 유전은 특수한 변이다. 사회적 유전은 더 다양한데, 서로 다른 사회가 개인의 성장을 촉진하는 방식에는 차이가 있다. 즉 어떤 사회는 직접적 재생산을 추구하는 경향이 있는 반면, 다른 사회는 다양한 가능성의 범위를 지향한다. 개인은 실제의 유전에서 그 자신의 조직을 완성하려고 노력할 것이다. 그는 필연적으로 분리되어 나오려 하겠지만, 경우에 따라 그 정도는 다르다. 그는 완전히 분리될 수는 없는데, 그가 조직하는 것을 다른 사람들과 매우 중대한 정도로 공유하고 있으며 다른 사람들 역시 그의 성장에 필요한 존재로 남아 있기 때문이다.

일반적으로 생각할 때 우리는 두 가지 상태, 즉 '개인'과 '사회', 또는 좀더 적극적으로는 '개인'과 '세계'라고 표현할 수 있는 상태를 고정하는 경향이 있다. 그것이 우리 경험의 어떤 부분과 맞아떨어진다는 점에서, 어떤 목적을 위해서는 이러한 상태가 효율적이다. 그러나 다른 부분에서는 이러한 개념들이 계속해서 무너진다. 우리는 세계 혹은 사회라고 부르지만, 수많은 경험 속에서 특수한 것들로 분해되어버리는 '일반화된 타자'를 생각하는 데 익숙해져 있다. 우리는 아마도 '일반화된 자아', 즉 우리 모두 의식하고 있지만, 실제 경험 속에서는 특수하고 변화무쌍하며 다양하게 서로 연관된 에너지와 형식들로 분해되어버리는 개별성에 대해서도 생각해야 할 것이다. 우리는 특히 가족과 가까운 친구들 같은 관계는 매우 특수하다고 생각한다. 그러나 다른 관계들에 대해서는 그것을 '일반화된 자아'와 '일반화된 타자' 사이의 관계로, 즉 살아 있는 과정의 복합체가 아닌 고정된 두 상태 사이의 관계로 생각한다. 그러나 살아가면서 자신과 이 세계를 알기 위해서 우리는 이러한 고정된 상태를 깨뜨려, 우리를 변화시키고 또한 우리가 바꾸고 싶어하는 실질적인 과정으로 만들어야 한다. 우리는 실제로 엄청난 수의 특수한 조직들을 만나며, 이들을 알기 위해서는 그것들과 다른 형식들 사이의 관계를 인식할 수밖에 없다. 우리가 한 조직을 알려면 우선 그 조직을 구분할 수 있어야 하지만, 그것을 의식하는 데 우리가 긋는 선은 늘 잠재적으로 관계의 선일 수밖에 없다. 우리는 계속해서 개인을 육체와 정신과 영혼으로 분리하고, 감정과 의지와 사고로, 의식과 무의식으로, 자아와 초자아와 이드로 분리해낸다. 그러나 이 각각의 요소들을 연구하는 것은 곧 이들 사이의 관계를 연구하는 것이다. 우리는 사회를 집단, 계급, 단체 등등으로 분리하지만, 이들 중 어떤 것을 연구한다는 것은 역시 그들 간의 관계를 연구한다는 것이다. 우리가 물질세계를 분리해내서 본다면, 그 세계를 물질과 에너지, 그리고 그 특수한 형태들로 나누어볼 것이며, 그것을 연구하는 것은 관계의 형식을 연구하는 것임을 알게 될 것이다. 그러나 우리는 이러한 경험과는 반대로, 말하자면 어떤 신호가 주어지기 전까지는 그들 사이에 아무런 관계도 없는 것처럼 개인, 사회, 물질세계의 실체를 서술할 수 있다고 가정하곤 하며, 그 실체를 규정하고 나서야 그들 사이의 관계도 연구할 수 있을 것처럼 생각한다. 그러나 사실 그 실체들이란 그 조직이 내내 서로 얽혀 있기 때문에 우리가 최종적으로 분리해낼 수 없는 관계의 형식들이다. 우리는 경험을 통해 이러한 관계가 타고난 것이며, 각각의 조직은 정확하게 관계들의 구현체, 다시 말해 다른 조직들과 주고받는 반응들의 역사, 경험되고 여전히 살아 있는 역사라는 것을 깨닫기 시작했다. 즉 조직은 유기체로 구현되며, 이 둘 중 하나를 완전히 안다는 것은 다른 것도 안다는 것이다.

개인과 사회의 경우, 우리는 다른 것의 관점에서 각자를 진정으로 알 수 있게 해주는, 즉 일반적으로 조직의 형식들—두뇌, 신경계, 신체, 가족, 집단, 사회, 인간—을 연속적 과정으로 연구한다고 말할 수 있게 해주는 사고와 감정의 방식들을 학습해야 한다. 우리가 이 과정에서 독립적 실체를 분리해낼 수 있는 현실적 지점은 없다. 이와 마찬가지로 그중 하나를 골라 나머지를 그에 의존하는 것으로 만들 수도 없다. 낡은 개인주의가 인위적으로 '원초적 인간'을 분리해낸다면, 집단이나 사회, 문화를 절대적 준거점으로 삼는 새로운 사회학의 조류에도 마찬가지의 위험이 있다. 인간 조직의 연속적 과정 자체는 인간적인 것이 아닌 모든 것들과의 연속적 행위와 적응이며, 이러한 행위와 적응에서 핵심적인 것은 계속되는 변이와 그 변이를 전달하려는 노력을 통해 성장하는 학습과 의사소통의 과정이다. 우리는 특이한 개인에게 작용하는 사회나 집단에 대해서만 생각하는 것이 아니라, 수많은 특이한 개인들이 의사소통 과정을 통해 그들 자신을 형성해나갈 조직을 창조하고 필요한 경우 확대한다는 것도 생각해야 한다. 우리는 사회적 과정을 통해 개인이 되지만, 개인은 특수한 역사로 표현되는 특수한 유전을 통해 이루어진 독특한 존재라는 것을 인식하는 것이 옳다. 이러한 독특성의 요점은 독특성이 창조의 산물이면서 동시에 창조적이라는 사실이다. 즉 이 특수한 형태에서 새로운 형태가 흘러나오고 조직 전체에 확산되며, 그 조직은 어떤 경우든 독특한 개인들이 조직을 물려받아 지속시키는 한 지속적으로 재생되고 변화한다. 개인의 독특성, 그리고 개인의 창조성과 일반적인 인간의 패턴 간의 관계에 대한 의식은 물론 하나의 정부체제로서의 민주주의를 위한 변론의 영구적 기반이 된다. 사실 어떤 특수한 독특성이 가지는 가치와 효과는 서로 상당히 다를 수도 있다. 왜냐하면 그것은 오로지 실제적 관계들의 체계에서만 나올 수 있기 때문이며, 그 관계들이 소통 가능성과 적절성의 정도를 조건지을 것이기 때문이다. 그 이상의 차원으로 가면, 자기실현과 설명하는 능력에서 개인별 성공의 정도는 매우 다양할 것이다. 그래도 모든 개개인이 독특하다는 사실은 남는다. 특정한 개인들의 중요성을 주장하느라 의식적으로든 무의식적으로든 다른 사람들의 중요성을 무시했던 것은 낡은 개인주의가 낳은 최악의 결과 중 하나다. 이 단계를 넘어서서 개인화가 인류의 보편적 과정이며, 개인화와 의사소통을 통해 우리가 사는 방법을 학습해왔고 여전히 학습하고 있다는 것을 깨달을 때, 우리는 또한 이러한 과정의 실제 규모와 복잡성을 인정하고 존중해야 한다. 그 과정은 우리 중 어느 누구도, 어떤 집단도, 통제는 고사하고 이해했다고 말할 수도 없는 과정이다. 인간이 본질적으로 학습하고 창조하며 소통하는 존재라면, 인간의 본성에 가장 적합한 유일한 사회조직은 참여 민주주의이다. 참여 민주주의를 통해 우리 모두는 독특한 개인으로서 학습하고 소통하며 통제한다. 이보다 못한, 제한적인 체제는 우리가 지닌 진정한 자원들을 낭비할 뿐이며, 개인을 고갈시켜 그들을 효율적 참여에서 배제함으로써 진정한 공동의 과정에 해를 입힌다.

'개인'과 '사회'의 오래된 갈등은 이러한 방식으로 유기체와 조직 간에 상호 연루된 과정을 힘겹게 서술함으로써 해소된다. 이런 설명은 개인과 사회를 대체하는 새로운 용어가 아니라, 개인과 사회를 모두 포섭하는 연속적 과정을 설명하는 방식이다. '개인'과 '사회'를 추상화하는 것의 가장 큰 폐단은 우리의 사고를 둘 사이의 관계로만 한정시킨다는 점이다. 우리는 어떤 개인이 그 사회가 높이 평가하는 방식으로 살고 있기 때문에 선하다고 말하고, 개인들이 그렇게 할 수 있도록 허용하기 때문에 그 사회가 좋은 사회라고 말한다. 그러나 그 개인은 사회의 규범이 지시하는 대로 따르느라 보편적으로 가치 있을 수 있는 변이를 억제하고 있을지도 모른다. 혹은 한 사회가 어떤 변이를 허용함으로써 스스로나 다른 사회 혹은 그 환경의 일부를 파괴할 수도 있다. 이렇듯 실제적인 문제를 적절하게 보려면, 우리가 삶의 과정 전체를 구성하는 다양한 조직들 사이의 연속성을 인식해야 한다. 어떤 고정된 상태들을 추상해내고 거기서부터 논의를 전개하는 것이 이러한 문제에 접근하는 통상적 방법이지만, 사실은 전적으로 부적절하다. 새로운 개념들은 늘 어려운 것이지만, 새로운 개념을 만들어내려고 노력하고 거기서부터 적절할 수 있는 새로운 접근법을 배우는 것이 반드시 필요한 것 같다. 실용적 용어로 하면, 그러한 접근법은 전체적 과정의 패턴과 관계의 연구라 할 수 있으며, 이는 우리가 문화의 분석이라고 규정했던 것이기도 하다. 바로 창조와 소통과 제도를 만드는 실제의 작업 속에 개인적·사회적 성장이라는 공통의 과정이 있는 것이다.

4

사회의 이미지

사회에 대한 우리의 사고란 추상과 실제 관계들 사이에서 오래 계속되어온 논쟁이다. 사회의 실체는 남성, 여성, 아동의 살아 있는 조직으로서 여러 가지 방식으로 구체화되어 있으며 계속 변화한다. 동시에 사회, 혹은 특정한 사회에 대한 추상적 관념들은 지속되기도 하고, 쉽게 변화하기도 한다. 우리는 그런 것들을 해석으로서, 즉 사회적 삶의 실체를 확립하는 데 필요하기도 하지만 경험으로부터 지속적인 압력을 받기도 하는, 조직을 설명하고 관계를 상상하는 방식으로서 보아야만 한다. 어떤 시대에는 해석이 그 수준에서는 거의 논란의 여지가 없을 정도로 경험을 만족시켜주기도 한다. 이런 경우에는 설명과 개념이 [경험에] 깊숙이 뿌리박혀 있고 수용되고 있다. 다른 시대에는 어느 정도의 불일치가 있는데, 이 경우에는 주어진 설명을 부적절하다고 느끼거나 논란이 생긴다. 또는 설명 자체는 정확하지만, 관계들에 대한 대안적 관념의 도전을 받아서 그 사회의 상태 전체와 미래에 의문이 제기되면서 심각한 분란과 논쟁을 겪는 경우도 있다. 우리는 그러한 긴장과 변화의 시기에 어떻게 사회 자체에 대한 관념이 생겨나서 발전되었는가를 살펴보았다. 사회는 우선 '동료들의 모임'이라는 직접적 집단에서 출발하여 좀더 일반적인 '공통된 삶의 체계'로 변화했고, 나중에는 준거틀에서 모든 체제의 특정한 추상

체계로, 즉 '사회'라는 보편적 상태로 변화했다. 이러한 과정에서 잃은 것과 얻은 것이 있다. 한편으로는 그 추상이 가능하게 해준 다양한 개념적 사고의 유연성과 범위가 우리에게 필요하지만, 다른 한편으로는 우리의 사고가 적절한 것이 되려면 실제적 관계, 즉 설명의 과정에 실체를 제공하는 실제의 공통된 삶에서 오는 지속적 압력이 필요하기도 하다. 나는 역사에서 중요했던 사회의 일반적 이미지들 몇 가지를 점검하고, 그것이 현재 우리가 관계들을 사유하는 데 미치는 영향을 검토하며, 사회 변화의 실제 과정에서 그들이 지니는 의미를 살펴보고자 한다.

I

모든 설명의 열쇠는 출발점, 즉 결정적인 것으로 포착된 특수한 경험이다. 일반적으로 사회에 대해 생각할 때 우리는 이곳에 살고 있는 사람들로부터 시작하지만, 이러한 단순함을 유지하는 경우는 매우 드물다. 특수한 환경 속의 특수한 인간 조직이 존재하지만, 우리는 보통 그것을 주도적 요소, 즉 그것의 조직 원리로서 간주하는 요소에 의해 설명하고 해석한다. 어려운 점은 이 요소가 매우 다양하게 확인된다는 것이다. 예를 들어 일반적인 사회사상은 대부분 결국 왕에서 시작되었다. 그러니까 이곳에 사는 사람들이 아니라, 이곳에 사는 왕과 그의 신민이다. 종종 너무 빨리, 그리고 무의식적으로 선택된 이러한 강조점에 뒤이어 장소와 사람들의 성질, 정부와 소유의 체제, 생산과 교역의 조직, 제도와 풍습에 대한 보고 등에 대한 상세한 설명이 따라온다. 그러나 이 설명은 원래의 강조점에 의해 채색된다. 우리는 그 조직을 설명할 뿐 아니라 그 목적도 설정한다. 거듭 말하건대, 모든 연구에서 우리는 이러한 실질적 방향성을 본다. 이것이 효율적 체제로 보인다는 것이 아니라, 이 체제를 유지하는 것이 지배적인 사회적 목적이라는 이야기다. 왕 혹은 기존 체제에서 출발하면, 발생하는 모든 일은 그에 연관된다. 그러므로 궁정에서 혹은 군대나 들판에서 하는 봉사가 의미 있는 사회적 활동이고, 그러한 기능 이외의 삶은 그러한 목적에 의해 착상되고 규제된다. 법과 제도를 생각하는 것은 이 체제가 더욱더 완벽하게 기능하기 위한 견지에서이며, 여기서 의미 있는 이미지는 사회 안의 개개인이 모두 '해야 할 역할'이 있는 단일한 유기체의 이미지다.

물론 실제의 많은 사회는 이러한 견지에서 정확하게 설명되어왔다. '여기 사는 사람들'을 생각하는 단순함은 우연히 포기된 것이 아니다. 사실은 사람들의 삶이 아주 불평등하게 간주되었기 때문, 즉 사람들이 실질적으로 기존 질서의 필요에 따라 파악되었기 때문이다. 봉건적이고 귀족주의적인 사고방식은 대부분 바로 이러한 근본적 해석으로 규정되며, 사회를 특정한 체제가 아닌 다른 것으로 생각하는 것은 바로 그러한 사회가 심각하게 도전받았을 때에나 나오게 되었을 것이다. 더욱 놀라운 것은 그 체제의 절대적 성격이 유지되는 한에서만 합당한 방식으로 사회를 생각하는 것이, 겉보기에도 전혀 다른 사회에 이르기까지 그토록 강력하게 살아남아 있다는 것이다. 수백만 영국 국민은 자신을 기꺼이 '영국의 신민'이라고 묘사하지만, 실은 다른 견지에서 보면 그들은 신민도 아니거니와 신민이어서도 안 된다. 그러나 법과 실제적 사회사상의 주요 부분은 '여왕의 신민의 권리와 의무'에 관한 것이다. 마치 '인간의 권리'라는 근본적으로 다른 주장은 없었다는 듯. 부분적으로 이것은 언어적 습관이 남아 있기 때문이기도 하지만, 상당히 억지로 조작되어 남은 것이다. 수 세기 동안 영국 사회의 의미와 목적이 왕 혹은 여왕 개인의 것으로 요약된 적은 없었지만, 마치 그러한 것처럼 가정하는 것이 왕정에 이은 수많은 사회질서에 들어맞았던 것도 사실이다. 사회를 유연한 인간 조직으로서 창조적으로 해석하는 것을 그와 다른 사고방식이 반대하고 제한해왔으며, 일련의 타협을 거쳐 근본적 혼란으로 이어진 것이다. 즉 예를 들면 '신민의 자유' 같은, 오해를 살 만한 구절 말이다. 여기서 해방liberties이란 자유freedom라기보다는 (수사적 목적으로 이러한 색채가 가미된 것이긴 하지만) 의무의 가장자리에 자리잡은 허용 공간일 뿐이라는 데 의문의 여지가 없다. 개개인이 정해진 사회질서의 필요에 실질적으로 종속된 것과 마찬가지로, 그들이 사는 장소도 비슷한 변형을 겪게 된다. 우리가 사는 곳과 우리와 그 장소의 관계에 대해서 생각하는 것, 그리고 '브리튼' 혹은 '잉글랜드'에 대해서 생각하는 것 사이에는 중대한 차이가 있다. 이 방식에서 브리튼과 잉글랜드는 실제의 장소가 아니라 의무와 기능, 성격에 대한 정의를 포함하는 특수한 해석의 장소이다. '브리튼'과 '잉글랜드'는 제각기 매우 다른 장소이며, 계속 변화할 수 있다는 사실은 '여왕의 신민으로서의 권리와 의무'라는 말에서처럼 상대적이고 변화적이기보다는 절대적이고 영속적인 것을 암시하는 설명의 방식에 의해 흐려진다. '브리튼'을 위해 또는 '잉글랜드'를 위해 무슨 일을 한다는 것은 특수한 장소에 사는 우리 자신을 위해 무슨 일을 하는 것일 수도 있고, 아닐 수도 있지만, 이러한 추상화의 마력은 아주 강력하여 우리 자신보다는 '브리튼'이나 '잉글랜드'를 위해서 무엇을 하는 것이 더욱 영예롭게 보일 수 있다.

국민국가는 조금 더 미묘한 방식으로 이렇듯 사회에 대하여, 현존하는 질서에서 출발하여 실제 개개인의 요구를 이에 종속시키는 방식의 사고방식을 강력하게 존속시켰다. 어떤 면에서 그 정의는 의미가 통한다. 즉 실질적 필요(예를 들어 안보 같은 것)는 때때로 그 개념을 규정하면서 이끌어낸 필요와 일치했다. 그러나 늘 그러했던 것은 아니다. 마치 농노의 요구가 영주의 존속을 반드시 포함하지는 않는 것처럼 말이다. 모든 진정한 공동의 이익이란 우리 자신의 이해관계를 포함해야 하지만, 추상적 사회질서에서 출발한다면 실제로는 우리 대다수에게 해를 끼칠 수도 있는 경로로 들어서도록 설득당할 수도 있다. 우리가 바로 그 사회질서에서 출발해야 한다는 가정하에 사회에 대한 사고가 규정되어 있는 경우, 그 사회질서가 우리의 목적에 봉사하느냐 하는 현실적 질문을 던질 수 없게 된다.

이렇듯 각인된 사고방식에 대한 가장 강력한 과거의 도전은 첫째로 그렇게 규정된 질서가 금지하거나 규제하는 활동들을 추구할 권리에 의해서, 둘째로 보편적인 인간의 권리에 의해서 이루어진다. 첫번째 도전의 결과는 매우 중요하며, 영국에서는 이로부터 서서히 전혀 다른 사회가 만들어져왔다. 부분적으로 이는 민주주의의 성장이지만, 영국에서 민주주의는 결코 실제로 심오한 사회적 이미지를 뚜렷하게 확립해본 적이 없었던 것이 사실일지 모른다. 대체로 영국의 민주주의는 서서히 성장했고, 그것도 점진적으로 체제의 수정과 타협을 거쳐 이루어졌기 때문에, 민주주의의 원칙과 기존 질서에 대한 습관적 충성심을 완전히 분리하기는 늘 어려웠다. 영국인들의 마음속에 민주주의의 상징은 마치 웨스트민스터궁 같은 오래된 권력 제도나 위원회 혹은 배심원 같은 민의 결정의 실제 절차 같은 것이었다. 더욱 결정적인 사회적 이미지는 이러한 운동의 다른 부분에서 나왔다. 그것은 바로 경제적 개인주의의 발흥이다. 여기서는 사회를 확립된 질서로 생각하기보다는 본질적으로 하나의 시장으로 생각한다. 바로 그렇게 자유로운(물론 이미지상으로) 시장은 엄격하게 규정된 모든 기존 질서와의 결별을 포함한다. 이러한 의미에서 자유시장의 개념은 그에 동반되는 민주주의 정신과 계속 겹쳐진다. 그러나 궁극적으로 가장 중요한 효과는 전체 조직에서 새로운 요소가 중심적인 것으로 선택된다는 점이다. 이제는 왕이나 기존의 사회질서가 아니라 생산과 교역 활동에서 출발하게 되며, 점점 더 이러한 활동들이 다른 활동들의 판단 기준이 될 수 있는 사회의 본질적 목적으로 간주된다. 가족과 공동체에서 교육 체계에 이르기까지 모든 인간 조건의 형식들은 이러한 지배적 경제활동의 견지에서 재구성되어야 한다. 또 애초에 개개인의 자유로운 경제활동이 강조되었으므로, 사회의 목적에 관한 관념 전체가 근본적 변화를 겪었다. 이전의 목적이 기존 질서의 유지였고 이를 위해 적극적으로 처방을 제시했던 데 반해서, 새로운 목적은 우선 대체로 부정적이었다. 즉 사회는 개개인의 자유로운 경제활동을 방해하지 않는 조건을 만들어내기 위해 존재했다. 사회는 시장을 제공하고 그것을 자유롭게 놓아두었다. 그러나 후에 이러한 이미지는 좀더 완전하게 발전한다. 자본주의가 법인 조직의 자본주의 단계로 발달함에 따라 사회는 더이상 시장을 제공하는 기능만 하지는 않게 되었으며, 사회의 조직 자체가 본질적으로 시장 조직이 된 것이다. 기존 질서에서 출발했던 개인이라는 관념은 본질적으로 '내 지위와 그 의무'로 구성되었던 반면, 시장사회에서 개인이라는 관념은 우선 책임 있는 자유로운 동인으로서, 그리고 후에는 무엇인가 팔 것을 가진 사람으로 간주되었다. 의무와 봉사는 자유의 책임에 의해 도전받아왔지만, 이제 마지막 이미지에 와서는 팔고 사는 행위가 모든 인간관계에 접근하는 용어가 되었다. 20세기는 역사상 전례 없이 사람들이 일상적 의미에서 상업 활동에 종사하지 않는 상황에서도, 자긍심을 잃지 않은 채 자신을 '파는'(이는 과거에는 악마와 연관된 행위였다) 일에 대해서, 그들의 '쇼윈도'에 대해서, '시장 연구'에 대해서, 그리고 '수요가 많은' 데 대해서 이야기할 수 있게 되었다.

나는 사회의 이러한 이미지들을 분리하여 규명하려고 했지만, 실제 역사에서는 그 이미지들이 서로 경쟁하기도 하고 상호작용하기도 했다. 근대 영국에서 시장의 이미지가 가지는 힘은 강조할 필요가 없을 정도이다. 즉 우리는 마치 국가를 하나의 거대한 회사처럼, 그리고 다른 나라들을 경쟁자처럼 이야기한다. 우리는 일을 '노동시장'이라고 하며 교육을 일차적으로 '경제'의 요구라는 관점에서 논의한다. 동시에 우리는 앞서 '여왕' 혹은 '잉글랜드'라는 추상적 개념에서 출발하는 사고방식이 지속되고 있음을 살펴보았다. 이러한 방향으로 움직이는 매우 강력한 모델은 물론 근대의 군대이며, 이는 징병제와 더불어 사회 전체의 의미로 확장되었다. 군대에서 계급, 협동 정신, 단일한 목적을 강조하는 것은 여러 세대에 걸쳐 우리가 알고 있는 것보다 훨씬 더 깊이 각인된 관계들에 관한 사고방식을 가르쳐왔다. 금세기에 들어 얼마나 많은 개인이 심한 감정적 스트레스를 받는 시기에 이러한 모델을 거쳐왔는가를 생각하면, 그 효과는 별로 놀랄 일도 아니다. 얼마나 많은 사회조직이 매우 일반적이면서 일상적인 사회적 목적(심지어 평화주의적이고 개혁적이며 자유롭고 교육적인 종류의)을 가지고서도 그 구성원을 '모집'하는 일이나 그들의 '하부 조직'에 대해 이야기하는가는 주목할 만하다. 또한 나를 놀라게 하는 것은 수많은 중산계급이 그들의 일상적 휴일을 '휴가leave'라고 부른다는 것이다. 시장사회의 초창기에서 볼 수 있는 자유주의적 요소는 시장과 기존 질서의 기묘한 융합에 상당히 압도되어왔다. 이러한 중세 궁정(위원회 테이블에 관료들이 직급 순으로 앉아 있는 것에서 볼 수 있듯)의 기묘한 이미지와 근대적 군대 체제(특이한 어조와 경직된 신체)가 혼합된 상황을 보지 않으면 전형적인 근대의 산업이나 상업 조직, 혹은 일상적 정부나 지방 행정당국에서 실제의 관계 속에 있는 인간을 관찰하는 것은 거의 불가능하다.

이상하게도 이 모든 것이 분명 공적 계기마다 본질적으로 절대적 질서라는 개념에 대한 두번째 주요 도전의 구현—즉 자유시장이 아니라 인간의 권리를 말한다—을 내세우는 사회에서 벌어진다는 것이다. 어느 단계에서는 뜻밖에도 조직된 시장이 절대적 질서로 변하는 과정에 의해 시장과 절대적 질서가 실질적으로 융합할 수도 있다. 그러나 인권에 기초한 이미지는 타협의 여지가 없을 것으로 여겨진다. 물론 어려운 점은 '인간'이 충분히 절대적 개념으로 들리는 반면, 권리에 대한 해석은 대개 선택적이라는 것이다. 실로 어떤 해석에서 그 공식은 신민의 자유라는 공식과 그리 멀지 않다. 인권의 실체는 대부분 교역하는 연방국의 관습에서 나온 것이다. 즉 시민사회는 어떤 절대주의로부터 인간을 보호해야 하고, 특정한 일을 할 수 있도록 그들의 자유를 확보해줘야 한다. 여기서 이 관념은 다소 제한적이고 소극적이며, 사람들은 그들 나름대로 이 개념이 다른 사람들—가난한 사람들, 교육받지 못한 사람들, 외국인들, 다른 피부를 가진 사람들—에게도 관련이 있다는 것을 인정하지 않은 상태에서 그 개념을 사용해왔다. 그것은 마치 민주주의의 이미지와도 같아서, 우리와 우리의 친구들에게는 절대적인 것이지만 다른 사람들에게는 상대적인 것이다. 아마도 기본적 어려움은 바로 그 관념이 부분적으로는 관습적이고, 부분적으로는 추상적이라는 데서 나올 것이다. 즉 그것은 필연적으로 제한적일 수밖에 없는 신민의 자유라는 개념과, 필연적으로 보편적일 수밖에 없는 인간의 형제애라는 개념을 통합하고자 노력해왔다. 기존 질서나 시장에서 나온 개념들은 그들 나름대로 실질적인 조직들에게서 지속적으로 자양분을 제공받는 반면, 인권이라는 개념에 내재한 혁명적 요소는 관습과 실천만큼이나 절망과 갈망 속에서 학습된다. 사회에 대한 과거의 추상적 이미지들은 그들의 실제적 대응물을 비춰주기도 하지만, 어떤 의미에서는 그것을 초월하기도 한다. 그러므로 '하느님의 도시'는 교회와 국가라는 실질적 조직에서 실체를 끌어오지만, 한시적 권력(신이 지명한 통치자)을 합리화할 뿐만 아니라, 한시적 권력에 기간과 한계를 부여함으로써 그것을 초월하기도 한다. 최고의 단계에서 그러한 이미지의 사회적 목적은 신의 방식대로 사는 것이다. 즉 기존 질서의 한시적이고도 영적인 권위를 통하지만 그것을 넘어서서 ‘하늘나라’에 궁극적 목적을 두면서 말이다. 인권을 보증하는 형제애 개념의 주요 부분은 바로 신 앞에서의 평등으로 표현되는 것과 같은 원천에서 나온 것이다. 그러나 이러한 준거점을 전제로 하면, 인권은 인간의 지위를 지정하고 그의 의무를 정의하는 절대적 관계들을 상정함으로써 상당한 정도로 규정된다. 인권의 개념은 오로지 인류의 형제애를 일차적으로 인간적인 용어로 규정했을 때 비로소 보편적으로 적절성을 지니게 되었다. 그러고 나자 인권의 개념은 ‘지금 여기 사는 사람들’이라는 단순한 의미를 획득하고, 그들이 영원히 헌신해야 할 질서를 섬세하게 규정하는 처방 같은 것은 가지지 못하게 되었다. 그러나 동시에 그것은 국지적이고 특수한 개념일 수가 없었다(‘이곳’은 ‘이 세상’이 되었으며 혹은 좀더 낫게 표현하자면 ‘이 장소들’이 되었다). 즉 인권 개념의 유연성과 광대함은 실제적으로는 그 개념에 불가피해진 추상의 정도와 비등해졌다. 형제애에 관한 가장 강력한 구현이자 분명한 형태는 노동운동과, 사회주의로 이어지는 사상 속에 있다. 물론 실제 역사에서는 형제애가 종종 제한적이기도 하다. 즉 그것은 노동조합이나 협동조합 같은 제도에서 확인되고 창조되어왔지만, 실제의 맥락에서는 종종 무엇을 위한 것일 뿐 아니라 무엇(다른 인간을 포함하는)에 대항하는 형제애였다. 이러한 한계를 뛰어넘기 위해서는 방어적 운동보다는 새로운 사회질서의 이념이 필요했고, 사회주의는 그러한 질서를 정의하기 위한 중요한 시도였다. 이 단계에서 심각한 어려움이 생겨나는데, 그것은 사회주의가 제안했던 것이 또하나의 체제였기 때문이다. 즉 그것은 지위 혹은 시장의 자유로운 움직임에 의해 수준이 확립되면서 생긴 차등화된 필요보다는 실질적 평등에 기초한 모든 사람의 필요에서 출발했다는 점에서 자유롭고자 했다. 그러나 어떤 면에서는 결정적인 실천에서 그것은 필연적으로 어떤 종류의 관계와 의무를 내세운다. 더욱이 그것은 현존하는 실제의 관계들을 극복하거나 거기에서 벗어남으로써 확립되어야 하는 질서이므로, 사회주의가 표방하는 인간사회의 해석이 장기적 관점에서는 형제애에 있다고 할지라도, 단기적 해석으로는 매우 깊은 갈등을 의미한다는 것을 부정할 수 없다. 인간관계에 대한 사회주의적 해석은 이러한 조건에 의해 수많은 방식으로 형성되었다. 사회계급에 대한 사회주의의 묘사는 기존의 사회를 분석하는 동시에 그것을 바꾸기 위한 지침으로 제시되었다. 그러나 계급에 대한 강조가 형제애를 가장 분명하게 부정하는 것으로 보이고, 계급에 대해서 계속 언급하는 사람들에게 현존하거나 기억된 계급적 상황에 대한 원한이 대량으로 전달되는 단계가 왔다. 동시에 새로운 질서를 위해서 일하는 사회주의 정당들과 사회주의의 건설에 참여하는 사회주의 단체들의 역사에서 진정한 이론적 난점이 빚은 실질적 결과의 증거들이 엄청나게 쏟아져나왔다. 즉 그것은 일반적으로는 해방적인 것으로 의도된 바로 그 질서에 대한 헌신이 정작 그것을 위해 일할 때에는 보통 갈등과 제한, 심지어 억압을 포함한다는 것이다. 인류의 형제애 이미지는 여전히 거기에 있으나, 이미 뿌리째 뒤죽박죽 되어버린, 다른 방식으로 강력하게 조직된 사회로부터 그것을 창조해내려는 실제의 과정 중에 너무나 어두워져버렸다.

절대적 질서의 관점을 유지하려는 사고의 경향에 따라 자유로운 시장을 시장의 법칙으로 슬쩍 바꾸며 형제애의 개념을 혼란케 하는 실제 역사의 한 가지 중요한 결과는, 바로 근대의 개인주의라 불리는 개인의 저항이다. 개인주의의 초창기 형태는 일차적으로 특정한 일을 하거나 말할 수 있는 권리의 주장이었다. 사회는 이러한 적극적인 자유의 행사를 보장하도록 판단되고 재구성되었다. 근대의 개인주의는 부분적으로 이러한 방향으로 지속되었지만, 전반적으로는 소극적 자유, 즉 개인을 그냥 가만히 내버려둘 권리를 더 강조한다. 모든 좋은 일은 개인에 의해 이루어지고 모든 나쁜 일은 사회가 저지른다는 공식이 합리화되면서 사회적 사고에서 큰 폭으로 후퇴하는 현상이 나타났다. 사회의 이미지는 이제 원래부터 사악한 것이 되었다. 즉 확립된 질서의 미덕을 주장하든 인류 형제애의 창조를 주장하든, 사회는 제한하고 간섭하는 무심한 과정인 것이다. 이러한 개인의 반항에서 사회가 무엇을 하고 있다는 말에 속는 사람은 아무도 없다. 그것이 무엇이 되었든 개인은 고통받기 마련이며, 개인이 바랄 수 있는 최상은 사회의 압박을 최소화하는 것, 즉 거리감과 무감각, 회의주의로, 적어도 그와 그의 가족이 안전하도록 살피는 것이다. 개인주의의 파괴적 결과를 지적하는 것만큼이나 필요한 것은 이러한 저항이 지니는 거대한 힘과 감정적 실체를 인정하는 것이다. 이러한 사회의 개념은 사회가 대체로 실패한 맥락에서나 통용되는 것이기에, 증오의 대상이 되는 압박과 실패에 습관적으로 수반된 생각들(의무, 책임감, 형제애)을 반복하여 저항을 누르려 하는 것은 아무 소용이 없다. 이미 삶은 경험되었고, 그것은 표현되어야 한다. 그러나 사회적 사고에서 물러나는 것은 나쁜 사회를 있는 그대로 놓아둘 따름이다. 일반적으로 상황은 지금 그대로 있을 것이고, 근본적 변화는 생각할 수도 없거나 사태를 더 악화시킬 뿐이지만, 개인이 자신에게로, 그리고 '현실적' 관심사로 돌아간다면 그럭저럭 견디거나 심지어 행복해질 수 있다고 가정하는 것이 보통이다.

우리는 이러한 사고방식이 사회에 대한 가장 최근의 관념을 만들어내는 데 어떤 영향을 미쳤는가를 살펴보아야 한다. 그것은 바로 대중mass이라는 개념이다. 이는 매우 복잡한 관념으로서, 부분적으로는 절대적 질서의 개념을 새로운 방식으로 되풀이한 것뿐이다. 즉 대다수의 사람은 '대중'으로서, 엘리트(들)에 의해서 통치되고 조직되고 가르쳐지며 즐거워한다는 것이다. 이러한 사회는 기존 질서일 수도 있고 아닐 수도 있다. 엘리트란 대부분 혈통으로 승계되거나 경쟁이나 정치적 연합에 의해 계속 다시 선택되기도 하기 때문이다. 그러나 엘리트들이 어떻게 구성되건, 그들과 '대중' 간의 실질적 관계는 다른 절대적 질서에서와 마찬가지로 지시하고 지시받는 것으로서 정의된다. 그러나 또한 대중사회의 개념은 새로운 방식으로 시장의 개념을 되풀이하는 것이기도 하다. '대중'은 참여에 의해서가 아니라 요구와 선호도의 패턴을 표현함으로써—이는 새로운 시장 법칙이다—사회의 방향에 영향력을 행사하며, 엘리트들에게는 이것이 출발점이 된다. 즉 (시장조사나 여론조사 등의 기법을 통하여) 이것을 면밀히 연구하고 나서 착수하는 것이다. 이러한 두 관념이 합쳐지면 매우 강력한 이미지를 만들어내는데, 이는 분명 매우 규모가 큰 사회—정치 경제 권력이 집중되어 있되 수요의 패턴에 기초하고 있으며, 선호도의 패턴에 기초한 대중 커뮤니케이션의 고도로 효율적인 테크닉이 중앙에서 통제되는 사회—에서 우리가 경험하는 중요한 요소들과 일치한다. 광범위한 대중의 준거와 좁은 영역에서 작동하는 권력 간의 결합은 실로 매우 중요한 모델이지만, 우리가 여기서 주목해야 할 점은 그것이 본질적으로 몰개성적이라는 것이다. 엘리트는 당연히 개개인에게는 별로 관심이 없고, 대중적 패턴의 평균적 수치와 일반화된 풍조에 관심이 있을 뿐이다. 엘리트의 기능을 보증하고 확인하는 이 기술은 어쩔 수 없이 사회에 대한 습관적 사고방식이 되어버린다. 그러한 사회에서는 아무도 여기 살지 않는다는 느낌을 받게 된다. 즉 오로지 계급, 소비자, 그리고 관습들만 존재하는 것처럼 느껴지는 것이다. 그러나 이것이 엘리트가 사고하는 기능적 방식이라면, 그것은 또한 그에 대한 반응의 요소들에 의해 매우 강력하게 보완된다. 개인의 반항은 몰개성적 추상의 세계 속에서 개별성을 주장하지만, 그 주장은 일반적으로 사회적 사고에서 후퇴하는 것이기도 하다. 나와 내 가족은 현실이고 나머지는 그냥 시스템이다. 그러나 이를 충분히 확장해보면, 이는 단지 엘리트들이 다른 사람들을 대중이라고 여기는 판단을 공고하게 해줄 뿐이다. 또한 이는 실제적 관계들을 부정하거나 제한함으로써 사람들에게 그들의 사회관계에서 자신을 대중이라고 여기는 데 일조한다. 이는 우연이 아니라 이러한 사고 구조의 한 요소이기에, 개인적 반항의 용어들은 종종 다른 사람, 즉 군중, 무리, 우매한 대중에 대한 경멸의 어휘를 포함한다. 유일한 현실이 '나와 군중'인 지점에 도달할 수 있고, 이 경우 빈 곳은 바로 '몰개성적' 체제를 수용하는 것으로 채워진다. 낭만적 개인주의와 권위주의적이고 추상적인 사회사상은 현대사회에서 궁극적으로 서로 얽히게 되어 있다. 그러한 경우 권력은 결국 절망에 의해 합리화된다. 그러나 어떤 경우에도 개인주의가 그 정도로 멀리 나아가지는 않는 경우가 많기 때문에, 흔히 '사회적인 것'과 '개인적인 것', '공적인 것'과 '사적인 것'의 구분이 강화된다. 우리 시대에 가장 강력한, 사회의 마지막 이미지는 사회를 인간으로부터 분리해버렸다.

II

우리가 물려받은 지배적인 사회 이미지—절대적 질서, 조직된 시장, 엘리트와 대중, 심지어 권력 투쟁에서 표현되는 형제애까지—는 다음과 같은 점에서 유사하다. 즉 사회를 정치(결정의 체계)와 경제(유지의 체계)라는 두 영역의 이해관계, 두 종류의 사고, 두 가지 해석의 사회관계로 환원시킨다. 지배 집단은 이런 방식으로 생각하고 그들의 권력과 대체로 가까이 연관된 이 범주를 통해 삶의 나머지 부분들을 보는 것이 자연스럽다. 나머지 사람들은 사회를 이런 식으로 제한된 것으로 보는 것이 덜 자연스럽지만, 가장 강력한 개혁 집단까지도 이러한 해석으로 사회를 본다는 것은 의미심장하다. '그럼 어떤 다른 것이 있지?'라고 우리는 때때로 질문한다. 정치와 경제를 말하면 사회에 대해서 이야기한 것이다. 나머지는 개인적이고 우연한 것이다.

한 사회를 결정과 유지의 체계로 한정한다는 것은 사실 우스꽝스럽다. 우리는 사회를 다양한 형태의 계급사회에 대한 조건반사로 볼 수 있어야 한다. 그리고 계급사회에서 사회의 진정한 본질—공통의 필요에 의한 인간 조직—은 지배계급에게는 당연한 권력과 재산의 이해관계를 통해 사실상 걸러지게 된다. 계급사회에 저항하는 사회주의의 가장 큰 오류는 종종 스스로를 자신이 반대하는 편의 용어로 한정한다는 것, 즉 인간적 질서보다는 정치적·경제적 질서를 제안한다는 것이다. 물론 엄연히 존재하는 권력과 재산 문제를 이러한 [사회주의적] 질서의 방해물로 보는 것은 필요하지만, 대안적 사회를 창조하기 위한 에너지를 충분히 생성하기 위해서는 좀더 넓은 견지에서 제안해야 한다. 이러한 연관이 이루어지지 않는다면 정치적·경제적 변화가 일어나도 인간적 질서는 거의 바뀌지 않을 수도 있다. 이러한 일반적 문제에 대한 좋은 예는 노동의 개념 정의라는 문제이다. 이는 사회주의 전통에서 논의되다가 곧 무시되고 말았다. 우리가 하는 일의 공통된 의미는 '돈으로 보상받는 노력'이 되어버렸다. 이에 비견할 만한 노력이 '사적인' 것이든 '공적인' 것이든 일일 수도 있지만, '여가활동'으로 묘사되기도 하고, 묘하게도 '좋은 일'로 묘사되기도 한다. 경험에서 나온 핵심적 결론으로서 일과 노력의 관계는 특정한 사회 형태에 의해 흐려지고, '자신의 이해관계를 위해' 한 일 혹은 '자발적인 사회적 목적'을 위해 한 일과 돈을 위해 한 일을 구분한다. 이것이 단순히 임금 노동을 기반으로 조직된 사회의 반영임을 알아차리는 것은 그리 어렵지 않은데, 이와 다른 사회관계라면 이에 근본적으로 도전해야 할 것이다. 자본주의 사회에서 사회사상가가 갖는 어려움은 재화의 생산이나 교환이 아닌 활동에 대해 무슨 말을 해야 할지 찾아내야 한다는 것이다. 우리는 기존 질서의 사고방식이 미친 끈질긴 영향으로 추인된 '봉사service' 라는 낡은 정의에 기대거나, 일종의 식사 후에 하는 감사기도 같은 '여가leisure'라는 기묘한 개념에 기대는 경향이 있다. 이러한 의미들은 현재의 경험에 대한 올바른 판정일지도 모른다. 즉 공동체에 대한 개인적 이해관계와 봉사는 우리의 일상적인 일과 다른 범주에 넣어야 한다는 것이다. 그러나 이는 사회주의자들이 모델로 받아들일 만한 것은 못 된다. 일과 삶의 통합, 그리고 우리가 일상적인 사회조직에서 문화적인 것이라고 부르는 활동들을 포함하는 것은 대안적 사회형태의 기본 조건이다. 그런 견지에서 보면 결정의 체계는 전통적 의미의 정치 이상이어야만 한다. 예컨대 그것은 우리의 노동 방향과 본질에 대한 통제력을 포함해야 한다. 마찬가지로, 모든 인간과 그들의 일이 공통된 사회적 결정과정의 일부가 되듯(노동시장이 아닌 일하는 공동체가 되는 것이다), '공적인' 것뿐 아니라 '사적인' 것, '일'뿐 아니라 '여가'까지 실질적 이해관계의 실체가 사회적 목적이 된다. 내가 『문화와 사회』에서 묘사했던 전통은 용인된 시스템이 요구하는 것이라기보다는 우리의 '보편적 인간성'에 의해 사회사상을 구성하고 있기 때문에 중요하다. 그러나 이것이 이른바 '예술의 자리에 대한 호소'(우리가 '호소'하고 계속 무릎을 꿇어야 하는 예술이나 교육)로 해석되었어야 한다는 것은 낡은 사고방식이 끈질기게 지속되고 있다는 표시다. 예술은 근사하고도 필연적으로 보편적 인간성과 연관되어 있지 않으면 아무것도 아니라는 생각이 뒷받침하고 있는 실질적인 주장은, 사회사상이란 특정한 체제를 승인하고 그 규정들에 따라 일하기보다는 일과 정치와 재산을 그 사회에 사는 모든 사람의 보편적 필요성에 의해 판단하는 인간적 가정에서 출발해야 한다는 것이다. 만약 사회주의가 '일'과 '삶'의 구분을 받아들여 '삶'을 '여가'나 '개인의 이해관계'로 치부해버린다면, 정치를 공통의 결정과 행정과정이라기보다 '정부'로 본다면, 교육을 체제를 위한 훈련으로 보고, 예술을 식사 후의 감사기도 정도로 본다면(아마도 훈련을 더 하고 기도를 길게 하자고 제안할지는 모르지만), 사회주의가 이러한 식으로 제한된다면, 그것은 단순히 자본주의 정치 체제의 후기 형태이거나 산업 생산의 체제를 둘러싼 좀더 효율적인 인간 조직일 뿐이다. 사회주의의 도덕적 몰락은 바로 이렇듯 사회에 대한 낡은 이미지들과 타협했던 것, 대안적인 인간적 질서의 개념을 유지하고 규명하지 못했던 것과 정확히 비례한다.

사회 속의 인간은 전통적으로 신적 질서, 수용된 질서, 확립된 질서에 기초한 사회관계들 속의 인간으로 정의되었다. 이것은 처음에는 시장 이론가들에 의해서, 나중에는 마르크스와 같은 사회주의자들에 의해서 경제활동에 기초한 사회관계 속의 인간으로 정의되었다. 활동이 변화하면 질서도 바뀌어야 하니까. 이것은 좀더 나은 정의이긴 했으나, 너무나 많은 것을 그대로 남겨두었다. 결정의 체계(정치)와 유지의 체계(경제)*를 연관짓는 것은 합리적이지만, 중요한 두 관계가 여전히 배제되어 있었다. 그것은 첫째, 학습과 커뮤니케이션의 체계로서, 인간에게는 결정과 유지의 체계만큼이나 중요하다. 둘째는 삶의 생성과 육성이 기초한 관계들의 복합체로서, 여러 면에서 매우 다양하고 특수한 체계로 표현된다. 이렇듯 중요한 체계들이 일반적 사회사상에서 배제되거나 부차적 위치만을 부여받았기 때문에, 이들을 설명하기 위해서는 별도의 과학들이 발달할 수밖에 없었다. 학습과 커뮤니케이션의 과정 중 다수는 사회적 훈련(정치학의 하부 분야)과 직업 훈련(경제의 하부 분야)으로 설명할 수 있었다. 그러나 인간

* 경제를 '유지'의 체계로 보는 내 설명은 비판을 받았다. 아마도 기계를 보수 유지하는 제한된 의미 때문에 그러한 것 같다. 그러나 이는 물론 다양하고 변화 가능한 환경에서 '생명을 유지'한다는 말에서 왔고, 경제활동에 대한 다른 설명보다도 바로 이러한 설명과 그에 따른 기준을 나는 여전히 지키고자 한다. 내 논지 전체를 보면 그 이유가 분명해질 것이라고 생각한다.

의 학습과 커뮤니케이션의 핵심적 부분은 이런 식으로 환원될 수 없다는 것이 명백하다. 예술도 철학도 과학도 모두 이러한 목적에만 봉사한 적은 없었으며, 각자는 인간성의 보편적 성장에 봉사해왔다. 계급사회에서는 그런 활동을 '자유로운' 것으로, '자유로운 인간'의 영역으로 묘사함으로써 사람이 지위에 의해서 정치와 경제의 책무에서 벗어난 것처럼 말하여 이러한 문제를 회피한다. 비슷하게도 교육(가장 공식적인 형태의 학습과 커뮤니케이션 체계)은 한편으로는 '자유로운 인간'을 위한 '교양 교육'이고, 다른 한편으로는 나머지 사람들을 위한 사회적·경제적 훈련(각각 인성 확립 또는 도덕 교육, 그리고 직업 훈련 또는 기술 교육이라 불린다)이다. 이러한 분리는 학습과 커뮤니케이션에 대한 사회적 사고에 결코 유용하지 않다. 이 한 가지 오류에서 이상화와 폄하가 모두 초래되는 것이다. 예술은 단지 경제적·정치적 과정의 반영으로 격하되어 기생적인 것으로 간주되거나, 아니면 미학이라는 분리된 영역으로 이상화된다—경제적 인간이 있다면, 미학적 인간도 있다. 그러나 인간의 창조적 요소란 그의 인성은 물론 사회의 뿌리다. 그것은 예술에 한정되어서도 안 되고, 결정과 유지의 체계에서 배제되어서도 안 된다. 인간의 창조성을 고려하면 사회사상의 전체적 기반, 즉 사회 속의 인간이란 무엇인가에 대한 개념은 심각하게 수정되어야 한다.

사회 이론과는 별개로 분리된 심리학의 발달도 마찬가지로 이해되어야 한다. 주어진 결정과 유지의 체계는 인간의 탄생과 양육을 일차적인 것이 아니라 계속 공급받는 과정으로 간주한다. 이러한 사고방식에서 사람은 아이들을 '이 나라의 미래를 위한 원료'라고 말할 정도로 스스로를 비인간화하는 지경에 이르렀으며, '노동시장'(이제는 교육학자들까지 이 용어를 쓴다)이라는 이념과 나란히 놓고 보면, 다른 사람의 가족들은 물론, 가족이라는 지위 전체가 축소되어버렸다. 그러나 공적 차원에서 어떻게 말하건

간에, 대부분의 사람들은 분명 가족이 현실적이고도 가장 심오한 삶이라는 일상적 확신에서 다른 곳으로 옮겨가려 하지 않을 것이다. 새로운 심리학에 의하면 부모 자식으로서, 형제자매로서, 남편과 아내로서 겪는 일상 경험이 그들의 발달에 핵심적 중요성을 지닌다는 것은 두말할 필요가 없다. 사회사상이 경제적 활동에 기초한 사회관계 속에서의 인간만을 주장하면서 이러한 경험들을 배제해버린다면, 그것은 사회사상을 위해서 그만큼 더 나쁘다. 그런데 우리는 가족과 개인적 삶을 사회의 삶과 분리해버린 것이다. 물론 가족이 그 형태를 바꾸어도 사회와 분리될 수 없는 것은 분명하다. 가족이 공급과 훈련의 도구라는 위치로 축소되든, 이상화된 지위를 갖게 되든 가족 관계만은 현실이다. 새로운 심리학은 일차적 가족관계에서 습득된 감정과 행동의 패턴이 좀더 넓은 의미의 사회적 감정과 행위의 형태들과 연관된다는 것을 보여주었다. 정치·경제적 형태를 포함한 모든 사회적 행위를 이러한 일차적 조건들로 설명할 수 있다고 주장하면서 이상화가 시작되었는데, 이러한 오류는 사회의 발전을 예술과 철학의 뚜렷한 창조성에서 출발하여 형식과 관념의 역사로 설명하는 것과 매우 비슷하다. 양쪽의 주장은 이제 상식적인 것이 되어버린 성급한 확대를 조장한다는 면에서만 사실이다. 일차적 관계의 형식을 명백한 역사적·지리적 변이 가능성에 대한 언급도 없이 추상화하는 것은 가장 성급한 확대해석인 동시에 좀더 적절한 설명을 찾는 실마리이기도 하다. '영구적' 형태는 실패했지만 변화무쌍한 형태들로 주의를 돌리게 되었으니, 우리는 이 증거를 가지고 사회관계들을 더이상 과거의 제한된 정치적·경제적 방식으로만 볼 수는 없게 되었다.

우리는 현재의 이해관계와 학문 영역의 복합체에서 일반적 인간 조직에 대한 적절한 의식을 재창조하도록 노력해야 한다. 오로지 정치적이고 경제적이기만 한 사회사상에 대한 반작용만으로는 틀림없이 지나친 경우가 생길 것이다. 결정의 체계는 분명 중요하다. 즉 그것은 한 사회가 죽고 사는 문제일 수도 있다. 경제활동도 이와 비슷하게 기본적이다. 왜냐하면 생산과 분배는 삶의 유지에 필수적일 뿐 아니라, 그것을 조직하는 매우 가변적인 방식들이 분명 우리 삶 전체의 색깔을 만들어낼 수 있으며, 어떤 경우에는 그것을 결정하는 것처럼 보이기까지 하기 때문이다. 외견상 사회에 관한 진실은 늘 예외적으로 복잡한 결정 체계, 의사소통과 학습 체계, 그리고 유지의 체계와 생성 및 양육 체계 사이의 실질적 관계 속에서 발견되어야 하는 것처럼 보일 것이다. 그것은 이들 관계의 구조를 고정적으로 결정할 수 있는 추상적 공식을 찾는 문제가 아니다. 중요한 공식이란, 우선 현실적으로는 결코 분리되지 않는 체계들 사이의 본질적 연관을 지어주며, 두번째로는 각 체계의 역사적 가변성을 보여주고, 따라서 그들이 작동하고 경험되는 현실적 조직의 역사적 가변성을 보여주는 공식이다. 예를 들어 어떤 사회에서는 가족이 직접적 경제 조직이어서 가족의 결정 체계가 활동의 광범위한 영역을 담당한다. 여기서 개인들간의 관계는 복잡하지만 매우 통합적인데, 그것은 개개인이 다른 개인과 한 가지 이상의 활동에서 연관되어 있기 때문이다. 즉 공감, 긴장 혹은 갈등에서 생겨나는 관계는 삶의 영역 전체에서 작동된다. 마찬가지로, 이와 다른 사회에서는 관계들이 궁극적으로 전 영역에서 이루어지지만 일상적 상황, 즉 일상적 경험은 겉보기에 서로 분리된 관계들, 즉 일, 가족, 그리고 결정 혹은 학습 등의 관계들의 집합으로 이루어져 있다. 우리가 흔히 하는 설명과 분리를 유도했던 것은 바로 이러한 사회 발전이다. 비록 실제 사회에서 우리가 진정으로 경험에 개방적 자세를 취한다면 설명과 분리는 지속적으로 무너지게 되겠지만 말이다. 다시 말해 실제로는 아무도 분리된 질서의 모델처럼 살 수도 없고, 그렇게 살지도 않는다는 이야기다. 일, 사랑, 사상, 예술, 학습, 결정, 유희와 관련된 현대적 경험은 기록된 다른 사회의 경우보다 더 파편화되어 있지만, 우리는 반드시 연관을 짓고, 통합성을 이루며, 통제하려고 노력하고, 부분적으로는 성공하기도 한다.

사회를 분석하는 이러한 설명에서 강조해야 할 점은 바로 그 설명들이 성장의 용어이고, 전에도 그러했다는 사실이다. 정치, 경제, 미학, 심리학은 늘 부분적으로는 한때 경험된 상황에서 학습된 규칙의 체계이며, 그것이 단지 수정되지 않고 영속화된 상태이다. 그러나 마찬가지로 부분적으로는 제각각 새로운 상황을 탐색하고 반응하며 그것을 통제하고 변화시키려는 이해에 도달하고자 하는 창조적 노력이기도 하다. 우리가 인간의 조직을 연구하는 데 연관성뿐 아니라 가변성도 강조해왔다면, 바로 변화의 본질과 근원이라는 이 중대한 문제로 귀결될 수밖에 없다.

III

결정, 유지, 학습과 생성의 체계는 어떤 실제 사회에서든 깊이 작동하는 규칙들을 체현하고 있다는 점에서 필연적으로 관습적이다. 더욱이 그들은 종종 물질화되어, 우리가 그것들을 제도로서 물려받으면서 우리는 우리를 형성하고 우리가 변화시키기도 하는 현실적 환경을 물려받는 셈이 된다. 우리는 이 환경을 신체로 학습하고 관습들을 배운다. 환경과 관습은 늘 개인적으로나 사회적으로 비교되기 때문에 이들 사이에는 현실적 긴장이 있다. 개인들은 서로 다른 결과에 도달하지만 그 결과들을 소통하고 비교하면서 다른 관습을 위해 일하거나 그것을 확립하기도 하며, 그에 의해 우리는 의식적으로 환경을 바꾸는 한편, 어떤 경우에도 경험된 환경과 받아들여진 관습 사이에는 긴장이 있기 때문에 덜 의식적인 변화의 과정도 지속된다.

이러한 이론적 배경을 바탕으로 우리는 실제로 일어나는 변화를 바라볼 수 있다. 역사는 대부분 정복에 의한 변화이다. 이 경우 외세가 결정의 체계나 그 체제의 핵심을 장악할 정도로 강력하다. 이러한 변화가 종종 일어나는 것은 자연히 정치를 변화의 열쇠로 분리시키는 것으로 이어지며, 결정의 체계를 권력의 체계로 해석하는 데로 이어진다. 그런데도 정복의 결과는 매우 다양한 것이 사실이다. 정복자들이 만들어놓은 결정의 체계는 실제로는 정복당한 사회의 다른 모든 요소와 상호작용해야 한다. 경제는 외세의 결정에 의해 근본적으로 변화할 수 있다. 학습과 커뮤니케이션의 모든 체계 역시 한 언어가 억압되고 잊히면서 외세의 언어가 그것을 대체하는 정도까지 변화할 수 있다. 그러나 종종 정복당한 사회의 요소들이 관용에 의해서건, 아니면 관용하지 않는다고 해도 정복된 동안에 내내 존속한다. 전반적인 사회의 현실적 관계들은 결정의 체계 전체가 넘어갔다 하더라도 계속 나타난다. 왜냐하면 결정의 체계란 아무리 강력하다 해도 현실 속의 물질적·관습적 환경 속에서 작동해야 하기 때문이다. 정복자는 피정복자와 더불어 변화하며, 심지어 극단적인 경우에는 피정복자와 구분되지 않기도 한다. 좀더 보편적인 경우는 지속적으로 균형이 달라지는 현상이다. 예를 들어 노르만족의 잉글랜드 정복이 영국 사회를 바꿔놓지 않았다고 말할 수는 없지만, 마찬가지로 궁극적 결과는 매우 복잡한 변화이다. 언어의 역사에서 가장 뚜렷하게 볼 수 있듯 새로 나타난 언어는 노르만족의 프랑스어도 아니고 고대 영어도 아닌, 두 언어에 깊이 영향을 받은 새로운 언어였다. 이렇듯 정치적 변화는 종종 결정적이겠지만, 반드시 그렇지만은 않을 것이다.

정복은 규모가 매우 큰 현실 관계의 구조에서 나오는 것이기 때문에 정복당한 사회 내의 관계와 극도로 간접적인 관계를 갖는다. 그것은 정복이 그 사회 내에서 어떤 집단 혹은 계급이 결정의 체계를 장악하는 것과 얼마나 다른가를 재는 척도이다. 내전이나 혁명처럼 갑작스럽고 극적이든, 아니면 서서히 침투하여 주도권을 바꾸는 과정이든, 그것은 보통 실제 사회의 전반적 발전에 좀 더 큰 의미를 지닐 것이다. 즉 정치적 변화는 일반적 변화의 전체적 복합체를 표현할 것이라는 이야기다. 정복이나 국내 정치의 변화에 대한 경제적 설명은 우리에게 권력 자체를 지배적 목적으로 설정하는 천박한 정치학을 넘어설 수 있게 해주고, 결정의 체계가 추상적인 것이 아니라 그것이 결정하는 결과들에 의해 형성된 것임을 보여줌으로써 우리의 역사 이해를 더할 나위 없이 깊게 만들어주었다. 그러나 경제만을 변화의 열쇠로 분리해냄으로써 그것은 그것대로 단순화와 추상화로 이어지게 되었다. 물론 자본주의의 성장과 본질을 빼놓고 현대사회를 이해할 수는 없지만, 자본주의 사회들도 비교할 만한 각각의 발전 단계에 따라 여러 측면에서 서로 매우 다른 사회들이며, 가장 세련된 정치·경제학적 분석도 이 차이들을 설명하지 못한다. 위험한 점은, 이런 분석을 하고 나서 다른 문화 이론에서와 마찬가지로 이러한 차이들의 실체를 새롭게 추상화하는 것이다. 묘하게도 언어상으로 사회는 보통 정치적·경제적 체제를 의미하고, 사회적 삶(사회학의 일반적 소재들)은 직접적으로 정치적이거나 경제적이지 않은 활동과 관계들의 전 영역을 가리킨다. 사람들이 인생을 이끌어가는 의미와 가치의 패턴은 어찌 보면 자율적이어서 그 자체의 힘으로 진화하는 듯하지만, 이러한 패턴을 가장 예기치 않았던 감정과 행동의 영역까지 영향력을 확장할 수 있는 확실한 정치적·경제적 체계와 분리해서 생각하는 것 또한 매우 비현실적인 일이다. 변화의 열쇠로서 학습과 커뮤니케이션의 체제를 분리하는 것은 비현실적이라는 말이다. 변화의 열쇠로서 교육에 내리는 일반적 처방은 교육의 형식과 내용이 현실을 결정하고 유지하는 체제에 의해 영향을 받을 뿐 아니라 더러는 결정되기도 한다는 사실을 간과하고 있다. 사상가와 예술가는 관습적 의미와 가치를 표현할 뿐 아니라 새로운 의미와 가치를 드러내기도 하지만, 가장 눈에 띄는 창조자를 변화의 열쇠로 분리해내는 것은 정치적 혹은 경제적 결정론에 사로잡혀 그들을 간과하는 것만큼이나 비현실적이다. 사상가와 예술가, 그리고 교육의 확대는 눈에 띄게 사회적 변화에 영향을 미쳤지만, 오로지 필연적 의사소통의 맥락 내에서만 그러했을 뿐이다. 사람들은 예술과 사상을, 배우는 일 못지않게 자신의 패턴을 확인하는 일에 (종종 실제의 작품을 엄청나게 왜곡하면서까지) 자주 활용한다. 학교에서 아이들은 특수한 교과과정뿐 아니라 전체적인 사회환경으로부터 배운다. 그들이 학교를 떠나서 학교에서 배웠던 것과 사회의 현실적 관행을 비교해볼 수밖에 없다는 것은 굳이 말할 필요도 없다. 이와 마찬가지로 우리는 일차적 관계의 변화, 특히 부모 자식 간의 관계 변화가 눈에 띄는 사회적 영향력을 미친다는 것을 받아들일 수 있다. 그리고 이러한 변화—가령 사랑의 성장이나 사랑하는 능력 같은—가 한 사회가 발전하는 근본이라고 주장할 수도 있다. 그리고 인성의 깊은 내면이 상당 부분 이러한 관계 속에서 학습된다는 것에 즉시 동의할 수는 있지만, 이렇듯 가까운 세계에서 학습된 반응과 가치가 사회체제가 작동하는 가운데 관습화된 반응과 가치로 전이되는 순간에는 엄청난 위기가 닥치기도 한다. 결국 우리는 다시 전체로서의 조직으로 돌아오게 되지만, 조직은 존재하기도 하고 갱신되기도 한다는 뜻에서 적극적 의미로 이해되어야 한다. 다시 말해서 체제가 지배하는 것도 아니고 학습이 바꾸는 것도 아니다. 사람이 바꾸고 바뀔 뿐이다.

되돌아보면 사회 변화의 본질에 대한 생각은 실제 사회와 그에 상응하는 관계들을 인식하는 것에 의해 제한되어 있기 때문에 자연히 권력과 재산의 변화, 정복, 혁명 혹은 계급들의 흥망이라는 공통의 형식을 강조할 수밖에 없었다. 반대로 개인과 학습, 의

사소통을 강조하는 것 자체가 권력과 자산으로만 해석되는 사회의 편협함뿐 아니라 실제로 점점 더 많은 사람을 해방시키고, 점점 더 확대되고 강력해지는 학습과 커뮤니케이션의 수단들을 건설하는 현실의 변화에 대한 사회적 반응이었다. 현재 상황에서 우리는 그러한 강조와 반론을 넘어서서, 새롭고 보편적인 변화의 개념으로 나아가려고 노력중이다. 창조력은 지속적 산업혁명에서 가장 뚜렷하게 드러나는데, 산업혁명은 지속적으로 세계를 변화시킬 능력을 확인해주고 있으며, 예전의 어떤 관념이 예견했던 것보다 훨씬 더 개방적인 정서와 변화에 대한 진정한 열망을 낳고 있다. 이와 비슷하게 민주주의 혁명은 우리 모두에게 자신의 삶을 이끌 수 있는 권력을 잡도록 호소한다는 점에서 지속적으로 창조적이다. 우리는 점점 더 새로운 변화를 목도하고 있는데, 이는 커뮤니케이션의 확대라는 단순한 사실과 그에 따른 확장된 문화 경험에 의한 것이다. 일상의 언어가 보편적 학습의 새로운 채널이 되고, 인쇄술과 무선 통신, 영화, 텔레비전이 등장한다. 철도, 고속도로, 항공 여행이 확대된다. 문자 해독률과 보편적 교육 시스템이 성장한다. 이 모든 것이 사회 변화 자체를 바꾸어놓았다. 그러나 이러한 수단들이 창조적 성장을 위해 사용되고 있는지, 낡은 체제를 조직화하는 새로운 방식으로 사용되고 있는지는 아직 대답할 수 없는 문제이다. 산업혁명과 커뮤니케이션 혁명은 둘 다 민주주의의 진보라는 관점에서 온전히 파악할 수 있으며, 민주주의란 단순히 정치적 변화에 한정되는 것이 아니라, 결국에는 개방적 사회와, 실무 능력과 커뮤니케이션에서 변화의 창조적 잠재력을 발휘할 수 있는 유일한 존재인 자유롭게 협조하는 개인들을 내세우는 것이다. 우리 역사의 중심부에 와 있는 기나긴 혁명은 단지 정치적 시스템으로서의 민주주의를 위한 것도 아니고, 좀더 많은 생산물을 공평하게 분배하는 문제도 아니며, 학습과 커뮤니케이션의 수단에 누구나 접근하도록 하는 것만도 아니다. 그러한 변화는 그 자체로도 어렵긴 하지만, 궁극적으로는 수많은 사람이 설명하고 해석해왔던 인간과 사회에 대한 새로운 개념에서 그 의미와 방향을 이끌어낸다. 아마도 이러한 개념들은 경험을 통해서만 주어질 수 있을 것이다. 창조성과 성장을 비유로 들어 그것을 구현하고자 하지만, 이제 구체적인 것을 압박해야 한다. 왜냐하면 다름아닌 바로 이 지점에서야 그러한 개념이 확인될 것이기 때문이다.

우리는 영국의 산업 발달과 민주주의의 성장에 관해서는 비교적 적절하고도 지속적인 설명을 확보하고 있다. 그러나 우리의 확장되는 문화에 관해서는 적절한 역사가 없다. 그 과정의 일부는 기록되긴 했으나, 의식적이든 무의식적이든 현대의 사회적 행동의 한 형태인 편견들에 기초한 듯한 변화에 대한 해석에 너무나 자주 맞춰져왔다. 이제 다음 대목에서는 문화적 확장의 몇 가지 중요한 요소를 살펴보려고 한다. 부분적으로는 내가 할 수 있는 한 곧이곧대로 기록하기 위해서이며, 부분적으로는 역사와 연관된 가치에 관한 질문을 가능한 한 여러 사람이 참여할 수 있는 방식으로 제기해보기 위해서이다. 또한 나는 이 문화사의 영역이 하나의 학문 분과를 넘어서는 일이며, 변화의 특별한 영역이라고 본다. 이 창조적 영역에서는 전체적인 삶의 방식의 변화와 갈등이 반드시 연루되기 마련이다. 적어도 나의 출발점은 학습과 커뮤니케이션이 실제로 일어나는 영역, 그리고 그들을 통해 우리가 사회의 형상을 보게 되는 영역이다. 이런 식으로 보는 것을 좀 더 넓은 영역에서 활용할 수도 있다. 이제 우리가 이제까지 받아들였던 사회사상을 결정적으로 바꿔놓을 수도 있는 새로운 방식으로, 우리가 사는 곳에서 성장과 변화를 어떻게 바라보는지에 관해서 말해보고자 한다.

제2부

1 교육과 영국 사회

문화의 질과 교육제도의 질 사이에는 분명하고도 뚜렷한 관계가 있다. 우리는 우리 시대에 문화의 향상이 곧 국민 교육의 향상과 확장의 문제라고 자신 있게 말해왔으며, 이는 어떤 의미에서는 분명히 사실이다. 그러나 우리는 때때로 교육이 고정된 추상적 개념, 고정된 가르침과 학습의 복합체인 것처럼, 그리고 마치 교육이 우리에게 제기하는 문제는 오직 교육의 분배 문제, 즉 어떤 양을 어떤 기간 동안 이런저런 집단에게 교육하는 문제인 것처럼 말한다. 교육을 조직하는 일—교육기관의 유형을 만들어내고, 교육 기간을 정하고, 입학과 재학 기간의 조건을 합의하는 일—은 분명 중요하다. 그러나 교육이 단순히 생산물의 분배인 양 처리하는 것은 전적으로 잘못이다. 교육이 조직되는 방식은 의식적으로나 무의식적으로 문화와 사회라는 보다 광범위한 조직을 표현하는 것이어서, 단순히 분배라고 여겼던 일들은 알고 보면 특수한 사회적 목적을 적극적으로 형성한다. 그뿐 아니라 교육의 내용은 역사적으로 크게 달라지기 마련이며, 의식적으로나 무의식적으로 그 문화의 기본적 요소들을 표현하는 것이어서 '교육'이란 사실 특수한 선택, 특수한 강조와 생략이다. 더욱이 이러한 내용 선택을 좀 더 자세히 살펴보면 이는 교육의 분배에 영향을 주는 결정적 요인들 중 하나이다. 즉 내용 선정에 관계된 문화적 선택은 실제 사회조직에 관련된 사회적 선택과 유기적 관계를 맺고 있다. 교육을 제대로 논의하려면 우리는 역사적으로, 분석적으로 이 유기적 관계를 검토해야만 한다. 왜냐하면 선택을 의식한다는 것은 지금 가능한 선택을 넘어서는 대안적 선택까지도 의식하는 것이며, 여러 겹의 압력에 밀려 어떤 경우든 변화가 생길 때, 이러한 의식이 어느 정도나 있는가가 핵심이기 때문이다.

교육의 목적을 추상적 정의에서 시작해서는 안 된다. 실제 교육 체계를 보면 세 가지 일반적 목적을 구분해낼 수 있지만, 그 목적의 성격은 결코 서로 분리할 수 없다. 예를 들어 중요한 일반적 목적 한 가지를 들어보자. 그 목적은 한 집단의 구성원들을 그 집단에 지배적이거나 그 집단이 의지해서 살아가는 '사회적 성격' 또는 '문화의 패턴'에 따르도록 훈련시키는 것이다. 이 '사회적 성격'이 일반적으로 받아들여지는 한, 그러한 목적을 위한 교육은 여러 가지 가능한 훈련 가운데 하나가 아니라 그 사회의 모든 사람이 습득해야 하는 기본적 훈련으로 간주된다. 그러나 종종 그러하듯 '사회적 성격'이 변화하고 있거나, 어떤 사회에 대안적 '사회적 성격'이 존재할 때는 '기본적 훈련'이란 매우 다른 것이 될 수 있으며, 다른 사람에게는 그것이 그저 '교리 학습indoctrination'으로 비칠 수도 있다. 어떤 저자들은 이러한 사회적 훈련을 특수한 기술 훈련과 구분하는데, 전자는 일반적 분위기나 배경이며, 후자는 전문화된 강습이라는 것이다. 그러나 사회적 성격이란 언제 어디서나 특수한 예절 습관이나 행동을 뛰어넘는 것이며, 특수한 가치체계를 집단에 대한 충성심, 권위, 정의, 살아 있는 목적의 분야에서 전달하는 것이다. 어떤 교육 체계이든 이러한 훈련을 포함하지 않는 것은 없으며, 중요한 점은 궁극적으로 이러한 훈련이 전문화된 훈련과 분리될 수 없다는 것이다. 기술을 가르치는 것은 성장하는 세대에게 다양한 일을 준비시키는 것이지만, 일과 이 일을 지배하는 모든 관계는 주어진 사회적 성격 내에 존재한다. 실로 사회적 성격의 한 기능은 할 수 있는 일들과 거기에서 발생하는 가치 판단과 관계들을 받아들일 만한 것으로 만드는 것이다. 우리가 일반적인 사회적 훈련과 전문화된 훈련을 구분하지 않고, 의식적이든 무의식적이든 전자는 후자를 통해 제시된다는 이유로 그러하다면, 제3의 일반적 목적, 즉 '일반 교육general education' 혹은 프레드 클라크 경의 용어를 빌려 '교양을 위한 교육education for culture'이라 부르는 것을 이들과 따로 떼어 생각할 수 없을 것이다. 도식적으로 말하자면 아이는 처음에 그 사회에서 용인되는 행동과 가치를 배워야 하고, 두번째로는 교육받은 사람에게 적합한 일반적 지식과 태도를, 세번째로는 생계를 유지하고 사회의 복지에 기여할 수 있는 특수한 기술을 배워야 한다고 할 수 있다. 사실 이제 살펴보겠지만 특수한 기술과 사회에서 받아들이는 행동과 가치가 필연적으로 연관되어 있는 한, 두 가지는 모두 교육받은 사람에게 적합한 지식과 태도에 대한 일반적 지식과 연관되어 있고, 그러한 지식을 정의하는 데 기여한다. 이는 순전히 자의적 선택이 아니며, '교리 학습'식의 단순한 과정도 아니다. 소수의 지배층이라도 일단 지배적인 사회적 성격을 받아들인다면, 그것은 그것이 지닌 가치에 비추어 수용된다. 즉 인간에게 필수적인 일반적 훈련은 사회적 성격이 구현하고 전수하는 가치들의 맥락에서 드러날 수밖에 없다. 특수한 사회적 성격과 태도와 가치를 신봉하는 경우, 우리는 자연히 거기에서 나오는 일반적 교육이 누구에게나 제공될 수 있는 최상의 것이라고 믿는다. 그것은 '교리 학습'이나 심지어 '훈련'으로도 보이지 않고, 마치 이 사람에게 제공할 수 있는 최상의 것처럼 느껴진다.

역사적으로 분석해보면 이러한 점의 중요성이 더욱 분명해진다. 왜냐하면 '줄 수 있는 것 중 최상의 것'이 다양할 뿐 아니라 앞서 말한 세 가지 목적 간의 현실적인 복잡한 관계들을 볼 수 있기 때문이다. 사회적 성격의 훈련이 슬그머니 특수한 일을 위한 전문화된 훈련으로 이어지는 것, 또 일반 교육의 정의가 나머지 둘의 색채를 띠는 것 등을 보게 된다. 나는 여기서 다음과 같은 특수한 관점에서 영국 교육의 역사를 검토하고자 한다. 즉 발전하는 사회의 맥락에서 사회 훈련, 교육하는 과목들, 일반 교육의 정의에 나타나는 실제적 관계들의 변화하는 복합체를 보는 것이다. 우리 자신이 역사의 끝이 아닌 복잡한 발전의 한 지점에 서 있기에, 역사적 설명은 어쩔 수 없이 우리 시대의 교육적 가치와 방법에 대한 분석으로 이어질 수밖에 없다.

I

영국 교육의 시작은 직업 교육과 사회적 성격의 교육, 특수한 문명의 교육 사이에 밀접한 관계가 있음을 매우 뚜렷하게 보여준다. 16세기 말에 시작된 최초의 영국 학교는 일차적으로는 직업학교의 목적을 띠었지만, 이는 특수한 사회적 훈련과, 적절한 일반 지식이라는 특수한 정의를 암시하는 것이었다. 성당과 수도원에 붙어 있던 초창기 학교들이 추구하는 목표는 성직자와 수도자가 될 사람들을 훈련시켜 교회의 일을 하고 이해하도록 하며, 성서와 교부들의 글을 읽게 하는 것이었다. 로마제국이 물러나고 다른 언어를 사용하는 종족들이 정착하는 과정의 역사적 단절 때문에 사람들은 거의 라틴어를 몰랐고, 이때 지배적 종교와 학문은 대부분의 사람들이 모르는 글로 되어 있었다. 아우구스티누스는 "한 손에는 라틴 예배서를 다른 한 손에는 라틴 문법책을 들고"([A. F.] 리치) 영국을 개종하러 왔다고 절묘하게 묘사되었다. 실제로는 서로 연결된 두 종류의 학교가 만들어졌는데, 하나는 라틴어를 가르치기 위한 문법학교grammar school이고 다른 하나는 성가聖歌를 가르치기 위한 노래학교였다. 그들의 목적에 비추어 두 학교의 전문화된 훈련은 기독교의 일반적 훈련과 기독교가 지녔던 특수한 사회적 성격의 일부일 수밖에 없었다. 그러나 특히 문법학교는 이러한 제한적 목적에만 한정될 수 없었다. 이 학교들(말하자면 그리스와 로마의 모델을 따른)이 영국에 도입되기 이전부터 르네상스 직전까지 800여 년간 해온 교육 내용에 관한 중요한 주장은 아주 흥미로운 증거가 된다. 라틴어를 가르치지 않으면 교회가 존속할 수 없었지만, 라틴어를 알게 되면 성서와 교부들의 글만 읽는 것이 아니라 라틴 문학 전체와 '이교도적' 철학까지 읽을 수 있게 되었던 것이다. 이렇게 생겨난 문제들은 교황 그레고리우스가 갈리아의 데시데리우스 주교에게 보낸 편지에 잘 드러나 있다.

> 요즈음 눈에 보이는 상황은 말하자면 정말 부끄러운 것인데, 우리 형제인 당신이 문법을 가르친다는 것입니다. 이 소식을 듣고 너무 화가 나고 역겨워서 이전에 들었던 모든 좋은 일들이 슬픔과 절망으로 변했습니다. 왜냐하면 한 입으로 제우스에 대한 찬양과 그리스도에 대한 찬송을 동시에 부를 수는 없기 때문입니다. 신앙심 두터운 평신도가 그랬다고 해도 적절하지 못한 행동을 주교가 따라한다고 한번 생각해보십시오. 나는 여기 전달된 이러한 정보가 명백히 거짓이라면, 또한 앞으로 당신이 세속 문학의 어리석음에 시간을 소비하는 것이 눈에 띄지 않는다면, 마음 편하게 한 치의 의혹도 없이 당신의 요청을 받아들이려고 합니다.

그러나 새로운 학교들이 기초로 삼았던 '문법'은 이 시기에 단지 언어의 골격으로서만 이해된 것이 아니었다(그러한 의미는 중세 말에서야 확립되었다). 즉 문법은 읽기, 특히 소리 내어 읽기의 준비과정이었고, 이해와 논평이 개입되는 것으로 여겨졌으므로 내용과 문법은 불가분의 관계였다. 교육적·종교적 기반에서 '문법책'은 편리하게 이용되었는데, 우선은 구할 수 있는 다양한 텍스트로 만들어진 앤솔러지로서, 후에는 체계적 문법과 가르침의 대화로 활용되었다. 공부를 더 하고 싶은 학생들은 더 많이 읽을 수 있었고, 실제로 더 읽었는데, 특히 베르길리우스와 오비디우스를 읽었다. 그러나 선택적 전통의 성격이 워낙 강해서 특히 철학과 과학에서 고전 사상은 무시된 채 남아 있었다. 몇 가지 실제 교과과정이 오래전 이 시기부터 지금까지 전해내려오고 있다. 비드는 캔터베리에서 "성인들의 업적뿐 아니라 율격과 천문학, 산술"을 가르치며 캔터베리의 테오도로와 하드리아누스에 대해 말하고 있으며, 요크의 알퀸이 맡은 교과 설명은 문법, 수사학, 법, 시, 천문학, 자연사, 산수, 기하, 음악, 성서를 언급하고 있다. 그러나 실제 교과서를 살펴보면 이러한 교과목들이 라틴어와 교회라는 지배적 원칙을 중심으로 어떻게 짜여 있는지 알 수 있다. 중심 과목은 성서였고, 수사학 과목은 주로 성서에 나오는 언어 형식에 관한 연구였다. 문법은 라틴어를 가르치는 것이었고, 비록 가끔 자국어로 된 시를 언급하는 일이 있었지만 시작법詩作法도 대체로 위와 같은 맥락에서 가르쳐졌다. 천문학을 포함한 수학은 교회 달력의 복잡한 절기를 중심으로 교육했는데, 간단하고도 일반적인 연습 문제는 부활절 날짜에 대한 논란을 중심으로 한 매우 중요한 '산술'에 대한 개론이었다. 음악과 법은 교회의 미사와 행정을 위한 직업적 교육이었으며, 자연사는 아리스토텔레스주의자들과는 대조적으로 문헌과 일화 중심이었다. 지리학, 역사, 자연과학은 이러한 제도에서는 거의 설 자리가 없었다. 그러나 비드가 이러한 교육을 받고서도 실속 있는 영국사를 썼다는 점은 기억해두어야만 한다.

이러한 교육이 성직자나 수사가 되고자 하는 사람들 말고 다른 이들에게 얼마나 열려 있었는지는 확실히 알 수 없다. 아마도 때때로 기회를 확대하는 경우가 있었을 것이고, 왕족이나 귀족 집안의 젊은이들이 이러한 교육을 받았다고 기록한 사례들도 분명히 있다. 어쨌든 영국에서 학교의 발달은 데인족의 침공으로 단절되어 알프레드왕의 치하에서 완전히 새로 세워야 할 정도였고, 10세기에서 11세기까지는 이에 관한 실증적 증거가 거의 없다. 노르만족의 침공 이후 라틴어를 가르치는 일상적 매개체로 영어 대신 프랑스어가 자리잡은 뒤에도 새로운 학교의 패턴은 예전과 매우 비슷했다. 성당과 수도원과 대학 교회에 부속된 문법학교와 노래학교가 있었고, 여전히 직업 교육의 성격이 뚜렷했다. 그리고 12세기에 오면 제도나 가르치는 내용 면에서 중대한 확장을 볼 수 있다. 성당학교가 늘어나고 13세기에 오면 옥스퍼드에 최초의 대학과 종합대학이라는 개념이 생겨난다. 이 운동은 교과목의 확장과 밀접한 연관이 있어서 초기 단계에는 수사학이 문법과 동등한 지위로까지 올라섰다. 두번째 단계에서는 특히 대학에서 논리학이 뚜렷하게 강세를 보임으로써 아리스토텔레스의 주된 저작을 읽을 수 있게 되었으며, 법률, 의학, 신학의 고급 과정이 확대되고 전문화되었다. 비록 교육은 확고한 기독교의 틀 안에 있었으나 법, 의학, 신학이라는 전문화된 연구의 준비과정으로서 교양 교육liberal education의 개념이 형성되기 시작한다. 7개 교양과목Seven Liberal Arts의 개념(문법, 수사학, 변증법의 삼학trivium과 음악, 수학, 기하학, 천문학의 사학quadrivium)은 적어도 5세기까지 거슬러 올라가지만, 13세기 들어 고전시대의 학문으로부터 새로운 자료와 태도가 밀려들어오면서부터야 비로소 적절한 형태로 실현되기 시작했다. 교사들은 임의로 임명되는 대신 이제 좀더 공식적으로 면허를 받았다(대학의 학위는 가르칠 수 있는 면허였다). 실용적이고 세속적인 필요에 따라 몇몇 학문의 확대도 두드러지는데, 예를 들어 행정에 관해 늘어나는 요구가 점점 복잡해지면서 글쓰기 교육이 실시된 것이다. 문법학교나 노래학교와는 별도로 쓰기

학교가 있었다는 증거가 있는데, 여기서는 새로운 계층을 위한 글쓰기나 실용적인 회계 등을 가르쳤다. 비록 교회로부터 면허를 받아야 했지만, 이들 중 일부 학교는 다른 면에서는 독립적이었다.

의학 교육은 대부분 직업 교육이었지만 철학, 의학, 법률의 발달로 교육 체계의 일부는 교회의 직접 감독에서 벗어나는 결과를 낳았으며, 대학은 학위, 즉 가르칠 수 있는 면허를 주는 조건을 스스로 결정하는 지식의 연합체로서 독립하기 위해 싸웠고 그것은 꽤 성공을 거두었다. 13세기에서 15세기 말 사이에 성당, 수도원, 대학 교회에 부속된 문법학교와 노래학교 외에도 윈체스터나 이튼같이 옥스퍼드, 케임브리지의 새로운 대학과 밀접하게 연관된, 실질적으로 독립적인 학교들이 만들어졌다. 숫자는 불확실하지만 이 방면의 최고 권위자인 리치에 따르면 종교개혁 직전 인구 225만 명당 400개, 즉 5625명당 1개의 학교가 있었다고 한다(1864년에는 인구 2만 3750명당 문법학교 1개교가 있었다). 그러나 우리는 중세 교육의 또다른 측면 두 가지를 주목해야 한다. 공예와 상업의 도제 제도, 그리고 귀족계급의 아들들을 큰 가문의 시종으로 보내서 기사 훈련을 받게 하는 기사도 제도이다. 대학제도와 더불어 이 두 가지 교육제도는 실제의 사회구조가 교육에 얼마나 결정적 영향을 주는가를 깨우쳐준다. 가난한 노동자들은 여전히 논외였지만, 개별적으로 소수의 재능 있고 유망한 남자아이가 학교와 대학을 거치며 완전한 교육을 받는 특별한 경우도 있었다. 나머지 사람들에게는 교육이란 일반적으로 상속되고 운명지어진 지위나 조건의 확고한 구조와 연관되어 조직되었다. 장인의 도제, 미래의 기사, 미래의 성직자 하는 식으로. 이러한 체제는 명확하지만 완벽한 것은 아니었다. 왜냐하면 학문적 교육이 대체로 수요를 초과했기 때문이다. 심지어 인구 40명당 성직을 맡은 목사 1명이 있을 정도였으므로, 대학교육을 받은 모든 사람이 그 일로 생계를 유지할 여유가 없었고, 따라서 하급 성직자들은 대개 매우 가난했다. 더욱이 성직은 직접적으로 계급에 기초한 도제나 기사 제도보다 다양한 사회적 배경을 가진 사람들로 충원되었을 것이다. 거의 모든 초창기의 재단에서 나타난 '가난한 학생들'에 대한 성직록 서임은 다양하게 해석할 수 있으나, 최소한 그 제도만은 합리적으로 개방되어 있었다. 이와 관련하여 윈체스터나 이튼 같은 새로운 독립 학교들이 특별히 중요하다. 윈체스터에서는 설립자의 인척을 제외한 평신도들은 비용을 내야 했으며 대개 이들은 지배계급의 아들들이거나 "훌륭한 성품으로 잘 수련된, 신사다운 습성을 지니고 읽기와 찬송가와 옛 도나투스Donatus[문법학자]를 완전히 익힌 가난하고 궁핍한 학생들"(라틴 문법책 중에서)이었다. 이 학교들은 독립적 지위를 지녀서 일정한 지역에 얽매이지 않았기에 전국적 규모의 입학 제도를 시작했다. 이러한 제도가 점점 단일한 계급에서 학생들을 끌어모으면서, 그 생활방식 속에 문법학교의 교육 방식과 기사도식의 '유학boarding-out'에 의한 사회적 훈련을 결합하여 마침내 우리가 알고 있는 퍼블릭스쿨public school[영국의 명문 사립 중등교육기관]로 발전하게 되었다. 이러한 학교들과 대학 간의 밀접한 관계를 볼 때, 그러한 발전은 전체 교육제도에 영향을 줄 수밖에 없었다.

II

매슈 아널드는 종교개혁 시기에 학교가 재편되면서 교육이 르네상스적 방향으로 재정비되지 못했기 때문에 영국 교육에서 많은 것이 손실되었다고 주장한 적이 있다. 실제 학교에서 교육과정의 개혁은 다수의 낡은 과목을 폐쇄하거나 줄이고 같은 수의 새로운 과목들을 제도화하여 많은 변화를 가져왔다. 중심적 제도는 여전히 문법학교였지만, 후원자의 면면에는 중대한 변화가 있었고 이는 15세기에 처음 두드러졌다. 전형적인 중세의 문법학교는 교회 재단이었던 데 반해서 새로운 문법학교는 교회와 국가가 여러 수준으로 감독하는 사립 재단이었다. 그러나 문법학교의 교육 전통은 거의 변하지 않고 살아남아서, [존] 밀턴이나 아널드의 말처럼 이것이 교육을 망쳤다는 데 동의할 수 있을 것이다. 주로 라틴어로 된 교과과정에 그리스어와 때때로 히브리어가 추가되었으며, 이러한 변화의 주된 소득은 문학 연구의 확대였다. 그러나 문법학교의 교수법, 나아가서 대학의 교수법은 엄격하고 편협한 것이어서, 한때는 창조적이었던 논문과 논쟁 같은 형식들은 고립되어 기계적으로 변해갔다. 자국어 문학, 지리적 발견, 새로운 회화와 음악, 철학과 물리적 탐구의 새로운 정신, 개인에 대한 태도의 변화 등 르네상스의 주요한 성취가 일반 교육의 표준적 형식에는 거의 영향을 미치지 못했다. 그러나 이러한 전통적 기관 외부에서는 성직자가 가르치는 학교뿐 아니라 가게 영업이나 상업의 곁다리로 만든 사립 벤처학교[직업훈련소]에 이르기까지 영어로 교육하는 초등학교가 정신없이 다양한 형태로 늘어났다. 많은 경우 이 '변소petties' 또는 'ABC'는, 일부는 문법학교와 연관되고, 옛날식의 후원이 줄어든 곳에서는 실질적으로 문법학교를 대신하기도 했던, 본격적인 학교였다. 게다가 필경사에게 필요한 영어와 회계를 가르치는—상업이 상당히 팽창하면서 분명히 수요가 생겨난—'쓰기학교'가 발달했고 어떤 경우에는 이런 교육이 문법학교와 통합되기도 했다. 이는 매우 복잡한 패턴을 띠지만 세 가지 경향만은 매우 뚜렷했다. 즉 자국어 교육이 늘어났다는 것, 전통적 교육기관은 변화하는 경제에도 확장되는 문화에도 적응하지 못했다는 것, 대부분의 주요 학교가 국가 기구의 후원에서 사적 기부에 의존하는 형태로 넘어갔다는 것이다.

17세기에 오면 교육 이론에 중대한 발전이 이루어지고 그중 일부는 실제 효과를 거두기도 했다. 르네상스의 주된 교육 이론,

특히 학자-관료의 이상은 영국의 교육제도에 거의 영향을 주지 못했으며, 본격적인 학교의 지위가 낮아지고 가정교사를 통해 재택 교육을 받는 기사도적 전통에 일부 의존하게 되는 역설적 결과를 가져왔다. 이는 19세기까지도 지속된, 많은 가정이 선호하는 방법이었다. 특수한 전문 교육기관, 특히 법률 교육기관은 중요성을 획득한 반면, 다른 계층에 봉사하는 새로운 교육기관인 비국교도 학교Dissenting Academies가 생겨나기 시작했다. 왕정복고 이후 비국교도들은 전통적 교육기관에서 심각하게 차별받았으며, 이에 대응하여 고등학교 혹은 대학 수준에서 자신들만의 학교를 만들었다. 그 질은 천차만별이었지만, 18세기에 오면 그 가운데 최상의 학교에서는 일반 교육의 내용에 관한 새로운 규정을 발동하여 실행했다. 수학, 지리학, 근대어, 그리고 중요하게도 자연과학을 추가하여, 교육과정은 처음으로 근대적 모양을 띠게 되었다. 오래된 문법학교들은 이 시기에 서로 다른 방식으로 변화를 겪었다. 9개의 주요 학교(그중 7개는 기숙학교)는 전통적인 고전 교육과정을 유지했으며, 사회적으로는 덜 폐쇄적인 방향으로 갈 수밖에 없었지만 전 국가적으로 보면 귀족층과 지주층에 봉사했다. 후원을 받는 문법학교들은 대부분 비교적 폭넓은 사회적 기반 위에서 주변 지역사회에 봉사했지만, 교과과정은 여전히 낡은 채였다. 그러나 대도시에 위치한 오래된 학교들은 18세기경이 되자 그 학교가 봉사하는 수많은 상인과 무역업자층의 영향을 받아 매우 다양한 사회적 구성과 교과과정, 특히 확대된 수학과 자연과학을 결합하게 되었다. 대학들도 이렇게 복잡한 상황을 반영하여, 실질적으로는 오래된 교과과정에 집착하여 학업 수준이 하락하는 상황 속에서도, 수학과 과학 분야에서 상당한 진전을 보였으며, '가난한' 학생들—농업 경영자, 장인, 소규모 무역업자의 아들들—의 비율도 18세기 동안 감소하긴 했지만 여전히 상당수를 차지했다. 세 가지 전통적 전문직 가운데 성직은 여전히 대학에서 배출하고 있었으나, 법률과 의료 부문의 전문직은 이제 주로 대학 외부에서 나오게 되었다. 새로운 전문직, 특히 과학, 공학, 예술 분야에서는 대다수의 초보자가 새로운 상인들과 제조업자들 대부분이 그러했듯 대학 바깥에서 훈련을 받았다. 18세기는 상업, 공학, 예술, 군사 직종 등을 위한 새로운 직업학교들의 수가 획기적으로 증가했던 시기다.

초등교육의 경우 제멋대로 생긴 교구학교와 사립 벤처학교의 체계가 여전히 남아 있었고, 다양한 아카데미와 오래된 재단을 위한 예비학교가 증가했다. 그러나 도시화가 진행되면서 새로운 문제들이 생겨났고, 그에 대한 해결책은 매우 더디게 제시되었다. 이 시기를 대표하는 중요한 시도는 17세기 말부터 생겨난 자선학교Charity School 운동인데, 이는 새로운 의도—가난한 사람들에 대한 도덕 강습이 아닌 도덕적 구제—와 특수한 사회계급에 알맞은 초등교육에 대한 좀더 공식적인 정의를 결합했다는 면에서 그 이후까지 영향을 미쳤다. 18세기 말엽이 되면 점점 빨라지는 산업혁명에 발맞춰 교육제도 전체가 새로운 압력을 받아 결국 변화하게 된다.

III

1751년에서 1821년까지 70년간 영국 인구는 700만에서 1400만으로 두 배가 되었고, 1871년경이 되면 다시 그 두 배가 되어 약 2600만 명이 되었다. 이 뚜렷한 변화에 더하여 신흥 산업도시를 포함한 도시에 거주하는 인구의 비율, 그 인구에서 아동이 차지하는 비율 또한 획기적으로 증가했다. 이러한 변화는 18세기에 당시 교육제도보다 더 나은 제도가 있었더라도 이를 무너뜨리기에 충분했다. 그나마 19세기 전반부에 쏟아져나온 보고서에는 사회적·경제적 변화로 인해 부분적으로는 드러나고, 부분적으로는 만들어지기도 했던 교육제도의 부적합성이 드러나 있다. 이 보고서들은 그 이전보다 더 확실한 기반 위에 교육을 재조직해야 한다는 욕구에서 나오게 되었지만, 동시에 전반적인 개혁에 반대하는 세력도 매우 강했다. 1816년에 검토 대상이 된 1만 2000개의 교구 가운데 3500개 교구에 학교가 없었으며, 3000개 교구에는 기부금으로 세운 학교가 있었으나 수준은 제각각이었고, 5500개 교구에는 기부금도 받지 않고 수준은 더 천차만별인 학교들이 있었다. 그러나 개혁가들이 이러한 상황을 개선하려면 1807년 어떤 치안판사가 다음과 같이 내놓은 대표적인 의견을 넘어서야만 했다.

> 가난한 사람들이 일반적으로 '읽기'를 배우는 것은 최상의 목적, 즉 성서를 읽기 위해서라면 바람직하다. '쓰기'와 '산수' 정도의 지식은 가난한 사람들에게 육체 노동하는 직업을 싫어하도록 만들 것이다.

그 이전에는 가난한 사람들 전체를 대상으로 한 교육이 이루어진 바 없었다는 건 사실이다. 예외적으로 그런 시도를 한 교구도 있었지만 말이다. 그러나 다시 말하지만 과거에는 비범하고 가난한 아이들이 대학에 들어가도록 하는 조항이 있었다. 새로운 분배 체계에서는 교육이 더욱 엄격하게 계급적 기초 위에서 조직되었다.

> 우리에게는 각각의 계급마다 지정된 학교가 있어
> 모든 계층을 위한 법칙과 모든 마음을 위한 양식이.
> ([조지] 크래브)

단 마지막 구절은 사실이 아니었다.

그러나 각 지방에 기초를 둔 사회적 신분체계에서 국가적 계급체계로 변화하는 과정—15세기에서 18세기 후반에 걸쳐 일어난 변화—은 이제 실질적으로 완성되었고, 그 결과는 계급에 의해 규정된 새로운 교육이었다. 고등교육은 실질적으로 독점 상태여서 새로운 노동계급을 배제했고, 모든 사람에 대한 교육이라는 이상은 편협한 '도덕적 구제'의 한계를 제외하고는 원칙적으로 반대되었다.

산업혁명 이후 최초의 새로운 교육기관은 육체 훈련과 기초적 강습을 제공하는 산업학교, 그리고 훨씬 더 중요한 것으로 아동은 물론 성인도 다닐 수 있는 일요학교Sunday School였다. 방법은 달랐지만 대개 앞서 말한 원칙, 즉 도덕적 이유에서 가난한 사람들은 성서 읽는 것을 배워야 하지만 더 위험한 다른 과목들은 물론이고 쓰기와 산수도 별로 필요하지 않으며 심지어 해롭다는 원칙에 입각해서 조직된 학교들이었다. 서로 다른 제도하에 세워진, [조지프] 랭커스터와 [앤드류] 벨의 새로운 평일학교에서도 가르치는 것은 비슷하게 성서에 기초하고 있었으나, 벨이 '도덕 세계의 증기기관'이라 불렀던 새로운 교수법, 즉 규율부원들을 두고 표준적이고 반복적인 연습을 시키는 방법을 통하여 한 선생이 한 교실에서 동시에 수백 명의 학생을 가르칠 수 있었다. 일요학교와 새로운 평일학교의 발달, 그리고 남아 있는 교구학교와 벤처학교로 인해 1816년을 기준으로 어림잡아 150만 명의 아동 중에서 87만 5000명가량이 어떤 학교에든 다니고 있었으며, 1835년에는 그 수가 175만 명 중 145만 명에 달했다. 이러한 수치를 정확히 평가하기 위해서는 1835년에 평균 재학 연한이 1년이었다는 연구도 아울러 지적해야 한다. 18세기부터 몇몇 지역에서 세금에 의한 학교 보조가 실시되었고, 1830년대부터는 학교 건물을 짓는 데 국가 보조가 시작되었다. 1851년이 되면 평균 재학 기간은 2년으로 늘어났고, 1861년이 되면 비록 그 질은 천차만별이고 대개는 11세가 되기 전에 학교를 떠나게 되지만, 학교에 다닐 수 있는 275만 명가량의 아동들 가운데 250만 명이 어떤 형태로든 학교에 다닌 것으로 파악된다. 교과과정은 약간 확대되어 보통 쓰기와 산수 정도는 포함되며, 어떤 학교에서는 다른 일반 과목도 가르쳤다. 1862년의 개정법Revised Code은 읽기, 쓰기, 산수(신문에서 짧은 문단 읽기, 이와 비슷한 내용을 받아쓰기, 실용 덧셈과 분수)에서 분명한 기준을 두어 그 결과에 따라 보상하는 체제를 제도화했다. 학교에 대한 공공 보조의 증대는 최소 표준이라는 과거의 기준과 연결되어 있었다. 1870년에는 학교 이사회가 확립되어 학교들 간의 네트워크를 완성하고 학교들을 좀더 분명한 감독 체계하에 두었으며, 이러한 확장은 1876년과 1880년에 전 국민에 대한 초등교육을 의무화함으로써 확인되었다. 1893년이 되면 학교를 떠나는 나이가 11세로, 1899년에는 12세로, 1900년에는 관대하게도 14세가 되었다. 여전히 대부분은 최소한의 기준에 맞춘 설비 정도였지만, 19세기 말이 되면 초등교육이 전국적 제도로 가동되었다.

한편, 오래된 문법학교 역시 대개는 따로 분리된 계급을 위한 교육기관으로서, 초창기에는 광범위한 예비학교 학생을 받아들이면서 발전했다. 오래된 학교, 특히 주요 9개 학교에 다니는 것이 1790년에서 1830년 사이에 다시 활발해졌으며, 각기 다른 방식으로 1798년 슈루즈베리의 [새뮤얼] 버틀러나 1824년 럭비의 [토머스] 아널드[매슈 아널드의 아버지]에 와서 그 성격을 바꾸게 되었다. 아널드의 영향은 주로 교육과정에 대한 것이 아니라 사회적 목적, 즉 기독교적 신사를 교육한다는 목적을 재확립한 것이었다. 버틀러의 영향은 아마 좀더 의미가 있는데, 시험 합격을 강조하는 그의 생각이 이후 주된 경향의 시초이기 때문이다. 1830년대에는 이런 학교와 대학들에서 시험 제도가 확고하게 자리잡았고, 소수의 계층에서만 입학생을 받는 대학의 입학 제한을 더 뚜렷하게 강화하는 효과를 낳았다. 교과과정에서는 고전이 주된 '과목'이었고 다른 과목들은 부수적이었지만, 19세기 중반부터 공무위원회Civil Service Commission와 군사교육이사회Board of Military Education가 설립되면서 수학과 근대어 과목을 장려하고 시험에 맞추어 학교를 더욱 조직화하는 효과를 낳았다. 1840년대에는 700개가량의 문법학교가 있었고, 고전을 배우지 않는 2000개 이상의 사립학교가 있었지만, 연구에 따르면 1868년에 영국 도시의 3분의 2에는 중등학교가 아예 없었으며, 나머지 3분의 1도 그 질이 천차만별이었다고 한다. 1860년대 후반에 가면 두 위원회와 1868년의 퍼블릭스쿨 법Public School Act을 통해 중등학교의 재조직이 여전히 편협한 계급적 기초 위에서 고려되어 부분적으로 실행되었다. 1868년의 법은 여러 재단의 규칙을 깨뜨리고 새로운 통치 기구를 제도화했다. 이후로 새로운 교과과정(고전, 수학, 근대어 한 과목, 자연과학 두 과목, 역사, 지리학, 그림, 음악)과 '퍼블릭스쿨'의 독립된 지위가 확립되었다. 교장회의Headmasters' Conference는 이 새로운 19세기 학교와 오래된 학교 재단 일부를 포괄하는 것으로서 1869년에 시작되었다. 1867년의 톤턴 위원회Taunton Commission는 중등학교를 세 등급으로 구분했다. 하나는 대학교육과 전통적인 전문직에 대비하여 남학생들에게 18세까지 '인문 교양 교육'을 하는, 상류계급과 중산계급의 상층부를 위한 학교이고, 다음은 군대나 새로운 전문직, 다양한 분야의 공무원직으로 진출하기 위해 중산계급의 자제들을 16세까지 교육하는 학교이며, 마지막은 중산계급 하층부의 자제들을 14세까지 교육하여 '소규모 소작농이나 소규모 상인, 고급 장인'으로 만드는 학교이다. 할 수만 있다면 극소수의 학생은 높은 등급의 학교로 갈 수도 있었으며, 특히 세번째 등급의 중등학교와 초등학교는 연관성이 있어 노동자의 아들 중 일부는 중등교육까지 받는 경우도 있었다. 이렇게 세 등급으로 나뉜 중등교육은 인구 1000명당 10명의 아이들이 받을 수 있도록 만들어졌으며, 이 10명 중에서

8명은 세번째 등급에 속했다. 실제로 이는 전국적으로 총 400만 명가량의 아이들 가운데 6만 4000명이 첫번째와 두번째 등급의 중등학교에서, 25만 6000명은 세번째 등급의 중등학교에서 공부하는 것을 의미했다. 이 3단계의 등급제에 대해 위원회는 "이러한 구분이 아주 정확하지는 않으나 대략 사회의 계급 구분과 상응한다"고 논평했다.

실제로 중등교육이 공공의 책임이 아니던 시절, 이렇게 제안된 조직의 효과는 들쑥날쑥했다. 1850년대부터 처음에는 '중산계급 시험'이라고 불리던 지역별 대학시험의 체제는 기부금으로 운영되던 사립 초등학교와 중등학교로 하여금 중등교육에 대한 일종의 공인된 국가 기준을 목표로 하도록 만들었고, 공식적·직업적 기구들이 시험 제도를 확산하면서 이와 마찬가지로 합리화하는 효과를 냈다. 여성들에 대한 중등교육 캠페인도 결과를 내기 시작해, 1889년에 웨일스를 선두로 중등교육법Intermediate Education Act을 실시함으로써 남녀 학생 모두를 위해 기숙 자율형 초등학교와 대학을 연계시키는 조직적인 중등교육 체계를 확립하는 데 성공했다. 1902년에는 해당 지역의 교육적 요구를 전적으로 책임지는 지방 교육청을 신설하여 중등교육의 전국적 체계의 기초를 놓았다. 세번째 단계의 학교는 초등학교 졸업 연령을 높임으로써 사라지게 되고, 새로운 교육 당국은 서로 다른 열정으로 첫번째와 두번째 등급의 중등학교를 신설하는 데 골몰했다. 1899년에는 교육위원회Board of Education가 만들어지고, 이 위원회는 1902년 영어, 영문학, 지리, 역사, 외국어, 수학, 과학, 회화, 수공예, 체육, 여학생을 위한 가사 과목에 자격증을 부여하는 4년제 중등교육 과정을 확정했다. 이 시점에서 18세기 비국교도 학교의 교육과정을 돌아보면 이러한 전통의 주요 흐름이 어디에 있는지 알 수 있을 것이다.

한편 19세기에 걸쳐 대학교육은 근본적으로 바뀌었다. 케임브리지에서는 18세기부터, 옥스퍼드에서는 19세기 초반부터 실시한 공식 시험 제도는 교수법에 중대한 영향을 미쳤다. 물론 시험 제도가 교육을 기계적으로 만든다는 저항도 없지 않았다. 동시에 오래된 두 대학의 종교적 폐쇄성, 그에 따라 교과과정을 고전과 수학으로 제한하는 상황 때문에 런던대학의 기초가 놓였고(1828~1836), 더럼에 세워진 새로운 대학(1832)은 비록 교회의 통제하에 있긴 했으나 눈에 띄게 광범위한 교육과정을 채택하게 되었다. 옥스퍼드와 케임브리지의 개혁 운동은 결국 1850년대의 중대한 교칙 변화로 이어졌는데, 그것은 개설되는 과목의 범위를 넓힘과 동시에 '장래의 목사, 유망한 법률가, 그리고 지위와 재산을 가진 젊은이들'보다는 좀더 넓은 사회계층을 대변하려는 이중의 목적을 위한 것이었다. 1870년대와 1880년대에 법률의 변화 및 교수진의 재편과 확대로 인해 이들은 근대적 대학의 지위를 성취하게 되었다. 그러는 동안 유니버시티 칼리지University College들이 생겨나고 맨체스터, 노팅엄, 레딩, 사우샘프턴, 리즈, 리버풀, 셰필드, 버밍엄, 그리고 웨일스의 3개 도시[애버리스트위스, 방고르, 카디프]에 대학이 세워졌다.

19세기의 성취는 분명히 초등, 중등, 대학교육의 중대한 재조직이며 우리는 여전히 그 노선을 따라가고 있다. 이것은 제도의 종류나 교육의 내용과 방식이 근본적으로 변화된 사회에 의한 학습의 재조직이라 할 수 있다. 산업과 민주주의의 성장이 변화의 주요 요소로서, 변화의 관점에서 보면 지배적인 사회적 성격과 성인이 하는 일이 변화한 사회라 할 수 있다. 영국에서는 그 어느 때에도 이러한 요인이 교육의 개념 자체에 이토록 분명한 영향을 미친 적이 없었다. 그러나 그렇기 때문에 교육의 목적에 대한 근본적 논란이야말로 19세기가 이룬 가장 흥미로운 공헌이라 할 수 있다. 이러한 논의에는 만인을 위한 교육이라는 이념과 교양 교육의 정의라는 두 가지 흐름이 각기 존재한다. 우리가 살펴보았듯 전자에 관해서는 격렬한 논의가 있었고, 19세기의 역사는 초창기에는 소수에 불과했던 사람들의 승리를 보여준다. 여기서 주된 요인이 두 가지 드러나는데, 교육을 요구하는 조직된 노동계급의 발흥과, 경제에 대한 확장되고 변화된 요구이다. 실제로 이 두 가지는 장기적 논의과정에서 긴밀하게 얽혀 있고, 개혁가들의 승리는 세 가지 요인에 의한 것이다. 즉 밀, 칼라일, 러스킨, 아널드 같은 사람들에게서 볼 수 있는 민주주의의 성장에 대한 진정한 대응, 1867년의 선거법 개정과 관련하여 1870년의 교육법에 대한 논란에서 분명해진 방어적 대응, 혹은 새로운 '도덕적 구원'에 관한 주장—"미래의 주인은…… 최소한 글자는 알아야 한다"—그리고 1870년에 [윌리엄] 포스터[초등교육법을 입안한 자유당 의원]가 "우리의 산업적 번영은 하루빨리 초등교육을 마련하는 데에 달려 있다"는 주요 주장을 내놓게 만드는 데 결정적이었을 실용적 반응이다. 중등교육의 성장과정에서 이 경제적 주장은 훨씬 더 중요해졌다.

민주주의와 산업에 관한 주장은 둘 다 건전하지만, 후자의 설득력이 더 커서 교육은 미래에 성인이 되었을 때의 일이라는 관점에서 정의되고, 이와 더불어 그에 필요한 사회적 성격—규칙적 습관, '자기절제', 복종, 훈련받은 노력 등—을 가르치는 것이 되었다. 이러한 정의는 양면으로 도전을 받았는데, 하나는 민주주의의 전반적 성장에 좀더 넓은 공감대를 지닌 사람들로부터이고, 다른 하나는 정신적 존재로서의 인간의 건전성과 관련하여 교양 교육에 관해 낡은 관념을 가진 사람들로부터이다. 이 흥미로운 동맹은 대체로 내가 『문화와 사회』에서 추적했던 전통이며, 교육에 대한 논쟁은 늘 이렇듯 지속된 전통의 중심부에서 나왔다. 한편으로는, 민주주의와 노동계급 조직의 발흥에 대해서는 서로 다른 태도를 지닌 사람들이라도, 그들은 모두 인간이 누구나 교육받을 권리가 있고, 그 사회가 좋은 사회인가의 여부는 이러한 원칙을 정부가 스스로의 의무로 받아들이느냐에 달려 있다고 주장했다. 다른 한편으로 민주주의에 철저하게 반대하는 사람들은 인간의 정신적 건강은 전문화된 일을 훈련받는 것 이상의 교육, '교양의' '인문학의' 혹은 '문화적인'이라는 다양한 명칭으로 불리는 교육에 달려 있다고 주장했다. 아직도 끝나지 않은 이 전반적 논쟁이 갖는 엄청난 복잡성은 우리가 첫번째 집단으로 분류한 공교육론자들이 종종 서민들을 노동자와 시민으로 훈련시키고 규율을 잡는다는 관점에서 교육을 장려하는 권력 집단과 연합한다는 사실에서도 볼 수 있다. 반면 '교양 교육'의 옹호자들은 종종 전자의 경우 교양 교육이 '대중'의 수준까지 확장됨으로써 천박해질 것이라며 반대하고, 후자의 경우 전문화된 기술 훈련으로 전환함에 따라 교양 교육이 파괴될 것이라며 반대한다. 그러나 공교육론자들은 교육 전체가 전前산업 단계의 교습 체계로 좁혀지는 것을 막기 위해서 어쩔 수 없이 낡은 '교양' 교육의 옹호자들이 주장하는 바를 취하기도 한다. 이 세 집단—공교육론자, 산업 훈련가, 낡은 인문주의자—은 우리 시대에도 여전히 서로 구분되며, 이제 우리는 그들이 20세기의 발전에 각기 어떤 영향을 미쳤는가를 살펴볼 것이다. 일반적으로 19세기에 만들어진 교과과정은 산업 훈련가가 조금 우세한 가운데 이 세 집단 사이의 타협이라고 볼 수 있다. 중요한 경우는 과학 교육과 기술 교육을 둘러싼 오랜 논란이다. 17세기에서 19세기 말까지 과학적 발견의 범위를 보면, 생산과 커뮤니케이션 기술의 변화 못지않게 인간이 자신과 세계를 보는 관점을 변화시켰다는 점이 중요하다. 그러나 이런 새로운 지식에 대한 결정적인 교육적 해석은 그것이 교양 교육에 기여한 바의 관점이 아니라 특정한 계층의 사람들에게 기술 훈련을 시키는 관점에서 이루어졌다. 낡은 인문주의자들은 전통적 학문과 새로운 분야들 사이의 근본적 구분을 주장함으로써 문제에 혼란을 더했고, 이러한 사고에서 모든 진정한 학문이란 실질적 이득을 생각지 않고 이루어지는 것이라는 어처구니없는 방어 반응이 나왔다. 사실 교육의 역사가 보여주듯 고전 언어학의 분야는 일차적으로 직업적인 것이었으나 그 특별한 직업이 별개의 전통적 권위를 가지게 되고, 그 권위는 이제 인간에게 마찬가지로 유용한 다른 직업에는 거부되었다. 그리하여 전체적 교과과정을 확대하는 새로운 학문에 비해 등한시되었고, 결국에는 그것이 순전히 기술적인 것이라는 근거에서만 마지못해 수용된 것이다. 결국 산업 훈련가의 압력이 득세했으나, 1889년의 기술교습법Technical Instruction Act 이전에는 전반적으로 그리 적절하게 이루어지진 못했다. 여기서 의미심장한 것은 '교육education'이 아니라 '교습instruction'이다. 이 역사는 일반 교육뿐 아니라 새로운 직업 훈련에도 해를 끼쳤지만, [토머스] 헉슬리 같은 예외적인 사람만이 그 당시 이러한 점을 간파하고 이에 따라 유일하게 적절한 방식으로 그 논의를 펼칠 수 있었다. 그 내용은 과학이 일반 교양 교육과 교양의 일부가 되어야 한다는 것, 좀 더 단서를 붙이자면 의사, 법률가, 교사, 예술가, 성직자를 키우는 전문적 훈련과 같은 원칙에서 모든 과학기술 분야에서도 특정한 전문 훈련의 적절한 시스템이 마련되어야 한다는 것이었다. 우리는 낡은 인문주의자들이 무기력하고 바보스러웠고 여전히 그러하다 할지라도, 산업 훈련가들이 이겼다는 사실에서 온전히 만족하지도 못한다. 헉슬리는 완전한 의미에서 공교육론자였고, 바로 이러한 전통에서 그 문제를 해결할 수 있었을 것이다.

19세기의 다른 교육사상과 마찬가지로 여기도 계급적 사고의 그림자가 드리워져 있다. 상업과 산업을 계속해서 낮은 사회계급으로 강등시키고, 성공한 사업가들이 자기 아들들은 이제 대체로 쓸모없어진 젠트리 계급으로 이동했으면 하고 바라는 상황은 영국의 교육과 영국인의 삶에 모두 아주 해로운 것이었다. 종교개혁에서처럼 제도가 근본적으로 재구성되는 시기는 대체로 그 시대의 최상의 학문에 의거하지 않았고, 교육의 목적과 동시대 교양 문화의 내용을 성공적으로 재정의하지 않은 채 수행되었다. 기술학원Mechanical Institute에서 시작된 기술 교습은 성공적 재정의로 이어질 수 있었으나, 사회 전체적으로는 새로운 과학이 기본 요소였고 교습은 특정한 계급의 훈련이 되었다. 다시 말해 사회의 경제가 변화하고 그 압력하에서 제도를 바꾸었지만, 권력의 중앙부에서는 사고방식을 바꾸지 않았다는 뜻이다. 과학과 기술 교습의 분리는 새로운 노동계급이 대체로 받아들이기 힘든 것이었는데, 왜냐하면 이 계급은 기술과 그들의 전반적인 삶 사이의 상호작용에서만 새로운 의식을 획득해나갔기 때문이다. 그들의 삶의 방향과 질을 논의한다는 넓은 의미의 정치는 19세기 교육 전체에서 대체로 그러했듯 기술 교육기관에서도 배제된 상태였다. 매우 서서히, 그리고 성인 교육의 영역에서만, 노동계급은 오래된 지적 전통과 영국 교육사에서 중요한 비국교도적 요소에 의지하여 근대의 교육 논의에 기여하게 되었다. 이 기여—학생의 과목 선택, 실제의 삶과 교과목의 연계, 전문 교습과 일반적 토론의 동등성—는 매우 중요한 것이었으나, 전반적 교육의 조직에서는 그다지 영향을 미치지 못했다. 개별 공교육론자들처럼 그들의 시절은 아직 오지 않았던 것이다.

IV

19세기에서 계승된 틀은 20세기에 들어와 엄청나게 확장되고 개선되었다. 초등elementary교육은 11세에서 끝나는 기초primary교육으로 재정의되었고, 1944년부터는 이 개념 정의에 따라 모든 사람에게 중등secondary교육을 제공하는 것이 가능해졌다. 1등급과 2등급이 혼합된 중등학교 체제가 확대되어 나타났고, 상당수의 미성년자가 초등학교에서 중등학교 체제로 옮겨갈 수 있었으며,

그보다 더 적은 미성년자들이 고등교육을 받을 수 있는 체제는 완전하게는 아니더라도 최소한 효율적으로 마련되었다. 이제는 미성년자들이 소수 정예 시스템과 제한되게나마 연관된 세번째 단계의 중등학교[대학입시를 준비하는 16~18세를 위한 학교] 대다수가 만들어지는 중이며, 그 질은 다소 들쭉날쭉하다. 초등교육에서 교과과정이 눈에 띄게 확대된 것은 아마도 20세기의 주요 업적일 것이다. 바로 여기서 공교육론자들의 주장이 효력을 발휘한다. 대학들은 불균등하게, 때때로 정확한 개념 규정도 없기는 했으나 교과과정을 매우 중대한 방식으로 확장했다. 그러나 본질적인 논의는 '문법'학교이든 '근대'학교이든 바로 중등교육의 수준에서 교과과정과 학제 조직 간의 밀접한 연관성을 드러내는 방식으로 이루어졌다.

이론적으로는 공교육론자들의 원칙이 받아들여졌다. 즉 사회의 모든 구성원은 교육받을 권리가 있으며 모든 훌륭한 사회는 이 원칙을 의무로 받아들이는 정부에 달려 있다는 것이다. 그러나 실제로 이 시스템은 몇몇 예에서 볼 수 있듯 여전히 다른 원칙들에 의해 심대한 영향을 받고 있다. 대학입시 준비학교와 사립학교에서 사교육 네트워크가 여전히 존속한다는 사실은 사회적으로 바람직할 수도 있고 아닐 수도 있지만, 어쨌거나 그것은 특수한 사회집단이 적절하다고 받아들이는 교육과 그에 필요한 투자의 수준을 보여준다. 예를 들어 공교육에는 처음부터 대규모 학급 문제가 따라붙어왔다. 랭커스터에서는 한 선생에게 1000명의 학생이 있었으며, 도시 지역의 기숙학교에서는 60~80명, 오늘날에도 보통은 40~50명 수준이다. 사적 네트워크에서는 훨씬 더 적은 규모의 학급이 가능하고, 그것을 확보하기 위해 필요한 투자는 국가 체제의 공적 의무에 대한 해석과는 완전히 별개로 사적인 의무라고 여겨진다. 이와 비슷하게 같은 사회집단에 의해서 모든 구성원에게 필요한 최소한의 교육 수준에는 보통 그 이상의 전문적 훈련이 따르기 마련이다. 반면에 다른 사회집단 구성원을 위한 공교육의 정의는 옛날 3학년 정도와 비슷한 수준의 최소한만 남아 있는 상태이다. 그러니까 제한된 사회집단을 위한 최소한의 수준은 사회 전체적으로 보면 소수에게만 가능한 과목들을 포함하도록 설정되어 있다는 말이다. 이 제한된 사회집단이 그 구성원들에게 적합한 교육을 제공할 권리가 없다고 주장하기란 쉽지 않은 노릇이지만, 이것을 전반적인 교육 공급과 대조해보면 낯익은 계급적 사고가 여전히 남아 있음이 드러나며, 이러한 계급적 사고는 공식적으로 받아들인 공공의 의무를 실질적으로 수행하는 일을 제한해왔다. 이러한 점은 현재 우리의 교육제도를 분석할 때 지성의 수준이라는 관점에서 내놓은 주장에 밀려 전반적으로 무시되었으며, 측정된 지성의 수준이 매우 다양하므로 우리에게는 '대중'의 교육이라는 전혀 새로운 문제가 대두되었다는 식으로 주장되기도 한다. 문제가 있는 것은 사실이다. 그러나 사실 이렇듯 제한된 사회계층에 대한 교육 역시 그 역사를 통틀어서 똑같은 정신적 다양함이라는 문제를 다루어야 했다. 그리고 실제로 교육 조직을 지배해왔던 것은 특수한 정신적 척도에 적합하다고 생각되는 수준이라기보다는 이 계급 구성원들에게 필요한 교육의 수준이었다. 문제를 이렇게 놓고 볼 때 한 아이가 이러한 부류의 어른이 될 것이므로 주어진 정도의 교육을 받아야 한다고 주장한다면, 우리는 그 패턴을 좀더 뚜렷하게 볼 수 있다.

학습 능력의 차이는 분명 존재한다. 그러나 이것을 따로 떼어 절대적 범주로 만드는 것은 매우 위험하다. 한 아이를 그의 학습 능력에 적합한 방식으로 가르쳐야 한다는 말은 맞지만, 그 자체는 아이의 개인적 성격 발달의 문제뿐 아니라 아이의 사회적 환경과 거기에서 받는 자극의 문제까지 포함하는 아이의 발달 전체에 달려 있기 때문에, 지적 능력에 따라 너무 일찍 등급별로 구분하는 것은 교육적으로 바람직하지 않은 상황을 만들어내는 결과를 가져오기도 한다. 자극이 지적 성취에 미치는 영향에 대해서는 현재의 맥락에서 [필립] 버넌 교수가 흥미롭게 설명하고 있다.

> 11세가 되면 영국에서는 환경적 자극 면에서 더욱 크게 분리된다. 아이들은 이제 복잡한 개념과 사고의 양식을 습득할 나이에 이르며, 문법학교, 근대학교, 혹은 다른 종류의 학교가 제공하는 서로 다른 교육이 아이들 가정의 서로 다른 지적 수준과 함께 그들의 성장에 영향을 미친다. 15세가 되면 대다수의 아이들은 학교를 떠나 '두뇌'는 거의 사용할 일이 없는 직장으로 들어가게 되고, 그들의 여가생활은 대부분 지적 자극이 없는 것들로 채워진다. 그러나 특혜받은 소수는 17~18세, 21세, 혹은 그 이후까지도 지적 자극을 계속 받고, 그들의 정신을 사용할 수 있는 직장에 들어가게 되며, 교양 있는 여가생활을 하게 된다. 여기서 뚜렷하게 증명되었듯, 10대 시절의 교육이 실제로 성인기의 지적 수준에 영향을 준다는 것을 예상할 수 있다. 중등교육과 대학교육을 완전히 마친 성인은 15세 무렵에 그와 비슷한 지능을 가졌으나 그 이후에 교육을 받지 않은 사람에 비해 IQ가 평균 12점 정도 높다.

이것이 바로 교육의 등급 제도를 승인하는 지능 측정법을 자신만만하게 활용하는 이면에 놓인 현실이다. 기계적 유물론에 입각하여 지성을 고정된 자질로 받아들이는 것은 성장의 현실이나 지성 자체를 부정하는 것이며, 결국에는 특정한 사회체제의 모델을 선호하는 것이다. 그렇지 않고서야 어떻게 현대의 영국 교육에 확립된 그 이상한 원칙들을 설명할 수 있단 말인가. 가장 느리게 배우는 사람의 교육 기간이 제일 짧고, 빨리 배우는 사람은 그 과정을 남들보다 7년 정도나 더 길게 늘일 수도 있다는 것을 말이다. 이것이야말로 진정한 사회적 평등과는 거리가 먼 '기회의 평등'의 실체다. 진실은, 특정한 계층의 아이들은 측정된 지적 수준과 상관없이 완전하지는 않더라도 필수적 지성의 개념을 가지고 있지만, 이 계층 이외의 대다수 사람은 그러한 개념은커녕 그보다 낮은 수준의 개념도 가지고 있지 않다는 것이다. 이 사실은 그 자체로서 다른 사회적 과정과 더불어 타고난 불평등을 지속적으로 확대해 나간다. 왜냐하면 지성은 특정한 직능 집단에 소속된 것과 절대적 상관관계가 없기 때문이다. 집단에 속한 아이들의 평균 IQ는 다를지 몰라도, 집단 내 차이는 집단 간 차이보다 훨씬 더 심하다. 그리고 더 장기간의 교육이 소수에게만 가능하고, 좀더 좋은 교육환경이 그전에 있었던 실질적 기회의 불평등이 초래한 사회적 불평등에 의해 영속화된다면, 타고난 불평등은 더욱 확대되고 직접적인 사회적 의미를 갖게 될 것이다. 이 논의의 한 지점에서 "이상적인 이야기는 그만하고, 대중을 교육하는 실제 현실을 생각해보라"고 말한다면, 인내심을 발휘하기가 힘들어진다. 우리는 모든 아이가 실질적으로 학습 능력이 서로 다르다는 현실에 늘 직면하지만, 우리가 이 문제를 다루는 방식은 결국 그 차이를 확대하고 마치 자연적 질서인 것처럼 만드는 방식이라는 엄연한 사실도 직시해야 한다. 우리가 이러한 방식을 바꾸려면 의식적이든 무의식적이든 계급적 사고를 제거해야 하고, 모든 사람들이 가능한 한 오래도록 일상생활에서 학습과정을 지속하는 방식의 교육 조직을 생각해야 한다. 계급사회에서 자연스러운 현상인 줄 세우고 등급을 매기는 과정 대신, 우리는 인간의 학습을 진정으로 개방적인 방식으로, 우리가 가진 가장 소중한 실질적인 자원으로서, 그리고 그것을 확장하기 위해 특별한 주장을 만들어내기보다는 오히려 그것을 제한하려면 특별한 주장을 해야 하는 것으로서 생각해야 한다. 이러한 단계에 도달하려면 우리는 아마도 진정으로 개방적인 문화에 대해 생각할 수 있어야 할 것이다.

19세기에 등급화된 중등교육의 개념은 주로 기존의 계급구조가 재생산되어야 한다는 가정에 굳게 기초하고 있었다. 결과적으로 목적으로 삼는 교육의 기준은 계급적 기준, 즉 신사에게 필요한 것, 전문직 종사자에게 필요한 것, 혹은 소규모 자영업자에게 필요한 것 등이었다. 지금은 기술자나 직공에게 필요한 것을 덧붙이긴 했지만, 여전히 내가 확립하려고 하는 기준에는 한참 미치지 못한 상태다. 그 원칙이란 교육받고 참여하는, 민주사회의 구성원에게 필요한 것이라는 기준이다. 이러한 원칙으로 나아가는 것은 한 가지 현실적 변화와 개혁 때문에 혼선을 빚게 되었다. 우리는 사회적 서비스가 확장된 결과로 발달한 전문 직업(가르치는 일을 포함한), 대규모의 민주적 혹은 상업적 조직이 성장하면서 발달한 행정 부문, 고도화된 생산기술의 결과로 발달한 산업 부문이 전통적 젠트리 계급이나 예전의 부르주아와는 전혀 다른, 새롭게 확장된 계급을 만들어낸 상황을 알고 있다. 어떤 면에서 이 새로운 계급은 자산이나 교역이 아니라 자신의 고용 노동에 의해 산다는 점에서 과거의 노동계급과 공통점이 더 많다. 동시에 그들의 노동은 특수한 훈련이 필요한 숙련된 노동이다. 사실 노동계급도 점점 더 그렇게 되긴 하지만, 새로운 계급의 준비과정 훈련은 교육제도 안에서 이루어지는 반면, 노동계급은 대체로 여전히 '직무상'에서 훈련을 받는다. 이런 새로운 계급을 훈련시키기 위해서 과거의 신사 교육제도는 공무원 양성 교육으로 대체되었고, 바로 이렇게 연결되어 개혁된 사립학교에서 처음으로, 그리고 나중에는 이를 본받은 중등학교 체제에서 '서비스'의 이념이 그토록 강조되었던 것이다. 사실 오늘날까지도 매 단계에서 새로운 계급을 위해 제공되는 교육은 실제적 요구를 따라가지 못하고 있다. 그 이유는 우선 전통적 교육 이념의 영향 때문이며, 이러한 요구들이 전통적 계급 체계에 어떤 영향을 줄 것인지 직시하기를 꺼려하기 때문이기도 하다. 19세기 후반이 되면 기존의 상류, 중산 계급은 그들 자신의 힘으로는 확대되는 수요를 감당할 수 없었고, 중등교육의 국가적 조직은 사실 이렇듯 변화된 상황에 대한 현실을 뒤늦게 인식한 결과였다. 물론 새로 충원되는 인원은 대다수가 여전히 기존의 상류층이나 중산층에서 나왔지만, 나머지 자리를 채울 수 있도록 하층 중산층과 노동계급의 자제들에게도 시설을 제공했던 것이다. 이러한 정책은 기존 시스템을 가장 실질적으로 비판한 것이라고 느끼게 할 만큼 호소력을 지녔다. 즉 뛰어난 능력을 가진 가난한 집 자제가 '기회'를 얻지 못할 수도 있거나 재능을 낭비해버릴 수도 있다는 것 말이다. 그러한 기회의 꾸준한 확대는 늘 뒤늦긴 하지만 계속해서 확장되는 새로운 계급과 보조를 맞추기 위한 끈기 있는 시도였다. 그 결과, 중등교육의 주요 원칙은 이렇듯 숙련된 서비스의 기준을 공급하는 것이 되었다. 그 기준의 정의는 자연스럽게 사회적 출신보다는 지적 능력을 측정하여 선택하는 원칙으로 이어지게 되었다. 이제 확대되는 전문직, 행정직, 산업 인력을 공급하는 것은 한 계급의 지속적 교육이라기보다는(물론 사적 네트워크에서는 이 점을 여전히 강조하지만), 주어진 분량의 원재료들을 등급화하고 가공하는 문제였다.

이러한 훈련 자체는 본질적인 것이지만, 중등교육과 이 중등교육으로 들어가는 선발과정이 그렇듯 편협한 관점에서 구성되었다는 사실은 교육의 이론이나 실제에서 매우 해로운 영향을 미쳤다. 현대의 문화를 재해석하고 우리 사회 전체를 위한 일반적 교육을 규정하는 대신 교육제도 조직이나 교육자들의 사고방식이 강조했던 것은 바로 줄 세우고 등급을 매기는 과정이었다. 중등 교과과정에 일어났던 이러한 변화와 확장은 대체로 새로운 계급이 하는 일의 성격 변화에 의해 규정되어왔다. 이와 연관된 '사회적 성격'—신뢰성, 주어진 틀 안에서 책임을 지려는 태도, 리더십의 개념(실제로는 상류층, 혹은 중산층에게 적합한 개념으로서, 그 '지도자'가 소속된 제도에 절대적 충성을 강조하면서 그 틀 안에서 국지적 통제력과 선도력을 지니는 것을 말한다)—은 개혁된 사립학교에서 실천되었고, 전국적 시스템에서 널리 그리고 성공적으로 모방되었다.

모든 사람에게 중등교육을 실시하자는 원칙으로 이어지는 공교육의 대안적 전통은 상대적으로 취약한 상태였다. 톤턴 위원회[1864~68년 학교심의위원회]가 추천하는 등급제의 단순한 사고방식과 해도[1926년], 스펜스[1938년], 노우드[1943년]의 보고서들, 그리고 1944년 교육법의 실제적 효과를 비교해보면, 경제 변화에도 불구하고 출생의 등급이 직업까지 이어지는 엄격한 계급사회에서 이끌어낸 사고의 패턴이 변화한 사회에 맞추어 새로운 등급제로 계속 이어지고 있음을 알 수 있다. 반면 공교육의 원칙은 사회적 변화의 노선들을 좀더 넓게 해석한 데에 기초하고 있다. 그것은 직업의 변화가 매우 중요하다는 것을 인정하지만, 우리의 전반적 발전의 한 측면일 뿐이라는 것도 강조한다. 1920년대에 와서야 겨우 마무리되었던 느린 과정을 통해 영국은 보통선거권에 기초한 민주주의 체제를 갖추게 되었는데, 중요한 사회 정책을 결정하는 책임이 국민 전체로 옮겨간 이 사실이야말로 교육에서 중심적이고 불가피한 중요성을 지니는 사안이 되었다. 또한 문화적 커뮤니케이션 체계—전국적 언론의 발달에서 영화, 라디오, 텔레비전에 이르기까지—는 국민 문화의 질을 국민 전체에게 맡기게 되었다. 왜냐하면 광범위한 분야에서 설정된 기준이 가장 끈질기게 유지되는 소수 문화의 기준에까지 영향을 준다는 것이 점점 분명해졌기 때문이다. 더욱이 직업의 변화가 폭넓게 진행되고, 앞으로도 점점 더 빠른 속도로 그렇게 될 전망이기 때문에 새로운 숙련 계층에 대한 선택적 교육은 더이상 소수를 다루는 문제가 아니라 모든 일에 대비하는 문제가 되어버렸다.

공교육 전통의 논자들은 주로 진정한 의미의 중등 정도에 해당하는 공통의 중등교육을 모든 사람에게 제공하도록 중등교육을 조직하는 일에 관심을 기울여왔다. 이를 위한 상세한 제안들은 흥미롭고, 수많은 성공적 실험이 이루어지기도 했다. 그러나 그러한 프로그램에서 핵심 문제는 교과과정과 교수법이고, 현재 문법학교의 교과과정이나 현대학교[1944년 교육법에 의해 만들어져 1970년대까지 운영된 중등학교 시스템]에서 그것을 부분적으로 모방하고 국지적으로 확대한 교과과정을 보면, 그러한 교과과정을 좀더 널리 확산하는 것만이 해결책은 아님을 알 수 있다. 우리가 과거에 거듭 봐왔듯 교육의 교과과정이란 선택되어 계승된 이해관계와 새로운 이해관계의 강조 사이의 타협을 나타낸다. 이러한 타협은 역사의 서로 다른 지점에서 오래도록 지연되기도 하고, 종종 엉망진창이 되기도 한다. 현재 우리 교과과정은 본질적으로 19세기에 만들어졌고, 심지어 일부는 18세기 모델을 따르고 있으며, 그 중심에는 중세 교과과정의 요소를 유지하고 있다. 그에 포함된 모든 항목에 대해 변론할 수 있으나, 거기에 무엇이 빠져 있는가를 생각하면 참으로 놀랍다. 모든 어린이가 분명 도달할 수 있는 정도의 가장 기초적인 형태의 사회 연구가 실제로는 다 생략되어 있다. 그러나 의회와 지방정부, 법과 행정, 산업의 구성, 현대 사회집단의 특성과 진화, 현대사회를 연구하고 그에 영향을 주는 기술의 모든 작용이 가령 현재 전통적 중요성을 부여받고 있는 남아메리카의 지리적 특성을 자세히 설명하는 것보다 덜 중요하다고 주장하기는 어려울 것이다. 특별한 학교를 제외하고 전반적으로 사회 연구의 교육이 이루어진다면, 그것은 마치 19세기에 현대어와 과학이 그러했듯 '직업'에서 벗어나는 일이 될 것이다. 그리고 사회 연구를 가르치는 것은 간단한 묘사에서 흔히 '공민학'이라 불리는 대수롭지 않은 훈계조의 과정—'도덕적 구원'의 진정한 후예—에 이르기까지 그 질이 매우 다양하다. 비슷하게 예술 분야에서도 문학 이외에 그림을 그리거나 연주를 하는 것 말고는 거의 가르치지 않고, 음악이나 시각예술 형식들의 역사와 비평이라든가 영화, TV 드라마, 재즈 등 모든 아이들에게 익숙한 형식들에 대한 비평은 거의 시도하지 않는다는 것은 문화적 전통과 문제들에 대한 우리의 대응이 아주 미미한 수준임을 보여준다. 영문학에서도 수많은 훌륭한 교사들이 노력하지만 아이들은 대부분 문법학교를 졸업하고도 성인이 되어 실제로 읽게 되는 것의 상당 부분을 차지할 신문이나 잡지, 선전, 광고 등을 비판적으로 읽는 법을 연습한 적이 없다. 한편 과학 분야에서는 과학적 발견과 그 사회적 영향력에 관련된 방대하고도 흥미로운 '역사'가 적절한 주목을 받지 못하고 있다.

그러나 이는 단지 과목만의 문제가 아니다. 특히 문법학교의 교수법은 여전히 전통적 패턴의 사고에 의해 규정되고 있으며, 그중 어떤 것은 사실 별 쓸모없는 것이기도 하다. 아직도 현대어는 사어死語를 가르치기 위해 개발된 교수법으로 교육되고 있으며, 이 국제적 커뮤니케이션의 시대에 도버에 사는 영국 아동들에게 영국인이 프랑스식 패러다임을 가르치고, 불로뉴에 사는 프랑스 아동들에게 프랑스 선생이 영국식 패러다임을 가르치는 것이 눈에 띈다. 다른 과목에서도 토론을 시험으로 대체하여 조직화의 효과를 가져오긴 했으나, 지식의 사용과 일상의 공적 논의에서 사용하는 기술을 습득하는 능력은 적어도 전래의 제도가 의도하는 바였지만(그리고 모든 효율적인 민주적 삶에 직접 관련되는 것이기도 하다), 새로운 조직은 이러한 면을 아예 배제하지는 않았을지라도 최소한 줄어들게 만들기는 했다. 근대의 교육제도에서 최악의 상태에 도달한 기억력 테스트를 위한 교습은 우리의 실질적 필요와는 별 관련이 없다. 우리에게 필요한 것은 가능한 행동의 경로들 사이에서 책임 있는 선택을 하기 위한 방식으로서 지식을 선택하고 사용하도록 훈련하는 것이다. 현존하는 교과과정에 대한 비판에 반대하는 가장 흔한 이유는 그 교과과정이 이미 차고 넘친다는 것이다. 사실 이것은 19세기에 역사와 과학을 가르쳐야 한다는 주장에 대해 제기된 반론이기도 했으며, 당장 현실적 관점에서 보면 이러한 반론은 늘 일리가 있다. 그러나 바로 이 지점에서 미래의 직업에 맞춰 세심하게 수료 연령을 명시한 등급화의 모델이 심각한 한계가 있음을 알 수 있을 것이다. 기존 시스템으로는 현재 작동하는 민주주의와 대중문화 속에서 각 분야들에 대한 적절한 교육을 제공하는 데 실패하고 있으며, 단지 다양한 등급의 직업을 준비하는 교육을 유지하는 데에만 최선을 다할 뿐이라면, 그 자체가 하나의 선택이자 의도적으로 표현한 가치관이며, 이는 도전받고 변화하게 될 수밖에 없다. 우리는 기존 노선을 개선하기 위해 앞으로 어떻게 할 것인지 예측할 수 있다. 즉 교사들을 훈련시키고 좀더 적절한 학교 건물을 제공하기 위해 재원을 마련하며, 학급의 규모를 줄이고, 학교를 마치는 연령을 16세로 올리는 것 말이다. 이는 실질적인 일일 뿐 아니라 반드시 필요한 개혁들이다. 그러나 우리가 이를 다 이루었을 때 과연 모든 사람에게 훨씬 더 적절한 교육을 제공할 위치에 놓이는가에 관해서는 의문의 여지가 있다. 실제로 우리는 일정한 직업의 등급에 따라 필요한 일반 교양의 수준에 대해 생각하는데, 어떤 사람들은 모든 아동이 최대한 기회를 부여받고 들어갈 계급을 '선택'할 수 있기 때문에 이를 계급 없는 교육이라 해석하기도 한다. 그러나 이러한 선택, 이러한 기회란 특정한 아동의 학습 능력이 특정한 교과들과 일치해야 가능하며, 더욱이 우리가 사는 사회에서 교육 시스템이 대다수 사람을 참여 민주주의와 대중의 지지에 기초한 예술에 필요한 일반적 지식과 교양의 수준에 미치지 못하게 내버려둔다면, 이는 결코 적절한 체제라 말할 수 없다. 대다수 사람에게 교육은 이제 15세 정도에 끝나는데, 그 나이는 그때까지의 교육이 설사 매우 만족스러웠다 할지라도, 분명 좋은 교육이 기여할 만한 수많은 성인의 과정과 선택에 별로 영향을 미칠 수 없는 나이이다. 중간 정도의 학습 능력을 가진 아동이 주어진 시간에 현대 일반 교육의 핵심 내용을 습득할 수 없다면, 이에 대한 유일한 대답은 본질적 내용 중 일부를 할 수 없다면서 포기해버리는 것이 아니라 좀더 많은 시간을 주는 것이다. 우리는(19세기 사람들은 어렵다고 생각했지만 우리는 모두 일정 수준에 도달하는 것을 받아들이고 있다) 물려받은 모델에 의해서가 아니라 필요에 의해서 교육을 좀더 확대하는 일을 생각해봐야 할 것이다.

본질적 내용이란 무엇인가? 이에 관해서는 분명한 합의가 없다. 왜냐하면 우리는 교육의 조직화에 골몰하거나 19세기적 규정을 고치느라 대체로 이러한 방향으로 생각해보지 않았기 때문이다. 토론의 기초로서 나는 교육을 받는 모든 정상적 아동의 최소한의 목표를 다음과 같이 제시하고자 한다.

(a) 영어와 수학의 기본 언어에 대한 광범위한 연습
(b) 우리와 환경에 대한 일반적 지식. 이는 별개의 과목으로 중등 단계에서 가르치는 것이 아니라 고등 단계에서 분명하게 드러나는 분야에서 이끌어온 일반적 지식으로서 가르쳐야 한다. 그 분야는 다음과 같다.
  (i) 생물학, 심리학
  (ii) 사회사, 법과 정치 제도, 사회학, 경제학, 실제 산업과 교역을 포함한 지리학
  (iii) 물리학과 화학
(c) 역사, 문학, 시각예술, 음악, 연극, 조경과 건축에 대한 비평
(d) 회의와 협상, 민주적 조직에서 리더를 선출하고 운용하는 일을 포함한 민주적 과정에 대한 폭넓은 실습. 도서관, 신문, 잡지, 라디오, 텔레비전 프로그램 및 다른 정보, 의견, 영향력의 원천을 이용하는 방법에 대한 폭넓은 실습

(e) 부분적으로는 방문과 교환 프로그램을 통해 주어지는 언어와 역사, 지리, 제도와 예술을 포함하여 최소한 한 가지 다른 문화에 대한 입문

이러한 개념 정의에 따라 우리는 제도를 수정할 수 있다. 아마도 우리는 현재와 같은 학교에 16세 이상의 학생들을 붙들어놓지 않을 수도 있다. 그 나이가 되면 인간적 성장은 새로운 단계로 들어서게 된다. 교과과정에서 가장 흥미로운 작업은 대부분 이 나이 이후에 이루어질 것이며, 현행보다 훨씬 다양한 제도하에서, 그리고 많은 경우 교양 교육을 계속하면서 이와 더불어 특정한 직업 교육을 시작하는 것으로 이루어질 것이다. 가능한 기관으로는 각 카운티의 전문학교, 기술 전문학교, 야간 교육기관, 지역의 4년제 대학과 연계된 주니어 칼리지, '샌드위치' 코스[일정 기간의 현장 실습이 끼어 있는 과정], 도제 대학, 연수 휴가 교육기관, 해외 학교, 벤처학교 등이 있다. 그 기준은 모든 사람이 일정한 형태의 평생교육을 받을 수 있어야 하고, 모든 직장에서 이러한 제도를 제공하는 조건이어야 한다는 것이다. 직업의 성격이 변화하면서 '노동시장'이라는 곳으로 사람들을 서둘러 내보낼 필요가 줄어들었으며, 교육기관이 청소년이나 청년에게 받아들일 만한 곳이라면, 그리고 자신이 다니는 교육기관의 운영에 직접 참여함으로써 그들이 민주주의에 대한 훈련을 하게 된다면, 우리는 교육이란 아동에게 주로 필요한 것이며 미래 성인으로서의 삶에는 별 소용이 없다고 생각하던 대다수의 사람들에게 교육에 대한 저항을 크게 줄일 수 있을 것이다. 이 성장 단계에서 '정신 유형'을 두세 가지로 조야하게 나누어버려서 결과적으로 하나의 커다란 유형이 스스로 알아서 하게 만드는 것보다는 다양한 기관들이 훨씬 더 다양한 능력과 관심사라는 문제에 잘 대처할 수 있을 것이다. 우리 문화에는 16~25세를 나머지 연령대와 구분되는 그룹이라고 여기는

뚜렷한 경향이 있다. 그들은 나름의 기준을 만들고 아동이기도 거부하는 동시에 성숙한 어른이기도 거부한다. 여기에 교육의 도전과 기회가 있으며, 우리는 중등교육을 이러한 단계에 대한 준비과정으로 봄으로써 도전과 기회를 잡을 수 있다. 그렇게 되면 우리는 다른 사람들의 패턴을 그대로 따라 하는 것이 아니라, 우리 사회 나름의 모양새를 표현할 수 있을 것이다.

우리가 교육에 바탕을 둔 참여민주주의, 적절한 커뮤니케이션을 동반한 산업과 서비스의 미덕을 설파하기만 하고 기존 교육제도를 그대로 놓아둔 채 이러한 일들을 성취할 수 있다고 생각한다면 그것은 유토피아적 생각이다. 앞에서 내가 제안한 내용들이 유토피아적이라고 생각될지도 모르지만, 사실은 그 반대다. 그것은 우리 사회의 진정한 본성을 파악하느냐, 아니면 도전받지도 않고 변화하지도 않을 힘들에 의해 고착된 소수의 지배계급과 중간의 전문가계급, 그리고 다수의 노동계급에 기초한 사회적·교육적 패턴을 계속 유지할 것이냐의 문제다. 세습되는 형태의 특권과 장벽은 어떤 식으로든 사라질 것이다. 문제는 그것을 시장의 자유로운 활동으로 대체할 것이냐, 아니면 교육받은 민주주의와 공통의 문화 가치를 표현하고 창조할 수 있도록 고안된 공교육으로 대체할 것이냐 하는 것이다.

2 독서 대중의 성장

영국에서 독서 대중이 언제부터 생겨났는가에 대해 역사가들은 그 용어를 어떻게 해석하느냐에 따라 몇 가지 다른 시기들을 선택한다. 대다수 사람이 신문을 정기적으로 읽게 된 것은 20세기 들어서였고, 우리 세대가 되어서야 비로소 가까스로 다수라 할 수 있는 사람들이 정기적으로 책을 읽게 되었다. 그러나 19세기에 독서 시장에는 중요한, 때로는 광범위한 확장이 있었고, 18세기에는 또 정규 저널리즘을 만들어내고 문학의 사회적 기초를 바꾸어 놓은 중대한 확장이 있었다. 이 세기를 지나 거슬러올라가면 17세기에는 비록 불균등하지만 실질적인 성장을 볼 수 있고, 그러다보면 어느새 1470년대 인쇄술이 도입되던 시기까지 발전과정을 거슬러올라가게 된다. 그러나 사실 최소한의 조건만 갖춘 다수 다량의 책이 정규적으로 생산되는 시기를 찾는다면 영국의 경우 적어도 18세기는 되어야 할 것이다. 로마에서는 여러 명에게 구술하는 체제를 통해 대량생산을 조직하는 것이 관례였으며, 이러한 방식으로 작품이 전달되면 하루 안에 500부에서 1000부 사이의 책이 완성될 수 있었다고 주장하기도 한다. 비슷한 출판 방법이 수도원의 필사실筆寫室에서도 분명 채택되었을 것이며, 알퀸의 시대부터 요크에서 이렇게 책을 만들었다는 기록도 있다. 현대의 기준으로 보면 매우 느린 것이었지만(동원할 수 있는 수천 명의 노예에 의존해서 하루 만에 책을 낸다는 것은 사실이라고 해도 예외적인 경우였을 것이다), 이렇게 해서 통용되던 책의 수는 자칫 과소평가하기 쉽다. 필사본의 대다수는 물론 직접적인 전문적 필요에 의해 이루어진 것이지만, 책들이 수도원 밖으로, 나중에는 수도원과 함께 책을 만들었던 대학 외부로 팔려나갔다는 증거도 있다. 물론 인쇄술 도입 이전인 14~15세기에는 필사본이 시장의 상인이나 행상, 런던에서는 상점 점원, 주로 식품점이나 포목점에서 팔렸다. 대체로 성직자, 학자, 학생, 의사, 법률가 등 전문직으로 구성된 독서 대중이 중세에 걸쳐 꾸준히 증가했으며, 후에는 소수이기는 하나 중요한 일반 독자들이 추가되었다고 결론짓는 것이 온당할 듯하다. 흥미로운 일은 [윌리엄] 캑스턴이 인쇄를 시작했을 때, 가장 두드러진 출판물은 문학 일반, 그것도 자국어로 된 문학이었는데, 이는 미래의 주된 경향을 예견하는 것인 동시에 후기 필사본의 시기에 이미 알려진 수요에 대응하는 것이기도 했다는 사실이다. 불행하게도 우리는 이 시기에 성서나 교부들의 글, 라틴어나 그리스어로 된 세속적 학자들의 글은 물론이고, 교과서, 자국어 번역물, 시, 역사, 로맨스 말고 다른 읽을거리가 늘어났는지에 대해서는 거의 모르고 있다. 그러나 싸구려 소책자, 만담집, 민요, 브로드시트[민요, 노래, 뉴스, 삽화 등을 대형신문판본 크기의 종이 한 면에 인쇄한 것] 등이 적어도 16세기부터 유행했으며, 이는 아무리 규모가 작고 불규칙하더라도 일반적 의미의 독서 대중이 존재했다는 것을 말해준다. 이 당시의 문자 해독률은 [토머스] 모어가 암시했듯("전 인구의 10분의 4 이상이 아직도 영어를 읽을 줄 모른다") 50퍼센트 이상에서 [스티븐] 가디너의 말처럼 "전체의 100분의 1도 안 된다"는 정도까지 다양하게 추측된다. 1518년에 [로버트] 코플랜드는 그의 희곡에서 책을 인쇄해달라는 저자의 요청에 대해 다음과 같이 말했다.

당신의 요청에 따라 기꺼이 인쇄해드리겠지만,
제 생각에는 그다지 많이 팔릴 것 같지 않네요.
책은 그냥 놓아두면 안 되는데. 책 속에서 시간을 보내야지요.
포도주와 맥주를 마시며 하는 주사위와 카드놀이,
만찬, 도박, 무도회, 이런 것들이 이제 판매를 결정해요.
사람들은 자식들에게 그런 난봉질은 하게 하면서도
책은 절대로 못 사게 한다니까요.

분명 책 가격을 심지어 성직자나 교사의 수입에 비추어본다 해도, 그뒤에 나올 수많은 불평을 예견하는 이 불평을 이해할 수 있을 것이다. 이후로 직접 관련된 사람들이 "책을 그냥 버려두지 말고 그 속에서 시간을 보내자"고 되풀이하지 않는 세대는 거의 없었다. 그러나 책은 많이 있었고, 외견상으로는 수요도 있는 것 같았으므로, 세인트폴 학교의 [존] 콜릿은 "문학이라기보다는 얼룩책blotterature이라고 불려야 할" 작품들을 "추방하고 제외해야" 한다고 주장했다. 지금은 익숙해진 이러한 판단의 등장으로 보아 우리는 적어도 진정한 의미의 독서 대중과 이후 그와 연관된 문제들의 시초가 당시에 이미 존재했다는 것을 느끼게 된다.

기술적 수준을 넘어서면 독서 대중의 문제는 사실 매우 어렵고 종종 혼동되는 두 가지 가치의 문제로, 많은 경우 단순한 기록에까지도 영향을 주기 때문에 처음부터 끝까지 간단치 않은 경우가 많다. 한편으로는 독자층이 확장되면 수준이 떨어질 것이며, 문학이 '얼룩책'에 의해 위협받을 것이라는 두려움이 있다. 이와 연관되지만 다른 편견이 개입된, 본질적으로 정치적인 두려움도 있다. 그것은 평민이 글을 읽으면 질적인 면에서나 질서의 면에서(때때로 이 두 가지는 같은 의미로 쓰인다) 위협이 될 것이라는 두려움이다. 질을 떨어뜨린다는 강렬한 감정은 실제 독서의 역사에 대해 "이때 [대니얼] 디포가 등장했다"느니, "이때 『팃비츠 *TitBits*』가 등장했다"는 식으로 대홍수 이야기를 하는 것 같은 비현실적 설명을 매우 자주 하도록 만든다. 동시에 서로 다른 관계 당국이 어떤 시기에는 독서 인구의 증가를 막거나 제한하려고, 또는 독서 인구가 자연스럽게 증가하는 교육을 방지하거나 제한하려고 공공연히 권력을 행사하기도 했다. 우리 문화에서 이보다 더 중심적인 이슈는 없다. 왜냐하면 질에 관한 주장과 민주주의에 관한 주장은 아주 깊이 얽혀 있어 둘을 서로 분리하기 어려울 정도이며, 이것이 이제까지 심대하게 실망스럽고 혼란스러웠던 문화적 논쟁에서 거듭하여 막다른 골목이 되었기 때문이다. 그러니까 공식은 잠시 제쳐두고 이제 기록들을 다시 보도록 하자.

독서 대중이 형성되기 시작한 초반기 내내, 바람직한 읽을거리와 그렇지 못한 읽을거리는 종교와 연관되어 기본적으로 교리에 의해 구분되었다. 교육의 역사에서 살펴보았듯, 수세기에 걸쳐 교육적인 기독교 작가들과 정신을 산란하게 하고 타락시키는 '이교도' 저자들 사이의 구분은 되풀이하여 주장되었다. 중세 후기에 가면 이러한 구분으로부터 의미 있는 단절이 일어나며, 르네상스 정신으로 인해 점점 더 많은 그리스와 라틴어 작가들이 '이교도'에서 '고전적' 범주로 들어오게 된다. 그러나 이 역시 제한적이었으며, 부분적으로는 두 가지 세력에 의해 소용없게 되었다. 첫번째는 종교개혁과 반反종교개혁으로 인한 오랜 기간의 종교논쟁에 의해, 바람직한 것과 그렇지 않은 것에 대한 새로운 기준이 정통과 이단의 관점에서 각기 만들어졌다는 점이다. 두번째는 인간의 정신을 향상시키는 작품과 정신을 흩뜨리고 타락하게 하는 작품 사이의 오래된 구분이 청교도주의와 더불어 되살아났다는 점이다. 전자의 경우, 1538년의 포고령은 자국에서 만든 것이든 수입된 것이든 영어로 된 모든 책의 검열을 선포했고, 1543년의 법은 "진정한 종교의 진보와 반대파의 추방을 위해" 기능공,

장인, 독립 자영농의 하인, 농부, 노동자, 귀족과 지주계급을 제외한 전 계층의 여성이 영문 성서를 읽는 것을 금지했다. 한편 세속 문학의 분야에서는 풍습, 예절, 가정 관리, 여행, 자연사, 공적인 일(대개는 동시대의 것이 아닌)에 관한 책과 대비하여, 진지한 읽을거리가 아니었던(이러한 구분은 오늘날까지도 공공 도서관 통계를 해석하는 데 남아 있다) 연극과 로맨스를 반대하는 캠페인이 지속적으로 이루어졌다. 이러한 개입과 판단은 물론 독서의 발전에 영향을 주었지만 결정적이지는 못했다. 대부분의 소설과 로맨스는 여행, 역사 혹은 풍습에 관한 책으로 위장할 수 있었으며, 이 같은 요소는 그렇지 않았더라면 숨이 막혔을 법한 당대의 논평, 비평과 더불어 만담집, 속요집, 민요집에 대한 대중적 거래의 기초가 되었다. 엘리자베스 시대가 되면 필사본에 대한 존중과 출판시장에 대한 혐오가 문학 유통에 중대한 결과를 가져왔으며, 소설에 대한 청교도적 반대파들뿐 아니라 궁정 중심의 집단들이 독서 대중과 그 수준의 문제를 더욱 복잡하게 만들었다. 그러나 셰익스피어, 벤 존슨과 다른 작가들의 희곡이 출판된 것은 일시적 진전이었다. 이들의 희곡은 고전적 전통과 민중적 전통에 동시에 기초한 고급한 문학이며, 허황된 연극에 대한 청교도들의 반대, 서적 거래의 천박함에 대한 궁정시인들의 반대, 그리고 영국의 연극을 진정한 문학작품으로 간주할 수 없다는 학자들의 반대에도 불구하고 분명히 길이 남을 작품이었다. 이때는 또한 위대한 번역의 시기였기에 당대의 '기준'에 맞춘 대부분의 정의를 무시하는 방식이긴 했지만, 영국의 독서 대중이 읽을 수 있는 책의 질은 사실 꾸준히 향상되고 있었다. 우리가 이 시대의 대표작으로 우러르는 작품 가운데 얼마나 많은 작품이 당시에는 게으름과 천박함을 나타낸다고 대다수 여론에 의해 비난받았던가를 생각하면 아이러니한 일이다.

독서 대중과 그 질적인 면에서 증가 추세는 사실 꾸준히 이어졌다. 책값은 [라파엘] 홀린셰드[역사가, 연대기 저술가]가 26실링, 셰익스피어는 4펜스 혹은 6펜스까지 다양했다(6펜스는 저녁 두 끼 가격이었다). 16세기 초에 두세 명이었던 인쇄업자의 수는 1558년에는 13명으로, 1563년에는 34명으로, 1577년에는 40명으로, 1590년에서 1595년 사이에는 97명으로 증가했다. 특허권을 통한 상권의 보호로 인해 나중에는 인쇄소의 수가 제한되기도 했지만, 1649년과 1660년에는 최소한 60개의 인쇄소가 있었고, 1690년대가 되면 다시 인쇄소의 수가 늘어나 특히 지방으로 확산되었다. 민요집이나 소책자와 구분되는 단행본이 얼마나 나왔는가를 평가하기는 어렵다. 그러나 1510년의 13종에서 1530년의 28종, 1550년의 85종, 1581년에는 약 150종에 이르는 수치가 보여주듯 증가 추세는 뚜렷했다. 이러한 수치는 시민혁명과 공화정 시대에 이르러 다시 빠르게 증가할 때까지 그대로 유지되었다. 왕정복고 후 이 수치는 약간 감소하여, 연평균 출판 서적 수는 18세기 중반까지 100종 정도에 머물렀다. 동시에 한 판본의 규모도 16세기에 기껏해야 1500부 정도(문법책과 기도서는 예외적으로 3000부에 이르던 경우도 있다)이던 것이 평균 2000부 정도로 증가하여 18세기까지 그 수준을 유지했다. 『실낙원*Paradise Lost*』은 2년간 1300부가 팔렸고, 당시 매우 인기가 있었던 [프란시스] 퀄스의 『상징과 상형문자*Emblems and Hieroglyphikes*』는 2년간 5000부가 팔렸다. 한편 1646~1648년에 많은 종류의 대중적 '예언 달력prognosticating Almanaks'이 연평균 1만 6000부 이상 팔렸고, 민요, 속요집, 만담집의 독자층이 줄잡아 2만 명은 되었다는 점에 주목하면 당시 일반 독서 대중의 규모를 짐작할 수 있다. 이러한 독서 대중 형성의 초창기에 나타난 패턴은 뒤에 좀더 큰 규모로 되풀이된다. 즉 문학, 철학이나 그와 비슷한 작품에 관심을 보이는 대중이 꾸준히 성장하는 한편, 그보다는 더 간헐적이고 일회적인 독서에 일차적 관심을 보이는 대중은 더욱 빨리 성장했다. 그러나 독서의 질이 그렇게 분명하게 구분된 것은 아닌데, 비정기적 독서물, 특히 팸플릿, 종교 소책자, 민요집 등의 비율을 보면 한편으로는 민중의 전통적 오락물이 인쇄물로 바뀌고, 다른 한편으로는 영국혁명에서 절정에 이른 사회적 관심, 특히 정치적 관심이 높아졌음을 알 수 있기 때문이다.

왕정복고 이후에는 상황을 분석하기가 몹시 어려워진다. 여러 분야에서 우리가 가진 불충분한 증거들로 미루어보면, 한편으로는 팽창의 일반적 패턴—진지한 독서 인구의 느린 성장과 일회적 대중의 빠른 성장—을 짐작할 수 있으면서도, 얼핏 보기에는 그 팽창이 성장하는 중산계급에 한정된 듯하다. 새로운 시대에 대중 교육에 대한 태도는 분명 지금과는 달라서, 전반적 문자 해독률은 증가하지 않았던 것 같으며, 왕정복고에서 18세기 말 사이의 기간에는 오히려 떨어졌던 것 같다. 1690년대에 와서야 새로운 중산계급 독서 인구의 성장이 뚜렷해지는데, 이는 상인, 무역업자, 상점 주인, 행정직, 성직에 종사하는 사람들로 이루어진 중산계급의 규모나 중요성이 커진 것과 밀접한 연관이 있다. 신문, 정기간행물, 잡지 등 새로운 읽을거리들이 팽창의 주요 요인이 되었으며, 그뒤를 이어 이러한 특수한 독서 인구의 발흥과 연관되어 소설이 등장했다. 왕정복고기에 60개였던 런던의 인쇄소는 1724년에는 75개로, 1757년에는 150~200개로 늘어났다. 1740년대 무렵에는 『젠틀맨스 매거진*Gentleman's Magazine*』이 한 호당 3000부 가량 팔렸고, 주요 신문들도 그 정도 판매되었다. 소설 판매도 늘어나서 『조지프 앤드루스*Joseph Andrews*』는 13개월 동안 6500부, 『로드릭 랜덤*Roderick Random*』은 1년에 5000부, 『찰스 그랜디슨 경*Sir Charles Grandison*』은 불과 몇 개월 사이에 6500부가 팔렸다. 이러한 발전은 작가와 서적상, 독자 간 관계의 전체적 구조에 영향을 미쳤다. 디포는 1725년에 다음과 같이 말했다.

> 글쓰기는 영국 상업의 매우 중요한 분야가 되었다. 서적상은 공장주 혹은 고용주이다. 몇몇 작가, 저자, 필경사, 고용 작가, 그리고 펜과 잉크를 사용하는 모든 사람은 앞에 말한 공장주에게 고용된 일꾼들이다.

이러한 관찰은 [올리버] 골드스미스에 이르면 다음과 같이 글쓰기의 질에 대한 익숙한 논란으로 바뀐다.

> 글쓰기가 기계적 업종으로 변환된 치명적 혁명

인쇄의 보급은 그 이전 시대보다 더 통렬하게 문학과 학문에 대한 위협으로 비칠 수 있었으며, 가벼운 정기간행물, 신문, 소설에 대해서는 종종 비난이 퍼부어졌다. 그러나 다시 말하지만 역사적 시각에서 보면 그 판단은 어렵다. 신문과 정기간행물은 종종 형편없기도 하지만, 새로운 형식으로서는 분명히 문화적 소득이었고, 소설의 상당 부분도 방대한 양의 형편없는 작품들에 기반을 두었던 엘리자베스 시대의 수준 높은 연극에 필적할 만한 중요한 문학적 기여라고 봐야 한다.

그러나 이러한 팽창이 계속되는 동안 책의 전반적 생산에는 놀랄 만한 변화가 없었다. 18세기 중반까지도 연간 출판 서적 수는 17세기 수준에 머물렀으며, [새뮤얼] 존슨의 『사전*Dictionary*』은 4년이 걸려서야 겨우 2000부가 팔렸다. 가격을 살펴보면 상황이 더욱 분명해진다. [알렉산더] 포프가 번역한 『일리아드*Iliad*』는 한 세트당 6기니[1663~1814년까지 발행한 금화의 명칭. 1기니=21실링=1.05파운드]에 팔렸으며, [에드워드] 클라렌든의 『역사*History*』는 권당 30실링, [조지] 힉스의 『유의어 사전*Thesaurus*』은 5파운드에 팔렸다. 한편 소설은 제본한 경우 권당 3실링, 제본하지 않은 경우 권당 2실링 3펜스에 팔렸고, 『톰 존스*Tom Jones*』는 18

실링 혹은 13실링 6펜스면 살 수 있었으며, 다른 형식으로 출판된 『로빈슨 크루소*Robinson Crusoe*』는 5실링이면 살 수 있었다. 이러한 가격이라면 책을 산다는 것은 분명히 사회적으로 제한된 것이었으며, 18세기의 독서 대중이 공동구매 방식에 상당히 의존했다는 것은 의미심장하다. 보통 문학이나 철학 협회에 부속된 전속 도서관은 주로 역사, 철학, 시, 신학, 과학을 다루었다. 좀더 전반적인 분야의 책들을 사들이는 독서 클럽이 여러 도시에 발달하기도 했다. 소설의 경우 특징적인 것은, 비록 최저 10실링 6펜스나 되는 회비가 걸림돌이긴 했지만, 처음에는 온천 휴양지에서 눈에 띄던 도서대여점이 매우 빠른 속도로 퍼져나간 것이다. 펜스 단위로 가격을 매기던 신문이나 정기간행물도 커피하우스나 클럽에서 같이 돌려 읽는 경우가 많았다. 이러한 유인들이 중산계급 독서 인구의 팽창 정도를 결정했지만, 대중 교육이 좀더 나았더라면 비슷한 장치들을 통해 독서 대중도 더 전반적으로 확산되었을 것이다. 사실 달력, 만담집, 민요, 브로드시트, 팸플릿 등에 대한 수요가 줄어들 기미를 보이지 않고 증가했던 것은 당연하다. 팸플릿은 3펜스에서 1실링 사이, 만담집과 브로드시트는 1페니에서 6펜스 사이, 민요집은 반 페니에서 1페니 사이였으며, 1750년경에 최소한 어떤 팸플릿은 10만 5000부까지 팔리기도 했다. 수많은 소설이 신문과 만담집에 연재되기도 했기 때문에 런던을 비롯한 대도시에서 독서 인구가 (그리고 낭송을 듣는 인구가) 상당히 많았으리라고 짐작할 수 있다.

새로운 요인이 등장한 것은 18세기 후반의 30여 년 동안이다. 대중 낭송회를 열성적으로 조직하고 이러한 목적을 위해 소책자를 만들어낸 감리교도들과 좀더 광범위한 일요학교 운동을 통해 전반적인 독서 대중의 팽창이 비로소 가시화되었다. 정치적 관심의 증대로 인해 영국혁명 직전과 필적할 만한 상황이 만들어졌다. 1776년 [리처드] 프라이스의 『시민적 자유의 본질에 관한 고찰 *Observations on the Nature of Civil Liberty*』은 6만 부가 팔렸고, 1791년 [토머스] 페인의 『인간의 권리 *Rights of Man*』는 3실링이라는 가격에도 불구하고 몇 주일 사이에 5만 부가 팔려나갔다(150만 부가 팔렸다는 추정은 믿기 힘들지만). 정치적 관심이 확대되면서 그 이전의 독자층 확장에 거의 영향받지 않았던 새로운 독자층이 모여서 독서 인구를 상당히 증가시켰다는 것은 분명한 것 같다. 이제 연간 출판되는 서적의 양도 가파르게 증가하여, 1750년대에는 여전히 100여 종에 머물던 수치가 1792~1802년에는 연평균 372종으로 증가했다. 가격 면에서는 이 시기에 흥미로운 상황이 발생했는데, 일반 물가가 1780년 이후 매우 가파르게 상승해서 출판업자들은 세기 중반 가격의 대량 판본보다 고가의 소량 판본을 더 선호했다는 사실이다. 반면 같은 시기에 최초로 저렴한 리프린트도 등장했다. [존] 벨이 출간한 『영국시 전집 *The Poets of Great Britain*』[총 109권], 『영국 연극 *British Theatre*』[총 21권], 그리고 『셰익스피어 *Shakespeare*』[총 9권]는 권당 6실링이라는 싼 가격에 팔렸고, 뒤이어 소설을 포함한 다른 리프린트도 출간되었다. 세기 내내 유행했던 연재물의 발달도 주목할 만한 진보였으며, 정통 출판사들은 가격을 계속 올렸지만 신흥 출판사들은 훌륭한 리프린트 시리즈에서 해적판과 가격 파괴에 이르기까지 모든 수단을 사용하여 책 읽는 인구를 신문이나 정기간행물 읽는 인구와 맞먹을 정도로 영구적으로 확대해놓았다.

그러니까 독서 대중의 성장이라는 기본적 흐름은 분명했다. 그러나 이때부터 전반적인 팽창의 속도가 너무 빠르게 증대하여 비율의 문제가 아주 첨예하게 대두되었다. 1830년대까지는 매우 빠른 확장세에 실질적으로 제동이 걸리지 않았다. 프랑스혁명과 피털루 학살[1819년]과 동시대에 살았던 세대는 독서를 통해 이러한 정치적 위기 상황을 읽으며 다양한 방식으로 영향을 받았다. 18세기에는 책 출판이 낯익은 방식으로 계속 확장되어 1792~1802년에 연간 출간되는 서적의 수는 372종이었으나 1802~1827년에는 연평균 580종으로 증가했다. 이 증가분은 대다수가 소설이었고, 직접적으로는 도서대여점의 성공과 연관되어 있었다. 1780년대에 소설의 출판 건수는 가파르게 증가했고, 이후에도 빠른 속도로 늘어났다. 그러나 책값도 같이 올라서 독서 대중의 수는 출판 건수에 비례하여 증가하지는 않았다. 일반적인 초판 부수는 평균 750부에서 도서대여점 소설의 경우 1250부에 달했다. 가장 인기 있는 작가였던 [월터] 스콧의 경우 31실링 6펜스인 『마미언*Marmion*』을 1년간 1만 1000권 팔았고, 같은 가격의 『롭 로이*Rob Roy*』를 2주간 1만 권 팔았다. 이러한 수치는 18세기 중반 대중소설의 소규모 약진을 보여줄 뿐이지만, 같은 60년간 신문의 연간 발행 부수는 700만 부에서 2400만 부로 증가했다. 책과 신문 사이에 연재물이나 분할 출판물의 성공이 계속 이어졌고, 값싼 리프린트 시리즈도 제한적 형태로나마 나타나기 시작했다. 급진적 작가들의 독자도 늘어나서 존 웨이드의 『흑서*Black Book*』는 호당 1만 부까지, [윌리엄] 코빗의 『숙련공과 노동자들에게*Address to the Journeymen and Labourers*』는 두 달 동안 20만 부가 팔렸다. 그러나 바로 이 지점에서 확장에 대한 적극적 제재가 이루어졌는데, 이런 책들이 너무 널리 읽히면 정치적으로 위험하다는 이유에서였다. 신문에 대한 중과세에 더해서, 건전한 급진 언론을 죽이기 위한 일련의 고발 조치가 이루어졌다. 또다른 대응으로는 코빗 등의 성공에 대적하기 위해 '개량적' 성향의 값싼 소책자를 만들었으며, 이러한 책자들은 첫 단계에서 상당한 액수의 보조금을 받았다. 한편 아주 대중적인 수준에서는 책력이나 민요, 브로드시트 등이 계속 증가했다. 이 기간 중 가장 주목할 만한 출판 관련 수치는 제임스 캣낵이 쓴 살인과 사형 집행에 관한 내용으로, 마리아 마튼을 살해한 범인[마리아의 연인 윌리엄 코더]의 『최후 진술과 고백*Last Dying Speech and Confession*』이 116만 6천 부의 판매량을 기록했다. 1830년대에 들어서 전체적 상황을 살펴보면 읽을거리의 범위는 기본적으로 인쇄술의 초창기와 별로 달라지지 않았으나 두 가지 중대한 변화가 일어났음을 알 수 있다. 하나는 문학과 브로드시트의 실제 유통량의 격차가 점점 벌어졌다는 것이고, 다른 하나는 계속 늘어나는 중산층 대중을 위한 소설과 잡지, 신문의 새로운 중간 범위가 생겨났다는 것이다. 1830년대에 바로 이 새로운 중간 단계의 출판물에서 그다음 단계의 팽창이 일어나게 된다.

증기기관이 처음 사용되면서 선두를 달린 것은 신문이었으며, 1830년대에 경찰 소식지 형식이나 전래의 브로드시트와 비슷한 종류의 일요신문들이 두각을 나타냈고, 이들은 18세기에 만들어진 주로 정치적인 신문들에게 내내 선두 자리를 내주지 않았다. 그뒤를 싸구려 잡지들이 뒤따랐는데, 처음에는 급진주의자들이 독보적이었지만 곧 대중적 교육가를 자처하는 사람들에게 자리를 내주었다. 그리고 1840년대가 되면 가족을 '개선하는' 목적의 출판물이 이 두 가지를 대체해버렸다. 분할 출판도 늘어나 『픽윅』의 1회분은 400부였으나 15회분은 4만 부에 달해, 『페니 매거진』과 비슷한 발행 부수에 이르렀다. 분할 출판에서 10만 부를 기록한 것은 디킨스와 레이놀즈였다. 소설과 논픽션에서 값싼 리프린트의 확대에 이어 1830년대와 1840년대에는 서적 인쇄에도 증기기관이 도입되었고, 가죽 대신 판지와 직물을 사용하는 새로운 제본술의 발달로 책값이 눈에 띄게 떨어졌다. 1820년대에 580건 정도에 이르던 연간 출판물은 19세기 중반에는 연간 2600건 정도로 늘어났고, 신간 서적의 평균 가격은 16실링에서 8실링 정도로 떨어졌다. 증가된 출판물은 대부분 소설이었고, 다른 물가들이 상승했는데도 서적 가격이 떨어진 것은 대부분 값싼 시리즈물 때문이었다.

같은 기간 동안 인구도 빠르게 증가했다. 1750년에 700만 명 정도이던 영국 본토의 인구는 1801년에는 1100만 명으로, 1851년에는 2100만 명으로, 1901년에는 3700만 명으로 늘어났다. 아마도 18세기 말까지 총인구 대비 문자 해독 인구 비율은 아주 서서히 증가했을 것이며, 19세기의 초등교육이 더디고 불균등하게 발달함으로써 그 증가세가 더욱 더뎠을 것이다. 그러나 문자 해독 인구 비율이 상승하기는 했으며, 1837년부터 전국적 통계 수치가 나와 있는 좁은 분야에서나마 그러한 조짐을 읽어낼 수 있다. 혼인신고서에 서명할 수 있는 능력은 분명 책 읽는 능력에 대한 표시로서는 빈약하지만, 그 시기에 글 읽기가 글쓰기보다 훨씬 흔하게 교습되었다는 점을 생각하면 그 비율의 변화는 상당한 중요성을 가질 수 있다. 다음 표본을 보자.

서명하는 능력	남	여	합계
1839년	66.3%	50.5%	58.4%
1873년	81.2%	74.6%	77.9%
1893년	95.0%	94.3%	94.65%

우리는 초등교육의 역사를 통해서, 1870년 교육법의 실시를 계기로 문자 해독률이 갑자기 봇물 터지듯 증가하지는 않았다는 것을 알고 있다. 19세기 문자 해독의 역사는 기본적으로 꾸준히 확장되었으며, 이는 주로 도시(신도시와 구도시 사이에 불균등한 양상을 보이지만)와 남성이 주도했다. 또한 이러한 확장은 학업 기간을 연장하여 실질적 독서 인구가 꾸준히 늘어나는 것으로 이어졌다. 이러한 확대가 독서 대중에게 영향을 미치기는 했지만(예를 들어 급진적 일요 언론에 어떤 기반을 제공했다든가), 이를 단순히 문자 해독으로 연관짓는 것은 곤란하다. 서적뿐 아니라 잡지와 신문에서도 19세기 중반에 확대된 독서 대중은 여전히 전체 문자 해독률의 최하 수준을 밑돌았다. 전체 인구 중 이미 글을 읽을 줄 아는 사람들에게 좀더 싼 읽을거리가 제공되었다는 편이 오히려 역사적 사실에 가깝다. 1830년과 1860년의 상황을 대략 계산하

여 판매량을 독서 인구로 환산하고 이를 성인 인구에 대한 비율로 바꾸어보면 다음과 같은 결과가 나온다. 1820년에 일간지를 읽는 인구는 1퍼센트 정도였고, 일요신문을 읽는 인구 역시 1퍼센트가 약간 넘었으며, 잡지를 읽는 인구는 3퍼센트이고, 간혹 브로드시트를 읽는 사람은 10퍼센트 정도 되었다. 1860년에는 일간지 구독 인구가 3퍼센트로 늘었고, 일요신문은 12퍼센트, 잡지를 읽는 인구는 20퍼센트에 달했다. 이 모든 수치는 각각의 시대에 드러난 문자 해독 인구를 훨씬 밑도는 숫자이다. 서적의 경우를 살펴보면 실제 발간된 판본의 규모에서는 비슷한 비율로 증가했지만, 출판된 서적의 건수는 크게 증가했다. 『호수의 여인 *The Lady of the Lake*』은 연간 2만 부가 팔렸고, 『추도시 *In Memoriam*』는 첫 18개월 동안 2만 5000부가 팔렸으며, 저가본의 『고대 로마의 노래 *Lays of Ancient Rome*』는 4만 6000부가 팔렸다. 소설에서는 1852년 『톰 아저씨의 오두막 *Uncle Tom's Cabin*』이 첫 6개월 동안 15만 부가 팔렸으나, 이는 예외적인 경우였다. 디킨스와 레이놀즈가 분할 출판에서 10만 부의 판매량을 달성했으나, 새커리가 1857년에 산출한 자신의 독자는 1만 5000명이었고, 조지 엘리엇의 『아담 비드 *Adam Bede*』는 첫해 초판본이 3350부, 보급판은 1만 1000부가 팔렸다. 19세기 중반에 책을 읽는 인구는 여전히 소수인 것처럼 보일 테지만, 분명 그 인구는 인구당 비율이나 실제 숫자에서 증가하고 있었다. 그러나 전반적 확장과 더불어 우리가 문학 독자라 부르는 사람들과 좀더 일반적인 독서 대중 사이의 관계도 의미심장하게 바뀌고 있었다. 물론 그 차이는 어느 시대에나 있었다. '예언 달력'은 『실낙원』보다 10배쯤 더 많이 팔렸고, 『뉴스 오브 더 월드』는 『아담 비드』보다 10배쯤 더 많이 팔렸다. 그러나 실제 숫자의 차이는 정말 깜짝 놀랄 정도여서, '대중' 독서 인구의 발달에 따른 질의 문제라는 일상적 논의가 새삼스럽게 시급해졌다.

앞서 살펴보았듯 이 단계에는 '대중' 독자가 없다. 가장 대중적인 형태인 신문의 경우에도 20세기에 들어서서 일요신문은 1914~1918년의 전쟁 직전에, 일간신문은 전쟁 직후에 현재의 상태에 도달했을 뿐 그 이전에는 대다수의 대중이 없었다. 그러나 중요한 팽창이 1차로 완성되었을 무렵인 1850년대에는 새로운 출판 상황의 얼개가 아주 뚜렷하게 드러났다. 1830년대부터 그랬지만, 이 무렵에 더더욱 빠른 속도로 독자층이 증가하여 새로운 투자자들을 끌어들일 정도가 되었던 것이다. 디포가 글쓰기를 "영국 상업의 꽤 주목할 만한 부문"이라고 했던 것, 그리고 자본주의 산업의 전형적 형태로서 출판 산업의 조직에 대해 설명한 것은 시장이 정말로 커졌을 때에야 완전히 드러나게 될 상황을 정확하게 예언한 것이었다. 신문의 [존] 벨, 브로드시트의 [존] 캐터넉, 싸구려 소설의 [에드워드] 로이드는 이 새로운 조직의 선구자들이었다. 배급의 문제도 중요했는데, 책의 경우에는 19세기 중반까지 도서대여점 운영자의 취향이 무엇을 출판할 것인가에 영향을 미칠 정도로 도서대여점이 성공을 거두었다. 동시에 연간 1기니[1.05파운드]의 회비를 낼 여유가 있는 대중의 일부(이 시기 하급 중산층의 연 수입은 90파운드, 중간층은 150~400파운드 정도였다)에게는 도서대여점의 가격이 너무 비싸서 더이상 확장되지 못할 정도였다. 이러한 상황을 타개하기 위해 몇 가지 요인이 결합되어 잡지나 신문뿐 아니라 책의 유통에 혁명을 일으켰다. 철도 시스템은 가장 분명한 요인으로서, 특히 W. H. 스미스 같은 새 역사驛舍의 서점에서 대중은 새로운 방식으로 책을 만날 수 있게 되었다. 저렴한 응접실 라이브러리, 철도 라이브러리 등이 이 새로운 출구로 쏟아져나왔다. 이 책들은 반들거리는 노란 장정에 채색 삽화가 들어 있었으며, 뒤표지에는 광고가 실려 있었다. 신문, 광고, 종이 등에 대한 세금은 완전 철폐되었다. 인쇄기계가 빠르게 개량되었고, 새로운 제지 기술이 성공적으로 개발되었다. 전반적 소득 수준이 향상되고, 변화하는 사회와 경제 가운데서 중산계급과 하층의 중산계급이 특히 더 빠르게 늘어났다. 이때는 새로운 기회의 시기였으나, 투기꾼들이 이 기회를 잡는 동안 대체로 전래의 대여점 고객들과 연관되어 있던 전통적 출판업자들은 매우 느리게 대처했다. 1880년경이 되면 매슈 아널드는 다음과 같이 말한다.

> 우리나라가 점점 문명화되고, 독서에 대한 진정한 애정이 더욱 널리 퍼지면서 영국에서 신간 서적의 가격을 터무니없이 높이 유지하고 있던 시스템, 즉 책을 구매하여 빌려주는 대여점 시스템은 말하자면 기괴하고 인위적이며 매우 불만스럽게 보이게 될 것이다. 그것은 나쁜 문학작품을 양산하고 보호하며, 좋은 책을 비싸게 유지하는 장치다.

새로 나온 좋은 글이 이제는 낮은 가격으로 당장 읽을 수 있게 된 대신, 시장은 다음과 같은 것에 지배당하게 되었다.

> 우리 중산계층을 위해 만들어진 다른 수많은 것들과 마찬가지로, 기차역 선반에서 번쩍거리고 있는, 천박한 기준을 가지고 삶을 대하는 사람들을 위해 만들어진 싸구려 소설 같은 추악하고 천박한 모양새의 값싼 문학.

이 통상적 판단에서 아널드가 천박한 기준을 '중산계급'의 것으로 돌리고 있다는 점을 기억한다면, 이 확장의 문제를 이해하는 데 도움이 될 것이다. 왜냐하면 이러한 본질적 주장은 '더 낮은' 사회집단을 대신 경멸하는 것과 보통 혼동을 일으키지만 그것과는 분명 거리를 두고 있기 때문이다. '싸구려 문학'에 관한 이 주장 전체가 일종의 계급 구분의 형식으로 사용됨으로써 타협을 취하고 있는데, 사실 진정한 문제는 늘 경험해보지 못한 상태와 실제로 그 경험을 맞이하는 방식 사이의 관계이다. 분명 이러한 문제가 노동계급의 문자 해독 이전에는 없었다는 것, 그리고 새로운 중산계급 집단들도 같은 실수를 범했으며 분명 이들과 마찬가지로 착취당했음을 기억하는 것이 중산계급에게는 제한적으로나마 도움이 될 것이다. 새로 도래한 것들(영국에 현존하는 가장 타락한 문화는 코믹한 노동계급을 보고 웃는 여러 가지 형식인데, 〈데일 부인의 일기Mrs Dale's Diary〉[최초의 BBC 라디오 드라마 시리즈]에서 〈이것 좀 치워줘Take it from Here〉[1848~1960 BBC 라디오 코미디]까지, 『데일리 텔레그래프*Daily Telegraph*』에서 『데일리 미러*Daily Mirror*』까지, 그리고 평균적인 웨스트엔드의 가벼운 희극에서 교육받은 젊은이들이 경쾌한 '평민' 악센트로 말하는 파티용 촌극에 이르기까지 다양하다)을 끝없이 비웃는 식으로 문제를 돌려버린다면, 우리는 이 문제를 결코 똑바로 이해할 수 없다. 이렇듯 새로운 문제에 직면한 사람들에게 반대하는 것은 아널드가 정의했고 해결하려 했던 진정한 문제들을 하찮게 회피해버리는 것이다(물론 아널드 자신도 바로 이런 오류를 저지르기도 했다).

19세기 후반, 출판 산업("영국 산업의 한 부문")의 규모는 매우 급속도로 커졌다. 이 시기는 잡지가 팽창하는 중대한 새 시대였으며, 서적 분야에서는 궁극적으로 정통문학의 저렴한 리프린트 시리즈가 옐로백[19세기 후반의 싸구려 소설]과 나란히 자리 잡게 되었다. 가격이 비싼 도서대여점은 서서히 몰락하고, 세기말에는 좀더 저렴한 도서관—1900년의 부츠Boots[약국, 화장품 판매 회사] 도서관 같은—이 그 자리를 차지해서 좀더 많은 대중을 끌어들였다. 19세기 중반부터 서서히 성장했던 공공도서관 역시 점점 중요한 부문으로 추가되었다.

1900년이 되면 현대 독서 대중의 특징적 조직 형식들이 발견되어 구성되었고, 그 조직의 장점과 약점 역시 분명해졌다. 그리고 이 형식들 내에서 확장의 역사가 이루어졌다. 신문과 잡지의 엄청난 확장은 별개의 장에서 다룰 것이다. 서적 출판에서는 1850년대의 연간 2600종이 1901년에는 6044종으로 늘어났고, 1913년에는 1만 2379종으로 늘었다. 1차세계대전 기간과 그 직후에는 줄어들었으나, 곧 1924년에는 (3190종의 리프린트 포함) 1만 2690종으로 회복했고, 1937년에는 (6347종의 리프린트 포함) 1만 7137종으로 늘어났다. 2차세계대전 중 연간 평균치는 다시 떨어졌으나, 1950년에는 다시 (5334종의 리프린트 포함) 1만 7072종으로 회복했고, 1958년에는 2만 2143종(5791종의 리프린트 포함)으로 늘어났다. 비용은 다시 상승했고, 최근의 두드러진 변화는 주로 리프린트이지만, 흥미롭게도 상당량의 신간 서적을 포함하여 페이퍼백의 수가 증가했다는 것이다. 이것은 전체적으로 확장에 매우 중요한 의미를 띠는 발전이었다.

상업적인 도서대여점은 계속 서로 다른 수준으로 성장했으며, (완벽한 수치는 없지만) 대체로 연간 200만 권의 책을 대여하는 것으로 나와 있었다. 진지한 출판사는 여전히 불안정한 상태였지만, 페이퍼백의 경우에는 기차역 가판대와 체인점뿐 아니라 담배 가게에서 주유소에 이르기까지 새로운 판로를 발견했다. 공공도서관 서비스는 1911년이 되면 인구의 62.5퍼센트에게 가능해졌고, 1926년이 되면 인구의 96.3퍼센트가 공공도서관을 이용할 수 있었다. 이제 공공도서관은 여러 공동체 사이에 종종 불평등한 양상을 보이기는 하지만, 대체로 모든 사람이 접근할 수 있게 되었다. 공공도서관의 책 대출 수는 꾸준히 증가하여 1948~1949년에는 312만 권에 달했고, 1957~1958년에는 431만 권에 이르렀다. 모든 서적의 배급을 고려하면 인구 1명당 매년 15권 정도, 성인 1명당 20권 정도의 책을 읽는 것이 현재의 상황이다. 물론 이 평균은 개별적으로는 매우 불균등한 책 이용 실태를 감추고 있긴 하지만, 1950년대에 이르러 처음으로 우리는 대다수의 독서 인구

(1910년의 일요신문 독자와 1918년 직후의 일간신문 독자와 비교하여)를 가지게 되었다.

이러한 확장과 더불어 질에 대한 논의—문학과 '얼룩책' 사이의 오래된 구분—가 첨예해질 수밖에 없었다. 그러나 이는 역사적 분석의 관점과 사회 전 분야의 발전에 비추어 다루어볼 수 있을 것이다. 최악의 오류는 우리 조상—시기는 다를지 몰라도, 어쨌거나 그들은 늘 조상이었다—에게는 그런 문제가 없다고 가정하는 것이다. 증거에 비추어보면 이것은 완전 거짓이다. 이는 확장과정 내내 문제였다. 좀더 적절한 질문은 문학과 '얼룩책' 양자가 가지고 있는, 서로 다른 사회와 생활방식 속에서 변화된 성격에 관한 것이다. 한편으로 우리는 당시에는 천박하고 게으른 양식이라고 비난받았던 두 가지 형식—엘리자베스 시대의 대중극과 18~19세기 소설—이 지금은 정통문학을 제대로 대표하는 형식이라는 점을 기억해야 한다. 질의 유지는 결코 전통적으로 신성시되던 형식을 유지하는 것이 아니다. 신문과 정기간행물 또한 수많은 나쁜 사례가 있지만 그 자체로 적지 않은 소득이다. 반면 콜리지가 다음과 같이 묘사한 작품도 있다.

> 게으름에의 탐닉과 공허함에 대한 증오라는 인간 본성에 공존하는 두 가지 상반된 성향을 화해시키는 힘을 지닌 것으로 특징지을 수 있는 작품.

이렇듯 손쉬운 약물 같은 읽을거리는 엄청난 양의 일회성 글을 양산하는 영구적 조건이다. 그러나 여전히 문제가 되는 것은 그 약물이 필요해지는 상황이다. 그렇듯 '중독으로서의 읽기'라고 싸잡아 비난하는 와중에 너무 쉽게 간과하기 쉬운 상황—병들거나 긴장되거나, 청소년기처럼 심란한 성장과정을 겪거나 단순히 일하고 나서 피곤한 경우—도 있다. 나는 교육받은 사람치고 책을—

어떤 책이라도—이런 용도로 사용해보지 않은 사람은 없다고 생각한다. 진지한 문학에 필요한 관심은 개인적으로나 사회적으로 서로 다를 수 있다. 사회적 다양성의 조건이 주된 관심사여야 한다. 즉 철도 여행과 독서의 증가를 연관시켜보는 것이 분명 의미가 있다는 것이다. 더 분석하기 어려운 것은 관심을 자극하고 휴식을 허용하는 생활방식과, 관심과 휴식을 만들어내지 못하고 그저 어떻게든 달래야만 하는 초점 없는 불안 상태만 만들어내는 생활 사이의 분명한 구분이다. 이는 사회 전체에 대한 근본적 질문이며, 나는 우리의 사회조직에서 특히 이러한 분위기가 지배적인 데에는 뿌리깊은 이유가 있다고 생각한다. 특히 불안한 상태를 경험하며 살아가는 어려움의 근원까지 가려 할 때 여러 통로가 막혀 있는 경우 말이다. 이러한 문제들은 출판 분야에서 해결할 수 없지만, 이 제한된 분야에서 우리는 상대적으로 무해한 투약과 해로운 투약 사이의 차이를 볼 수 있다. Q. D. 리비스와 더 최근에 리처드 호가트가 제시한 증거들은 완전한 사회적 맥락을 늘 고려한다면 매우 중요한 의미를 띤다. 문학과 일회성 글의 차이뿐 아니라, 이러한 차이를 발견하고 가르치고 토의하는 것은 교육의 몫이다. 특히나 제멋대로 속도를 내는 투기꾼들이 신속하게 이윤을 내는 것 말고, 좀더 적절한 원칙에 기반을 둔 제도들을 만들고 강화하여, 어려울 수밖에 없는 성장이 지속될 수 있는 조건을 만들어내고 유지하는 것은 바로 사회의 몫이다('음란성'이라는 덜 중요한 분야 말고는 거의 방관해왔으며, 그나마도 엉망으로 만들었지만). 우리가 추적해보았던 변화와, 그 결과 생산과 분배의 형식이 결코 영속적이지 않다는 깨달음은 최소한 다음 단계의 고찰에 이르는 길을 밝혀줄 수 있을 것이다.

3

대중 언론의 성장

영국에서 언론의 발달, 특히 대중 언론의 성장은 일반적인 문화적 팽창을 설명하는 데 매우 중요하다. 언론 발달의 핵심적인 시기는 그 자체로 의미가 있는데, 17세기 말과 18세기 초반 중산계급의 독서 대중이 확립된 시기부터 이 대중이 우리 시대에 와서 실질적으로 모든 사람이 독자층이 되도록 확산되는 과정에 걸쳐 있다. 이 성장의 시기에 신문은 그 지속성으로나, 가장 널리 보급된 인쇄물이라는 점에서나 지속적 요소로서 분명 분석에 매우 중요한 의미를 띤다.

기록이 유실되거나 처음부터 없었기 때문에 발전과정의 사실들을 확인하기가 매우 어렵고, 그중 몇몇은 아예 불가능하기도 하다. 그러나 전반적 패턴을 확립할 수 있을 정도의 사실은 존재하며, 신문의 역사는 이를 충실하게 재현하고 있다. 그러나 분석의 단계에 오면 두 가지 일반적인 결함이 생긴다. 일단 대부분의 경우 여전히 언론의 역사를 해석하는 데 중요한 맥락을 이루는 경제 사회사와 결합하는 데 전반적으로 실패한다는 점이다. 더욱이 놀랍게도 그 발전과정의 특정한 공식을 받아들이는 경향이 있는데, 그 공식이란 언론 발전의 사실들에서 나온 것이라기보다는 여기에 덧씌워진 것에 가깝다. 일반적인 문화적 팽창은 특정한 방식으로 해석되어, 언론의 역사는 종종 사실과 어긋나게 이 일반적 해석에 끼워맞춰진다.

이 가운데 가장 흔한 공식은 1880년대의 『팃비츠』나 『앤서즈*Answers*』 이전에는 영국에 싸구려 언론이 없었다는 것이다. 이에 따르면 새로운 언론의 기반은 1870년의 교육법이며, 그에 따라 영국의 국민 모두가 글을 읽게 되었다는 것이다. 이 지점에서 이 공식의 두 가지 결론이 있다. 하나는 이러한 과정을 통해 생기발랄한 민주주의의 초석이 되는 대중 언론이 확립될 수 있었다는 것이다. 또다른 결론은 대중이 문화의 장으로 들어오면서 언론은 대부분 사소하고 타락한 것이 되었고, 그 이전의 언론은 교육받은 소수에게 봉사함으로써 책임감 있고 진지했다는 것이다.

이 두 가지 대안적 결론은 별로 문제가 되지 않으며, 그들 사이의 토론은 사실 별 의미가 없다. 왜냐하면 언론의 역사, 혹은 교육의 역사를 아는 사람이면 누구나 그러한 설명이 말도 안 된다는 것을 알기 때문이다. 흥미롭게도 이러한 설명은 [알프레드] 노스클리프 경이 1883년에 맥스 펨버턴에게 했던 이야기로 거슬러올라간다.

> 기숙학교는 뭔가 읽고 싶어 안달하는 소년소녀들을 해마다 수십만 명씩 졸업시킨다. 그들은 일반적인 신문에는 관심이 없다. 그들은 사회에도 별 관심이 없고, 그저 단순하고 재미있는 것이면 무엇이든지 읽는다. 『팃비츠』를 만들어낸 사람은 자신이 상상했던 것보다 더 크게 한몫 잡은 것이다. 그는 시초에 불과하지만 그로부터 시작된 발전과정은 저널리즘의 얼굴 전체를 바꾸어놓을 것이다. 나도 그와 함께 가겠다.

이것이 투기꾼의 솔직한 생각이다(기싱의 『뉴 그럽 스트리트*New Grub Street*』에서도 그렇게 묘사되었다). 특정한 태도의 표식으로서

이는 매우 중요하다. 그러나 그것은 그 이상의 것이다. 『옥스퍼드 영국사 1870~1914』에서 R. C. K. 엔저는 1870년을 분수령으로 보고, '영국 저널리즘의 장대한 국면'에 대해서 다음과 같이 말했다.

> [영국 언론은] 1886년까지, 그리고 그 이후로도 그다지 도전받지 않은 채 군림했다. 그러나 파괴의 씨앗은 이미 싹이 트고 있었다. 포스터의 교육법이 발효된 지 십 년이 지난 1880년…… [조지] 뉴너스는 새로운 학교제도가 새로운 계층의 잠재적 독자를 만들어내고 있음을 알아차렸다. 그들은 다른 것을 많이 배우지 않고 그저 인쇄물을 해독하는 법만 배운 사람들이다. 그는 『팃비츠』를 시작했다.

이후 이 공식은 교육을 많이 받은 사람들의 마음속에 깊이 새겨졌고, 헤아릴 수 없이 여러 번 인쇄물로도 우연히 표현되었다. 우리는 심지어 1947년 언론에 관한 왕립위원회에서 이렇게 말하는 것을 발견한다.

> 1890년대에는 고등교육을 받고 정치의식이 있는 소수가 아닌, 1870년의 교육법에 따라 읽기 능력을 갖추게 된 수백만의 사람들에게 이야기하는 반 페니짜리 신문이 생겨났다.

그러나 흔히 그러하듯 사실이 아닌데도 사실로 여겨지는 가정에서 출발한다면, 우리가 정말로 의미 있는 현재적 질문들을 던지거나, 현재의 위기를 실제 역사의 교훈을 통해 조명할 수 있는 지점까지 도달할 가능성은 없어진다.

다음에 이어지는 설명으로 일단 사실관계가 분명해졌으면 한다. 그러나 우선 역사의 아주 기본적 요점과 그것이 나타내는 문제들을 요약해둘 가치가 있겠다. 신문은 주로 18세기에 상업적 중산계급이 만들어낸 것이다. 신문은 사업 경영과 관련된 뉴스로 중산계급에 봉사했고, 그렇게 하여 재정적으로 독립된 제도로 확립되었다. 동시에 정기간행물과 잡지에는 전체적으로 중산계급의 관심사가 반영되었다. 즉 의견의 형성, 매너의 훈련, 이념의 유포 등이다. 18세기 중반부터 이러한 기능들이 조금씩 신문으로 넘어갔다. 여론 형성과 관련하여 당시의 정부들은 연이어 신문을 통제하고 뇌물을 주려 노력했지만, 신문들이 본질적으로 건전한 상업 기반을 가지고 있었기 때문에 실패했다. 그런 신문들 중 하나인 『타임스』가 18세기 초반에 완전한 독립을 선언했을 때, 그 신문은 자신이 새로운 기계(증기기관으로 움직이는) 인쇄라는 동인과 더불어 강력한 위상과 광범위한 중산계급의 보급망을 차지할 수 있게 되었음을 알고 있었다. 『타임스』를 필두로 일간신문은 이렇듯 견고한 중산계급을 기반으로 삼아 정치적 지위를 획득했다.

그러나 이러한 일이 성취되기 이전에 다른 성장이 눈에 띄었다. 1770년에서 1830년 사이, 특히 이 시기 중에서도 마지막 20여 년 동안, 정부가 엄격하게 억압했는데도 새로이 조직화되었던 노동계급에서 중산층과는 사회적 기반이 다른 언론을 확립하려는 시도가 계속 되풀이되었다. 이러한 시도는 직접적 형태로는 이루어지지 못했으나, 민중을 대상으로 하는 언론은 사실 다른 방식으로 확립되었다. 그것은 일요신문이라는 제도를 통해 이루어졌는데, 특히 1820년대에 일요신문은 일간지와 성격과 기능이 전혀 달랐다. 정치적으로 이 신문들은 급진적이었으나, 주요 강조점은 정치적인 것이라기보다는 기본적으로 오래된 민중문학의 형식들—담시, 소책자, 역서曆書, 살인과 처형의 이야기들—과 유형이 비슷한 자료들로 이루어진 사소한 이야기들이었다. 1840년대 이후 가장 널리 팔린 영국의 신문은 『타임스』가 아니라 이런저런 싸구려 일요신문들이었다.

1855년 신문에 대한 세금이 마지막으로 철폐되자 일간지도 변화했다. 『텔레그래프』가 선도하는 대도시의 싸구려 일간지는 『타임스』를 비롯한 전통적 양식의 신문들을 따라잡고, 팽창하는 하층 중산계급 독자들을 빠르게 사로잡았다. 동시에 지방의 일간지들도 굳건하게 확립되었다. 이들은 인쇄기술의 향상과 신문 인쇄 가격 인하, 그리고 철도를 통한 보급으로 유통량이 빠르게 증가하여 1880년에는 70만 부가량 되었다. 그러나 여전히 일요신문이 선두를 차지하고 있었으며, 1890년에는 172만 5000부 정도 되었는데, 그중 독보적인 신문은 거의 100만 부 정도가 팔렸다. 한편 1870년대와 1880년대에는 일요신문에서 [일간]신문의 방식을 차용하여 새로운 형식을 갖춘 석간신문이 성공적으로 업계에 진출했다.

대중적 정기간행물이 새롭게 확장된 시기가 지나고 1890년대가 되면, 특히 대도시를 중심으로 빠르게 성장하는 하층 중산계급을 통해 더욱 싼 일간지인 반 페니짜리 『데일리 메일*Daily Mail*』—좀 다른 대중을 상대로 하면서 『타임스』를 의식적으로 흉내낸 신문—같은 신문이 일간지의 확산을 눈에 띄게 진전시켰다. 이러한 변화의 기반은 경제적인 것으로, 전통적 상업 계층의 지지가 '대중' 광고를 통한 새로운 수입원으로 대체된 것이다. 1900년이 되면 일간지 독자들은 (여전히 점진적으로 증대되긴 하지만) 150만 명에 달했고, 1910년이 되면 200만 명에 이른다. 일요신문이 기존 독자뿐 아니라 다소 다른 독자들을 기반으로 여전히 선두를 지키고 있었다.

1920년이 되면 전쟁 중 뉴스에 대한 수요가 증대한 이후로 일간지 독자가 500만 명 이상으로 늘어나고, 일요신문의 독자는 1300만 명으로 늘어난다. 실제로 양차 세계대전 사이의 기간 중 일간지의 독자가 노동계급으로까지 확산되는 현상이 시작되지만, 1937년까지 일간지 독자는 여전히 1920년대의 일요신문 독자 수에 미치지 못했다. 또한 일간지의 내용이 근본적으로 변화하는 현상이 일어나는데, 이는 유통의 경쟁에 따라 '대중' 광고 수입을 추구하고, 그것이 없으면 신문이 큰 손해를 보게 되는 상황에서 연유한 것이다. 『데일리 메일』은 새로운 유형의 신문인 『데일리 익스프레스*Daily Express*』에 추월당했는데, 『익스프레스』는 기존의 정치적 신문보다 훨씬 잡지다운 내용을 혼합하여, 외양에서도 혼합 양상이 뚜렷하게 드러나도록 했다. 일간지 분야가 독서대중 전체를 포괄할 정도로 완전히 확장된 것은 2차세계대전 기간이었고, 그 판매 부수는 1947년 1500만 부에 달했다. 그사이 일요신문은 2900만 부 이상에 도달했다. 일요 언론 분야는 1910년에서 1947년 사이에, 일간 언론은 1920년에서 1947년 사이에, 그야말로 가파른 상승 곡선을 그리면서 대중 언론은 실질적으로 자리를 잡게 되었다. 더욱이 이는 언론 전체로 보면 1820년대 이후부터 일요신문의 전통적 내용과 방법에 따른 것이었고, 두번째로는 신문의 새로운 경제적 기초, 즉 적자로 운영하고 '대중'을 상대로 한 광고를 통해 수익을 보충하는 방식에 의한 것이었다. 그러나 같은 기간에 전통적 일간지의 방식을 의식적으로 모방한 새로운 유형의 일요신문(『옵저버*Observer*』『선데이 타임스*Sunday Times*』)이 나타나 점점 독자층을 넓혀갔으며, 살아남은 옛날 스타일의 신문들도 눈에 띄게 독자층을 늘려갔다.

이러한 팽창기의 마지막 십 년간에는 새로운 형태의 신문인 『데일리 미러』가 『데일리 익스프레스』를 제치고 선두에 나섰으며, 현재는 확실하게 선두를 차지하고 있다. 『데일리 미러』는 뉴스와 가벼운 읽을거리를 결합하는 방식을 더욱 확실하게 적용한 신문으로, 외양도 훨씬 더 많이 바꾸었다. 이 신문은 방법과 내용에서 부분적으로는 전통적 일요신문을 따랐고, 일부는 이제 일간지의 상업적 기반이 된 새로운 광고 기법을 동원했다. 1950년대가 되자 독서 대중 전체를 거의 장악하면서 팽창은 전반적으로 둔화되었고, 이 무렵 일종의 양극화 현상이 발생하여(1960년대에도 여전히 발생하고 있다) 가장 극단적인 형태의 가벼운 읽을거리 위주인 신문이 계속 성공하는 한편, 오래된 스타일의 신문도 뚜렷하게 살아남게 되었다. 신문과 읽을거리를 혼합한 초창기 형태의 신문은 독자를 잃고 있다.*

이 중요한 점들(뒤에서 좀더 자세히 살펴볼 테지만)에 대해 던져야 할 질문은 이렇다. 첫째, 현재 확립된 대중 언론의 실질적인 사회적 기반은 무엇인가? 그것은 내용이나 형식 면에서 오래된 대중문학의 전통에서 자라났으며, 세 가지 면에서 핵심적 변형 요인들을 지니고 있다. 먼저 산업화에 의해 생산과 분배 방식이 엄청나게 개선되었다는 것, 다음으로 역시 산업화와 민주주의를 위한 투쟁과정에서 사회적 혼란이 생겨나고 선거권이 확대되었다는 것, 마지막으로 새로운 경제 조직과, 이전과는 다르게 조직된 대중에 의해 신문의 재정적 기반으로서 일종의 광고 제도가 필요해졌다는 것이다. 1870년의 교육법이 대중의 문자 해독률을 끌어올린 원천이라고 가정하더라도(사실은 그렇지도 않지만), 문자 해독 자체가 변화를 초래한 요인은 아니었다. 1850년경에도 지금 매일 팔리는 『데일리 미러』보다 더 많은 수의 신문을 사서 읽을 정도의 성인 문자 해독 인구가 존재했던 것이다. 문자 해독은 다른 변화들의 관점에서는 하나의 요인이 될 수 있다. 그러므로 대중 언론의 개선을 추구하는 과정에서는 높은 문자 해독률

* 최근 이 사소한 강조가 전통적 '정론'지에 놀라운 효과를 낳았다. 일요신문, 잡지와 증보판은 분명히 광고 수익과 연관된 것이지만, 아마도 텔레비전의 확산에 따른 신문의 새로운 사정과도 연관이 있는 듯하다. 한편 분열된 교육 시스템을 반영하듯 사회적·문화적 양극화 현상은 언론 전체에도 매우 뚜렷하게 나타난다.

을 추구하는 것이 현명하지만, 문제의 핵심에 이르려면 산업사회의 사회적 조직과 경제적 조직, 그리고 신문 같은 사회 서비스가 보수를 받는 방식 같은 것을 질문해야 할 것이다.

둘째, 대중 언론의 커뮤니케이션 기반은 무엇인가? 18세기의 『애드버타이저*Advertiser*』와 19세기의 『타임스』는 특정한 독자들의 이미지를 기반으로 했으며, 그들은 소유주와 저널리스트 자신들이 속해 있었던, 확인할 수 있는 계급이었다. 20세기의 대중 언론은 1840년대에 시작되어 1890년대의 새로운 광고제도 이후로 빠르게 발달한, 하나의 특수한 신조를 표방하고 있다. 그 신조란 '대중' 혹은 '대중들'이라는 신조로서, 이때의 대중은 우리가 사는 자본주의 산업화 사회의 사회적·산업적 조직에 상응하는 특수한 비개성적 집단들을 말한다. 20세기 대중 언론의 본질적 새로움은 이 공식을 발견하고 성공적으로 이용했다는 점이며, 그 신조의 세부 장치에 관심을 기울이면서도 이에 관해 던져야 할 중요한 질문은 '대중' 공식과 우리 사회의 실제적 본성, 우리 문화의 확장, 그리고 사회적 민주주의를 위한 투쟁과 관련된 것이다.

이러한 질문들은 우리 언론을 깊이 있게 이해하는 수단인 동시에 대중 언론으로 중요하게 표시되는, 확장하는 우리 문화의 본성과 조건을 이해하는 수단이다. 이러한 질문을 던지고 그 질문이 열어주는 분야에서 대답을 구하는 일은 실제적 언론 역사의 현실적 결과이다. 기존의 공식들에 매달리는 한 우리는 잘못된 질문을 던지게 되거나, 아니면 어쨌거나 언론은 자유를 누리고 있다고 주장하는 사람들과, 어쨌거나 언론이 경박해지고 타락했다고 주장하는 사람들 사이에서 실속 없는 토론만 하게 될 것이다. 우리는 이러한 교착상태에서 벗어나야 하고, 언론의 역사가 바로 그 수단이다.

이제 나는 실제의 역사를 일곱 시기로 나누어 살펴보고자 한다. 초창기 중산계급 언론이 등장한 1665~1760년, 언론 자유와 새로운 대중 언론을 위한 투쟁의 시기였던 1760~1836년, 대중 언론이 확장된 1836~1855년, 확장의 2단계인 1855~1896년, 확장의 3단계인 1896~1920년, 확장이 완결된 1920~1947년, 그리고 이미 성취된 확장 내부에서 일어나는 새로운 경향들을 분석할 1950년대이다.

(1) 1665~1760년

영국 언론 발생사의 첫 단계는 결국 중산계급 독서 대중의 성장에 관한 이야기다. 18세기 전반은 영국 문화의 팽창에서 매우 중요한 시기이며, 신문과 정기간행물은 대중소설과 가정드라마와 더불어 이 시기의 가장 중요한 산물이다. 이러한 확장은 광범위하고 서로 다른 수준에서 이루어졌다는 점에서 의미심장하다. 언론의 발전은 그 범위와 수준을 완전히 반영하며, 그 이후의 역사 전체에서 핵심적 중요성을 띠는 팽창의 패턴을 확정한다.

새롭게 권력을 잡은 계급의 문화적 요구를 그냥 제쳐놓을 수는 없으나, 그것이 충족되는 방식은 다양한 법적·기술적·정치적 요인에 의해 결정된다. 17세기 말에서 18세기 초 언론에 가장 분명한 영향을 미친 요인은 우선 커뮤니케이션의 상태, 특히 우편 서비스의 상태였고, 두번째로는 국가에서 허가하는 인쇄에서 시장을 염두에 둔 상업적 인쇄의 조건으로 넘어온 것이었다. 국가가 인쇄를 통제하는 것은 뉴스와 의견을 퍼뜨리는 강력한 새로운 매체에 대한 명백한 정치적 통제였다.

16세기에서 17세기 초반 사이에는 이렇듯 분명한 사회적 목적을 위해 인쇄를 사용하려는 노력이 많았으나, 모두가 직접적인 정치적 검열 때문에 방해를 받았다. 『코란토스*Corantos*』, 『다이어널스*Diurnalls*』 『패시지스*Passages*』 『인텔리전서스*Intelligencers*』 등은 여러 가지 방법으로 난관을 돌파하기 위해 최선을 다했으나, 모든 것은 기본적으로 여전히 책 아니면 소책자 형식이었다. 1637년 주간 우편 제도가 정착되면서 뉴스레터 형식의 새로운 테크닉이 가능해졌고, 이는 출판사에 구독 신청을 하는 방식으로 유통되었다. 그리고 뉴스레터는 출판사에서 고용한 필경사들이 손으로 써야 했기에 인쇄물에 가해지는 제한을 피할 수 있었다. 그러나 이러한 자유의 진보는 분명 기술적으로는 퇴행하는 것이었고, 바로 그 자유가 진보적 기술을 찾았을 때 뉴스레터는 뒤처질 수밖에 없었다. 그러나 이러한 일은 거의 17세기 말까지는 일어나지 않았다.*

중대한 기술적 진보, 즉 책이나 소책자가 아닌 소식'지'의 발달은 사실 공식적 지시에 의해 이루어졌다. 1665년 공식적으로 『옥스퍼드 가제트*Oxford Gazette*』가 새로운 한 장짜리 신문 형태로 '당국에 의해 출판'되었던 것이다. 이것은 나중에 『런던 가제트*London Gazette*』가 되었고, 지금은 단지 관보이지만 당시에는 진정한 신문이었다. 그러나 같은 시기에 인쇄에 대한 국가의 통제는 새로운 기반 위에 놓이게 되었다. "선동적이고 반역적이며 허가받지 않은 책이나 소책자를 마구 인쇄하는 것"을 막기 위한 1662년의 검열법은 주요 인쇄업자의 수를 20개로 제한했다. 1663년 인쇄 검사관(로저 레스트레인지 경)이 지정되어 실질적으로 인쇄 뉴스를 독점했다. 이렇듯 적절한 기술적 형식은 찾았지만 그것을 이용할 수 있는 조건은 완강하게 거부되었다.

그러나 정치권력의 균형은 이제 분명히 변화하고 있었고, 1688년[명예혁명이 일어난 해]이 중요한 정치적 해이듯 언론의 역사에서는 1695년이 그러했다. 그해 의회는 1662년 검열법의 연

* 나는 이 영국혁명과 공화정 시기에 뉴스 기구의 중요성을 과소평가했다. 결정적인 사회적 기원이 그 시대에 속해 있었으나, 그 시대의 수많은 다른 선구적인 일들과 마찬가지로 그 발전은 전체적인 정치적 경제적 상황에 의해 왜곡되었고, 그 이후에 새로운 시작과 비슷한 것이 만들어져야 했다.

장을 거부했고, 이제 확장의 무대가 완전히 마련되었다. 새로운 자유에 더하여 우편 서비스도 개선되어 지방에는 화, 목, 토요일에 배달할 수 있게 되었으며, 켄트까지는 매일 이루어졌다. 확장은 더디 오지 않았다. 1695년에서 1730년 사이에 세 종류의 공공언론, 즉 일간지, 지방 주간신문, 그리고 정기간행물이 확고하게 자리잡게 되었다. 그 기간에 이 새로운 기구들이 문화적 확장의 전 영역을 포괄하게 되었던 것이다.

최초의 일간지인 『커런트*Courant*』는 1702년에 나왔으며, 뒤이어 『포스트*Post*』(1719), 『저널*Journal*』(1720), 『애드버타이저』(1730)가 나왔다. 같은 기간에 다수의 주 3회짜리 조간과 석간이 지방 우편 배송일에 맞추어 나왔다. 동시에 지방의 주간신문도 만들어졌다. 1695~1700년에는 2개, 1701~1710년에는 8개, 1711~1720년에는 9개, 1721~1730년에는 5개. 정기간행물로는 디포의 주간지 『리뷰*The Review*』가 1704년에 창간되었고, 리처드 스틸의 『태틀러*Tatler*』는 1709년에 창간되었다. 그러나 곧바로 인지세(크기에 따라 반 페니, 혹은 1페니)와 광고세(광고마다 1실링)를 매겨 새로운 형태의 국가적 통제를 시도했는데, 이는 세입을 늘리기 위한 것이 아니라 '반역을 억누르기 위한 효율적 방식'이었다. 이 새로운 형식의 통제는 새로운 조건의 특징이었다. 즉 시장에 대한 세금으로 국가의 검열을 대체한 것이다.

팽창에 대한 압력은 이러한 과세로 꽤 쉽게 흡수되었다. 특히 일간지는 아주 분명하게 새로운 계급에 봉사하는 것이어서 무엇으로도 막기가 어려웠다. 내용을 보면 더욱 분명한데, 이보다 더 상업적 이해관계에 봉사하는 경우는 없었기 때문이다. 처음에는 시장과 해운업에 대한 뉴스를 비롯하여 뉴스는 대부분 외국의 것이었다. 국내 뉴스의 주요 아이템은 '주식 가격, 거래 과정, 파산한 개인들의 이름과 신상' 등이었다. 수출품과 수입품의 목록이 실려 있었고, 뒤이어 결혼, 사망, 검시 따위의 자질구레한 항목이 실렸다. 마지막으로 실제 18세기의 신문을 지탱했던 아이템이 등장했으니, 다름아닌 소규모 광고들이었다. 상업의 발달로 인해 이 아이템은 한동안 신문의 주요한 특징이 되었고, 1730년의 『애드버타이저』는 바로 이러한 초점을 정확하게 맞춘 것이었다. 이 매체는 순전히 광고지로 시작했고, 나중에 확대되어 광고가 모자랄 때에만 '국외, 국내의 사건들에 대한 최상의 신선한 소식들'을 포함하게 되었다. 그러다 18세기 중반에는 주요 신문이 되었고, 뉴스보다 광고를 전면에 내세우는 광고 우선의 원칙은 그에 부수되는 중요성을 띤 하나의 형식을 창시한 것이었다.

그러나 동시에 신흥 계급의 확대된 관심사는 여러 가지 수준에서 정기간행물에 의해 충족되었다. 일간지는 보통 정치적 논평을 자제하는 편이었는데, 이는 논평이 불필요하다고 여겨서가 아니라, 다른 정기간행물을 통해 논평이 좀더 편리하게 이루어질 수 있었기 때문이다. 디포의 『리뷰』는 최초의 정치적 간행물로, 이후 수많은 계승자와 모방자를 낳았다. 그러나 풍속이나 문학, 연극 등에 관한 사회적 논평도 필요했다. 이러한 역할은 『태틀러』가 해주었고, 이 또한 수많은 아류를 낳았다. 정기간행물들이 창간되는 첫 단계가 지나자, 1730년에서 1760년 사이에 엄청난 팽창이 이루어졌다. '잡지'라는 말은 편리하게도 이러한 팽창을 표현해주었고, 1730년의 『젠틀맨스 매거진』을 시작으로 점점 더 큰 규모로 『런던 매거진*London Magazine*』『유니버설 매거진*Universal Magazine*』『타운 앤드 컨트리 매거진*Town and Country Magazine*』『옥스퍼드 매거진*Oxford Magazin*』『매거진 오브 매거진스*Magazine of Magazines*』『그랜드 매거진 오브 매거진스*Grand Magazine of Magazines*』 등이 쏟아져나왔다. 이러한 간행물은 매체가 봉사하는 독자 계층의 문화적 야심을 매우 뚜렷하게 보여주었다. 그 내용은 문학이라고 분류할 만한 독창적 작품을 비롯해 고급 저널리즘에서 '요약' 기능을 하는 글까지 그 질과 의도가 천차만별이었다. 이것이 그러한 문화의 확장 단계의 특징으로 인식되었다. 즉 일차적 사실, 문학, 의견을 원하는 층에서부터 이러한 것을 요약본으로 편리하게 받아들여 재빠르게 문화적 습득 수단으로 삼는 사람들에 이르기까지 모든 사람을 위한 출판 말이다. 이러한 성취를 이상화해서는 안 되지만, 이는 모든 영역에서 매우 인상적인 기록이다. 좋은 글도 많았지만, 의식적으로 '미리 요약된' 취향과 행동의 지침도 있었고, 이와 더불어 유명 인사들의 가십이나 스캔들에 대한 관심을 이용한 것도 있었다. 스틸의 『태틀러』뿐 아니라 드라리비에르 맨리 부인의 『피메일 태틀러 *Female Tatler*』도 있었으며(맨리 부인은 『지체 높은 남녀의 비밀스러운 비망록과 풍속 *Secret Memoirs and Manners of Several Persons of Quality, of both Sexes*』의 저자다), 『유니버설 크로니클 *Universal Chronicle*』에 실린 존슨의 에세이뿐 아니라, "국내외…… 잡지, 평론지, 연대기에 실린 신기하고 유용하고 재미난 모든 것을 포괄하는" 『그랜드 매거진 오브 매거진스: 유니버설 레지스터 *Grand Magazine of Magazines, or Universal Register*』도 있었다. 사실 문화가 확장될 때에는 흥미로움과 진지함의 모든 수준에서 확장되며, 어떤 수준에서는 이것에 도움이 되기보다 이를 이용하는 경우가 많다.

한편 일간지는 그 내용과 조직과 야심이 변화하고 있었다. 정기간행물에서 다루었던 기사들이 점점 일간지로 흡수되기 시작했다. 논평, 일반 뉴스, 연극 공연 안내 같은 '잡지적 관심사', 가벼운 문학, 평론 등. 이러한 확장은 탄탄하게 성장하는 상업적 기능을 기반으로 이루어졌다. 1740년대 이후로 광고의 분량이 늘어났고, 성공한 신문은 점점 더 많은 이윤을 내는 사업체가 되어갔다. 이러한 발전의 표시로 새로운 소유관계가 시작된다. 보통 초창기 신문들은 인쇄업자의 자산이었고, 그들은 인쇄 시설을 계속 활용하는 방안으로 정기적 인쇄를 환영했었다. 어떤 경우에는 신문이 부업에서 주업으로 되어갔고, 전체적으로 19세기 초반까지는 이러한 발전이 완전히 이루어지지는 않았다. 이러한 상황에서 유동하는 합자회사가 신문을 운영하게 되면서 인쇄업자들은 소유주가 아닌 고용된 에이전트로 변했고, 이것이 당시의 자연스러운 상업적 발전이었다. 이러한 종류의 첫 회사는 1748년에 만들어져서 『런던 가제트』를 경영했고, 이 변화는 뒤에 상당한 중요성을 지니게 되었다.

유통량은 꾸준히 증가했다. 1711년의 총판매량은 225만 부였으나, 1753년에는 700만 부가 되었다. 독자층은 판매량보다 훨씬 많았는데, 신문을 개개인이 사는 경우보다 커피하우스나 그와 비슷한 시설에서 사는 경우가 많았기 때문이다. 1757년의 인지세 인상은 애초의 과세에 비해서 더이상 [신문의] 팽창을 저지하지 못했다. 사실은 바야흐로 경제 부흥으로 인해 신문이 좀더 높은 정치적 지위를 탐내는 시절이 도래한 것이다. 신문의 정치적 중요성은 이미 충분히 인식되어 정부 측에서 끊임없는 뇌물을 제공하는 대상이 되기도 했다. 예를 들어 [로버트] 월폴은 임기 말년 십 년 동안 신문과 팸플릿 발행인들에게 5만 파운드가 넘는 뇌물을 제공했다. 그러나 정치적 제도인 언론의 자유를 진지하게 요구하는 시기도 다가오고 있었다. 이와 관련된 핵심 논쟁은 의회의 의사록을 보도할 자유였고, 그때까지 정기간행물에는 이러한 자유가 없었다. 1736년 [에드워드] 케이브는 『젠틀맨스 매거진』에 의회 토론을 보도하기 시작했다. 1738년, 이것이 의원의 특권에 대한 위반이라고 선언되었지만 케이브는 「릴리풋의 상원의원」 같은 기사들을 발간했고, 1752년부터는 발언자 이름의 첫 글자와 마지막 글자만 표기하는 식으로 직접적인 의사록 보도를 재개했다. 싸움에서 이겼다고 할 수는 없었지만, 보도의 권리 주장만은 확실하게 한 셈이었다. 이후 1750~1775년 기간에, 언론의 자유와 정치적 위상은 언론의 발전에서 지배적인 쟁점이었다. 왜냐하면 신문은 이제 공개 시장으로 나와 번성하게 되었기 때문이다. 이제 비슷한 역사를 가진 다른 사안들과 마찬가지로 언론 역시 그 나라의 정부에서 좀더 큰 몫을 차지하고자 했다.

(2) 1760~1836년

1762년에 [존] 윌크스가 내놓은 『노스 브리튼*North Briton*』의 창간호는 그뒤에 나오는 독립을 위한 싸움에 적절한 서론이다. 윌크스는 이렇게 썼다.

> 언론의 자유는 브리튼인의 천부적 권리이며, 이 나라 자유의 가장 굳건한 요새라고 보는 것이 정당하다.

1760년대 말, 옛날 스타일의 상업지인 『퍼블릭 애드버타이저*Public Advertiser*』라는 일간지에 연재된 '주니어스의 편지'[가상 인물이 정부를 비판하는 내용]라는 탁월한 시리즈물로 인해서 언론 자유는 쟁취되었다. 1771년 윌크스의 선동으로 몇몇 신문이 자세한 의회 보도를 시작했고, 의원의 특권을 완전히 무시한 것은 아니었으나 성공적으로 이에 도전한 셈이 되었다. 그러나 이러한 승리는 '주니어스의 편지'에서 비롯된 사건에 대해 [윌리엄] 맨스필드 경의 명예훼손 관련법에 따른 법률적 해석으로 다소간 상쇄되었다. 여기서부터 배심원단이 아닌 형사 법원이 특정 출판물의 명예훼손 혐의 여부를 판단하게 되었고, 이러한 식으로 출판인에 대한 기소와 선고가 몇 건 있었으며, 이는 1792년 명예훼손에 관한 법에 의해 자료에 대한 판단이 다시 배심원단에게로 넘어갈 때까지 계속되었다.

출판인들은 각자 고통을 겪었지만, 전체적으로 언론은 이 시기에 떠오르는 분야였다. 『모닝 크로니클*Morning Chronicle*』과 『모닝 포스트*Morning Post*』라는 두 주요 신문이 1769년과 1772년에 창간되었다. 이와 더불어 런던의 일간지는 정치적으로 자리를 잡게 되었다. 1785년에는 『타임스』가 뒤따랐다. 1776년에는 인지세가 다시 인상되었지만 유통량은 계속 증가했다. 1753년에 연간 700만 부에 달하던 판매량은 1776년에는 1223만 부가 되었고,

1811년에는 2442만 부에 이르렀다. 1784년의 런던에는 조간신문이 8개 있었으나, 1790년에는 14개로 늘었다. 유통 방식은 처음에 1784년의 우편 마차에 의해, 1785년에는 일반 우편물과 신문을 분리하는 방식에 의해 개선되었다. 이러한 개선에 힘입어 최초의 정기 석간신문이 나왔다. 1788년에 창간된 『스타*Star*』는 2000부의 판매량을 올렸다. 뒤이어 1789년에 창간된 『커리어*Courier*』의 발행 부수는 7000부에 달했다. 당시의 주요 조간신문은 2000~3000부 정도의 부수를 발행했는데, 이 정도로도 이윤을 낼 수 있었다. 『모닝 포스트』가 일시적으로 하향 곡선을 그려 1790년대에 유통 부수가 350부 정도로 떨어져서야 폐간을 걱정할 정도였다. 한편 1779년에는 최초의 일요신문인 『선데이 모니터*Sunday Monitor*』가 나타났는데, 뒤이어 수많은 모방 신문이 나와서 단명한 것들도 있고, 『옵저버』(1791), 『벨스 위클리 메신저*Bell's Weekly Messenger*』(1796), 『위클리 디스패치*Weekly Dispatch*』(1801)처럼 성공을 거둔 것도 있었다. 1789년 인지세는 2펜스, 광고세는 3실링으로 인상되었다. 1797년 인지세는 3.5펜스까지 올랐다. 1789년에는 종이를 임대하는 관행을 금지했으나 실제로는 여전히 이루어졌다. 이러한 조치들은 유통 부수의 일시적 하락을 초래했으나, 수요는 여전히 증가 추세였다. 프랑스혁명에 뒤이은 격앙된 정치적 분위기에서 언론의 영향력은 정부가 매우 두려워할 만한 것이었다. 1801년 토리 성향의 『안티 자코뱅 리뷰*Anti-Jacobin Review*』는 이러한 이슈와 맥락을 분명하게 정리했다.

> 우리는 오랫동안 이 나라에서 신문이 만들어진 것은 유감스럽게 생각할 만한 불행이라고 생각해왔다. 그러나 신문의 광범위한 유통으로 인해 그 영향력이 지배적이므로, 이제 우리는 신문을 깊이 통탄해할 만한 재앙이라고 생각한다.

이 문제는 통탄하는 것으로 끝날 일이 아니었다. 특별보조금 제도가 계속되었고, 남아 있는 기록들은 1782~1783년, 1788년, 1789~1793년의 실질적 지출을 보여주고 있다. 그중 마지막 연도의 기록에 의하면 9개의 신문이 보조금을 받았는데, 『모닝 헤럴드*Morning Herald*』와 『월드*World*』가 각기 연간 300파운드, 『타임스』가 300파운드, 『퍼블릭 레저*Public Ledger*』가 100파운드이다. 1794년 『오라클*Oracle*』의 생산비용은 연간 6864파운드가 지출되었으며, 『더 타임스』의 1797년 생산비용은 8112파운드였다. 그러므로 앞서 언급한 보조금은 각 신문의 재정에서 주목할 부분이기는 하나 결정적인 것은 아니었다. 보조금은 당연히 환영할 만한 것이긴 했지만, 동시에 『오라클』의 경우 매일 1700부 가량 유통되면 이윤을 낼 수 있었고, 『타임스』 역시 2000부의 유통량으로 이윤을 낼 수 있었다. 이러한 숫자는 차변의 공제액과 대변의 광고 수익을 제외한 것이긴 하나, 전체적으로 보아 성공적 신문의 상업적 위치는 원하면 독립성을 유지할 정도는 된다는 점을 보여준다. 동시에 정부의 영향력이 행사되는 다른 수단도 있었다. 신문 기자들에게는 직접 돈이 주어지기도 했는데, 1793년 6월 기준으로 최소한 연간 1637파운드 정도 되었다. 이는 1820년대에 절정을 이루어서, 정부의 광고를 정부의 정책에 협조하는 신문에만 배정하는 경향도 나타났다. 이러한 상황을 전체적으로 볼 때, 분명 금전을 이용하여 영향력을 행사할 수 있었지만, 이는 언론의 힘과 효과 때문에 매수하는 것이며, 이러한 힘과 효과—적은 양이 유통되어도 신문을 여럿이 돌려 읽음으로써 독자층이 배가되고, 언론의 발전에 내내 중요한 요인이 되어왔던 광고 수익으로 인해 재정적으로 가능한—는 언제든 결정적 순간이 오면 재정적으로 독립을 성취할 가능성을 부여하기도 했다. 그러나 이와 반대되는 조치들도 있었다. 1815년 인지세가 4펜스로 인상되고, 광고세는 3실링 6펜스로 올랐다. 이렇듯 새로운 과세로 언론의 발전에는 중요한 새 요인이 등장하게 되었다. 코빗은 뉴스를 제외하고 정치면에 집중함으로써 『폴리티컬 레지스터 *Political Register*』를 인지 없이 2펜스에 판매했고, 주당 4만 4000부라는 경이적인 판매량을 달성했다(실제로 이를 읽는 독자의 수는 50만 명에 이르렀다). [토머스] 울러가 1817년에 창간한 『블랙 드워프 *Black Dwarf*』는 1만 2000부의 판매량을 기록했다. 이 중요한 시기에 완전히 독립적인 창간 정신과 새로운 계층의 독자를 염두에 둔, 새로운 형태의 대중 언론이 등장하고 있었다. 정치적 열기가 뚜렷이 상승한 상황을 타고 완전히 독립적인 정치 언론이 등장했고, 이렇듯 새로운 정신(딱히 새로운 이념까지는 아니라 할지라도)을 내세운 코빗과 울러 뒤에는 색깔이 뚜렷한 새로운 계간지(1802년의 『에든버러 리뷰 *Edinburgh Review*』와 그 라이벌인 1809년의 『쿼털리 리뷰 *Quarterly Review*』는 각기 1818년에 1만 4000부를 팔았다)와 급진적 주간지(1805년의 『뉴스 *The News*』와 1819년의 『이그재미너 *Examiner*』), 그리고 『타임스』(1817년에 토머스 반즈가 편집인으로 취임)의 독립적 정신이 점점 성장하고 있었다. 독립 정신은 이 모든 매체에서 흘러나왔지만, 코빗과 울러는 이를 새로운 대중에게로 확산시켰다. 정부도 머지않아 반격에 나섰다. 1816년의 유통제안서 Circular Letter와 1819년에 발효된 6개 법안 중 2개는 직접적으로 언론의 정견('신성모독적이고 선동적인 중상모략')을 억압하고자 제정된 것인데, 새로운 대중 언론의 힘은 이때 완전히 억눌러지지는 않았지만 적어도 심각하게 약화되었다. [에드워드] 엘렌버러 경은 정부의 태도를 다음과 같이 명확하게 설명했다.

> 이 법안(1819년의 신문 인지법)이 겨냥하는 것은 점잖은 언론이 아니라, 비렁뱅이 언론이다.

이 시기 이후로 새로운 정치적·사회적 견해를 표방하는 '비렁뱅이 언론'과 '점잖은 견해'의 견지에서 재정적 독립과 편집권의 독립을 향해 나아가는 '점잖은 언론' 사이에 중대한 분열이 생겨났다. 후자의 경우만 가지고 언론의 역사를 쓰는 것은 쉬운 일이지만, 독립적 급진 언론의 역사도 근본적으로 중요하다. 노골적 탄압에 대해서 코빗, 울러, [리처드] 칼라일, [헨리] 헤더링턴 등은 매우 열심히 잘 싸웠고, 차티스트 언론 역시 일시적으로나마 중대한 성공을 이루어냈다. 그러나 이러한 언론의 경제적 기반은 당시에도, 또 그 이후로도 매우 어려운 상황이었다. [로버트] 블래치포드와 [조지] 랜즈버리를 거쳐 오늘날의 『데일리 워커 *Daily Worker*』나 『트리뷴 *Tribune*』에 이르는 흐름을 따라와보면, 지속적 재정 압박에 직면하여 기자들뿐 아니라 수집가와 판매자까지도 상업적 기획을 추진하기보다 대의명분에 봉사하는 심정으로 끈질기게 자원봉사나 보수 낮은 일을 감당해주었던 역사가 드러난다. 이런 언론은 광고 수익과 조직적 배급망을 갖춘 '점잖은 언론'의 자원을 사용할 수는 없었지만, 정치적 변화의 국면마다 이와 직접적으로 연관된 새로운 벤처 언론이 계속 등장했다. 이러한 비판적 언론이 없었더라면 언론의 역사는 물론이요 정치와 정견의 역사도 매우 달라졌을 것이다.

사실상 영국에서 언론의 경제적 조직은 그 신문들이 봉사하는 상업적 중산계급의 견지에서 뚜렷하게 형성되어왔다. 이렇게 조직된 신문이 좀더 광범위한 대중에게 가닿았을 때, 그 신문들은 참여나 진정한 공동체 관계의 수단으로가 아니라 상업적 기반으로 새로운 독자들을 끌어들였다. 코빗이 활동하던 시절, 새로운 대중이 등장하자 이 장구한 역사는 좀더 뚜렷하게 부각되었다. 공동체 전체가 그 신문을 제공받는 것이 아니라, 특정한 이해관계에 따라 제공받는 것이다. 정치적 견지에서 급진적 언론은 다양하게 갈라졌으나, '점잖은' 언론은 정부뿐 아니라 결국에는 사회로부터 상업적 독립성을 이룩하게 되었다. 1820~1850년에 독립적 급진 언론이 지속적으로 노력한 결과, 『타임스』는 새로운 위치로 옮겨가게 되었다. 피털루[학살 사건]에 대해 정부 측에 반대하고 캐롤라인 왕비 문제[조지4세와 캐롤라인 왕비의 이혼 스캔들]에서 대중의 편을 든 『타임스』는 차차 일관된 입장을 보이며 성장하는 중산계급 독자들을 등에 업고 '점잖은' 개혁세력의 주요 기구로 떠올랐다. 『타임스』의 판매량은 1820년 무렵 7000부에 달했고, 캐롤라인 왕비가 논란의 주제가 된 시기에는 일시적으로 1만 5000부까지 올라갔다. 『타임스』의 라이벌인 급진적인 신문들이 노골적으로 탄압을 받는 동안 『타임스』는 탄탄한 상업적 조직을 기반으로 『타임스』가 대표하는 계급에게서 수주한 광고를 통해 더욱 지지를 받으면서 앞서나갔다. 비슷한 종류의 다른 신문보다 『타임스』가 선두를 차지했던 것은 바로 1815~1832년이라는 중요한 시기에 개혁을 지지하는 정책을 채택함으로써 독립성을 위한 경제적 기반과 이를 향한 단호한 갈망을 결합해낸 덕분이었다. 또한 여기에는 기술적 이유도 있다. 창간 시절부터 『타임스』는 인쇄술의 개선(사실 이 신문은 애초부터 새로운 '연자連字활자Logographic'[인쇄의 편의를 위해 자주 쓰는 글자 배열을 합쳐 하나의 활자로 만든 것] 인쇄술을 광고하기 위해 만들어졌다)과 긴밀하게 연관되었던 것이다. 따라서 이 결정적 시기에 『타임스』는 기술적으로도 늘 앞서 있었다. 세계 최초의 증기기관 인쇄는 1814년 『타임스』에서 이루어졌다(실험은 1807년부터 있었다). 250부로 시작된 인쇄는 처음에는 시간당 1100부 정도였으나, 곧 1800부(양면으로는 900부)로 증가했고, 이후에 개량되어 1827년에는 양면 인쇄로 4000부 수준까지 증대했다. 이전에는 이 인쇄 용량 때문에 유통의 확장이 제한되기도 했었다. 이제 상업적 지위로 보나, 중산층 주도의 개혁정책으로 보나, 기술적 우월성으로 보나 『타임스』는 결정적 우위를 차지하게 되었던 것이다. 이러한 요인들은 서로 연관되어 있었다. 모든 상업적·정치적·기술적 요소에서 『타임스』는 신문 언론을 만들어내고, 이제 언론과 더불어 그 나라 정부에서 한목소리를 내는 데까지 나아간 중산계급 독자들의 완벽한 기구가 되었으니까 말이다.

이 시기 언론 발전의 다른 측면들도 간단히 언급해보자. 가장 중요한 것은 앞서 그 발생에 대해 언급한 바 있는 일요신문의 성장이다. 1810년까지 일요신문은 일간지를 앞서서 1만 부까지 유통되기도 했는데, 이는 1820년까지 『타임스』가 따라잡지 못한 수치이다. 주요 일요신문들은 대부분 선거법 개정을 지지했으며, 중요한 정치적 영향력을 행사했다. 그러나 동시에 『디스패치』를 위시한 일요신문들은 상당한 공간을 할애하여 살인, 강간, 치정 같은 사건들을 자세히 설명하거나 스포츠(경마, 레슬링, 격투기 등) 기사를 싣기 시작했다. 1815년 이후 이러한 경향이 뚜렷해지면서 1820년대에 가령 『벨스 라이프 인 런던*Bell's Life in London*』 같은 신문의 1면에는 신문 내용을 "이 주일의 뉴스와 더불어 패션, 위트와 유머, 실생활의 흥미로운 사건들에 대한 설명을 결합한" 것이라고 묘사했는데, 실제로 이는 외신 뉴스 한 칸, 생생한 선거 뉴스 한 칸, 일반적인 국내 뉴스 반 칸, 그리고 엄청난 양의 '재미난 사건들'과 살인사건 두 건, 탈옥 기도 한 건, 그리고 강도사건 한 건에 대한 보도를 포함한 자질구레한 글을 의미했다. 보도 형식은 직설적이었으며, 아주 작은 크기의 헤드라인만 있었다. 인지세의 인상으로 모든 신문은 작고 빽빽한 활자를 택하여 공간의 낭비를 줄였다. 그 결과 모든 신문은 18세기의 신문과 비교해서 매우 읽기 힘들어졌다. 한편 일요신문을 불법화하려는 시도가 되풀이되었다는 상황을 언급하고 넘어가야 한다. 그 문제에는 상당히 결연한 감정이 개입되긴 했으나 모든 시도는 불발되었다. 이러한 맥락에서 논쟁의 여지가 있긴 하지만, 일요신문이 '점잖은' 일간지보다 좀더 가난한 사람들에게 다가갔으리라고 짐작할 수도 있다.

이 시기에 다른 중요한 발전은 잡지에서 이루어졌다. 성공적인 계간지와 더불어 『블랙우즈*Blackwood's*』(1817)나 『런던 매거진』(1820) 같은 월간지가 나왔고, 전반적으로 '스캔들'이라 여겨진 새로운 유형의 주간지 『존 불*John Bull*』(1820)은 순식간에 1만 부에 도달했다. 새롭게 성공한 문학 주간지도 있었으며, 1830년대 초반에는 유별나게 성공적인 저가 잡지 『체임버스*Chambers'*』『페니*Penny*』『새터데이*Saturday*』 등이 모두 1832년에 창간되어 5만에서 20만 부 사이의 판매량을 달성했는데, 이는 새로운 독서 계층의 확산에 결정적 역할을 했다. 이들 잡지는 원래 노동계급을 겨냥했지만, 대부분은 여전히 인쇄물에 목말라하던 중산계급과 중하층에서 구매했던 것으로 보인다. 1830년에 연간 수입이 200~300파운드 내외의 중산층 가정은 호당 7펜스의 요금을 지불해야 하는 일간지를 볼 여유가 없었다고 한다. 따라서 1페니짜리 잡지가 주로 겨냥했던 것은 바로 이런 계층일 수밖에 없었다. 일간지가 이런 계층으로까지 확산되려면 언론에 영향을 미친 중요한 다음 법안이 나올 때까지 기다려야 했고, 이는 새로운 시대의 시작이었다.

(3) 1836~1855년

1836년 인지세가 4펜스에서 1페니로 줄었고, 1833년에는 광고세가 한 회당 3실링 6펜스에서 1실링 6펜스로 낮춰졌다. 이러한 변화는 『타임스』가 지배해오던 일간지뿐 아니라 좀더 뚜렷하게는 일요신문들의 괄목할 만한 팽창을 초래했다.

1820년대에도 『타임스』는 예외적으로 간간이 1만 5000부를 웃돌기도 했으나, 1830년의 평균 판매량은 1만 부 내외였다. 1831년에는 소량 늘었으나, 1835년에는 1830년보다 현저하게 떨어졌다. 이 신문의 정치적 중요성은 이미 확고했지만, 그다음 단계의 확장은 1836년 인지세 인하 조치가 있고 나서 이루어졌고,

1840년대가 되어서야 확연하게 드러났다. 1837년에 1만 1000부에서 1847년에는 3만 부까지 증가했으며, 계속 판매량이 늘어 1855년에는 거의 6만 부에 이르렀다. 이 수치들에서 일견 놀라운 것은 유통 부수가 더 많이 늘지는 않았다는 점이다. 왜냐하면 이제 『타임스』에는 거의 실질적인 경쟁자가 없었기 때문이다. 다른 일간지들은 여전히 1만 부를 밑돌고 있었다. 문제는 가격이었는데, 4펜스 혹은 5펜스 정도의 가격으로 개인이 신문을 사본다는 것은 여전히 소수의 고소득 계층에만 해당되는 이야기였기 때문이다. 『데일리 뉴스』(1846)는 2.5펜스의 가격으로 2만 2000부의 판매량을 달성했지만, 자본이 충분치 못하여 뒤처졌다.

한편 『타임스』의 성장에 대한 일반적 관심사에 가려져 있었지만 일요 언론 분야에서도 우리가 찾는 확장이 이루어졌다. 이미 1837년 무렵에는 『디스패치』와 『크로니클』이라는 두 일요신문이 호당 5만 부 정도를 판매하고 있었고, 1840년대에 이르면 격렬한 경쟁 국면에서 전반적으로 눈에 띄는 상승세가 보였다. 특히 『로이즈 위클리』(1842)와 『뉴스 오브 더 월드』(1843)가 대표적이다. 1855년 무렵 두 신문은 대체로 10만 부가량의 발행 부수를 달성했다. 1850년 일요신문의 총 유통 부수는 27만 5000부 정도로 추산되며, 이에 반해 일간지 유통은 6만 부 정도였다. 여기서 근대 상업 언론의 제1단계 팽창이 뚜렷하게 보인다.

1820년대 일요신문의 내용은 이미 언급한 바 있는데, 1840년대의 새로운 신문은 전반적으로 급진적인 어조나 뉴스의 선택에서 이들을 충실히 계승했다. 그러나 처음에는 1페니의 인지세도 피하기 위해 『로이즈 위클리』는 아예 뉴스를 싣지 않았고, 풍성한 삽화와 함께 연재소설과 허구의 소식만을 실었다. 그러나 1843년경 『로이즈 위클리』는 전통적 스타일에 순응하여 뚜렷한 '일요신문의 외관'을 갖추었다. 몇 가지 예를 들어보자. 1842년 2월 27일부터 '스포츠, 경찰 관보, 그리고 로맨스 신문'라는 부제가 붙은

『벨스 페니 디스패치』가 발간되었다. 주요 헤드라인은 "대담한 음모와 폭행 미수"였으며 커다란 목판화와 자세한 이야기가 뒤따랐다. 이것이 일반적 포맷이었으나, 『뉴스 오브 더 월드』의 창간호에 실린 "약물 범죄와 폭행의 특별한 죄목"이라는 헤드라인은 아주 작았고 삽화도 없었다는 점을 짚고 넘어가야겠다.

이러한 저널리즘의 출처는 사실 멀리 있지 않다. 이런 종류의 자료들, 특히 살인, 처형, 야반도주와 연관된 자료들을 수록했던 소책자나 이야기 시의 역사는 장구하다. 이는 특히 18세기에 인기가 있었고, 헤드라인이 달린 목판 삽화는 이 유형의 전형적 요소였다. 이는 19세기에 이르기까지 지속되었고, 이에 비견할 만한 소설의 유통도 비슷하게 팽창했으나, 이제는 분명히 광고 수익으로 무장하고 정치 뉴스와 정견, 탁월한 기술력으로 무장한 신문이 이 같은 자료들을 사고파는 가장 효율적인 수단이 된 시대가 다가온 것이다. 18세기의 신문이 일정 비율의 '잡지적 관심'을 흡수했듯, 19세기 신문들은 소책자나 이야기 시, 그리고 책력이 다루던 관심사를 훨씬 더 싼 가격에 흡수했다. 이것은 언론의 역사에서 되풀이해서 일어나는 현상이다. 즉 그 이전에는 아주 다양한 방식으로 소통되던 자료들이 싸게 생산되고 쉽게 유통되는 다목적 신문으로 흡수되는 현상 말이다. 신문 비즈니스의 경제학은 처음부터 이러한 길을 닦아놓았고, 이로써 집중성과 저렴한 가격이라는 요인이 지속적으로 팽창해나가는 문화에 얼마나 적합한 것이었는지도 분명해진다. 다양한 관심사는 문자의 형태로 만들어졌고, 각각의 확장에서 선구적 역할을 했던 것은 가장 싸고 광범위하게 보급된 인쇄물이었다.

(4) 1855~1896년

1855년 마침내 1페니의 인지세가 철폐되었고, 1853년에는 광고

세도 사라졌다. 이러한 변화는 언론이 이미 팽창하고 있고 뉴스의 수집과 배포에 관한 새로운 기술이 널리 이용되기 시작할 즈음에 일어났다. 이러한 복합적 요인들은 전반적 확장에 새롭고도 뚜렷한 국면의 효과를 나타냈다. 그러나 이를 살펴보기 전에 우리는 이러한 팽창이 사회적 견지에서 어느 정도나 이루어졌는가에 관해서, 그리고 분명 여기에 영향을 미쳤을 문자 해독률 같은 다른 사회적 요인들에 관해서 어느 정도 평가를 하고 넘어가도록 하자.

이 확장의 과정을 정확하게 살펴보려면 일간신문과 일요신문을 분명하게 구분해야 한다. 일요신문의 시작에서 받는 인상은 일간지 독자들과 다른 계급의 독자들을 겨냥했다는 것이다. 창간 때부터 일요신문은 '점잖은 언론' 축에 끼지 못했으며, 19세기의 초반 수십 년 동안 일요신문의 독자들은 주로 '낮은 계층'이라고 확인되었다. 그러나 1820년대의 일요신문은 보통 일간지와 같은 7펜스에 팔렸고, 이 가격으로 신문을 사 볼 수 있는 사람은 중산계급 가운데서도 소수였다. 문제는 일간신문의 초창기 역사와 마찬가지로 시설이 구매하는 경우이다. 새로운 커피하우스가 문을 열었고, 그곳에서는 거의 백여 개의 신문 잡지를 볼 수 있었다. 가스등 덕분에 영업시간을 연장할 수 있었던 상황에서 이러한 신문 잡지를 읽는 데 지불되는 비용은 1펜스였다. 신문은 단체로 구입되어 공장에서 낭송되기도 했지만, 술집이나 이발소도 점점 신문 잡지를 읽는 장소가 되어갔다. 이러한 곳에서는 일요신문이 가장 인기가 있었으며 이는 의심할 나위 없이 19세기 전반에 일요신문이 일간지를 앞질러 더 많이 팽창했던 이유를 설명해준다. 이때 일요신문이 일간지를 앞지른 현상이 오늘날까지 이어지고 있음을 주목해야 한다. 신문의 가격이 떨어졌고 점점 많은 사람이 개인용으로 신문을 살 수 있었지만, 일요신문의 우위는 여전했다. 이는 일요신문이 나오는 날이 대다수 사람에게 정말로 여유 있는 날이었기 때문이다. 이미 제시했던 1850년도의 수치—일요신문 총 27만

5000부, 일간지 총 6만 부—는 두 부류의 독서 대중과 그 독자층의 간극이 아마도 이보다 훨씬 더 컸을 것임을 말해준다. 왜냐하면 이 시기에는 일요신문이 단체용으로 더 많이 구매되어 읽혔을 것이기 때문이다. 또한 신문 배급이 주로 런던에 집중되어 있었던 것을 기억한다면, 19세기 중반 정말로 대중적 인기가 있다고 할 수 있는 일요신문은 수도 내에 확실하게 자리잡고 있었으며, 전체적 확장의 역사도 이러한 견지에서 다시 써야 한다. 19세기의 나머지 기간 동안 일간지는 주로 증가하는 중산계급으로 확산되었다. 19세기 대중 언론의 역사는 대체로 이와는 다른 대중 쪽으로 확장되는 일요 언론의 역사이다.

1816~1836년, 인지세가 4펜스이던 시절에 신문 판매량은 33퍼센트 증가했다. 1836~1856년에는 70퍼센트 증가했다. 1856년 이후의 사반세기에는 판매량이 최소한 600퍼센트 증가했으며, 이때가 주요 확장의 시기였다. 1855년 인지세 폐지의 직접적 결과로 두 가지 새로운 요소가 등장했다. 저렴한 대도시 일간 언론과 광범위한 지방 일간지다. 이러한 신문들이 생겨나서 번성하는 동안 일요신문과 그보다 더 비싼 일간지 역시 새롭고 광대한 유통 영역에 도달하게 되었다.

세금 폐지를 차치하고라도, 이 시기에는 유별나게 확장의 조건이 좋았다. 인쇄 기술은 여전히 꾸준하게 향상되고 있었다. 1827년 시간당 4000부에서 1857년 시간당 2만 부로 인쇄량이 늘어났다. 종이 가격도 계속 떨어졌다. 1794년 한 연連[전지 500장]에 21실링이던 종이가 1845년에는 55실링으로 올랐으나, 1855년이 되자 40실링으로 떨어졌다. 종이세는 1860년에 폐지되었고 이에 따라 제조 기술도 개선되었다. 주요 원재료의 가격은 계속 떨어졌다. 상업이 전반적으로 개선되자 광고 공간에 대한 수요가 상승했지만, 대부분의 신문은 광고료를 인상하여 이 상황을 완전히 활용하는 데 더뎠다. 뉴스의 수집에 전신이 활용된 것은 1837년이며, 1847년부터는 정기적으로 활용했고, 이를 완전히 활용하게 된 것은 1870년대 이후부터이다. 철도를 이용한 유통이 점점 가능해졌고, 1871년까지는 반품 허용 조건sale-or-return으로 철도 서적 판매대에 유통시킬 수 있었다. 이 모든 요인은 전반적으로 자신감에 넘쳐 확장되고 있었던 경제 상태의 분위기에서 작동했다.

1855년 6월 20일 인지세 폐지 법안이 통과되었고, 같은 날 그 후 40년간 일간신문의 확장을 주도한 신문이 등장했다. 『데일리 텔레그래프』였다. 3개월 만에 이 신문은 가격을 1페니로 낮추었고, 1860년까지 14만 1000부가 판매되었다. 1페니짜리 『모닝 스타*Morning Star*』가 1856년에 나왔고, 역시 1페니로 가격을 낮춘 『스탠더드*Standard*』가 1858년에 나왔다. 『뉴스』와 『스탠더드』가 경쟁하는 가운데 『데일리 텔레그래프』는 1870년에 20만 부, 1880년에는 25만 부, 1890년에는 30만 부의 판매량을 기록했다. 1870년대부터는 새로운 인쇄기가 도입되어 시간당 16만 8000부를 찍어냈다.

저렴한 일간지의 상승을 주도했던 『데일리 텔레그래프』는 "주간지나 월간지를 읽어본 적이 없는, 전적으로 새로운 대중"을 대상으로 여겼다. 이는 "합승마차의 지붕 좌석에 앉는 사람들이 읽는 신문"이었다. 문체는 초기 빅토리아 시대의 『타임스』와 명백한 차이를 보였으나, 일간지 가운데서도 가벼운 저널리즘 문체를 도입한 첫번째 신문은 아니었다. 이러한 문체의 선구자는 1780년대의 『모닝 포스트』와 『월드』였으며, 빅토리아 시대의 『타임스』 자체가 사실은 그 이전의 신문들보다 훨씬 무거운 것이었음을 기억해야 한다. [헨리] 래부셰어는 『데일리 텔레그래프』에 대해서 다음과 같이 말했다.

> 문학 자체와 전혀 연관성 없는 인물들이 신문의 소유주인 경우, 그들은 자연스럽게 모든 격식을 희생하고 신문

> 을 오로지 이익을 낳는 투기로 만드는 욕망만 드러내는 법이다.

『데일리 텔레그래프』의 소유주는 [조지프] 레비라는 인쇄업자 가문이긴 했으나, 문학과 저널리즘의 분리가 당시 새로운 현상이었다는 래부셰어의 암시는 받아들이기 어렵다. 종종 두 분야가 겹치는 경우도 있기는 했지만 18세기 말부터 작가와 언론인의 분리는 매우 뚜렷했고, 인쇄업자가 신문을 소유하는 것은 늘 흔한 일이었다. 확실한 것은 레비가 새로운 신문을 염두에 두고 있었다는 것이다. "우리가 원하는 것은 인간적 어조이다"라고 그는 『데일리 텔레그래프』의 신입사원에게 가르쳤고, 신문 독자들의 유일한 관심사가 정치라고 생각해서는 안 된다고 했다. 이러한 결과를 매슈 아널드는 "새로운 저널리즘"이라고 불렀다.

내용 면에서 보면 딱히 새로운 것은 없었다. 그러나 이 시대에 범죄, 성폭력, 기인奇人에 대한 관심은 의심할 바 없이 일요신문에서 일간지로 옮겨오게 되었고, 『모닝 포스트』 같은 오래된 신문으로도 전파되었다. 일찍이 1788년에 『모닝 포스트』는 다음과 같이 밝힌 바 있다.

> 신문은 그 방식에서 문학의 우아함과 꽤 오랫동안 분리되어왔으며, 오로지 악행 아니면 최소한 그날의 잡담만을 다룬다. 그러나 이러한 전제에 관해서 신문만큼이나 비난받아야 하는 것은 바로 그 신문의 고객들, 즉 대중이다.

빅토리아 시대의 『모닝 포스트』는 점잖은 쪽으로 변모했으나, [앨저넌] 보스윅이 이끌던 때(1852~1908)에는 범죄 보도에 전념했다. '새로운 저널리즘'은 복잡한 개념인데, 언론의 확장이 새로운 것을 만들어냈기 때문이다. 그것은 일간지 내에서 서로 뚜렷하게 구분되는 진지함의 수준 차이다. 1855년 이후는 어떤 의미에서 새롭고 더 나은 저널리즘이 선보였던 시기로, 19세기 전반의 사실과 허구가 혼합된 내용보다는 뉴스에 훨씬 더 큰 비중을 두게 되었다. 중산계급과 그 위 계층의 감수성 통합—체제상의 정당 갈등까지 억제할 정도로 강력한 감수성의 통일성—을 목도했던 시기에 신문은 대부분의 열광적 정치 선동을 그만두고 뉴스와 절제된 의견의 다양성으로 대중에게 봉사하고자 했다. 다른 한편으로 보면 정치적 분위기의 이런 변화는 대부분 정치를 19세기 초반의 싸구려 언론에서 차지하던 우월한 지위에서 밀어냈고, 좀더 일반적인 소식을 전달하는 데 새롭게 강조점을 둔 것이다. 『타임스』와 기존의 몇몇 신문 역시 새롭고 좀더 객관적인 보도로 기존의 독자 계층에게 봉사했으며, 『데일리 텔레그래프』와 새로운 신문들은 그보다 좀더 낮은, 발흥하는 중산계급에게 정치뿐 아니라 다른 분야의 뉴스에도 생동감을 부여한 새로운 저널리즘으로 봉사했다. 『타임스』 독자들의 일반적 반응은 그 이후에 보인 반 페니짜리 『데일리 메일』에 대한 반응과 비슷했다. 즉 "발랄하나 거칠고 천박하다"는 것. 다시 강조해야 할 점은 이 새로운 저널리즘의 어떤 스타도 18세기의 언론인들보다 더 거칠고 천박할 것이 없었으나, 언론 시장의 확장이라는 상황에서 보았을 때에는 이러한 점이 매우 두드러졌다는 것이다. 1857년 『데일리 텔레그래프』는 "버밍엄의 자웅동체 인간에 대한 특별한 발견"을 보도했으며, 1857년에는 "한 여성에 대한 광란의 폭행"을 보도했고, 내내 그런 식이었다. [에드워드] 버넘 경(레비 가문의 후손이자 『데일리 텔레그래프』와 계속 연관되어 있었던)은 『데일리 텔레그래프』의 역사에 대해서 이렇게 썼다.

> 파일을 뒤져보았을 때 정직한 전기 작가라면 『데일리 텔레그래프』가 범죄 이야기로 번창했다는 사실을 반박할 수는 없을 것이다.

여인을 목매단 사건을 3단에 걸쳐 묘사한 따위를 보면 싸구려 문학의 오래되고 대중적인 아이템이 이제 일간신문에 등장한다는 것을 알 수 있다.

이 시기에는 보도 문체에 분명한 변화가 일어났다. 이는 주로 전보를 규칙적으로 사용한 데서 온 변화였다. 그 이전의 문체는 기껏해야 책의 문체였고, 최악의 경우에는 언어 교과서가 '언론체'라고 부르는 것이었다(이러한 문체는 특히 전보를 쓰지 않았던 지방 신문에서 가장 오랫동안 살아남았다). 전보료를 절약하기 위해 압축하려는 욕구로 문장 길이는 짧아졌고, 키워드가 더욱 강조되었다. 단순화와 불필요한 삽입구의 제거로 얻는 점도 있지만, 복잡한 논쟁에서는 잃는 것도 있으며 두드러진 키워드가 사실을 왜곡하는 경우도 있다. 이러한 문제의 균형 맞추기는 이후로 신문 문체의 핵심적 문제가 되었다.

어떤 면에서 『데일리 텔레그래프』는 선구자였다. 이 신문은 『타임스』 등과 더불어 대중적 호소력을 갖는 매체였지만, 대중을 조직하는 면(가령 1887년의 여왕 즉위 50주년 기념행사에 3만 명의 아이들을 끌어모았다든가)이나 1882년에 코끼리 점보[런던 동물원으로부터 미국의 바넘 서커스단으로 판매됨]를 살리자는 캠페인 등에서 스스로를 절묘하게 내세우면서 주도적 역할을 했다. 반면 『데일리 텔레그래프』는 인쇄술 면에서 여전히 보수적이었다. 즉 여전히 빽빽하게 인쇄된 '일간지' 형태를 유지하고 있었는데, 이는 인지세가 비싸던 시절에 정착된 형태로서 이미 일요신문은 거기에서 벗어난 상태였다. 이 시기 미국 언론의 깨끗한 레이아웃과 큰 활자의 헤드라인(그 자체로는 20세기 중반의 『타임스』 뉴스 면과 비교할 만했던)은 종종 비난받았고 분명히 무시당했다. 일요신문과 같은 부류가 된다는 것은 저렴한 일간지가 두려워하던 일이었다.

한편 1855년부터 지역 일간지들이 번성하며 자리를 잡기 시작했다. 1855년에만 이런 종류로 17개의 새로운 신문이 창간되었고, 뉴스 통신사의 발달로 인해 이들은 점점 런던의 언론에 덜 의존하게 되었다. 가장 성공적인 신문은 4만 부의 판매 부수를 기록했다. 이 시대로서는 적은 수치지만, 지방지가 이렇게 많이 확산된다는 것은 신문을 읽는 대중이 이후로도 더 늘어날 것임을 보여주는 것이었다. 지방신문이라는 위치 때문에 이들은 런던의 일간지들이 서로 다른 대중의 수준에 맞추려고 경쟁하는 것에서 벗어나 있었다. 이들 지방신문은 그 지역 모든 독자에게 봉사하고자 특정하게 각을 맞추기보다는 일반적 정책을 따랐다. 이 지방신문들 중 몇몇이 우리 시대의 가장 훌륭한 신문으로 발전한 것은 결코 우연이 아니다.

저렴한 신문들을 만들어냈던 힘은 1870년대와 1880년대로 돌입하면서 더 강해졌다. 그다지 성공하지 못했던 반 페니짜리 신문(『런던 하프 페니 뉴스페이퍼』)이 1861년에 출현했으나, 지방에서는 1855년부터 성공적인 반 페니짜리 신문이 나왔다. 런던에서는 석간인 『에코*Echo*』가 1868년에 반 페니의 가격으로 나왔고, 1870년대와 1880년대에 저렴한 신문의 첫 단계는 바로 석간신문 분야에서 시작되었다. 스포츠, 특히 축구에 대한 관심이 증대하면서 석간신문은 새로운 기능을 갖게 되었고, 런던 지역에서 1880년대에 발간된 새로운 석간(1881년 『이브닝 뉴스*Evening News*』, 1888년 『스타』)은 결국 이러한 것을 주요한 관심사로 삼았다. 『이브닝 뉴스』는 보수당의 재정 지원을 받는 정치 신문으로서 처음에는 그다지 성공적이지 않았지만, 1890년대에 [알프레드] 노스클리프에 의해 성공적 신문이 되었다. 그즈음에는 『스타』라는 성공 모델이 있었는데, 그 신문은 방법 면에서 획기적 지표가 되었다. 인터뷰나 중간 제목, 미국식 헤드라인 등의 테크닉은 [W. T.] 스테드가 『폴 몰 가제트*Pall Mall Gazette*』(1865년 창간, 1883년부터 스테드가 편집)에서 도입했고, 새로운 저널리즘의 기법과 다른 특징들은 그 이후 [T. P.] 오코너가 『스타』에도 사용했다. 오코너는 다음과 같이 약속했다.

> 우리는 매일 긴 기사는 하나로 한정할 것이며, 이 기사는 보통 2분의 1단 정도를 차지할 것이다. 그날의 다른 아이템들은 간결하고 초점이 분명하며 수식이 덜한 어조로 다루어질 것이다. 우리는 일간지를 읽는 독자들이 정치 기사 이외에 다른 것들을 읽고 싶어한다고 믿으며, 그들에게 전적으로 비정치적인 글들—때로는 유머러스하고, 슬프며, 이야깃거리가 되고, 통계적인 글, 첨단 유행과 살림의 기술—때때로 극적이고 그림 같은 짧은 이야기들을 선사할 것이다. 보도란에서는 낡은 저널리즘의 문체를 버릴 것이며, 토론회장이나 설교단, 혹은 법정에 선 남녀의 모습을 그릴 때에는 그들이 내놓는 죽은 언어로서뿐 아니라 있는 그대로—숨쉬고 살아 있는 모습으로, 얼굴을 붉히거나 눈물을 흘리는 모습 그대로—묘사할 것이다.

이러한 묘사는 적절하지만, 오코너의 정책은 혁명이 아니라 지표라 해야 한다. 저렴한 조간신문에서 발견되었던 경향은 이제 새로운 산물인 저렴한 석간신문으로 확대되었다. 『스타』의 본질적 새로움은 19세기 후반에 초래된 새로운 관심사의 분포가 이제 인쇄상으로도 확인되었다는 것이다. 이제부터 새로운 저널리즘은 바로 자신만의 외양을 갖추기 시작했던 것이다.

『스타』의 첫 호는 14만 2600부가 팔렸다. 『데일리 텔레그래프』는 여전히 30만부가량 팔리고 있었다. 1855년 일요신문의 총유통량은 45만부 정도로 늘어났고, 그중 주요 신문은 10만 7000부가량 팔렸다. 이 시기의 막판에 총유통량은 172만 5000부 정도였고, 주요 신문인 『로이즈 위클리 뉴스』는 1890년경에 90만

부, 1896년에는 100만 부가량 팔렸다. 앞서 강조했듯 1820년부터 일요신문이 주도하여 시작된 대규모 신문의 성장, 그리고 노스클리프 이전의 이와 같은 유통량은 '노스클리프 혁명'의 본질을 평가하는 근본적인 요인이다. 이렇듯 성공적인 일요신문의 내용은 그 신문에서 늘 다루어온 내용들이었다. 예를 들어 잭 더 리퍼Jack the Ripper 살인사건은 『로이즈 위클리 뉴스』를 정상으로 끌어올렸다. 또한 일요신문은 그 주 전체의 뉴스를 내놓음으로써 위에서 언급한 신문의 팽창 이후에도 여전히 일간신문을 사보지 않는 대중에게 환영받았다.

(5) 1896~1920년

1855~1896년의 팽창을 좀더 자세히 살펴보면 가장 빠른 성장은 1855~1870년에 이루어졌다는 것, 그리고 그 당시에도 성장이 둔화되는 시기가 있었다는 것이 분명하게 드러난다. 일요신문의 발행 부수는 1855~1860년에 3배 증가했고, 1860~1870년에 다시 2배 늘어났다. 1870~1880년의 증가는 30퍼센트에 약간 못 미쳤고, 1880~1890년에는 12퍼센트가량 증가했다. 반면 지방 일간지의 유통량 증가는 1870~1890년에 이루어졌고, 석간신문은 1880년 이후에 두드러지게 팽창했다.

이를 설명할 수 있는 요인들을 언론 산업 자체 내에서 찾을 수 있는데, 특히 새로운 광고가 점점 중요해졌다는 것이 그중 하나이다. 오래된 신문의 상업적 번영은 다수의 소규모 광고에 달려 있었는데, 요즘 우리가 '안내 광고'라고 부르는 것들이다. 다른 매체들, 특히 전단 붙이기 등에서는 광고의 문체가 1830년대부터 바뀌기 시작했지만, 언론의 태도는 여전히 조심스러웠다. 특히 편집자들은 그들이 다루는 페이지의 정규 레이아웃이 깨지는 것을 극도로 꺼렸고, 조판의 활자들이 늘어나는 것도 꺼렸다. 광고업자들은 이러한 상황을 비껴가려고 여러 가지로 노력했으나 별로 성공하지 못했고, 포스터에서 시작된 기술들(이는 결국 실제로 언론의 얼굴을 바꾸어놓았다)에 적응해야 한다고 신문에 가한 압력이 성공하기 시작한 것은 1880년대나 되어서였다. 변화는 먼저 화보가 실리는 잡지에서 시작되었는데, 아기 누드나 이와 비슷한 모습을 보여주는 약이나 비누 광고, 또는 새로운 광고 기법의 선구자들이 등장했다. 결국 노스클리프를 선두로 하여 신문들은 단 편성의 규칙을 버리고 커다란 활자와 화보를 싣기 시작했다. 1897년 '『타임스』마저도' "3년 전 같으면 길거리 광고판에나 어울린다고 생각했을 활자로 이루어진 광고들"을 허용했다. 한편 『데일리 메일』의 1면은 이미 새로 문을 연 백화점에서 내놓은, 사이드카를 탄 수줍은 얼굴의 여인들 그림을 싣고 있었다. 친절, 봉사, 정직이라는 낱말들은 큰 활자로 뽑아 위엄을 띠게 되었다.

이러한 변화 이면에는 중대한 경제 변화가 있었다. 공장 시스템의 초기 단계에서 나온 엄청난 양의 생산물은 대대적인 광고 없이도 팔렸는데, 이는 주로 신기하고 새로운, 필수품이 아닌 생산물들과 연관되어 성장했다. 기본적인 물품에 대한 광고는 주로 가게 주인에 의해 이루어졌다. 즉 신문에 늘 실리는 안내 광고 같은 것 말이다. 이렇듯 비교적 단순한 단계에서는 대규모 광고나 상품에 대한 브랜드 네이밍이 주변부, 혹은 정말로 새로운 물건들에만 필요했다. 19세기 후반, 그 범위가 넓어졌지만(상표는 특히 새로운 특허 식품에서 두드러졌다), 강조점이 심대하게 변화한 시기는 1890년대에 와서이다. 1873년부터 1890년대 중반까지의 시기를 전체적으로 지배했던 대공황(비록 종종 회복세를 띠기도 하고 국지적으로는 강세를 보이기도 했으나)은 두 가지 분위기, 두 종류의 산업 조직, 그리고 기본적으로 상이한 분배에 대한 접근법 사이의 전환점이 되었다. 공황기 이후에 상품 가격이 하락하면서 생산 능력에 대한 두려움이 좀더 전반적으로 증가했고, 산업의 소유권을 더 큰 단위와 복합체로 재조직하려는 경향이 뚜렷해졌으며, 시장을 조직하고 가능하면 통제하려는 욕구가 강해졌다. 그러자 광고가 새로운 중요성을 띠기 시작했고, 시장 통제 시스템의 일부로서 점점 더 많은 상품에 적용되기 시작했다. 완전하게 발달된 시장 통제 시스템이란 광고 이외에도 관세, 특혜 지역, 카르텔 쿼터, 무역 캠페인, 생산자에 의한 가격 고정, 경제적 제국주의 등을 포함한다.* 이 시기에 수출 광고가 다 함께 증대했고, 국내에서는 미국과 경쟁하기 위해 여러 담배 회사가 임페리얼 담배 회사로 통폐합되면서 최대의 광고 캠페인을 벌였다. 1901년에는 『스타』의 8페이지를 모두 광고 지면으로 활용하기 위해 '엄청난 금액'을 제안했고, 이것을 거절당하자 4페이지를 사들여 "전 세계의 석간신문 가운데서 가장 비싸고, 거대하고 설득력 있는 광고"를 인쇄했다.

지면을 판매하는 시스템도 바뀌었다. 과거 18세기의 가게들은 에이전트나 브로커를 통해 신문의 공고를 '받아 보았'으나, 이제는 독립된 대규모 광고 에이전시들이 세워지고 신문에는 정규직 광고 매니저가 하급 사원에서 간부 사원으로 빠르게 성장했다. 광고 에이전트들은 신문사에 판매 부수를 공지해달라고 압력을 가했다. 노스클리프는 처음에 광고에 대해서 주저했으나(그는 『앤서즈』를 광고 없이 운영하려고 했다), 결국 신문의 재정에 광고가 새로운 기반이 될 수 있음을 처음으로 깨달았다. 그는 자기 신문의 발행 부수를 공지했고, 경쟁지들에게도 그렇게 하라고 도전장을 냈으며, 결국 하나의 산업이자 '대규모 독서 대중'과의 시장관계를 표현하는 것으로서 언론의 현대적 구조를 만들어냈다.

* 현대 광고에 관한 기본적 사회 경제사를 다룬 설명은 원래는 이 책의 한 장으로 기획된 것을 요약한 것이다. 나는 그 장을 광고에 관한 심포지엄에서 발표하기 위해 빼냈고, 그것이 다시 불발되었다. 나는 필요한 증거들을 더 보강하여 나중에 나올 책에 이 장을 집어넣을 예정이다. 그러한 식의 역사적 분석이 없으면 광고에 관한 논의는 본질적 차원이 빠져버리기 때문이다.

아무튼 대량의 판매 부수를 달성하려면 신문의 생산비는 증가해야 했다. 신문의 정책을 대규모 유통에 결부시킴으로써 노스클리프는 새로운 광고시장의 상황에서 그 공식과 수입을 찾아냈다. 그렇게 함으로써 그는 언론 자체에 매우 신속한 기술적 진보를 이루어낼 수 있었다. 그는 1896년에 값비싼 새 기계(새로운 윤전기는 시간당 인쇄 부수를 20만 부로 늘려놓았고, 1890년대에 상용화된 자동 주조 식자기는 식자공이 수동으로 하는 것보다 10배나 빠른 속도를 자랑했다)로 반 페니짜리 『데일리 메일』을 시작했다. 대량 유통이 이루어지고 새로운 규모의 광고 수입이 필요한 투자의 자본 요인이 될 수 있다면, 이러한 개선으로 인하여 신문 1부당 비용은 상당히 떨어지게 된다. 진정한 '노스클리프 혁명'이란 실제 저널리즘의 개혁이라기보다는 새로운 광고와 결부된 신문의 경제적 기초가 근본적으로 변화한 것이다.

1900년에 『데일리 익스프레스』를 창간한 [아서] 피어슨처럼 노스클리프도 정기간행물 사업으로 시작했다. 이 분야에서는 1830년대의 1페니짜리 잡지 시대 이후 두 단계의 성장기가 있었다. 첫번째는 1840년대부터 시작하여 20만 부 이상의 유통량을 보인 화보 잡지의 성장기이고, 두번째는 1860년대와 1870년대에 있었던 의식적으로 가벼운 주간지(1868년 『배니티 페어 *Vanity Fair*』, 1874년 『월드』)의 성장이다. 1881년 뉴너스의 『팃비츠』와 이를 모방한 『피어슨스 위클리 *Pearson's Weekly*』와 노스클리프의 『앤서즈』가 간행됨으로써 새로운 국면이 시작되었다. 본질적으로 이는 1855년 이후로 일간지, 1820년대 이후로 일요신문에서 시작하여 이제는 완전히 일상적인 의미의 뉴스와 분리된 '가벼운' 경향이 강조된 것을 보여준다. 이러한 주간지의 '사소함'은 종종 적대적 반응을 초래했으며, 이러한 방식이 진지한 뉴스의 보도에 대해서 보이는 반응은 분명 개탄할 만한 것이었다. 그러나 결국 좀더 강조해야 할 점은 이러한 주간지의 기능이 특히 문화적 팽창의 특정한 단계에 있었던 초창기 정기간행물, 즉 18세기 중반의 잡지나 1830년대의 1페니짜리 잡지와 그 기능이 유사하다는 점이다. 특히 노스클리프는 '대중 교육가'의 역할을 두드러지게 강조했지만, 질적 저하, 특히 그러한 언론의 주동자들이 점점 진정한 교육 그리고 문학과 거리가 멀어졌다는 점은 일반적인 문화사에서 매우 의미 있는 증상이다. 실제의 문화적 계급 구분에 나타나는 뚜렷한 문화적 '수준들'은 이전의 어떤 시기보다도 1880년대에 두드러졌다. 더욱이 후기 빅토리아 시대 영국에서 실제로 대중 교육을 담당하고 있던 대다수 사람은 언론을 통해 이러한 기능을 하게 되었다. 피어슨, 뉴너스, 노스클리프는 엄밀한 의미에서 보면 투기꾼이었다. 그들의 정기간행물 유통은 주도면밀하게 광고를 가지고 재주를 부려 이루어졌다. 때로 그들은 광고산업의 불균등 발전을 이용하기도 하고(뉴너스가 시작한 무가지 제도는 1930년까지도 대중 언론의 주요 판매 경로였다), 또다른 경우에는 도박의 형태(퀴즈 게임에서 이기면 평생 주당 1파운드를 준다든가 하는 보물찾기 등)를 띠기도 했다. 적어도 이들 두 가지 방법은 곧 불법적인 것으로 판명되었지만, 그때까지는 이러한 술책이 사용되었다. 독자들을 더 끌어들이기 위해서라기보다는 언론에 투자할 돈을 더 벌기 위해서였다. 예컨대 노스클리프의 『앤서즈』 창간호는 1만 2000부가 팔렸지만, 그해 말에는 4만 8000부로 판매량이 늘었다. 그리고 나중에 불법으로 판정받긴 했지만 '평생 매주 1파운드' 게임을 시작하자 두번째 해에는 판매량이 35만 2000부까지 늘었다. 그러나 이렇듯 판매량이 늘어난 것은 엄밀한 의미에서 언론의 새로움 때문이라기보다는 새로운 판매와 광고 정책 때문이다. 노스클리프는 이윤이 10배로 증가하자 사업을 확장할 수 있게 되었다. 처음에는 『코믹 컷츠*Comic Cuts*』나 『포겟 미 낫*Forget-Me-Not*』, 『홈 챗*Home Chat*』 같은 다른 정기간행물로, 다음에는 『이브닝 뉴스』를 사들인 뒤 마지막으로 이러한 새 사업들의 성공에 힘입어 『데일리 메일』을 창간했던 것이다.

1896년 당시 주요 신문이었던 『데일리 텔레그래프』는 30만 부 정도가 팔리고 있었다. 처음의 급속한 팽창기를 지나 이제 상대적으로 안정된 상태에 도달한 것이다. 노스클리프는 남다른 경제관념에 기초한 반 페니짜리 신문으로 신문의 확장을 다음 단계로 올려놓았다. 처음에 『데일리 메일』의 평균 판매량은 20만 부였고, 1898년에는 40만 부로 늘었다. 1900년의 판매량은 98만 9000부에 달했고, 이제는 분명 새로운 시대였다. 이 시점에서 일요신문에 비해 『데일리 메일』이 상대적으로 전통적인 방식을 취하고 있었다는 점을 지적하고자 한다. 『데일리 메일』의 1면에는 광고가 실렸고, 메인 뉴스 면은 1단으로 된 헤드라인과 작은 제목, 그리고 전반적으로 페이지를 밝게 하는 등 기존의 조간신문과 다르지 않았으며, 변화라고 해봐야 정도 차이일 뿐이었다. 『데일리 메일』의 성공과 당시의 주도적 지배력을 분석해보면 19세기 초반의 『타임스』의 부상과 매우 비슷하다. 우선 그것은 신문의 경제적 기반—유통량에 상응하는 많은 물량의 광고—에 대한 분명한 개념에 기초하고 있었다. 둘째로 생산이나 배급 면에서 기술적 우위를 차지하고 있었다. 셋째로 대중적 정치 노선을 택했는데, 『데일리 메일』이 드러내는 대영제국의 감성은 『타임스』의 개혁 노선에 해당되는 것이었다. 『더 타임스』가 선거법 개정 논란에서 첫번째 절정기를 맞이했듯, 『데일리 메일』도 남아프리카전쟁[2차 보어전쟁(1899~1902)]에서 첫번째 절정을 맞이했다. 『더 타임스』의 독자는 상업적 중산계급이었던 반면, 『데일리 메일』의 독자층은 일차적으로 소규모 사업가, 사무원, 장인으로 구성된 하층 중산계급이었다. 『데일리 메일』이 거둔 성공의 효과로 인해 1896~1906년 일간신문을 구매하는 대중의 수는 두 배로 늘었고, 1914년까지 『데일리 메일』과 그 경쟁지들은 다시 구독자의 수를 두 배로 늘렸다. 이러한 팽창은 놀라운 것이었지만, 기억해야 할 것은 분명한 이유 때문에 수요가 상당히 증가했던 전쟁 기간

중에 독자 수가 늘어났어도 일간지 구독자 수는 1947년 1500만 명에 비해 1920년에는 겨우 543만 명이었다는 점이다. 노동계급까지 일간지가 대규모로 확장된 것은 양차 세계대전 사이와 2차세계대전 기간인 1939~1945년에야 가능했다. 일요신문은 내내 주도적인 위치를 차지했다. 『데일리 메일』의 부상이 두드러져 보이는 1896~1920년에도 가장 많이 확장된 것은 일요신문들이었다. 1920년 정도까지 일요신문은 1300만 부 정도 팔렸는데, 이는 일간지 독자 전체의 2배 반 정도 규모이며, 일간지가 이 정도 규모의 독자 수를 갖게 된 것은 1939~1945년의 전쟁 기간 때였다. 대중적 일간지, 석간, 주간지의 역사는 결국 기존에 일요신문을 보던 대중에게로 이들 매체의 독자층이 확대된 것이다. 그러나 언론의 역사에 관한 거의 모든 토론에서 이러한 사실은 무시되며, 1870년의 교육법이 발효되기 전까지는 아무것도 읽지 않았던 새로운 대중이라는 아이디어만 호응을 얻는다.

다시 한번 강조하건대 이 시기의 진정한 새로움은 신문 출판의 경제적 측면에서의 변화이다. 그 새로운 개념을 체화한 『데일리 메일』이 기존 신문들에 미친 효과는 매우 뚜렷했다. 물론 『타임스』는 『데일리 텔레그래프』에게 추월당했고, 이는 사회적 견지에서 보면 중산계급이 상층과 하층으로 점점 나뉘는 경향을 나타내며, 『데일리 텔레그래프』가 수적으로 다수인 후자, 즉 중산계급의 하층에게 봉사한다는 것을 의미했다. 1870년부터 『타임스』의 유통 부수는 감소하기 시작했다. 1908년이 되면 그 수준은 1855년 수준 이하로 줄어들었고, 피어슨과의 싸움 끝에 노스클리프가 회사를 인수했다. 『데일리 텔레그래프』는 이미 『데일리 메일』에 추월당한 채 서서히 독자들을 잃어가고 있었고, 1920년에는 18만 부까지 줄었다. 다른 대중적인 1페니짜리 신문 중에서는 『스탠더드』가 크게 기울어 1917년에 폐간되었다. 한편 『뉴스』도 역시 판매 부수가 줄어 가격을 반 페니로 낮추었다. 이러한 사실은 『데일리 메일』이 새로운 독서 대중보다는 대부분 오래된 대중에게 봉사한다는 것을 보여준다는 점에서 의미가 있다.

노스클리프를 따라서 피어슨도 1900년에 새로운 유형의 일간지를 시작했다(『모닝 헤럴드*Morning Herald*』가 그것인데, 뒤에 『데일리 익스프레스』로 바뀌었다). 1페니짜리 주간지 삼총사 중 한 사람인 뉴너스도 1896년에 1페니 일간지인 『데일리 커리어』를 시도했다가 실패했다. 언론의 방법이라는 면에서 『데일리 익스프레스』는 『데일리 메일』보다 좀더 새로운 면모를 보였다. 『데일리 익스프레스』는 처음부터 1면에 뉴스를 싣고(이는 저렴한 가격으로 성공을 거둔 석간신문의 예를 따른 것이다), 1면 상단 전체에 걸친 큰 헤드라인을 처음으로 사용했다. 노스클리프는 또 새로운 신문인 『데일리 미러』(1903)를 시작했는데, 이 신문은 원래 여성을 위한 신문으로 나왔다가 실패했던 것이지만 가격을 반 페니로 낮추고 최초의 그림 신문으로 바꾸면서 성공을 거두었다. 1911년부터 『데일리 미러』는 『데일리 메일』보다 많은 유통 부수를 자랑하게 되었고, 1911~1912년에 (일간지로서는 최초로) 100만 부수를 달성했다.

이렇듯 신문 발행의 경제학이 변화하면서 훨씬 더 중요한 문제인 소유권의 방식도 바뀌었다. 그 이전에는 같은 인쇄업자나 소유주가 두세 가지 작은 신문들을 소유하는 경우가 간혹 있긴 했으나, 대체로 한 인쇄업자, 인쇄업을 하는 가문, 혹은 한 합자회사가 한 신문을 소유하는 것이 규칙이었다. 그러다 투자가 성향을 띤 새로운 소유주가 등장하면서 신문과 정기간행물을 모으거나 그룹으로 시작하는 현상이 나타나게 되었다. 처음에는 1페니 주간지 부문의 성공적 기업에서 자본을 축적하고, 다음에는 그 자본을 새로운 정기간행물에 투자하여 새로운 신문을 시작하거나 오래된 기존의 신문을 인수하는 식이다. 이렇듯 『앤서즈』에서 축적된 자본으로 『데일리 메일』을 창간했고, 『데일리 메일』

은 일간신문 최초로 주식회사의 형태로 투자하는 대중에게 넘어가게 된다. 1908년 말이 되면 노스클리프는 일군의 정기간행물뿐 아니라 새롭게 창간된 『데일리 메일』과 『데일리 미러』, 그리고 『타임스』, 일요신문 두 개(『옵저버』와 『디스패치』), 석간신문 하나(『뉴스』)를 가지게 된다. 같은 시기에 피어슨은 일군의 정기간행물과 새롭게 만든 『데일리 익스프레스』 『스탠더드』 및 『이브닝 스탠더드*Evening Standard*』(『세인트 제임스 가제트』 포함)를 사들였다. 이와 비슷한 다른 조직가들도 옆에서 대기하고 있었고, 이러한 방식으로 만들어진 새로운 신문들 가운데에는 『선데이 픽토리얼*Sunday Pictorial*』(해롤드 로더미어 경, 1915), 『선데이 그래픽*Sunday Graphic*』(에드워드 헐튼, 1915. 『일러스트레이티드 선데이 헤럴드*Illustrated Sunday Herald*』의 전신. 헐튼은 이미 『스포팅 크로니클』 『선데이 크로니클』 『데일리 디스패치』 『데일리 스케치』를 소유하고 있었다), 『선데이 익스프레스*Sunday Express*』(윌리엄 비버브룩 경, 1918) 등이 있었다. 이제 전반적으로 확장되고, 새로운 '대중' 광고라는 조건을 안고 있는 상태에서 언론계의 진정한 '노스클리프 혁명'이 시작되었고, 이는 뉴스의 지위를 독립적이고 사적인 사업에서 새로운 자본가 연합의 일원으로 바꾸어놓았다. 그리하여 20세기 대중 언론의 진정한 기초가 효과적으로 놓이게 되었다.

(6) 1920~1947년

1896년에서 1920년 사이, 독자층은 확대되고 소유는 집중되었다. 1920년 이후 독자층은 계속 확장되었고, 소유의 집중은 새로운 영역에서 출현하고 또다른 영역에서는 조금 누그러지기도 했으며, 언론 역사상 최초로 신문의 수가 실제로 줄어들기 시작했다. 확장의 긍정적·부정적 측면들이 이제 이 시대를 검토하는 데 고려해야 할 기본 요인이 되었다.

독자층의 확대는 두 단계로 나누어 이루어졌다. 1920~1937년, 1937~1947년이다. 첫번째 국면에서 주요 확장은 전국의 일간지에서 이루어졌는데, 이는 잘 알려진 대로 『데일리 텔레그래프』에서 시작하여 뉴너스, 피어슨, 노스클리프가 언론 이외의 특별한 조치들을 신속하게 발전시켜 추진되었다. 그것은 바로 행사 및 캠페인의 조직, 보험 제공, 그리고 (특히 『데일리 헤럴드』의 줄리어스 사우스우드 경이 개발한) 독자에 대한 상품 제공 등이었다. 모든 대중 신문이 이렇듯 특징적인 상업 광고에서 서로 경쟁하는 사이였기 때문에 그 이전의 성장기에 비해 단일한 주요 신문이 나타나기보다는 전체적으로 독자층이 확장되는 결과를 가져왔다. 전국 단위의 조간신문 발행은 1920년에 1일 543만 부에서 1930년에 856만 7567부까지 늘었고, 1937년에는 990만 3427부가 되었다. 1920년에는 100만 부 이상의 유통 부수를 기록한 신문이 2개였으나, 1930년에는 5개로 늘었고, 1937년에는 200만 부 이상을 발행하는 신문이 2개, 100만 부 이상을 발행하는 신문이 3개가 되었다. 『데일리 메일』은 1932년까지 선두를 지켰으나 이후에는 『데일리 익스프레스』와 『데일리 헤럴드』에 추월당했다. 1930년대 중반에 오면 독자층의 확대는 각기 불균등한 정도로나마 전 사회계층에 걸쳐 이루어졌다. 당시 연 수입 500파운드 이상 되는 집단의 구매력이 가장 높았고, 250~500파운드 사이는 꽤 높은 편이었으며, 125~250파운드 사이는 덜 높은 편이었고, 125파운드 이하 집단은 비교적 낮았다. 일요신문과의 비교도 중요하다. 1930년에는 일요신문의 발행 부수가 1450만 부였던 데 반해 일간지 총계는 856만 7567부였고, 1937년에는 일요신문이 1570만 부, 일간지가 990만 3427부였다. 그러나 1920~1937년에 일요신문의 확장 비율은 일간지의 확장에 비해 훨씬 더뎠다. 총판매 신장률은 일간지가 80퍼센트인 데 비해 일요신문은 20퍼센트에 불과했다. 또한 지역 신문의 경우, 확장은 거의 이루어지지 않았고 오히려 약간 감소한 정도였다.

이 시기의 초반은 언론으로서는 매우 어려운 시기였다. 신문 용지 가격은 1914년에 10파운드였다가 1920년에는 43파운드, 1922년에는 다시 22파운드가 되었다. 1935년이 되자 가격은 다시 10파운드로 떨어졌다. 신문 용지가 고가였을 때, 몇몇 신문은 발행을 중지하기도 했고, 유통 경쟁 비용이 가중되기 때문에 이러한 경향이 강화되기도 했다. 1921년에서 1937년 사이, 전국 조간 일간지의 수는 12개에서 9개로 줄었고, 전국 일요신문은 14개에서 10개로 줄었다. 같은 기간에 지역의 조간신문은 41개에서 28개로, 지역의 석간신문은 89개에서 79개로 줄었다. 지역 신문 분야의 하강세가 일차적 원인은 아니지만, 그와 연관해서 지역 언론을 광범위하게 통합해서 관리하는 경향이 나타나기도 했다. 지역 조간신문을 체인으로 소유하는 방식은 1921년의 12.2퍼센트에서 1937년에는 46.35퍼센트로 증가했고, 석간의 경우에는 7.86퍼센트에서 43.01퍼센트로 증가했다. 또한 일요신문의 통합 소유도 28.64퍼센트에서 47.11퍼센트로 늘었으나, 주도적인 연합 회사가 운영하는 전국 규모의 일간지 비율은 이 기간 중 50퍼센트에서 22퍼센트로 떨어졌다.

1920~1937년까지의 기간 대중 언론의 문체는 『데일리 익스프레스』가 주도했다. 헤드라인의 문체나 페이지 구성 면에서는 미국 신문의 영향이 뚜렷하게 보였으나, 기존의 두 영국 신문의 문체, 즉 『데일리 미러』같이 삽화가 그려진 신문과 잡지 스타일의 일요신문들이 서로 비슷해지는 경향도 나타났다. 1914년 8월 5일자의 『데일리 익스프레스』에는 작은 활자로 인쇄된 헤드라인이 펼쳐졌고, 일반적인 평조판 세팅의 1면은 각각의 아이템에 두세 개를 올린 것 말고는 중간 표제만 못한 작은 헤드라인으로 이루어져 있었다. 1937년이 되면(급격한 변화는 1920년대 말부터 일어났다) 헤드라인은 더 커지고, 삽화도 많아졌으며, 페이지는 이제 익숙해진 직소 퍼즐 모양으로 변했다. 1914년 『데일리 익스

프레스』는 7개의 단 중에서 5와 8분의 3개를 일반 형태로 인쇄된 뉴스로 채웠지만, 1937년에는 그 분량이 3개 반으로 줄었다. 1937년경이 되면 이러한 형태의 다른 신문들도 한발 앞선 『데일리 익스프레스』를 실제로 모방했는데, 다만 『데일리 메일』만은 1면에 광고를 싣는 패턴을 고집했다. 한편 이 시기에 삽화가 들어간 신문인 『데일리 미러』와 『데일리 스케치』는 1면의 3분의 1 정도만 정규 뉴스를 내보냈다.

1937~1947년, 전쟁 기간에는 신문이 부족했지만 전체적으로는 언론의 확장이 이루어졌다. 일일 발행 부수는 1937년의 990만 3427부에서, 1947년에는 1544만 9410부로 늘어났으며, 일요신문의 발행 부수는 더욱 놀랍게도 1570만 부에서 2930만 부로 증가했다. 런던 지역의 석간신문도 180만 6910부에서 350만 1599부로 증가했다. 이러한 확장의 패턴은 약간 변화했는데, 일간신문 중에서는 『익스프레스』와 『데일리 미러』라는 두 신문이 거의 400만 부의 판매 부수를 기록함으로써 단연 선두를 차지한 반면, 이 신문들의 경쟁지 판매 부수는 훨씬 더디게 늘어났다. 일요 언론에서는 『뉴스 오브 더 월드』가 400만 부 이하에서 800만 부로 올라섰고, 다른 두 신문 (『피플』과 『선데이 픽토리얼』)도 400만 부 이상으로 확장되었다. 물론 이러한 식의 확장이 언제 완성된다고 말할 수는 없지만, 총판매량은 여전히 일요신문의 절반을 약간 넘는 정도여도 일간지가 완전히 대중화되어 모든 계급의 사람들이 신문을 널리 정기적으로 사서 보게 된 것은 바로 1937~1947년 기간이었다고 말할 수 있다. 이렇듯 확장의 정점에 도달하자, 그와 동시에 신문들은 새로운 난관을 맞이하게 되었다. 전쟁 기간과 그 이후 신문 용지의 가격이 크게 올라 작은 신문들은 그 손실을 보충해야 했다. 이제 규모에 대한 제한이 없어지려던 참이라 새로운 경쟁이 시작될 예정이었다. 구매 고객은 전체적으로 더이상 늘지 않은 상태에서 기존 독자를 두고 경쟁하게 된 것이

다. 1920~1937년의 팽창기에는 신문의 수가 줄어든 바 있었고, 1937~1947년에는 비교적 안정세를 보였다. 이후의 단계에서는 합병의 압박이 새롭게 가해지게 된다.

마지막으로 이 시기의 중대한 사실로, 오래된 신문(『타임스』 『데일리 텔레그래프』)들이 전체 일간지 독자들에서 차지하는 비중이 증가했으며, 새로운 종류의 일요신문(『옵저버』 『선데이 타임스』)이 중대한 진전을 보였다는 사실을 언급해야겠다. 특히 1937~1947년의 팽창기에는 이러한 '정론지'들이 유통에서 실질적 증대를 보였다. 그 이전의 팽창기처럼 감소하거나 내몰리는 것이 아니라 전체적 팽창 국면에서 서서히 자신의 지분을 확대해 나갔던 것이다. 이는 확장이 새로운 단계에 이르렀음을 보여주는 하나의 징후이다.

(7) 현재

현재 영국에는 인구 1000명당 일간지 발행 부수가 609부에 달하고(이는 세계에서 가장 높은 수치이다), 성인 인구의 88퍼센트는 일간지를, 65퍼센트는 석간을, 93퍼센트는 일요신문을 읽는다. 달리 말해 1부당 독자가 평균 3명이라는 수치를 가정하고(이 수치는 과거에 대해서는 과소평가된 것이고, 현재로 올수록 약간 과대평가된 것이다) 판매량을 독서 인구로 바꾸어, 시대에 따라 달라지는 성인 인구에 대한 비율로 독서 인구를 표시하면 현재에 이르기까지 어떻게 팽창이 이루어졌는지 볼 수 있다. 일간지는 1800년의 1퍼센트에서 1850년에는 1.2퍼센트, 1875년에는 11.5퍼센트, 1900년에는 18퍼센트, 1910년에는 19퍼센트, 1920년에는 54퍼센트, 1930년에는 75퍼센트, 1947년에는 120퍼센트로 증가했다. 일요신문은 1800년의 1.3퍼센트에서 1850년에는 5퍼센트, 1875년에는 19퍼센트, 1900년에는 33퍼센트, 1910년에는 60퍼센트, 1920년에는 125퍼센트, 1947년에는 233퍼센트로 증가했다. 그러니까 일간지는 1차세계대전 기간과 그 직후에 주요 언론으로 성장했고, 2차세계대전 기간에 완전히 대중적으로 유통되는 언론이 된 것이다. 일요신문은 1910년 즈음 주요 언론으로 성장했고, 1920년경 널리 유통되는 매체가 되었으며 1947년에는 발행부수가 전체 독자층의 2배 정도가 되었다.

	1937	1947	1957
일간지 합계	9,903,427	15,449,410	17,000,000
일요신문 합계	15,700,000	29,300,000	26,888,000

순전히 숫자상으로 보면, 이 수준의 팽창은 거의 마지막 단계에 도달한 듯이 보인다.

동시에 신문의 실제 가짓수는 서서히 떨어지는 경향을 보인다.

	1921	1937	1947	1959
전국 조간	12	9	9	9
런던 석간	4	3	3	3
지방 조간	41	28	25	23
일요신문	21	17	16	15
지방 석간	89	79	75	75
주간신문	1485	1303	1162	900

이렇듯 축소되어가는 분야는 소유권이 더욱 두드러지게 집중된다. 전국 규모 일간지의 경우 4개 그룹이 총 유통의 77퍼센트를 장악하며, 이 4개 그룹이 일요신문 발행의 57퍼센트를 장악하고 있다. 또다른 두 개의 일요신문 그룹이 나머지 중 각각 14퍼센트와 24퍼센트를 차지하며, 일요신문의 95퍼센트를 6개 그룹이 나눠서 소유한다. 이 6개 그룹 중 2개가 런던 석간 유통량의 66.7퍼센트를 차지하며, 이 2개 그룹 중 하나와 나머지 그룹 중 하나가

지방 석간 유통의 30퍼센트를 장악한다. 체인식 소유는 위축되고 있는 지방 주간신문에서 널리 퍼져 있으며, 잡지 분야에서는 최근의 합병으로 인해 2개의 주도적 그룹으로 압축되었는데, 이 2개 그룹은 또한 주도적인 6개 일간지 그룹에 속해 있기도 하다. 실질적 선택의 여지가 점점 줄어드는 가운데 다수 언론과 소수의 소유 간의 대조는 이미 뚜렷하게 드러나 있으며, 여전히 이러한 경향이 지속되는 것으로 보인다. 또한 같은 집단들이 이미 상업 텔레비전도 상당 부분 확보하고 있음을 지적하고 넘어가야겠다.*

전반적인 언론의 확장에서 서로 다른 종류의 신문에 무슨 일이 일어났던 것인가? 신문을 대체로 '정론지' '대중지' '타블로이드' 정도로 거칠게 나눠본다면 우리는 다음과 같은 경향을 발견하게 된다.

	1937	1947	1957
	실제 판매량의 백분율 지분		
일간 정론지	8	9.5	9.5
일간 대중지	71.7	62.4	55.5
일간 타블로이드지	20.8	28.9	35
일요 정론지	3.5	3.5	5.5
일요 대중지	82	76.5	71
일요 타블로이드지	14.5	19.5	23.5

이러한 수치는 교육의 향상과 더불어 좋은 언론이 느리지만 꾸준하게 발전하고 있음을 증명해주지는 않는다. 정론지의 성장은 꽤 꾸준하게 지속되고 있으나 중대한 발전은 타블로이드 언론의 발흥이며, 잡지 분야에서도 같은 종류의 저널리즘이 꾸준히 성장하고 있는 것을 감안하면 이러한 점이 좀더 중요해 보인다. 언론 시장은 점점 더 특성화되어가고 있으며, 이는 광고 수입과 직접적

* 모두 예상했다시피 이러한 경향은 이후로도 지속되었다. 이에 관해서는 내 책 『커뮤니케이션*Communications*』(3판, 펠리컨북스, 1976) 참조.

관련이 있다. 온갖 부류의 독자들을 다 수용하는 대중 잡지는 점점 밀려나는 추세이다. 이런 잡지는 이제 교육받은 민주주의 체제 내에서 한창 발달하고 있는 언론과는 비슷해 보이지도 않는다. 그 대신 상황은 대중성의 공식이 지배적인 사회적 원칙이 되고, 언론의 다양한 기능이 점점 '판매 포인트'를 찾는 것으로 한정되는 방향으로 커뮤니케이션 시장이 조직되는 듯 보인다.

그렇다면 서로 다른 종류의 신문들은 사회적으로 어떻게 분배되는가? 광고 대리인이 규정하는 사회계급(거의 모든 독자 집단의 수치는 이제 광고와 연관되어 수집되는데, 이는 지배적 원칙이 무엇인가 하는 것을 아주 분명하게 보여준다)과 연령 집단에 따른 몇 가지 최근 통계가 있다. [274쪽 표]

여기서 우리는 다시금 바람직한 진화의 과정도, 대중적 토론에 사용되는 단순한 계급적 제휴도 발견할 수 없다. 연령 집단의 경향을 투사한다면 이러한 경향이 지속된다고 말할 수도 있겠지만 말이다. 계층 면에서 살펴보면 잘사는 부류의 주요 일간지가 『타임스』도 아니고(실제로는 『데일리 미러』가 더 앞선다), 『데일리 텔레그래프』도 아니며(거의 『데일리 메일』과 같은 정도이다), 대중지 가운데서도 가장 '타블로이드' 스타일에 가까운 『데일리 익스프레스』라는 점은 특기할 만하다. 일요신문에서도 『옵저버』는 이 계층에서 『선데이 픽토리얼』을 압도하지 못하며, 『옵저버』와 『선데이 타임스』는 둘 다 『뉴스 오브 더 월드』나, 더 확실하게는 『선데이 익스프레스』를 넘어서지 못한다. 잘사는 부류의 독자들이 사실상 (보통 주장하듯) 밀려드는 대중의 천박함에 대항하여 전통적 문화와 '고등교육을 받고 정치의식을 갖춘 소수'의 이해관계를 지키고자 한다지만, 그들은 이러한 신문들을 구매함으로써 매우 이상한 방식으로 그러한 일을 하고 있는 것이다.

결국 영국 언론의 기나긴 역사는 그 정점에 달하여 신문의 가짓수가 줄어들고, 몇몇 소수의 대그룹으로 소유가 집중되며, 최

사회계급	AB	C1	C2	DE
	558만	657만	1169.2만	1378.3만
	실제 판매량의 백분율 지분			
데일리 미러	16	28	44	39
데일리 익스프레스	36	39	32	28
데일리 메일	25	20	13	12
데일리 헤럴드	4	9	18	17
데일리 스케치	9	12	13	11
크로니클	11	12	12	11
데일리 텔레그래프	25	11	3	2
타임스	10	2	1	1
가디언	7	3	1	1
옵저버	19	8	2	2
선데이 익스프레스	47	33	21	17
뉴스 오브 더 월드	24	36	55	58
선데이 픽토리얼	20	34	49	41

연령대	16~24	25~34	35~44	45~64	65+
	실제 판매량의 백분율 지분				
데일리 미러	42	43	41	32	20
데일리 익스프레스	32	32	35	33	26
데일리 메일	14	15	15	17	16
데일리 헤럴드	14	12	14	16	13
데일리 스케치	13	13	13	11	7
크로니클	8	9	11	13	14
데일리 텔레그래프	5	7	8	7	8
더 타임스	3	3	2	3	2
가디언	3	3	2	2	1
옵저버	6	7	6	5	4
선데이 타임스	6	6	6	6	5
선데이 익스프레스	24	27	28	25	23
뉴스 오브 더 월드	54	47	46	30	42
선데이 픽토리얼	48	53	44	33	21

악의 저널리즘을 수용하는(사회계층마다 다르지만 전반적으로는 그러한 경향이 뚜렷해지는) 지경에 이르고 만 것인가? 이 과정은 분명 1870년대에, 혹은 그 시기를 좀더 앞당겨보자면 1820년대에 일어난 대중의 급습과는 다르다. 이는 전 사회에 걸쳐서 일어나는 현상이며, 이 과정을 제대로 이해하려면 모든 요소—나쁜 저널리즘뿐 아니라 소유주의 문제, 광고와의 관련성까지도—를 다 고려해야 할 것이다. 역사를 이해한다고 해서 중대한 문제들이 해결되는 것은 아니지만, 적절한 역사의식은 일반적인 기능적 신화와 반대로 어떻게든 유용한 접근 방법의 기초가 된다. 이 문제에 관해서는 3부에서 다시 다루도록 하겠다.

[영국 통계청의 사회계급 분류. AB: 고위 및 중간 관리직, 행정직, 전문직. C1: 감독직, 하급관리, 행정직. C2: 숙련 노동자. DE: 미숙련 노동자, 실업자 등 최하위층]

4 '표준영어'의 성장

I

사회계급의 지표로서 언어의 중요성은 영국에 살았던 적이 있는 사람이라면 누구나 과소평가하지 않을 것이다. 말에 대한 우리의 반응은 어떠한 경우에도 근본적으로 중요한데, 어떤 소리나 단어, 리듬은 우리 대부분에게 매우 심오한 감정과 기억을 불러일으키기 때문이다. 우리가 소속된 집단의 사람들이 말하는 방식에 따라 말해야 한다는 느낌 또한 매우 강하다. 사실 인류의 가장 중요한 커뮤니케이션으로서의 언어의 가능성은 바로 이러한 모방의 욕구와 능력에 중심을 두고 있다. 동시에 이 모방의 과정은 매우 역동적인데, 살아 있는 언어는 결코 고정된 상태가 아니기 때문이다. 가장 단순한 집단 내부에서도 다양한 언어 습관이 존재하며, 경험이나 다른 집단과의 접촉이 결합하여 우리가 모방하는 것을 지속적으로 변화시킨다. 언어는 우리가 경험하는, 변화하는 현실의 확인이자 발견이기 때문에 살아 있는 언어가 되려면 변화해야 한다. 그러나 어떤 사람의 일생 동안 일정한 사회 내에서 이미 알려진 방식에 귀속되어 있는 것이 중요할 것이며, 어떤 소리들을 만들고 듣는 일이 사회의식의 큰 부분을 차지하므로 한 가족, 집단, 국민의 일원이라는 중대한 인식은 그러한 행위와 불가분의 관계로 연결되어 있다.

그리하여 언어에는 모방과 변화를 향한 강렬한 충동 사이의 긴장이 반드시 존재하기 마련이다. 이러한 긴장은 우리의 기본적 성장과 학습과정의 일부이다. 언어의 역사에서 우리는 일반적으로 두 가지 매우 상반된 경향을 발견할 수 있는데, 하나는 각각의 언어가 특별하게 진화해왔다는 것이며, 다른 하나는 어떤 조건에서는 공동의 언어가 눈에 띄게 성장한다는 것이다. 웨일스어나 영어에서부터 이탈리아어와 러시아어 같은 유럽의 근대어, 그리고 힌두스타니어[힌디어의 북부 방언]나 페르시아어 같은 아시아권의 언어는 역사적으로 공통된 뿌리에서 발전해 분화된 것이다. 그리고 아직도 단순한 사회에서는 아주 작은 지역 내에서도 거의 믿을 수 없을 정도로 변종이 많아서, 6~8마일쯤 떨어진 마을끼리도 거의 의사소통이 안 되는 경우도 있고, 10만 명도 안 되는 인구가 사는 섬에 서로 이해할 수 없는 40여 개의 방언이 존재하는 경우도 있다. 한 집단이 자기 나름의 생활방식을 발달시키면서 그것이 몇 마일 반경에 걸쳐 퍼질 수도 있고, 한 대륙의 절반으로까지 퍼질 수도 있는데, 이러한 발달의 일부로서 그 집단은 나름의 언어 형식을 개발해낸다. 그 집단의 사회적 응집력을 구성하는 요인이 다른 곳에서는 매우 심각하게 그 집단을 그와 비슷한 다른 집단들과 분리하는 요인이 되기도 한다. 반면에 공동체가 점점 커지고 매우 발달한 커뮤니케이션 체제를 갖추게 되면서, 어떤 언어들(그중 영어가 가장 두드러진 예일 것이다)은 확장되어 번성하고, 수많은 상이한 집단 간의 공통된 기반 역할을 하기도 한다. 그러나 이러한 공통어 내에서도 언어 공동체를 확대하려는 강력한 경향과 더불어, 그 공통어를 사용하는 상이한 집단들 내에서 성장과 변이의 과정이 서로 다른 방식으로 계속될 것이다. 그 변이는 지역적인 것일 수도 있고, 계급적인 것일 수도 있다. 계급 언어의 경우는 특별히 중요한데, 공동체와 변이 사이의 긴장이 가장 민감하게 드러나기 때문이다.

계급이란 한 지리적 공동체 내의 집단으로서 그 자체가 하나의 공동체는 아니다. 어떤 극단적인 경우에 계급은 그것이 속해 있는 공동체와 스스로를 지나치게 구분한 나머지 아예 실제 다른 언어를 사용하기도 한다. 가령 산스크리트처럼 다양한 위계적 언어 가운데 하나를 사용하거나, 19세기의 러시아처럼 문화적 우월성의 표지라고 생각되는 외국어인 프랑스어를 사용하기도 한다. 그러나 더 보편적으로는 계급 언어란 그 지역 일상언어의 한 형태이며, 이 계급적 방언과 그 지역의 일상언어 간의 관계(대체로 지역 언어 자체도 더 세부적인 지역별로 나뉘지만)는 한 언어의 발전에서 매우 중요한 복합체를 이룬다. 영어의 경우 이 복합체의 민감성이 매우 높아서, 영국인의 대다수가 모국어를 말하는 데 매우 긴장하고 불안해하게 되었다. 이러한 문제는 영국 사회의 발달과 깊은 연관이 있지만, 여전히 분명하게 이해되고 있지는 않다. 일반적으로 역사적 시각이 결여되어 있으며, 이론적이거나 실제적인 편견도 많다. 그러나 영어를 연구하는 뛰어난 학자와 역사가가 많고, 눈에 띄는 공백이 있지만 더 나은 이해를 위해 이용할 수 있는 자료들도 있다. 나는 [이 문제에 대한] 시각을 획득하는 방편으로 사료들을 검토해보고자 하며, 거기에서 필요한 해명을 제시하고자 한다. 우리가 지금 살아가는 시대는 영어에서 특별히 중요한 시기이며, 역사와 이론의 이면에는 분명 복잡한 사회적 경험의 압력이 있음을 느낄 수 있을 것이다.

II

영국에서는 노르만족의 정복 이후 두 개의 다른 언어, 즉 영어와 프랑스어가 사용되었고, 제3의 언어인 라틴어는 학문의 국제어였을 뿐 아니라 학자들이 구어로 쓰며 발전시켰다. 프랑스어와 영어는 계급에 의해 구분되었다. 글로스터의 로버트라 알려진 연대기 기록자가 1300년경에 쓴 기록에 이러한 내용이 잘 묘사되어 있다. 그 내용은 다음과 같다.

> 그렇게 잉글랜드는 노르망디의 손에 넘어갔으며, 당시의 노르만인은 자국어밖에는 하지 못했고, 고국에서 그러했듯 프랑스어만을 하면서 자신의 자녀들도 그렇게 교육했다. 그리하여 그 혈통에서 나온 이 나라의 지체 높은 사람들은 그들에게서 물려받은 언어에 매달리게 되었다. 프랑스어를 모르면 사람들이 무시했기 때문이다. 그러나 하층계급은 여전히 자신들의 언어인 영어에 집착했다.

그러나 1204년에 노르만족은 잉글랜드인에게 왕위를 넘기게 되었고, 노르만족의 프랑스어는 영어의 영향을 받아 따로 발달하게 되었다. 고대 영어 자체도 이 무렵에는 노르만족의 프랑스어에서 영향을 받아 변화한 상태였다. 점차 이 두 언어의 산물인 새로운 언어가 발달했고, 1362년 영어가 공식적으로 인정된 뒤에는 공용어가 두드러지게 성장하여, 1500년경에는 눈에 띄게 근대적 형태를 갖추고, 1700년경이 되면 상대적으로 안정적인 단계에 도달한다.

이러한 역사에 관련된 사회적 과정은 매우 흥미롭다. 우리는 계급의 명칭과 도덕적 자질을 지속적으로 등치시키는 데서 드러나는 계급적 편견의 소소한 자취들을 추적할 수 있다. 가난한 사람들에게 붙이는 저급한, 악당, 촌무지렁이, 시골뜨기, 부자들에게 붙이는 친절한, 자유로운, 점잖은, 고귀한, 또는 거만한, 위험한 등. 그러나 좀더 중요한 유산은 학문의 언어 전체에 영향을 미친 것이다. 분리과정 중에 영어는 교육받지 못하고 권력도 없는 사람들의 입으로 흘러들어갔다. 그리하여 학문과 권력의 어휘 중 대다수가 부유한 생활방식에 관련된 어휘들과 함께 노르만어에서 어원을 취하게 되었다. 이 경우 대안적 원천은 라틴어였는데, 14세기까지도 학교에서는 라틴어를 프랑스어로 가르쳤다. 물론 공용어가 등장하자 이론적으로는 모든 사람이 모든 어휘를 사용할 수 있게 되었다. 그러나 모국어는 물론 라틴어와 프랑스어까지 배우는, 소수에게 제한된 교육이 오래 지속되면서, 이 제한된 계층은 나머지 대다수에게는 훨씬 더 어려운 것으로 남은 모국어의 원천에 좀더 쉽게 접근할 수 있었다. 공용어의 실질적 영역을 확장하는 좀더 폭넓은 교육이 이러한 문제를 해소할 수 있기는 하지만, 영어에서 학문적 언어 대부분이 이러한 특별한 계급적 낙인을 지니고 있어야 한다는 점은 여전히 중요하다.

이렇듯 특수한 역사의 또다른 결과는 영어가 그 이전보다 훨씬 더 많은 방언으로 나뉘게 되었다는 것이다. 고대 영어에는 서너 가지의 주요한 방언이 있었지만, 그 내부에서는 의미 있는 집중화의 경향이 존재했다. 어떤 언어에서든 여러 지역에서 중요한 활동에 참여하는 사람들 사이에 쓰이는 합리적 공용어의 등장을 유도하는 것은 바로 주요 중앙집중식 제도—정부, 법, 학문, 종교, 문학 등—의 발달이다. 그러나 노르만족의 지배하에서는 이러한 중앙의 언어가 외국어였고, 영어에서 이렇듯 중앙집중적 경향을 제거해버리고 나자 일상 방언이 훨씬 더 다양하게 발달했던 것이다. 이렇듯 중앙 제도의 언어로서 근대 영어가 출현했을 때, 중심과 주변부의 관계는 그 이전보다 훨씬 더 복잡했다. 그러나 중앙집중의 경향은 계속 작동했고, 중앙의 언어는 서서히 새로운 공용어의 기반으로 받아들여졌다. 고대 미들랜드 동쪽 지역의 방언은 다른 지역의 영향을 받아 중앙 공용어의 기반을 이루었다. 그러나 이는 지역방언의 발흥이라기보다는 계급 방언의 등장이라는 면이 더 두드러진다. 지역방언은 수도 런던과 옥스퍼드와 케임브리지라는 두 대학 도시에 이르는 지역에서 쓰인다는 장점이 있었다. 그러나 새로운 공용어는 처음부터 이 도시들에 사는 보통 사람들의 말과는 확연한 차이를 보였다. 런던, 옥스퍼드, 케임브리지의 언어가 최상의 언어라고 말한다면 그것은 그곳에서 태어난 사람들의 언어가 아니라 이 중심부로 와서 정부와 학문 세계에 참여하는 모든 사람에 의해 진화된 공용어를 말한다. 특히 문어文語에서는 이러한 구분이 더 분명하여, 중심부에서 훈련받고 자신의 지역으로 돌아간 사람들이 사용하는 문어에서 나온 새로운 공용어가 잉글랜드 전역에 확산되었다. 구어로 사용되었을 때 지역적 영향의 결과를 보이기도 하는 공용의 문어는 그후 영국 계급 방언의 역사를 이해하는 첫번째 열쇠이다.

공용의 문어가 출현하는 과정에서도 지역 언어의 변종은 여전히 계속 나왔고, 심지어 중앙에서도 그러한 현상이 지속되었다. 16세기에서 18세기 말까지 중앙의 제도와 접촉한 영국인은 공용어로 글을 썼으나, 점차 줄어드는 경향이긴 해도 그것을 말로 할 때는 조금씩 다르게 사용했다. 엘리자베스 시대의 런던에서는 교육받은 사람들의 언어적 다양성이 여전히 매우 두드러졌으나, 이러한 현상에 대한 불편함과 자의식이 이미 드러나기 시작했다. 1530년, [존] 폴스그레이브가 '올바른 발음'에 대해 언급한 최초의 기록이 남아 있고, [조지] 퍼트넘은 다음과 같이 쓰기도 했다.

> 요즘 우리의 작가는 『농부 피어스』[윌리엄 랭런드의 시]도, [존] 가우어나, [존] 리드게이트도, [제프리] 초서도 따르면 안 된다. 그들의 언어는 이제 우리 사이에서 거의 사용되지 않기 때문이다. 또한 그가 귀족이건, 신사건, 성직자이건 다 마찬가지로 북방인이 일상적으로 사용하는 말을 써서는 안 된다. 오늘날 트렌트강 이북에서 사용하는 말이 좀더 순수한 색슨족의 영어라는 사실을 부정할 수는 없지만, 서쪽 오지의 말이 그렇듯 궁정의 말씨도 아니고 남부 지역의 말처럼 널리 통용되지도 않는다. 그러

> 므로 당신은 궁정에서, 그리고 런던과 런던 주변 60마일 이내에서 일상적으로 사용하는 말을 써야 한다. 이런 말을 하는 것은 우리 미들섹스나 서리Surrey 사람들이 말하고 쓰는 것만큼 좋은 남부 언어를 말하고 쓰는 신사가 영국의 모든 지방에 있기는 하지만, 신사들과 유식한 성직자들이 돌보고 있는 모든 지역의 평민은 그렇지 못하기 때문이다. 그러나 우리는 이미 학식 있는 사람들이 쓴 영어 사전과 다른 책들에 의해 규제받고 있으며, 그런 면에서 다른 지시는 필요하지 않다고 본다.

이는 앞으로 닥칠 일에 대한 이야기지만, 그러는 동안에도 문어체 자체는 계속 변화하고 있었다. 16세기와 17세기에는 라틴 어휘와 문장 형식이 중요하게 등장했으나, 후에 이 영향력의 일부는 단호하게 거부되기도 했다. 또한 다양한 문어체 형식이 생동감을 주는 영향력을 발휘하기도 했는데, 이는 엘리자베스 시대의 극작가들에게서 절정을 이루었다. 이 시기에 특별하게 성취된 영어의 활력은 살아 있는 다양한 구어가 좀더 편협한 공용 문어체로 흘러들어간 결과로 봐야 할 것이다.

의미심장하게도 퍼트넘은 사전을 언급했으나, 그 도구가 실질적 영향력을 발휘한 것은 두어 세기 뒤의 일이다. 언어는 그 이전 세기보다는 속도가 더뎠지만 계속 변화하는 중이었고, 영국 사회구조의 변화는 이제 결정적 영향력을 행사할 참이었다. 문어체를 표준화하는 과정은 점점 더 단호하게 계속되었으나 이제 그 기준의 원천이 논란의 대상이 되었다. 퍼트넘이 글을 쓸 당시만 해도 기준은 분명 궁정과 대도시였으며, '유식한 사람들'을 인정하는 것은 사후에 들어간 것이다. 그러나 왕정복고 이후의 궁정은 한동안 유행을 타던 외국 풍습 때문에 더이상 사실상의 중심이 되기 어려웠고, [조너선] 스위프트는 궁정이 이전에 누렸던 지위를 인정하면서도 그것을 "바로 그런 어설픈 재주 때문에 영국 최악의 유파"라고 묘사했다. 이와 비슷하게 실제 궁정 출신인 토머스 스프랫은 『왕립과학원사』에서 "모든 서적과 저자를 통과시키거나 낙방시킬 수 있는 검열을 할 공평무사한 수사법의 법정"을 추구했지만 다음과 같은 것을 추천하기도 했다.

> 친밀하고 꾸밈없으며 자연스러운 말, 긍정적 표현, 분명한 감각, 타고난 편안함, 가능한 한 모든 것을 수학적 명료함에 근접시키는 일, 그리고 재사才士나 학자의 말보다 장인과 시골 사람, 상인의 말을 선호하는 것.

영국의 계급구조는 이제 결정적으로 변화하고 있었고, 때는 바야흐로 발흥하는 중산계급이 자신의 고유한 공통어를 확립하기 시작하던 때였다. 19세기까지 영국은 많은 중대 변화를 겪고 이를 성취했으며, 이때에서야 비로소 우리는 말을 의미하는 '표준영어'에 대한 이야기를 듣는다. 이는 이보다 훨씬 이전에 확립된 문자언어의 표준과는 전혀 다른 것이다. 더이상 공통의 언어가 아니라 모범적 언어라는 암시를 가진 '표준standard'이라는 명명은 계급언어라는 새로운 개념을 완전히 의식하게 됨을 나타낸다. 이제 그것은 더이상 대도시 계층의 기능적 편리함을 의미하는 것이 아니라, 사회적 구분의 수단과 강조점이 된다. 이제 이러한 과정의 역사에 관해 살펴보기로 하자.

III

17세기 후반부터 18세기까지는 서로 다른 동기를 가진 다수의 집단에 의해 영어를 합리화하려는 노력이 꾸준히 이어졌다. 왕립

과학원의 '영어 향상을 위한' 위원회(1664)는 새로운 과학철학의 입장에서 그에 걸맞은 목적으로 언어를 분명하게 만들기 위해 힘쓴 대표적인 경우이다. [조지프] 애디슨과 스위프트에서 포프와 존슨에 이르는 또다른 그룹은 새로운 사회에 '품위 있는 기준'이 없다는 사실에 관심을 기울였다. 그러나 이 지식인 그룹 뒤에는 새롭게 등장한 힘있고 자의식 강한 중산계급의 실질적 압력이 존재했으며, 이들은 갑자기 사회적 지위를 갖게 되었으나 사회적 전통은 결여한 대부분의 집단과 마찬가지로 '올바름'이란 꼭 습득해야 하는 체계적인 어떤 것이라고 생각했다. 18세기의 런던은 철자법 선생과 발음 코치로 넘쳐났고, 그들 중 다수는 무식한 사람들이었다. 그러나 그들이 모두 그 시대의 기준에 걸맞은 학자들이었다고 해도 결과는 그리 다르지 않았을 것이다. 문법에 대한 학구적 교습은 라틴어의 문법 규칙이 올바른 영어를 구사하는 최선의 지침이라는 환상에 갇혀 있었다. 존슨 자신도 이와 마찬가지로 잘못된 교리를 강조하여 설명했다. 즉 한 단어의 철자는 그 발음에 가장 좋은 지침이라는 것이었다. "가장 우아한 화자는…… 써놓은 단어에서 가장 덜 벗어나게 말하는 사람이다"라고 말이다. 그러므로 새로운 '표준'이란 그 이전의 공용어가 그랬듯 접촉과 실질적 관계를 통해 성장한 결과가 아니라, 상당히 잘못된 가정들에 근거한 인위적 창조물이었다. 언어의 습관은 너무 강해서 상대적으로 무지한 교사들에 의해 완전히 바뀔 수는 없었으나, 그들이 했던 노력의 흔적은 우리에게도 여전히 남아 있고, 그들이 만들어낸 긴장 역시 여전히 존재한다.

보통 발음(지역적 변종과 구분되는)은 이 시기에 상당히 변화했다. 부분적으로는 일상적 변화에 의해서였고, 부분적으로는 '올바름'을 가르친 탓이기도 했다. 알다시피 영어의 철자는 발음의 지침으로서는 거의 믿을 수 없는 것이 사실이다. 왜냐하면 그것은 기껏해야 종종 없어져버린 소리를 표시할 뿐 아니라, 고정된 철자라고 해도 이미 사라진 음가였고 더욱이 시간이 지남에 따라 평범한 실수들이 덧칠해지기도 했기 때문이다. iland, sissors, sithe, coud, ancor 등은 그 어원에 무지한 사람들이 잘못된 어원을 확신한 탓으로 island, scissors, scythe, could, anchor로 바뀌었다. 그러나 이 경우 다행스럽게도 발음은 영향을 받지 않았다. 그러나 이와 비슷한 잘못된 변형인 fault, vault, assault(이 경우 l을 쓸 필요가 없다), 혹은 advantage, advance(d가 필요 없는 경우)는 그 오류가 철자뿐 아니라 발음으로도 이어졌다. 철자를 따르는 원칙은 offen의 발음을 often으로 바꿔놓았고, forrid를 forehead로, summat을 somewhat으로, lanskip을 landscape으로, yumer를 humour로, at ome을 at home으로 weskit을 waistcoat 등등으로 바꿔놓았다. 이러한 목록은 지루할 정도로 늘어놓을 수 있다. 이러한 단어들은 '교육받은' 말과 '교육받지 못한' 말을 구분하는 핵심적인 지점에 있으나, 사실은 간단히 말해서 '올바름'의 교리에 덜 노출된, 교육받지 못한 사람들이 전통적 발음을 더 잘 보존하고 있다.

이러한 과정에서 드러나는 재미있는 현상은 문학과 언론에서 '교육받지 못한 사람의 말을 그대로 옮겨 적는 법'이 발달한 것이다. 영국 중산계급은 표준 발음으로 표기할 수 있는데도 '오오브'[of] '우엇'[what]이라고 발음하는 흉측한 사람들의 발음을 기록하는 일을 주된 소일거리로 여겼다. 오류는 일반적 철자법이 점잖은 사람들의 말하는 법을 표시해줄 수 있다고 가정하는 것이다. 우리는 그 수많은 예 중 하나로 현대의 한 추리소설(옥스퍼드 귀족의 부인이 쓴)에 등장하는 북부 출신 신사의 끔찍한 발음을 들어볼 수 있다.

> 필드는 눈을 껌뻑거리며 동상 걸린 자리를 비비고 서 있었다. 그리곤 어색하게 웃었다. "링크 씨, 이제 당신의 원

> 칙을 당장 보여줄 기회가 온 것 같습니다."(그는 그 단어들을 '차안스'[chance] '우언스'[once]라고 발음했다.)

여기서 어려운 점은 (동상도 안 걸린) 좋은 사람이라면 이 단어를 어떻게 발음할 것인가이다. 만약 그가 평범한 철자법을 따랐다면 그의 '기회'는 북부 지역의 발음과 비슷했을 것이며, 그의 '당장'은 아예 영어처럼 들리지도 않았을 것이다. 사실 이 예화에 들어 있는 것은 chahnce(확실하게 하기 위해서 이렇게 표기하자)와 wonnce(어린아이들과 무지한 사람들이 이렇게 발음하기도 한다)의 공인된 가치다. 사람들이 이러한 일을 하지 않을 만큼 모국어를 충분히 알게 되어, 적나라한 편견이 더이상 길거리에서 우아하게 인사하며 다니지 않을 날은 언제일까를 가늠하기는 어렵다. 한편 우리는 언제 이러한 일이 시작되었는지 살펴볼 수는 있다. 엘리자베스 시대의 연극에서 웨일스의 군인이나 서머싯 농부의 이국적 요소를 드러낸 경우들이 종종 있었고, 왕정복고기의 연극에서는 멋쟁이 사내의 젠체하는 발음이든, 외부에서 온 유행의 첨단을 걷는 부류의 인물들의 '실수'이든, 사회적 근거를 가진 좀 더 세밀한 구분이 시작되었다. 그러나 이러한 구분이 실질적으로 두드러지게 발전한 것은 18세기의 소설과 연극에서였고, 19세기가 되면 이러한 구분이 봇물 터지듯 왕성해졌다. 나는 이러한 발전과정 옆에 18세기 귀족 부인의 편지를 놓고 같이 비교해보는 것을 매우 흥미롭다고 여긴다. 그 편지에는 다음과 같은 구절에 귀로 듣고 쓴 철자법이 뒤섞여 있다.

> 당신과 나 사이니까 하는 얘긴데, 사람들은 페그 자매와 나를 쎄련되고 확시리 유시카고 학씨기 놉따고 생각캐요. 그묘일과 워료일에 모였는데, 그가 무릎을 꿇고 결혼하겠다고 했죠. 날씨는 엄청나게 비바라미 치고, 그는 다시 정신을 차려써요. 그녀가 그렇게 죽을 줄은 몰라쬬.

다음 편지들 역시 올바른 발음에 집착하는 중산계급의 어조를 보여준다.

> 나는 이곳과 러셀가 사이에서는 정신이 쏘옥 빠질 것 가타요. (스트라포드의 앤 백작부인)

> 나는 슈루즈베리 마님을 뵙고 말씀하시는 것이 그 어느 때보다도 우스웁다고 생각했어요. 마님은 사람들이 들어오자 기분이 아주 안 죠타고 하시면서 발가락에 엄지손가락 같은 것이 돋아나 있어서 그렇다고 하셨어요. (스트라포드의 앤 백작부인)

> 나는 피터 경과 춤을 추었는데, 그는 정말 못된 두꺼비 같아서 그의 얼굴에 침을 뱉어주고 시플 정도여써요. (세라 레넉스 부인)

> 그녀는 정말 최고로 여성스러웁고, 더러운 농담에도 진심으로 웃지만, 그런 농담을 하지는 않아요. (세라 레넉스 부인)

우리는 물론 [아프라] 벤이 힘들여 발견했듯, 이 계급 자체 내에서도 표준이 계속 바뀌고 있음을 볼 수 있다. 한편 '교육받지 못한 사람의 철자법'에 대한 마지막 사례로 우리는 당시 교육받은 신사 계급의 공인된 발음에 따라 18세기 신사의 말을 정통적 방식으로 옮겨적어보자.

> 에, 아무리 공작이라도, 그는 아주 부울쾌한 남자입니다. 부인은 좀더 상냥한 편이라, 저는 종종 그녀의 저영원에

서 차를 한잔 마시며, 그녀의 랄록[라일락]을 칭찬하곤 했지요. 그녀는 그 꽃이 후울륭한 것 이상이라고 생각해요. 아주우 유우머러스한 부인이고, 따님들도 러넌[런던]에서 제일 예쁩니다. 그렇지만 공작의 이웃이 된다는 건 쪼오금 겁나요. 그는 오로지 자기 재산과 자기 미래에 관해서 얘기하는 것밖에 모르거덩요. 마치 오이나 무를 파는 장사꾼인 것처럼요. 그는 마치 하아인 같은 모쟈와 쬬끼를 입고 있어요. 그리곤 마치 인젼[인디언]처럼 의자에 앉아 있져. 그런 부류를 아시잖아여.

이것이 지금이라면 유행을 좇는 중산계급의 천박함에 대한 소묘로 떨어질 것이라고 보면 정말 흥미롭다.

1775~1850년, 훗날의 용인표준영어Received Standard의 발음은 뚜렷하게 바뀐다. 중요한 변화 중 하나는 past나 path 같은 단어에서 모음이 길어지는 현상이다. 이제 그것은 계급 언어의 한 양식이 되었지만, 당시까지만 해도 지방색이 짙은 촌스러운 습관이었다. 보일드boiled를 바일드biled라고 발음하는 현상 또한 없어졌고, oi가 들어가는 거의 모든 단어가 그렇게 되었으며, servant나 learn 같은 단어에 포함되었던 ar라는 발음(이는 1500년부터 '올바른' 런던어였다) 또한 클라크clerk나 다비Derby 정도를 제외하면 모두 사라졌는데, 재미있게도 이제 두 경우는 그 특이함 때문에 계급 언어에서 매우 높은 가치를 지닌 어휘가 되었다. had와 man의 발음은 head와 men의 발음에 근접했고, 이는 여전히 그러하다. 대부분의 단어에서 r 발음은 약화되어 more는 '모오'에 가까워졌고, 오레이터orator의 마지막 음절은 그저 소리를 끄는 정도로 약화되었다. bird 같은 단어에서 r 발음을 뺌으로써 그 자리에는 새로운 모음이 들어섰다. 이와 비슷한 변화들이 향상된 커뮤니케이션 수단을 통해 전파되었지만, 분명 그러한 발음들을 계

급 언어로 고착시킨 주요인은 퍼블릭스쿨의 단일성에 대한 숭배였다. 그것은 '올바름'과 자연스러운 발달, 그리고 가식의 혼합물이었지만, 그런 식으로 보존되었다. 그것은 한 종류의 영어, 혹은 유용한 공용의 방언이 아니라, '올바른 영어' '좋은 영어' '순수한 영어' '표준영어'가 되었다. 표준영어의 이름으로 수천의 사람들이 천박하고 뻔뻔스럽게도 그들이 모르는 다른 영국인의 말에 대해 영어를 말할 줄 모른다고 할 수 있게 되었다. 중산계급을 중심으로 교육이 확대되자 이러한 태도는 단순한 계급 구분뿐 아니라 이러한 소리를 내는 것을 교육받은 것과 동일시할 수 있는 지경에 이르렀고, 가난한 가정에서 태어난 교사와 학생은 자신의 아버지 말을 창피하다고 여기게 되었다.

이는 20세기에 지속된 사회 변화로 이어지는데, 우리는 이제 이러한 역사가 현재의 이론과 실제에 미친 영향을 살펴보도록 하자.

IV

언어 이론에서 세 종류의 영어를 구분하는 것은 이제 습관이 되었다. 우리가 이제까지 역사를 추적해본 용인표준영어, 여러 지역에서 다양하게 살아남은 지역방언Regional Dialect, 그리고 지역방언에서 발달해 나왔으나 용인표준영어에는 미치지 못한 다양한 지역에서 통용되는 변형표준영어Modified Standard이다.

이러한 구분을 사용하는 사람들 대부분은 자신의 언어 습관에 따라 용인표준영어에 집착하며, 이것은 학문적 차원에서도 중대한 영향을 미친다. H. C. 와일드 같은 훌륭한 언어사학자는 path나 last에서 용인표준영어의 긴 아a 발음이 다른 발음보다 더 '아름답고 울림이 좋은' 것이라거나, bird에 r 발음을 집어넣으면 모음의 질과 길이를 잃게 된다고(그러나 언어 습관이 다른 나로서는 r 발음이 '아름답고 울림이 좋은' 듯하다) 특별히 호소하기에 이른다. 혹은 R. W. 채프먼은 이렇게 말한다.

> 영국의 음성학은 아직 민주주의의 폭정에 신음하지 않고 있다. 우리는 넓은 한계 안에서 자유롭게 우리가 하고자 하는 대로 말할 수 있다.

그러나 언어에 대해 생각해본 적이 있는 사람이라면 누구나 이 말의 계급적 편견이 분명하게 보일 것이다. 채프먼은 용인표준영어가 다음과 같은 계급의 언어라고 설명한다.

> 거만하게 배타적인 것은 아니지만 필연적으로 그 수가 제한될 수밖에 없는 계급[의 언어이다]. 그 계급의 전통은 일차적으로 대학이 아니라 퍼블릭스쿨이 유지한다.

와일드는 "'최고'의 영어"가 "늘 최상의 상태로 들리는" 계급이 "영국 정규군의 장교들"이라고 주장한다. 그러나 용인표준영어가 왜 쓸모없는지 드러나는 지점도 바로 이 부분이다.

도시의 성장, 특히 농촌 지역의 인구를 널리 유입하는 새로운 산업도시의 성장, 문자 해독률의 증가, 그리고 인쇄물 보급의 엄청난 증가, 여행의 증가, 대다수 사람들에게 영향을 미치는 사회적 이동성 등에 의해서, 공통 영어 구어의 진화는 분명히 촉진되었다. 까다로운 점은 이 진화과정에서 우리가 이제까지 도달한 지점에 대해 평가하는 것이며, 그것이 '용인표준영어'가 요구하는 질문이다. 상황을 전체적으로 보면, 순수한 지역방언의 뚜렷한 감소 경향을 볼 수 있다. 지금은 서로 다른 지역에서 온 사람들이 서로 하는 말의 의미를 잘 모르겠다는 일은 과거처럼 그렇게 자주 일어나지 않는다. 더욱이 어휘와 문장 구성에서 아주 극단적인 특성들은 모두 없어지기는 했어도 여전히 지방 특유의 말투로 이야기하는 사람이 매우 많음에도 불구하고, 발음은 지역적 발음을 하면서도 다른 면에서는 공용어를 사용하는 사람도 매우 많다. 그러므로 이제 확실하게 진정한 의미의 사투리는 빠르게 사라져간다고 말할 수도 있으며, 그 대신 공용어를 말하는 지역적 방식이 다양하게 나타났다고 할 수 있다. 발음에서 이들 중 어떤 것은 순전히 지역적이지만, 다른 것들은 광범위한 지역에 걸쳐서 분명 '용인표준영어'는 아니면서 그렇다고 옛날의 전통적 지역방언도 아닌 형태를 보인다. 이러한 두 종류는 개별적으로 보면 뚜렷하게 구분되는 것이 아니라 여러 단계의 농도로 서로 다르게 나타나며, 이 나라의 대다수 영어 사용자는 이 두 종류 내에 속해 있다. 그러나 이들을 묘사하기 위해 제공된 어휘인 지역방언과 변형표준영어는 둘 다 오해의 소지가 있다. 좀더 정확하게 말하면 그들은 지역적인 지역방언과 변형된 지역방언이라고 해야 한다. 그러나 '변형된 지역방언'은 '변형 표준어'와는 매우 다르다. '변형 표준어'라는 개념은 이 범주에 속한 사람들이 모두 계급 방언을 이루고자 했으나 그것을 달성하는 데 실패했다는 것을 가정한다.

물론 그다음 발달 단계는 '지역 간' 방언인데, 여기서 공통어의 실제적 문제들이 생겨난다. 우리는 '용인표준영어'의 주요 특징으로 가능한 한 철자대로 발음하는 경향을 살펴보았다. 이것이 하나의 원칙으로서 얼마나 오해의 소지가 있건 간에 보편적이고 영속적인 발전임에는 분명하다. 용인표준영어가 이러한 원칙에 따라 생겨난 변화들을 포함하는 한 그 변화들은 심지어 공공연히 지방색이 강한 형태라 할지라도 널리 받아들여졌다. 그러나 다른 측면에서 보면 용인표준영어는 특정한 남부 지역의 영어가 발달한 형태로, 순전히 계급적인 요소들을 포함하게 되었다. 그리하여 용인표준영어는 어떤 면에서 일반적 진화의 선상에 있지만, 다른 면에서는 특정한 계급과 동일시되어 거기에서 벗어나게 된 것이다. 물론 이는 교육에 뿌리내렸고 그 이후로는 방송을 통해 광범위하게 전국적 발달과정을 보였지만, 동시에 일반적인 언어적 과정은 다른 사회 변화에 의해 작동하고 있었다. 용인표준영어가 '퍼블릭스쿨의 영어'와 동일시되고, 오히려 그것이 정확한 묘사가 되면서 용인표준영어를 일반적으로 채택하는 데는 일정한 장벽이 세워졌고, 교육과 방송의 효과를 차단하는 방식으로 작동했다. 흥미롭게도 교육과 방송에서도 이미 상당한 정도의 변종이 생겨났는데, 계급의 방언을 보편적으로 받아들일 수는 없었기 때문이다. 대중 연예인이나 해설자의 표준 악센트는 종종 퍼블릭스쿨이나 그 변종보다는 오히려 미국 악센트와 유사한 경향도 보인다. 계급적·지역적 콤플렉스를 회피하는 방법으로, 수입되거나 혼합된 대안을 택했던 것이다.

한때 퍼블릭스쿨의 영어는 효과적인 지역 간 언어가 될 수 있을 듯했지만, 이제는 애초에 상상했던 형태가 되지는 않을 것이 분명해졌다. 계급 구분(이는 물론 광범위하게 퍼진 현상인데)을 위해 그 형식을 사용한다면 그것은 진정한 공용어로 사용될 가능성을 줄이는 일이 될 것이다. 그것이 권력, 학력, 그리고 물질적 성공과 동일시되는 것은(물론 그것을 자연스럽게 흉내내게 하는 요인이지만) 속물주의와 원한이라는 폭발적인 인간의 영역에서 그에 대한 강렬한 반감을 불러일으키기 마련이다. 사태는 우선 '못 배운 자들의 발음 철자화'에서 퍼블릭스쿨 영어(와일드의 '최상의 계급', 즉 영국 정규군 장교에 적용되는)의 철자화로 드러난다. 예를 들면 다음과 같이 말이다,

> 우뤼는 그 형식을 취이득할 기회가 있써었으나, 결국엔 손에 쥔 채애뀐이 더 가아치 있게 보였쑵뉘다.

여기서 계급적 형식은 철자에 따라 발음하는 강력한 흐름과 만난다. 물론 한때는 '용인표준영어'라고 불렸던 것이 코믹하게 재현될 뿐만 아니라 철자에 의한 발음이라는 '올바름'에서도 멀어진 것으로 다루어진다면, 호의적 조건에도 불구하고 그 언어를 공용어로 받아들일 가능성은 점점 줄어든다고 봐야 할 것이다. 실제로 퍼블릭스쿨의 영어는 너무 성급하게 용인표준으로 불렸기 때문에 오히려 '올바름'의 원칙에 따라 잘못된 소리들을 떨어내기 시작했고, 실제로 발달중이던 지역 간 언어는 전통적 '용인표준영어'에 변형된 지역적 형식을 결합한 형태가 되었다. what 등과 같은 단어에서 h를 발음하는 방식은 1920년대에는 용인표준영어가 아니었으나, 이제는 철자법 때문에 용인표준영어 사용자 사이에서도 정상적인 것으로 자리잡았다. r 발음도 그다지 눈에 띄게는 아니지만 돌아왔으며, more나 bird 같은 단어의 모음도 역시 철자의 영향을 받아 눈에 띄게 변화했다. 중요한 a 발음도 역시 변해서 chance는 여전히 '차안스'로 읽는 한편, 이 강세의 길이가 줄어들어 had 같은 단어에서는 e 발음에 가깝게 가던 경향이 역전되었다. 그 이전에는 우스꽝스럽다고 여겨지던 소리들이 없어지거나 부드러워지는 대신 좀더 광범위하게 교육받은 집단에서 철자에 따라 발음하게 된 것이 이 모든 현상의 핵심 요인이다. 30여 년 전에 규정된 '용인표준영어'는 국지적 형식이 되어가고 있다. 이제 수많은 사람이 정확한 용인발음을 사용하지 않으면서도 동시에 분명한 지역적 특징도 보이지 않는 그런 종류의 영어를 말하게 되었기 때문이다. 이 변화는 여성보다 남성에게서 더 두드러졌지만, 이미 '용인표준'이라고 하는 발음은 국지적이거나 역사적인 용법으로 남게 되었다고 말하는 것이 온당할 것이다. 우리는 최상의 형식으로서 '용인표준'이 진화하고 있다고 말할 수는 없다. 사실은 우리가 하나의 표준이 도입되는 것 같은 공통의 발음을 발전시키는 데 있어서 여전히 아주 초창기 단계에 속해 있다고 말할 수 있을 것이다.

이제는 여기에 지역 간 언어뿐 아니라 국제 문제도 존재한다. 미국인의 귀에 용인표준영어는 늘 받아들이기 힘들고, 사실은 미국 영어와 영국 영어 간에는 미국 영어가 지배하는 가운데 상당한 상호작용이 있었다. 수백 개의 미국식 어휘와 말의 형식과 발음이 종종 눈에 띄지 않게 영어로 채택되었을 뿐 아니라, 미국식 영어가 모든 종류의 전통적 영어 구어에 영향을 발휘했으며, 그것이 특히 '용인표준영어'라고 확인할 수 있는 모든 소리에 반대 방향으로 작용했다는 데 주목해야 한다. 더욱이 권력과 물질적 성공에 다른 악센트를 부여함으로써 미국 영어는 퍼블릭스쿨 영어가 이러한 면에서 누리고 있던 독점권을 빼앗아버렸다. 이러한 과정은 여전히 진행중이지만, 이는 단순히 영어의 미국화가 아니다. 오히려 영어 구어의 길고 복잡한 역사에 또하나의 요인이 더해진 것뿐이다.

어떤 형식이 보편적인 것으로 등장하리라는 것은 결코 확실하지 않지만, 어쨌건 중요한 것은 신비화와 편견의 영역을 줄여나가야 한다는 것이다. 대중적 수준에서 상류층이나 아니냐(U and non-U) 하는 논쟁은 위험하다기보다 딱해 보이는데, 결국 이는 어휘의 경우에 계급 간 경계라는 것이 얼마나 자주 바뀌는가를 보여줄 뿐이기 때문이다. 물론 늘 다른 사람들과 다르다는 것을 보여주고 싶어 안달하는 사람들이나 집단은 존재하지만, 이들은 거대한 국제어의 성장이라는 심오한 과정을 잠깐 흐릴 수는 있어도 그다지 큰 영향을 주지는 못할 것이다. 우리는 우리 자신으로서 이야기하고 싶어하므로 부모에게서 물려받은 우리 언어의 과거라는 요소는 늘 살아 있다. 동시에 우리는 확장되는 공동체에서 서로 이야기를 나누며, 실제적 차이를 보존하는 동시에 불필요한 차이는 줄여나가고 싶어한다. 우리는 이제 일상의 담론에서 의미 표시를 어려워하는 단계는 넘어섰다. 물론 제한된 교육 시스템으로 인하여 조직된 학습의 세계가 교란될 심각하고 불필요한 어려움이 여전히 존재하지만 말이다. 나머지 사람들의 문제는 감정적 긴장인데, 이러한 문제는 계속되긴 하겠지만 영어의 풍부하고도 지속적인 역사를 이해의 기반으로 삼아 문제를 개방적이고 합리적인 방식으로 본다면 그런 문제는 훨씬 줄어들 것이다. 글로스터의 로버트는 "프랑스를 알지 못하는 사람에 대해서는 얘기할 수 있는 것이 거의 없다"라고 씀으로써 당시 지배자들이 쓰던 노르만 프랑스어의 사회적 우월성을 주장했지만, 그가 우월하다고 했던 그 언어는 지금 그가 기록하는 데 사용한 언어보다도 우리와 훨씬 더 멀리 떨어져 있다. 역사는 1800년, 혹은 1920년 부근에서 끝나는 것이 아니다. 살아 있는 언어는 결정적 증인들을 언제나 제공해주는 법이다.

5

영국 작가의 사회사

I

우리는 작가의 사회적 출신과 교육 형태, 생계유지 방식, 작가가 기대하고 실제로 대하는 독자들이 문학에 미치는 영향에 관해 많은 논쟁을 벌인다. 물론 이러한 논의에는 종종 매우 어려운 이론적 질문이 개입되지만, 무엇보다도 가장 어려운 점은 몇몇 이론적인 원칙을 시험해볼 수 있는 사실에 관한 어떤 개요도 없다는 점이다. 사람들이 중요시하는 작가의 출신과 소속에 대한 각자의 해석을 증명하기 위해 서로에게 목록을 읊어대는 식의 격앙된 논쟁들이 있긴 하다. 그러나 이러한 목록에서 선택의 원칙은 대개 매우 분명하게도 특정한 주장과 연관되어 있다. 우리는 표준적 목록에 기초한 사실들의 개요가 필요하고, 거기에서 논의를 출발해야 할 듯하다. 나는 옥스퍼드에서 나온 『영문학입문*Introduction to English Literature*』의 색인과 『전국인명사전*Dictionary of National Biography*』을 주된 근거로 삼아 그러한 개요를 시도해왔다. 물론 이상적으로는 훨씬 더 광범위한 연구가 필요하겠으나, 1470~1920년에 태어난 350명 가까운 작가들에 대한 조사가 아마도 일차적 소묘로는 유용할 것이다. 여기서 던진 질문은 세 가지 범주로 나뉘는데, 사회적 출신, 교육의 종료, 생계유지 방식이다. 사회적 출신에 관해서는 아버지의 경제적·사회적 위치에 따른 여덟 가지의 비교적 지속적인 가족 형태를 제시했는데, 귀족, 젠트리, 전문직, 도매상, 소매상,

농부, 장인, 노동자이다. 교육에서는 네 가지 학교 형태가 나열되었는데, 전국 단위의 문법학교(1860년부터는 퍼블릭스쿨이라 불렸다), 지역 문법학교, 비국교도 아카데미, 개인 교습 등이다. 대학의 경우 전통적으로 옥스퍼드와 케임브리지를 타 대학과 구분했다. 생계유지 방식에 관해서는 수입의 출처를 표시하기 위해 세 가지 일반적 범주를 사용했는데, 독립(유산 혹은 자산 소유), 고용(집필 이외의 일에 종사), 전업(주된 수입이 작가의 글쓰기에서 나옴)으로 나누었다. 특히 마지막 범주에서는 상당히 많이 겹치는 부분이 나타났지만, 이것 역시 용인되었다. 물론 가족의 종류와 사회 내에서 그 가족이 지니는 상대적 중요성은 역사적으로 다르고, 출신의 의미를 평가할 때 이 점을 염두에 두어야 하는 것도 분명하다. 이러한 어려움에도 불구하고 나는 이 결과로 나타나는 개요가 유용할 것이라고 생각한다.

사용된 역사적 시기는 반세기 단위이다. 끝나는 날짜 등의 이유로 인해 실제 사용된 시기는 1480~1530년, 1530~1580년, 1580~1630년, 1630~1680년, 1680~1730년, 1730~1780년, 1780~1830년, 1830~1880년, 1880~1930년이다. 여기서 드러나듯, 나는 이 시기들이 다른 어떤 정규 구분보다도 실제의 문학사에서는 더 적합하다고 생각한다. 시기의 할당은 특정한 작가가 태어난 후 십 년째 되는 해를 기준으로 이루어졌는데, 이것이 분명 교육이라는 결정적 요인에서 중대한 시기이기 때문이다. 이는 또한 1920년 이후에 태어난 작가들은 포함하지 않았음을 의미하는데, 물론 이 작가들에 대해서는 아직도 합리적인 표준 목록이 없다.

첫번째 시기인 1480~1530년에 우리는 튜더왕조의 문학을 창조한 사람들을 만나게 된다. 목록에 나오는 작가 21명 중 3명은 신원이 불분명하다. 나머지 18명 중에서 11명은 귀족과 젠트리(각각 3명과 8명)에서 나왔고, 4명은 젠트리와 밀접하게 연관된 전문직 가정에서 나왔다. 단 3명만이 이러한 계층 바깥에서 나왔는데,

그중 둘은 농민 가정 출신이고, 하나는 장인 가문 출신이다. 이렇게 동일하게 젠트리 문화가 주류를 이룬 것은 옥스퍼드와 케임브리지 대학에 의해서 형성되었으며, 이 작가들 중 17명이 두 대학 출신이다. 나머지 4명 중 하나는 귀족이고, 2명은 스코틀랜드인이라서 스코틀랜드의 대학에 다녔으며, 나머지 1명에 관해서는 기록이 없다. 대학 이전의 학교 교육제도 면에서는 이보다 덜 일률적인데, 기록이 남아 있는 14명 중 4명은 전국 단위의 문법학교에 다녔으며, 5명은 지역의 문법학교에 다녔고, 5명은 집에서 교육을 받았다. 내용으로 보면 그 시대의 문학에는 신학적이고 교육적인 글쓰기의 비율이 높았고, 바로 이러한 점과 관련해서 우리는 이들 중 10명이나 되는 사람들이 주로 교회와 대학에서 자신의 직분을 수행하며 살았음을 알 수 있다. 3명은 각기 생애의 다른 시기에 전업 직장과 고용직을 오갔으며, 6명은 주로 누군가에게 고용된 상태였다. 제도와 가문 간의 긴밀한 상호 관련은 직업의 종류에서도 드러나는데, 궁정에서 일하거나 왕족 혹은 귀족의 개인 교사 노릇을 했다. 2명만이 완전히 독립적인 상태였으나, 많은 경우 가문의 자산에서 수입을 충당했다.

다음 시기인 1530~1580년에는 엘리자베스 시대의 문학을 창조한 사람들을 만나게 된다. 38명의 작가 중 2명은 출신이 불분명하다. 나머지 36명 중에서 15명은 귀족과 젠트리(각각 3명과 12명) 계층 출신이며, 9명은 전문직 가문 출신인데 이제 이들은 반드시 젠트리 계층과 연관되지는 않았다. 12명은 상인, 소상인, 장인 계층 출신(각각 4명, 3명, 5명씩)인데 이들은 중대한 변화를 보여준다. 그러나 서로를 연결해주는 제도로서 옥스퍼드와 케임브리지의 영향력은 여전히 컸다. 기록이 남아 있는 36명 중에서 27명이 옥스퍼드와 케임브리지 출신이다. 나머지 가운데 둘은 외국에서 대학을 다녔고, 7명(그중 1명은 귀족이고, 1명은 궁정의 하인이다)은 대학을 다니지 않았는데, 이들 중 3명이 소상인 혹은 장인의 아들이었다. 대학 이전의 학교 기록이 남아 있는 19명 가운데서 8명은 전국 규모의 문법학교에 다녔고, 9명은 지역 문법학교에 다녔으며, 둘은 가정과 궁정에서 교육을 받았다. 생계 방법에서는 7명이 전적으로 독립적인 상태였고, 둘은 궁정에서 일하면서 받는 수입과 실질적 독립이 혼합된 상태였으며, 11명은 작가로서의 본업 이외에 궁정, 교회, 법조계, 대학, 혹은 귀족 가문의 비서나 개인 교사로 고용된 상태였다. 교회에는 앞선 시대의 전업 경향이 남아 있긴 했으나, 이 시기에는 새롭게 전업 작가군이 등장했다. 즉 이들은 런던의 극장가에 중심을 둔 엘리자베스 시대의 제1세대 극작가들이었다. 과거에 드라마가 통상적으로 교회나 학교와 맺었던 관계는 이 새로운 극장들로 대체되었다. 거의 모든 드라마 작가가 새로운 계층, 즉 젠트리 계층과 연관 없는 전문직 계층, 혹은 소상인이나 장인 계층을 대표해서 나왔다는 것은 의미심장하다. 이는 근본적으로 새로운 요소였던 반면, 나머지 국민문학 분야에서는 내용이나 출신 계층의 분포가 앞선 튜더 왕조 시대와 같았다.

다음 시대인 1580~1630년에는 자코비언Jacobean 시대[제임스 1세 재위기간(1603~1625)] 극작가들, 형이상학파 시인들, 왕당파와 청교도 시인들, 그리고 홉스에 이르는 정치 이론가들을 보게 된다. 기록된 33명의 작가들 중 3명의 출신이 불분명하다. 나머지 30명 가운데서 9명은 젠트리, 13명은 전문직, 1명은 상인, 4명은 소상인, 2명은 농민, 1명은 장인 계층 출신이다. 이들을 연결하는 제도로서의 옥스퍼드와 케임브리지의 영향력은 여전히 두드러진다. 정보가 있는 30명 중 28명이 두 대학을 다녔다. 12명은 전국 규모의 문법학교를, 9명은 지역의 문법학교를 다녔고, 3명은 궁정이나 가정에서 교육받았다. 대다수의 경력에서 두드러지는 점은 수많은 가난한 사람들의 삶에서는 대학에서의 만남이 매우 중대한 역할을 한다는 것이다. 반세기 전의 경우에도 이와 비슷한 증거들이 있다. 그 결과 옥스퍼드나 케임브리지에 일단 들어가면 엄청난 정도의 사회적 이동성이 확보되는 것이다. 생계유지 방식에서 극작가들은 여전히 극장에서 전업 작가로 활동했다(자코비언 시대 극작가들의 출신 계층이 엘리자베스 시대 극작가들과 다소 다르다는 것이 흥미로운데, 젠트리나 젠트리 계층과 연관된 전문직 가문 출신들이 다시 늘어난 한편, 상인-소상인-장인 집단 출신들은 눈에 띄게 줄어들었다). 점점 많은 작가들이 전업 작가 대신 고용직을 택했는데, 전통적인 제도하에서 일하거나, 대학 때 만난 귀족 친구의 가정에서 비서나 개인 교사로 일하는 경우가 눈에 띄게 늘었다. 33명 중 7명은 전적으로 독립성을 유지하고 있었고, 교회에 기반을 둔 작가의 수는 감소하는 추세였다.

다음 시기인 1630~1680년에는 왕정복고기의 작가들과 신고전주의 시대의 작가들을 살펴보게 된다. 기록된 22명의 작가들 중 21명의 출신 계층이 알려져 있다. 소계를 내보면 다시 귀족과 젠트리 계층으로 회귀하는 양상을 보이며, 이들의 수는 9명(각기 2명과 7명씩)이다. 7명은 전문직 출신, 3명(그중 1명은 18세기가 되도록 책을 출간하지 않았다)은 소상인 출신, 그리고 2명(그중 1명은 존 버니언이다)은 장인 계층이었다. 이 시기는 그 이전 시기보다 더 제한되고 더 분명하게 계급에 기초한 문화를 보여준다. 옥스퍼드와 케임브리지의 중요성은 여전히 분명해서 정보가 있는 21명 중 13명이 이 대학들에 다녔다. 나머지 중 3명은 아일랜드, 1명은 프랑스 대학에 진학했으며, 남은 4명 중 2명은 귀족이고, 2명은 가난했다. 대학 이전 교육에 대해 기록이 남아 있는 18명 중에서 6명은 전국 규모의 문법학교, 7명은 지역 문법학교에 다녔고, 1명은 비국교도 아카데미에 다녔으며, 4명은 가정에서 교육을 받았다. 생계 수단 면에서는 소수의 극작가들이 수가 줄어든 극장에서 여전히 생계를 유지했는데, 전업 작가로 살던 10명 대부분이 이에 해당한다. 8명은 고용직이었으며, 의미심장하게도 정부 부처에 고용된 상태였고, 4명은 완전히 독립된 상태였다.

다음 시기인 1680~1730년에는 신고전주의 시대와 18세기 중반의 소설가, 시인, 극작가, 철학자를 보게 된다. 전체적으로 1660~1730년 시기에 국민문학의 전반적 팽창은 둔화되는 경향을 보였고, 그에 비례해 기록된 작가의 수도 줄어들었다. 1680~1730년에는 작가의 사회계층에 뚜렷한 변화가 나타났는데, 기록된 19명의 작가 중 13명이 주로 중산계급을 중심으로 한 전문직 계층 출신이었고, 귀족이나 젠트리 계층은 겨우 2명, 나머지 4명이 상인(1명), 소상인(2명), 장인(1명) 출신이었다. 스코틀랜드와 아일랜드 출신이 상대적으로 중요해졌고, 기록된 작가들 중 옥스퍼드와 케임브리지 출신이 사상 처음으로 절반을 밑돌았다(19명 중 8명). 교육에 관련된 기록이 있는 사람 중 6명이 전국 규모 문법학교를, 9명이 지역 문법학교를 다녔고, 2명은 집에서 교육을 받았다. 생계유지 방식에서는 단 2명만이 완전히 독립한 상태였다. 종종 불충분하긴 하지만, 그래도 이제 몇몇 작가는 전적으로 그들의 직업에 의지해서 살아갈 수 있었으며, 이 시기에는 대다수가 싸구려 고용 작가이긴 하지만 전업 작가 계층의 부상이 두드러졌다. 우리가 지금 읽는 작가들은 대부분 작가 생활과 다른 종류의 고용직을 겸했는데, 보통은 전문직(교회가 대부분이나 이전 시대보다는 줄어들었다)이거나 어떤 경우에는 비서나 개인 교사 같은 오래된 형태의 직업이었다. 정부 부처에 고용되는 기회도 늘어났다. 많은 경우 결혼을 통한 수입 증대도 눈에 띈다. 이 시기는 후원제도의 시대일 뿐 아니라 좀더 조직된 형태의 서적 판매 시장이 등장한 시기였다. 훌륭한 작가의 일반적 경력은 몹시 불균등해서 다양한 원천으로부터 불규칙하게 수입을 올리며, 대부분은 근근이 연명하다가 어떤 좋은 기회에 후원자나 출판 시장의 도움으로 상승하는 식이었다. 새롭게 부상하는 작가 계층에 대한 인식이 뚜렷해지면서 다소간 후원을 받는 전통적 방식의 작가들과 새로운 시장에 적응하는 작가들 사이에 구분이 생겼다. 그러나 몇몇 경우에는 이러한 구분이 흐려졌는데, 이 시기 전체가 서로 다른 체계와 형식이 겹치는 시대였기 때문이다.

다음 시대인 1730~1780년에서는 18세기 후반의 작가들과 1세대 낭만주의자들을 만나게 된다. 전문직 집안 출신 작가들의 우세가 계속되어 25명 중 11명이 기록되어 있다. 2명만 귀족 출신이고 젠트리 출신은 없다. 새로운 요소는 소상인, 농민, 장인 계층 출신이 증가했다는 점인데, 이들 계층에서 11명(각기 4명, 4명, 3명)을 배출하여 전문직과 동일한 수를 기록했다. 1명은 상인 계층 출신이다. 스코틀랜드와 아일랜드 출신의 상대적 중요성은 계속 이어졌다. 앞 시대와 마찬가지로 옥스퍼드와 케임브리지의 중요성은 줄어들었다. 이제 25명 중 겨우 8명만이 두 대학 중 한 곳 출신이었다. 4명은 아일랜드 혹은 스코틀랜드의 대학을 다녔으나 13명은 대학에 가지 않았다. 대학 이전의 교육에서는 4명이 전국 규모의 문법학교, 8명은 잉글랜드의 지역 문법학교를 다녔으며, 5명은 스코틀랜드나 아일랜드의 학교를 다녔고, 3명(그중 2명이 여성)은 집에서 교육을 받았다(그중 한 명이 코빗인데 그는 문자 그대로 독학을 했다). 뚜렷하게 새로운 사고와 감성의 방식이 농민과 장인 계층에서 나와 전면에 등장했다(번즈, 코빗, 블레이크, 페인 등). 생계 방식에서는 3명이 완전한 독립 상태였다. 후원 제도가 약간 남아 있었고, 전국 규모의 문법학교를 나온 문인들은 거기서 영향력 있는 친구들을 사귀어 나중에 다양한 방식으로 도움을 받기도 했다. 교회, 법조계, 의학 분야의 전문직에 의지하는 경우도 많았으며, 공무원직도 점점 더 늘어났다. 그러나 이 시대의 가장 두드러진 현상은 바로 앞 시대에도 나타나기는 했으나 이제 더 많은 사람에게 영향을 미치기 시작한 작가들의 엄청난 빈곤이다. 서적 판매 시장이나 그와 연관된 고용 작가의 일은 제한되어 있어서 글쓰는 일로 생계를 유지할 가능성을 제공하지 못했고, 사적 수입이나 영향력 있는 친구들 도움 없이 글쓰기를 시도한 사람들은 종종 유례없이 가난하고 위험에 노출된 상태였다.

다음 시대인 1780~1830년에는 제2세대 낭만주의자들과 초·중기 빅토리아 시대 작가들을 만나게 된다. 가장 결정적인 사실은 불균등하게나마 18세기에 시작된 국민문학이 팽창하여 이제는 매우 뚜렷한 흐름이 되었다는 것이다. 사회적 출신 면에서 이 작가군에 나타난 가장 큰 집단은 전문가 집안 출신으로 57명 가운데 25명이다. 귀족 출신이 1명, 젠트리 출신이 8명이다. 상인 계층 출신은 9명이다. 소상인(5명), 장인(5명), 빈농(2명), 노동자(1명) 계층에서 13명이 나왔다. 주로 사회적 이슈에 관한 새로운 사고방식에서는 마지막 그룹이 특히 두드러진다. 중요한 여성 작가가 유의미한 숫자로 출현하게 된 것도 특기할 만하다.

학교 교육에 대해 기록이 남아 있는 52명 가운데서 18명이 전국 규모의 문법학교를 다녔고, 14명은 잉글랜드의 지역 문법학교, 4명은 스코틀랜드나 아일랜드의 학교를 다녔으며, 16명(8명의 여성을 포함)은 불충분하게나마 집에서 교육을 받았다. 옥스퍼드와 케임브리지의 중요성은 어느 정도 다시 살아났는데, 57명 중 24명이 두 대학 출신이다. 7명은 스코틀랜드와 아일랜드의 대학, 1명은 런던대학, 1명은 프랑스의 가톨릭대학을 다녔다. 명단 전체를 훑어보면 표준화된 경로를 따른 작가가 거의 없다는 것이 두드러진다. 57명 중 10명만이 젠트리나 전문직 가정에서 태어나 전국 규모의 문법학교를 다니고, 옥스퍼드나 케임브리지를 졸업했다. 생활방식에서는 두드러진 변화가 있었는데, 주로 서적 판매 시장이 개선되고 특히 잡지의 중요성과 안정성이 크게 증대한 덕분이었다. 전에는 엘리자베스 시대의 극장이나 좀더 느슨한 형태로는 18세기의 커피하우스 등이 전업 작가들이 살아가고 접촉

하는 제도 역할을 했지만, 이제는 런던과 에든버러의 잡지 주변으로 뚜렷하게 집중되었고, 특히 일종의 확립된 '런던 문단'의 출현으로 드러났다. 57명 중 9명은 독립생활이 가능한 수입이 있었으나, 점점 더 많은 사람이 책뿐 아니라 기사, 서평, 편집, 여행기, 잡지 연재 등을 통해 좀더 편안하게 전업 작가로 자리잡게 되었다. 이에 비례하여 작가로서의 일과 동떨어진 일에 고용된 사람의 비율은 크게 줄었다. 직종은 공무원과 교육계가 주도적이었고, 일부는 교회와 법조계에 종사했다. 소설과 잡지의 세계에서 편안함을 느끼는 문인들에게 이 시대는 편안했지만, 여전히 시인들은 독립적 수입이 있거나 도움이나 후원에 의존하는 경향이 눈에 띈다. 그러지 않으면 시인들은 18세기의 선배들처럼 가난해지는 경우가 대부분이었다. 빅토리아 시대 소설가 중에서는 좀더 가난한 사회계층 출신의 남녀 작가들이 특히 눈에 띄는 공헌을 했다.

다음 시대인 1830~1880년에 우리는 19세기 후반과 20세기 초반의 작가들을 만나게 된다. 좀더 고도로 조직된 중산계급의 상층부가 주된 공헌을 했다는 인상이 짙다. 귀족계급 출신은 한 명도 없었지만, 이제는 서로 긴밀하게 연관된 젠트리(7명)나 상인(6명), 전문직(31명) 계층에서 53명 중 44명이나 되는 작가를 배출했다. 나머지 9명은 소상인과 장인 계층에서 나왔다. 출신 계층의 다양성은 눈에 띄게 줄어들어서 19세기 초반과 비교해봐도 가난한 계층이 불리할 정도였다. 교육에서는 19명이 전국 규모의 문법학교에, 16명이 잉글랜드의 지역 문법학교에, 7명은 스코틀랜드와 아일랜드의 지역학교에, 2명은 비국교도의 학교에, 7명은 다른 방식으로 교육받았다(2명의 여성과 2명의 남성은 집에서 적절한 교육을 받았으나, 나머지는 부족한 교육을 받았다). 옥스퍼드와 케임브리지의 상대적 중요성은 여전하여 53명 가운데 24명이 기록되어 있다. 9명은 스코틀랜드나 아일랜드의 대학, 6명은 잉글랜드의 다른 대학에 다녔으며 14명은 대학에 다니지 않았다.

6명은 독립적 수입이 있었고, 8명은 작가 생활과 동떨어진 직업을 가지고 있었다. 팽창한 서적과 잡지 시장에서건 그와 연관된 대학 같은 제도 내에서건, 직업적 기반은 이 시기에 매우 뚜렷하게 드러난다. 전문직 가정에서 자라나 전국 규모의 문법학교와 옥스퍼드나 케임브리지를 다닌 철학자와 역사가의 전형적인 이력에 비해 문필가들은 모든 면에서 훨씬 다양했다.

마지막 시기인 1880~1930년에 우리는 주로 양차 세계대전 사이의 작가들과 1920년 이전에 태어난 현대 작가들을 보게 된다. 출신 계층의 기본 패턴은 앞 시대와 비슷하다. 1명만이 귀족 출신이며, 53명 중 39명이 종종 긴밀하게 연관된 젠트리(7명)와 상인(2명), 전문직(30명) 계층 출신이다. 앞 시대와 마찬가지로 가장 크게 기여한 집단으로 전문직 계층의 중요성이 눈에 띈다. 소상인(5명), 농민(2명), 장인(4명), 노동자계급(2명)에서는 기록된 53명 가운데 13명이 배출되었다. 이제 교육의 패턴에는 뚜렷한 차이가 보이는데, 전국 규모의 문법학교(이제는 '퍼블릭스쿨'이 되었다)에서 53명 가운데 32명이라는 대다수가 배출되었다. 8명은 잉글랜드의 지역 문법학교에, 2명은 사립학교에, 4명은 초등학교만 다녔고, 4명(2명의 여성을 포함)은 집에서 교육받았다. 32명이 옥스퍼드나 케임브리지 출신이며, 1명은 아일랜드 대학, 4명은 다른 잉글랜드 대학, 1명은 독일 대학 출신이며, 15명은 대학에 다니지 않았다. 앞선 시대에 철학자나 역사가에 전형적으로 나타나던 전문직 가정에서 퍼블릭스쿨로, 그리고 옥스퍼드나 케임브리지로 이어지는 이력은 이제 더 전반적으로 확산되었다. 53명 중 4명이 실질적으로 독립적 생활이 가능한 수입을 가졌고, 3명은 작가의 일과는 거리가 먼 직업을 가졌으며, 대다수는 단행본과 잡지, 그리고 그와 연관된 기관들에서 비교적 분명하게 전업 작가 생활을 하고 있었다.

우리는 이제 이러한 사실 조사를 더이상 밀고나갈 수 없다. 왜냐하면 1920년 이후 태어난 작가들에 관한 표준 명단이 없기 때문이다. 1945년 이후로 그 이전 시대의 지배적 패턴에 어떤 변화가 있었다고 가정하는 것이 보통이다. 특히 관심을 끌었던 이 시대 작가들의 개인적 명단을 토대로 대강 살펴보면, 좀더 다양한 출신 계층이 드러나고(12명 중 6명이 소상인, 성직자, 산업 노동자 가정 출신), 다소 다른 교육 패턴이 드러나며(2명은 퍼블릭스쿨, 7명은 지역의 문법학교, 3명은 다른 지역학교를 다녔다), 옥스퍼드와 케임브리지의 중요성은 여전히 계속되고(12명 중 7명), 직업의 패턴은 전문적 전업 작가와 대학에서 영문학을 가르치는 직업으로 양분된다. 이 명단은 매우 선택적인 것일 수밖에 없어서 여전히 활동하고 있는 작가들을 포함하면서도 결국에는 포함되어야 할 작가들을 분명 등한시한 것이기 때문에, 이러한 숫자에 너무 무게를 두어서는 안 될 것이다. 그러나 드러난 한도 내에서 보면, 이 숫자들은 약간의 변화가 있었다는 인상을 확실하게 나타낸다.

II

이 모든 조사의 증거는 분명 그 가치가 한정되어 있으며, 좀더 장기적인 연구를 통해 검토되고 확대되어야 할 것이다. 그러나 드러난 한도 내에서 보면, 이것이 다른 수단으로 획득된 한 시대의 작가들에 대한 전반적 인상을 그저 확인해주는 정도라고 할지라도 나로서는 매우 흥미롭다고 생각한다. 세부사항을 들여다보면, 어떤 사람들이 여전히 주장하는 대로 국민문학의 성장이 제도나 독자, 사회적·교육적 기회, 그리고 가능한 생계 수단의 다양성과는 별개로, 완전히 자율적이라는 극단적 견해는 받아들일 수 없게 된다. 그러한 견해는 너무나 말이 안 되는 것이라서, 이따금씩 그와 똑같이 말도 안 되는 방식으로 정반대의 견해를 내세우는 정도로도 거의 버틸 수 없을 것이다. 이렇듯 작가의 사회적 출신 계층이나 교육적 배경은 분명 그의 작품에 종종 영향을 미치지만, 일차적으로 사회계층과 제도만을 생각하는 것은 전적으로 오해를 빚는다. 어떤 중요한 경우에 개인은 그의 출신 계층에서 벗어날 뿐 아니라, 개인의 성장이라는 전체적 과정은 어떤 집단에 단순하게 배정된 것으로 표현되는 것보다는 훨씬 복잡하다. 그러나 그와 마찬가지로 개인은 사회적 의미가 있는 학습된 패턴에 의해 성장하므로, 자율적 창조라는 가정, 즉 창조적 개인이 전적으로 자유롭게 활동한다는 가정은 오해를 불러일으킬 뿐 아니라 지나치게 순진하다.

한 사회와 그 문학 사이의 상호관련성이 합리적인가는 실제 증거들을 통해 간단히 살펴볼 만하다. 튜더 시대의 문학과 그 사회적 맥락의 관계는 매우 분명해 보이며, 엘리자베스 시대 문학으로의 확장은 분명 그 시대 작가들에게서 더 많이 볼 수 있는 사회적 다양성과 연관이 있는 듯하다. 이것을 어느 정도나 받아들여야 할지 말하기 어렵지만, 엘리자베스 시대 극작가들의 출신 대다수가 상승하는 사회집단에서 나왔다는 사실과, 자코비언 시대와 캐롤라인 시대[찰스1세 재위기간(1625~1649)]의 계승자들에게서는 이러한 다양성이 다시 원점으로 되돌아갔다는 것 사이에는 어떤 연관이 있다고 할 수 있다. 이 시기에 걸친 극의 성격 변화, 대중극에서 좀더 사회적으로 제한된 드라마로 변화한 것 역시 맥락을 같이한다. 더욱이 이는 노골적으로 계급 문화에 기반을 둔 왕정복고기의 연극으로 이어지게 된다. 18세기 초반 대부분의 작가가 전문직이나 상인 계층에서 나왔다는 사실과, 종종 중산계급의 문학이라 묘사되는 새로운 형식과 양식 사이에는 분명한 상호관계가 있다. 18세기 후반에는 이렇듯 단순한 상관관계를 볼 수 없다. 이 시기에는 매우 다채로운 작가들이 나타나지만 낭만주의 시라는 두드러진 문학적 발전은 그 문학을 창조해낸 사람들의 사회사와 일관된 연관성을 보이지 않는다. 사실 낭만주의 운동에서는 모든 사회계급과 교육의 패턴, 삶의 방법들이 표현되며, 물려받은 사회적 규범으로부터의 개별적 변이가 두드러지게 드러나는데, 아마도 이것은 분명 낭만주의 운동의 성격과 어느 정도 관련이 있으므로 바로 이 점이 유일하게 의미 있는 요인일지도 모른다. 19세기에 가장 독창적인 사회사상 대부분에 나타나는 새로운 사회집단들, 그리고 빅토리아 시대 소설의 전성기에서 이 집단과 여성의 중요성은 실증적 상관관계가 있다. 1870~1950년의 시기에는 가장 의미 있는 상호관계가 부정적 관계이다. 이 시기의 중요한 문학에서 엄청난 부분이 잉글랜드의 패턴에서 벗어난 다수의 사람들이 쓴 것이다. 이는 빅토리아 시대 소설에서도 어느 정도 사실이긴 했지만, 이후 시기에서는 여성뿐 아니라 외국 출신 혹은 소수 집단 출신의 작가들이 지니는 상대적 중요성이 두드러진다. 주요 작가들을 간단히 꼽아봐도 [토머스] 하디, [헨리] 제임스, [조지 버나드] 쇼, [J. M.] 싱, [W. B.] 예이츠, [T. S.] 엘리엇, [조지프] 콘래드, [D. H.] 로런스, [션] 오케이시, [제임스] 조이스, [딜런] 토머스 등을 들 수 있다. 아일랜드인을 예외로 하면 특정한 소수 집단이 두드러져 보이지는 않지만, 이 시기에 정상적인 잉글랜드 양식이라는 주류문화의 패턴이 상대적으로 창조성을 발휘하지 못했다는 난감한 문제가 제기되었다는 의미에서 소수 집단이 눈에 띄게 되었다고 할 수 있다. 여기에는 작품의 질에 대한 판단이 개입되기 때문에 그 분석은 간단치 않지만, 내가 보기에는 주요한 기여자들의 표준적 사회사의 등장과 연관될 수 있는바, 사회적으로나 상상력의 차원에서 편협해졌다는 증거가 있는 것 같다. 그러므로 최근 분위기와 내용에서 새롭게 등장한 요소들은 이 표준적 패턴에 발생했던 것으로 보이는 제한적 변이와 실제로 연관을 지닌 것으로 볼 수 있다.

한 사회의 본질과 그 문학 성격 사이의 관계는 결코 단일하지 않지만, 실제의 역사에 따라 다르게 보이는, 의미 있거나 의미 있을 가능성이 있는 관계들이 존재한다. 사회적 출신 계층은 작가라는 천직에 영향을 미치는 교육의 기회나 생계유지의 방식에 다양한 형태로 실제적 연관이 있으므로, 이러한 복합체는 영구적 의미를 가지며, 문학 발전의 여러 대목에서 눈에 띄는 영향력을 발휘했다고 말할 수 있다. 그러나 오로지 출신 계층만을 강조해서도 안 된다. 문학의 성격은 또한 여러 가지 방식으로 커뮤니케이션 체계와 독자층의 특성 변화에 의해 눈에 띄게 영향을 받는다. 새로운 사회집단에서 출현한 작가들의 중요성을 볼 때, 우리는 그들만 보는 것이 아니라 그들이 속해 있는 좀더 넓은 사회집단이 창조한 새로운 제도와 형식도 같이 봐야 한다. 엘리자베스 시대의 극장은 특히 복잡한 예인데, 그것은 주로 중산계층의 투기꾼들이 제도화했고, 주로 중산계급이나 상인 혹은 장인 계층 출신의 작가들이 쓴 희곡을 공급받았지만, 사실은 상업적 중산계급이 계속 반대해왔으며, 민중으로 구성된 관객에게 봉사했지만 궁정과 귀족의 보호를 받아 살아남았다. 바로 이러한 보호는 후에 연극과 관객의 범위를 지속적으로 좁히는 결과를 낳았고, 마침내 왕정복고기에 와서는 극소수의 계급이 지배적인 어조를 설정하게 되었다. 18세기에 조직된 중산층 관객층이 형성된 것은 부분적으로 바로 그 계층에서 작가들이 나왔기 때문이기도 하지만, 주된 이유는 이 작가들을 끌어들이고 그들에게 기회를 주었던 독립적 형식 때문이었다. 중산층 독자의 확장과 조직화는 19세기 후반까지 지속되었고, 다양한 출신의 새로운 작가들을 끌어들였지만 주요 제도들을 통해 일반적 동질성을 부여했다. 전반적으로 이러한 경향이 지속되었으나, 이미 19세기부터 주류의 패턴에서 벗어나는 개인들이 나오면서 균열의 조짐이 보이기 시작했으며, 19세기 말에 와서는 분명하고도 조직된 소수의 일탈이 시작되었다. 20세기 문학의 사회적 상황은 주로 점증하는 표준적 경로가 추가됨으로써 지속되는 다수의 패턴과, 눈에 띄게 거기에서 벗어나 주류의 패턴 밖에서 온 작가들을 지지하고 가치를 두며 다수 그룹에서 벗어나려는 구성원들에게 대안적 출구와 소속감을 제공하는, 의견이 뚜렷하게 다른 소수파 사이의 상호작용이라고 할 수 있다. 1850~1870년과 1919~1939년 시기 문학의 사회적 기반을 비교해보면, 두 경우 모두 조직된 중산층 독자층의 존재가 주된 요소였지만, 앞 시대에는 문학이 비교적 동질적이어서 작가들이 주로 독자층과 비슷한 계층 출신이었던 반면, 뒤의 시대에는 대중도 다수와 소수로 나뉘어서 전자는 그 이전의 관계들을 지속시키고, 후자는 체제에 반대하는 개인들을 끌어들이면서 그 주요 인물들을 주로 다른 문화나 다른 사회적 집단 같은 외부에서 발견하는 경향을 보인다. 중요한 현대문학—많은 소설과 희곡, 그리고 거의 모든 시—은 주로 이 소수의 독자층이라는 제도를 통해 전달되었고, 이는 주류의 제도가 여전히 그 시대의 가장 중요한 작품들과 연관되어 있었던 중기 빅토리아 시대의 상황과 극적 대조를 보인다. 그 문화에서도 새로운 사회집단으로부터 작가들이 출현했던 사실이 최근에 주목을 받게 되었지만, 통상적으로는 그들은 그 소수파의 제도들을 통해 나타났다. 성직자나 산업 노동자 출신의 새로운 작가들은 사실 그들을 배출한 사회집단에 의해 읽히는 것이 아니라, 반체제적 중산층에 의해 읽혔다. 소설과 희곡의 독자층이 팽창한 것은 분명 새로운 사회집단의 구성원을 포함하지만, 일반적으로 그들은 기존의 대다수 대중 속으로 흡수되는 중이었다. 이러한 상황의 위험한 점은 소수파 독자들이 분명하고도 특수한 사회적 소속감을 지니는—주로 대학교육에 의해 형성된—유일한 집단이 될 수 있다는 것이다. 다수의 대중이 그 사회의 가장 창조적인 구성원들과 분리됨으로써 외부의 침투를 쉽게 허용하는 문화적 공백을 남긴다는 증거들이 있다. 대중예술 형식 대부분이 급속하게 미국화되는 현상은 이러한 관점에서 이해할 수 있는데, 그러는 사이 최상의 영국 예술과 사상은 제한된 교육 체계로 인해 영국인 대부분이 들어갈 기회가 거의 없는, 정체성이 확실한 사회적 소수와 긴밀하게 연관되어 있는 상태가 된 것이다.

이렇듯 문학과 사회의 관계는 변화하는 역사적 상황에 따라 매우 다르게 보인다. 사회가 변화하면 문학도 변하지만, 종종 예기치 못한 방향으로 가기도 한다. 왜냐하면 문학 역시 사회적 성장의 일부이지 단순히 그 반영은 아니기 때문이다. 때로는 상승하는 사회집단이 새로운 제도를 창조하여 자신들의 작가들을 배출하기도 한다. 다른 경우에는 새로운 사회집단 출신의 작가들이 기존의 제도로 진입해서 대체로 그 제도에 맞춰서 움직이기도 한다. 이는 우리 세대에도 여러 번 들어왔던 이동성mobility에 관한 논의의 중요한 이론적 맥락이다. 이동성은 현재 일차적으로 개인적 관점에서 논의되고 있으며, 작가를 종종 한 예로 거론한다는 사실은 의미심장하다. 즉 작가는 다른 예술가와 마찬가지로 어디서든 태어날 수 있으며, 한 사람의 개인으로서 사회 전역에 걸쳐 빠르게 이동할 수 있다는 것이다. 그러나 실제로 이동성에는 크게 두 종류가 있는데, 하나는 작가들에게서 보이는 개인의 이력에 관한 것이고, 다른 하나는 새로운 제도를 창조하고 때때로 18세기 전반처럼 그 제도와 더불어 작가들을 배출하는 새로운 사회집단의 발흥이다. 이동성의 문제를 제대로 논의하려면 이러한 구분이 선행되어야 한다. 우리 시대에 작가들에게 영향을 미친 것은 일차적으로 개인적 이동성과 제도의 상대적 안정성이 결합한 결과이다. 이는 근대적 이동성을 주제로 삼은 수많은 문학작품에서 찾아볼 수 있다. 18세기 말, 고드윈은 『케일럽 윌리엄스*Caleb Williams*』에서 그러한 이력의 초창기 사례, 즉 개인적 이동 가능성은 매우 제한되어 있고 그와 관련된 제도들은 매우 강력하고도 가혹한 경우를 그려냈다. 스탕달은 『적과 흑*Le Rouge et le Noir*』에서 같은 상황을 더 밀고나가, 개인이 결국 타협으로 내몰리는 대신 처음에는 성격적으로, 나중에는 현실적으로 파괴되는 것으로 결말을 맺었다. 빅토리아 시대에 이러한 주제를 다루는 방식이 보통 암시하는 바는 (이런저런 마술적 해결 방법이 없는 경우) 대개 통제였다. 즉 출신의 관점을 기본적으로 존중해야 하며, 그렇지 않으면 개인은 타락하고 만다는 것이다. 『무명의 주드*Jude the Obscure*』에서 보여준 하디의 저항은 바로 그러한 저항의 노력 자체를 절망적인 것으로 만들었다. 로런스는 새로운 상황을 도입했다. 특히나 예술을 통해서 앙심을 품고 빠르게 반체제적 소수 문화로 계층 상승했다가 결국에는 망명자 신세가 되는 상황 말이다. 우리 시대 패턴의 특징은 좀더 자유롭게 움직이는 개인이, 손쉽게 진입할 수 있고, 그에 순응할 경우 급속한 개인적 타락을 경험하게 되는 제도를 비웃거나 대개는 격노한다(『럭키 짐*Lucky Jim*』 『성난 얼굴로 돌아보라*Look Back in Anger*』 『꼭대기 방*Room at the Top*』을 보라). 막다른 길의 느낌이 지속되며, 그 안에서 만들어진 경험은 빈약해 보인다. 그것은 이렇게 형성된 이동성의 조건이 절망적일 정도로 제한되어 있기 때문이다. 개인의 이동성과 제도와 사고방식의 안정성 간의 결합은 이런 막다른 길로 이어질 수밖에 없다. 그런데 예술가와 지식인의 경험은 특히 오해의 여지가 많다. 그러한 경험은 특수하고 국지적인 긴장을 기록하고 있지만 우리 시대의 이동성을 실제로 경험해보면 그것은 바로 사회적 집단들 전체가 새로운 생활방식을 갖기 시작했기 때문이다. 개인이 출세하는 것이 아니라 사회가 변하고 있는 것이다. 그러나 작가나 사상가를 끌어들이는 제도가 제한된 사회적 준거틀을 유지하고 있고, 새로운 집단들이 자신의 문화적 제도를 창출해내는 데 상대적으로 성공하지 못하는 한, 사회 변화의 경험과 타협하기는 매우 힘들다. 다양한 사회계층 출신의 개별 작가들이라는 이점은 그들이 기존의 표준적 패턴들(이는 이제 고등교육 시스템에 의해 분명해졌다)에 흡수되거나 새로운 패턴을 만들어내거나 그것을 돕는 대신, 기존의 패턴들과 싸우는 데 집중함으로써 제한되거나 무화될 위험을 안고 있다. 개인적 이동성의 문제는 사실 개인적 차원에서 이동의 정의가 분명히 부적절한 것이라고 드러나는 지경까지 왔다. 사회 전체는 움직이고 있지만 더욱 시급한 문제는 새롭고 적절한 제도의 창조이다.

좋은 작가는 어디에서나 태어날 수 있다. 작가의 사회적 성장 과정은 매우 다양할 수 있고, 그것을 표준화하려는 시도는 매우 위험할지도 모른다는 것이 그 증거이다. 그러나 그렇다고 해서 작가의 성장이 자율적이라거나 제도나 커뮤니케이션 형식을 통해 사회가 수행하는 일이 그에게 영향을 미치지 못한다는 것은 아니다. 사회가 적절하게 할 수 있는 일은 우선 교육 분야에서, 그다음에는 커뮤니케이션 수단 분야에서 제도들을 수정하고 확대하여 그것이 사회의 현실적 구조와 효과적이고도 보편적인 관련을 맺도록 함으로써 작가와 독자 둘 다 자기 나름대로 목소리를 낼 수 있도록 하는 것이다. 우리 사회는 이러한 상황에 아직 한참 못 미친 상태라서, 우리가 더듬어온 작가의 사회사가 앞으로도 계속 변화할 것이라는 사실만 확실하게 이야기할 수 있다.

6

극 형식의 사회사

사람들은 드라마가 모든 예술 형식 중에서 가장 사회적인 형식이라고 말해왔으며, 이는 어떤 분명한 측면에서는 사실이기도 하다. 극작가는 시인이나 소설가처럼 언어를 통해 특수한 경험의 조직체를 창조해내지만, 그 조직체의 본질은 공연을 통해 드러난다. 공연이란, 극작가가 조합한 말들을 다른 예술가인 배우들이 정상적 커뮤니케이션 과정 속에서 말하고 연기하는 것이다. 그 덕분에 텍스트와 공연 사이의 관계, 문학작품과 상연된 극 간의 관계는 시대와 사회에 따라 크게 다르지만 이미 개인의 창조적 행위가 사회적·창조적 행위로 확대되는 상황은 분명하다. 다시 말해 시나 소설의 경우 일차적으로 잠시 고립된 개인이 작품을 받아들이는 데 반해, 극의 경우 한 집단, 실제의 청중이 받아들이는 것이 정상(보편적인 것은 아니라 할지라도)이다. 그래서 전달에서뿐 아니라 수용과 반응에서도 드라마는 보통 분명히 사회적인 맥락 안에서 작동하며, 이러한 이유로 드라마의 사회사는 여러 가지 면에서 다른 예술의 사회사보다 접근하기가 쉽다. 이러한 조사의 가능성을 실제로 실험해보기 위해서 나는 영국 드라마의 사회사를 간략하게 살펴보고자 한다. 이는 전체 사회의 일반적 변화 속에서 드라마와 사회의 관계가 실제적으로 변화하는 것을 설명하기 위해서이기도 하고, 그러한 사회적 변화와 드라마 형식의 실제적 변화, 즉 예술 유형의 변화 사이에 어떤 관련이 있는가 하는 훨씬 더 어려운 문제에 접근하는 방법을 제시해보기 위해서이기도 하다. 우리는 흔히 사회적 변화와 예술적 변화 사이에 어떤 관련이 있음에 틀림없다는 생각에 익숙해 있지만, 자세히 살펴보면 이를 예증하기는 늘 매우 어렵다. 그리고 이러한 어려움은 많은 사람에게 예술을 자율적 영역으로 승급 혹은 후퇴시킬 좋은 이유가 되어주곤 한다. 극에서 이렇듯 예증할 수 있는 관련성을 찾아낼 수 있다면, 그리고 그것을 발견할 수 없는 경우 원래의 일반적 관념을 수정하는 방법으로서 그 어려움을 솔직하게 직시할 수 있다면, 우리는 아마도 이와 관련된 전 영역에서 이보다 덜 분명한 사회적 예술에 대한 탐구에도 유용한, 진정한 진보를 이룩할 수 있을 것이다.

I

얼핏 보면 중세 영국의 극은 사회적 형식과 극적 형식 사이의 연관을 보여주는 특별히 뚜렷한 사례처럼 보인다. 초창기 연극은 기도서에서 그 형식을 따왔고, 일차적으로는 라틴어로 성서를 읽어주었을 때 그것을 이해할 사람이 거의 없는 회중에게 성서의 이야기 중 일부를 보여주기 위한 방법이었다. 그러므로 천사가 예수의 텅 빈 무덤에서 여인들에게 말을 거는 "네가 누구를 찾느냐" 라는 연극의 형식은 주요 사회조직의 목적을 극으로서 직접 언급한 예라고 할 수 있다. 숭배 형식 내부의 극적 삽입물로 시작된 중세 종교극은 행렬의 기능으로 발전되었는데, 처음에는 교회를 향하거나 교회 내부에서 이루어지는 행렬로, 나중에는 도심을 가로지르는 행렬로 발전했다. 이것은 사회적 발전과정으로서 극의 공연이 종교적 축제뿐 아니라 중세 도시의 삶과 상업과 산업의 조직과 유례없이 긴밀하게 결합했다는 의미에서 매우 중요하다. 성체Corpus Christi의 행렬은 장인길드극과 기적극 공연으로 그 도시의 공식 이벤트 구실을 했을 뿐 아니라 장인들의 길드에서 조직하여 각각의 길드가 지속적으로 책임을 지고 특정한 연극을 하게 되었다(제빵사들은 〈최후의 만찬〉, 제혁업자들은 〈루시퍼의 타락〉, 직조공들은 〈최후의 심판〉을 공연하는 식으로). 이 형식은 기독교 이야기 중 특정한 사건들을 예시하고, 기도서의 이야기를 극적으로 재연하는 것으로 시작되어 천지창조에서 승천을 거쳐 성인들의 삶에 이르는 전체 이야기를 연속해서 재연하는 것으로 확장되었다. 각 에피소드의 직접적 형식은 일차적으로는 예시적 기능으로 규정되지만, 그 형식 전체가 특수한 행렬이라는 사실 때문에, 발전해가면서 결국에는 에피소드식 드라마가 된다. 이러한 기본 구성은 대중적 전통이 되고, 뒷날 완전히 새롭고 특징적인 엘리자베스 시대 드라마라는 영국적 형식과 결합하는 수많은 요소 중 하나가 된다.

사회적 기능과 조직의 방법, 특정한 극적 형식 사이의 명백한 관계뿐 아니라, 흥미로운 중세사회와 좀더 세련된 극 형식인 도덕극과 그 계승자인 막간극의 관계도 덧붙일 수 있을 것이다. 도덕극의 전체 형식과 방법은 중세 종교와 사회의 특징적인 감정의 패턴에서 나왔다. 그것은 장인길드 극이나 기적극과 달리 종교적 서사를 극화하는 것이 아니라 신앙과 인간 공통의 운명을 극화한다. '에브리맨Everyman'의 개념이 뿌리깊게 자리잡고 있는 것은 일정한 발전 단계에 도달한 특정한 사회에서만 가능한 것이다. 삶과 죽음이라는 기본적 쟁점에 대해 진정한 공통의 의미가 존재하므로 보편적 운명이 진정으로 자연스럽게 느껴질 때, 도덕극의 인물들은 추상적이고 전형적이며, 일반적 인간의 특성과 약점이 보편적으로 느껴진다는 바로 그 이유 때문에 굳이 개별적 인간으로 형상화될 필요가 없는 것으로서 유기적 형태를 띤다. 그러나 이 흥미로운 형식이 그 사회의 전체적 형식은 아니다. 도덕극 내에서도 우리는 다른 종류의 상상적 구성물의 영향을 볼 수 있다. 〈에브리맨〉의 '구원의 집'은 〈인내의 성The Castell of Perseverance〉에 나오는 성과 구조적으로 연관되어 있고, 이는 기독교적 로맨스에서 발전된 마법적 민간 설화의 오랜 전통에 등장하는 모험 여행의 장소뿐 아니라, 사회 구성의 실제적 요소—실질적으로 공동체의 정체성을 구성하며(공동체가 그 장소에서 합일되고 의사소통을 한다는 의미에서) 따라서 가치와 안전을 추구하는 자연스러운 대상이기도 한 중앙광장, 교회, 성, 언덕 같은 것—와 뚜렷한 유사성을 지닌다.

또한 도덕극에서 막간극interlude으로의 발전도 매우 흥미로운 방식으로 기본적 패턴과 느린 사회적 변화의 상호작용을 보여준다. 막간극은 사회적으로 도덕극과는 기반이 다르다. 도덕극이 공적 장소, 도시에 속한 것이라면 막간극은 저택의 홀에 속한 것으로, 중세적 형식이 튜더 사회의 형식으로 바뀌기 시작할 무렵에 생겨난 것이다. 대중적 종교극에서 좀더 세련된 '도덕적인' 극으로 이행한 것은 도덕극을 무대극으로 받아들인 것이지만, 이는 막간극에 와서야 완성되었다. 동시에 특징적 막간극에는 중세의 사회사상이 깊게 각인되어 있었다. 예를 들어 『네 개의 P *The Four P's*』[존 헤이우드의 희곡]는 인간을 특수한 개인들로서가 아니라 사회적 기능으로서 그려낸 극이다.

종교 이야기의 인물이나 종교적·도덕적 알레고리의 인물뿐 아니라, 특수한 사회적 맥락 속의 개별화된 인간의 관계는 매우 복잡하지만, 이후 영국 극 형식의 발달에 매우 중요하기도 하다. 기적극이나 장인길드극의 일차적 기능이 예수나 그의 어머니뿐 아니라 예언자와 성인들 같은, 일상적 의미에서도 인간이라 여길 수 없는 인물들을 경건하게 형상화하는 것이지만, 우선 헤롯—특히 이런 드라마 전체에서 가장 인기 있는 캐릭터인 분노하는 헤롯—처럼 경건하게 다룰 필요가 없는 인물이거나, 두번째로 그리스도 강탄降誕 때 양치기들에서 분명히 볼 수 있듯 보조적 인물들의 경우에는 전혀 다르게 다루어지는 경향도 뚜렷하게 드러나는 것을 볼 수 있다. 이 모든 것은 결국 전통적 이야기의 정해진 역할들과, 그것이 해석하고자 하는 살아 있는 동시대의 경험 사이의 상호작용으로 보는 것이 최선이다. 그 상호작용의 정도는 다양하며, 그에 따라 개별화와 동시대적 사실주의의 수준도 서로 다르다. 심지어 위대한 인물들도 어떤 의미에서는 동시대적이다. 하느님 아버지는 이 세상을 굽어보시며, 그리스도와 천사들, 사탄과 악마도 살아서 움직인다. 노아 같은 인물도 전통적 역할을 유지하면서 동시에 중세에서 생각하고 말한다. 격노하는 권력자인 헤롯은 동시대의 세계로 들어와서 문자 그대로, 그리고 극적으로 중세의 거리로 내려선다. 그리고 타운리Towneley 연작[웨이크필드 지역의 장인길드극] 〈두번째 목자극Secunda Pagina Pastorum〉의 목동들은 천사들이 말을 걸어와 마리아와 예수를 경배하러 간 목동들이기도 하지만, 동시에 요크셔 사투리를 쓰며 그들의 문제를 다루고 있는 요크셔 목동들이기도 하다.

이러한 개별화의 수준들과 동시대적 사실주의의 개념을 엘리자베스 시대 드라마의 좀더 넓고 원숙한 세계로 받아들이는 것이 중요하다. 새로운 요소들과 뒤섞이면서 행렬극의 에피소드적 구성과 도덕극의 정형화된 패턴이 모두 이 [엘리자베스 시대 극의] 세계 속으로 들어오게 된 것이다. 또한 발달 단계가 진전됨에 따라 이것이 동시대성을 판별하는 기준이 되었다. 엘리자베스 시대의 비극에서 주요 인물(영웅으로서 개별화되기는 했지만 앞으로 살펴볼 일정한 조건하에서만 그러하다)은 중세 드라마의 주요 인물이 보여주었던 다른 장소, 다른 시대의 거리감이 느껴지는 요소들을 유지하고 있으나, 그와 동시에 종종 관찰되는 것은 근본적 방식으로는 드라마와 같은 시대에 사는 엘리자베스 시대의 인물이기도 하다. 그러니까 대강 구분해보면 이러한 과정은 부수적 인물에게서 먼저 더 많이 진행되어서, 『햄릿』의 무덤 파는 사람들이나 교회지기, 『헛소동』의 보안관이나 이장, 그밖에 비슷한 인물들은 타운리 연작의 목동들이 그러하듯 아주 노골적으로 드라마와 동시대의 인물들이다. 이러한 관습은 극적 패턴과 사회적 현실 사이의 관계에 대한 과도기적 태도를 구현하는 것으로 보인다. 새로운 사회가 옛 패턴 속에서 진화하는 동안에는 혼합된 형식이 유지된다. 옛날 사회가 굳건히 서 있는 동안에는 단일한 패턴으로 충분하다. 새로운 사회가 완전히 등장하면 혼합된 형태가 합리화될 것이다. 한편 중세 후기와 엘리자베스 시대 드라마의 시기에 이 혼합된 관습들로 인하여 인물들은 서로 다르게 강조되어 개인들로서, 상징으로서, 그리고 사회적 정형으로서 기능할 수 있었다. 엘리자베스 시대 드라마의 풍요로움, 특히 서로 다른 수준에서 의사소통할 수 있는 힘은 이렇듯 사회 발전과정의 역사적 단계에 대응하는 의식이 있는 무대와 연관시킬 수 있다.

II

15세기 말엽 서로 다른 지역에서 서로 다른 대중적 종교극의 오래된 보편적 형식은 각각의 지역에서 서로 다른 과정을 거쳐 사실상 붕괴되었다. 우리는 이를 종교 조직의 근본적 변화로 드러난 종교적 감성의 변화뿐 아니라, 극과 직접 연관된 사회적 변화와 관련지어볼 수 있다. 튜더왕조 때까지 구시대의 극이 의지하고 있던 주요 조직인 길드는 그 기능이 매우 다양해져서, 어떤 경우에는 장인과 상인 계층의 갈등이 첨예화된 새로운 경제 질서 속에서 상업적 이득을 수용함으로써 더이상 대중 조직이 아니게 되었다. 초기 튜더왕조 시대의 극은 오래된 사회조직의 존속을 보여주었으나, 동시에 여인숙 마당에서 공연하는 유랑극단이나 학교, 대학,

저택에서 새로운 연극 공연이 성장하면서 진행된 새로운 조직의 중대한 발전도 보여주었다. 이렇듯 서로 연결된 통로를 통해, 특히 고전극과 르네상스기의 새로운 연극에서처럼 야외에 개방된 장소와 연극 간의 긴밀한 연결을 통해, 특히 토종의 대중극이 약화된 이후에 중대하고도 새로운 추세들이 가능하게 된 것이다. 결정적 발전은 바로 첫번째 극장들이 세워진 1570년대에 일어났다. 전형적으로 극의 조직은 투자가의 손으로 넘어갔고, 극장은 수도권을 드나드는 여행객을 끌어들이기 위해 여전히 교역의 중심지로 성장하던 런던의 외곽에 세워졌다. 동시에 극장이 세워진 상황을 보면 다음 세기에 물리적으로나 사회적으로 연극을 교란시킬 힘을 지닌 사회집단들 간의 긴장이 고조되고 있음을 알 수 있다. 새로운 극장은 과거의 유랑 극단과 마찬가지로 도시에서 그 세력을 이미 확립한 상태였던 상업적 중산계급의 강력한 반대를 촉발했다. 물론 엘리자베스 시대의 전성기에 이르기까지 연극은 분명 대중의 지지를 받아 유지되었지만, 대중적 지지란 궁정이나 귀족이 적극적 후원을 확대하지 않았더라면 부서지고 말 수도 있었던 것이다. 그 전성기가 짧은 것은 전성기의 위대성만큼이나 놀라운데, 우리는 이를 국민 생활에서 수많은 복잡한 요소, 잠시 후에는 따로따로 분리되어나갈 요소들이 두드러지지만 일시적인 융합 현상을 보일 수밖에 없었다는 측면에서 이해해볼 수 있다. 이 짧은 기간 동안 유럽 르네상스의 색채와 풍요로움은 민중적 전통의 활기와 사실주의와 결합하여 전적으로 새로운 국민적 형식을 만들어냈다. 가장 눈에 띄는 새로운 요소는 개인의 경험에 대한 높은 의식으로서, 뚜렷하게 다른 사회사상의 패턴을 배경으로 한 중세와 튜더왕조 초기의 극에서는 이러한 것을 찾아볼 수 없었다. 이 새로운 요소는 비극과 로맨스에서 새로운 수사로 표현되어 연극을 유례없이 강렬한 것으로 끌어올렸다. 난폭하고 빠르고 복잡한 플롯은 이렇듯 새로운 양식의 개인적 감성을 몸으로 표현한 것이었으며, 그들 자신의 특징이 뿌리 뽑히고 세상 풍파에 노출된 존재였던 새로운 시대의 극작가들은 연극의 언어를 생기 있고 강렬하게 만들어놓았다. 그러나 이러한 요소들은 보다 오래된 감성의 방식과 상호작용하고 있었다. 존 릴리식의 미사여구나 펨브로크 백작부인과 연관된 '고전적' 드라마에서처럼 그렇지 않은 경우에는 새로운 영향력이 무의미한 과시로 흐르거나 인위적인 세련됨에 머물기도 했다. 엘리자베스 시대 드라마의 주요 부분에서 분명한 것은 오래된 전통의 요소가 그저 살아남았다는 데 그치는 것이 아니라 그 세력 면에서 동등한 요소로서 엄연히 존재한다는 것이다. 질서 잡힌 가치의 패턴 내에서 상징적 기능의 의미가 절대적인 개인적 표현의 색채와 풍요로움과 결합하는데, 이는 이러한 양식들 사이의 관계가 되풀이하여 본질적 주제가 되는 위대한 비극에서뿐 아니라, 후기 셰익스피어와 존슨의 고급 희극에서도 그러했다. 개인적 열망과 그에 내재한 패턴은 언어를 통해 당시의 실제 삶에서 활기찬 생명력을 받아들였고, 마침내 그 짧은 기간 동안 국민 생활의 모든 창조적인 부분은 아찔할 정도로 다양하고 놀라운 연극으로 표현되었다.

이 흥미진진한 발전은 대개 1642년의 극장 폐쇄로 드러난 것처럼 새로운 '청교도'적 요소의 득세로 인해 단절된 것으로 비치는 것이 보통이다. 그러나 이 국민연극의 해체와 그것을 구성하고 있던 요소들의 분리는 훨씬 더 이전부터 시작되었다. 아마도 엘리자베스여왕 통치 기간의 마지막 15년 정도와 제임스1세의 첫 몇 년간에는 드라마가 국민 생활의 주류를 표현함에 있어서 곧 정치 분야에서 분명하게 터져나올 갈등에 상응하는 높은 긴장감을 띠었다. 이미 17세기 초반에 우리는 계급 연극으로의 변화를 볼 수 있으며, 이는 초창기 튜더 시대의 발전부터 그 발단을 찾을 수 있었다. 비록 대중에게 공개되기는 했으나 '사설 극장'들은 실제로 좀더 좁은 범위의 청중에게 의지하기 시작했다. 그 이전에는 궁정이 상업적 중산계급에게서 민중극을 보호해주었다면, 이제는 궁정이 점점 국민 생활의 결정적 요소들에서 소외되면서 연극 자체도 그 성격을 바꿔나가기 시작했던 것이다. 한편으로는 극적 경험 자체의 요소로서보다는 소비되고 향유될 만한 형식상의 요소로서 정교한 이야기나 스펙터클이 점점 두드러지는 경향이 나타났다. 다른 한편으로는 특히 희극에서 [토머스] 미들턴, [필립] 매신저, [프랜시스] 보몬트와 [존] 플레처를 거쳐 [제임스] 셜리와 [리처드] 브롬에 이르기까지 새로운 관심과 기준을 반영하여 자연스럽게 왕정복고 시대의 풍속희극으로 이어지는 지속적인 움직임이 있었다. [존] 드라이든이 나중에 간파했듯, 플레처는 셰익스피어보다 훨씬 더 '신사의 대화를 이해하고 모방'하는 데 능했으며, 이러한 발전은 연극이 변화하고 해체되어가는 사회에서 점점 어느 특정 계급과 자신을 동일시함에 따라 사회적 음모, 변화하는 계급 관계, 패션에 대한 점증하는 관심을 보여주는 표식일 뿐이다. 1590년대 연극의 핵심이었던 국민적 요소와 좀더 오래된 사회의 가치관을 구현하는 전통적 패턴은 점점 사라져갔다. 희극은 점차 유행과 식욕을 자극하는 방향으로 움직여갔으며, 이는 인간의 보편적인 측면을 잃어감에 따라 세련되어가면서 풍속희극의 형식을 만들어냈다. 비극에서는 충동들, 특히 '명예honour'가 사회적 기능에서 태생의 표시로까지 추상화된다. 그리하여 특수하고도 보편적인 운명에 직면한 인간, 그리고 (발달한 연대기극에서와 같이) 민족정신을 표현하는 영웅이 '영웅극'에 오면 일차적으로 음모에 의해 동기가 유발되는 인위적인 사회적 맥락 안에서 가식적으로 명예와 운명을 연기하는 타락의 경향이 나타난다. 이러한 전개의 표지들은 전성기로 거슬러올라가도 발견되지만, 사회적 기반이 협소해지면서 과거의 수많은 관심사가 희미해지자 점점 더 뚜렷해진다. 극장이 폐쇄되는 1642년쯤이 되면 국민극은 연극의 복고 방식이 분명히 드러내주듯 한 계급의 연극이 된다.

III

왕정복고기의 연극은 찰스2세가 1660년에 허가한 두 개의 '특허극장'에 기반을 두었다. 그 극장들은 새로운 극장으로서 엘리자베스 시대의 플랫폼식 무대와 현대의 그림배경 무대의 중간쯤 되는 무대를 지녔다. 극장이 궁정의 후원을 받으면서 관객은 실질적으로 궁정 가신과 그 추종자들로 제한되었으며, 그렇듯 협소한 기반 위에서는 극장을 성공적인 사업으로 유지하는 일이 계속 어려울 수밖에 없었다. 형식면에서 처음에는 음악과 스펙터클이 강조되었고 좀더 정교한 무대장치도 선보였는데, 이는 자코비언 시대의 사설 극장에서 처음 뚜렷하게 드러났으며, 이후에는 가면극이나 오페라에서도 나타났다. 두 개의 새 극장 중 한 곳에서 연출을 맡았던 [윌리엄] 대버넌트는 1634년에 초창기 '영웅극heroic play'인 『사랑과 명예*Love and Honour*』를 썼을 뿐 아니라, 극장이 폐쇄되었던 기간에는 발달된 음악과 스펙터클을 영웅극과 결합하고, 프랑스와 이탈리아의 오페라에 영향을 받은 오페라 『로도스섬 포위*The Seige of Rhodes*』를 창작했다. 영웅극의 발전을 따라간다는 것은 앞서 말한 충동들의 추상화(명예와 순수함이라는 관습이 점점 더 공식화되는 것)가 비극의 양식을 정교한 매너리즘으로 변환시키는 과정을 살펴보는 것과 같다. 일상언어와 가까운 형식이었던 완숙기의 엘리자베스 시대와 자코비언 시대의 무운시無韻詩가 영웅시격[약강5보격의 2행대구對句]이나 왕정복고 스타일의 과장된 무운시로 환원되는 현상은 전반적인 변화를 나타내는 주된 표식이다. 그러나 이러한 변화가 일어난 후에도 영웅극과 그뒤를 이어 다시 유행한 무운시의 비극 형식은 그 극장들의 관객층이 속한 계급의 폭 좁은 삶과도 실질적 연관이 거의 없었다. 이 시기의 진정한 성장은 바로 풍속희극에서 나타났는데, 이는 풍속희극의 기반을 이루는 좁은 사회와 진정으로 일치했다.

우리는 왕정복고기 희극을 두 시기로 구분해야 한다. 흥미롭게도 이것은 실제 극장의 운명에 따른 시대 구분과 각각 대응한다. 1666년부터 대역병과 런던 대화재를 거쳐 1679년 새롭게 정치적 위기가 형성되기까지의 기간 동안 진정한 왕정복고기 극장은 엄격하게 제한된 관객과 더불어 최고의 대표자인 [조지] 에서리지와 [윌리엄] 위철리를 지지했고, 그들을 통해 형식과 관객의 직접적 관계가 가장 분명하게 드러났다. 왕정복고기의 무대에 처음 등장한 여배우는 이 형식에서 핵심인데, 이 형식은 유행의 첨단을 걷는 섹스 게임의 법칙을 정교하게 보여주는 것이었다.* 이런 희극이 그 맥락상 다른 사회집단들 및 그 집단들의 대안적 감성과 가치관과 동떨어져 있다는 사실로 인하여, 다른 기준을 의식하느라 여전히 복잡했던 초창기의 음모 희극에 비해 그 자체로서도 뚜렷한 진전을 보여주는 감성과 스타일이 서로 통일을 이루게 되었다. 에서리지나 초창기의 위철리와 같이 연극이 순전히 관객들의 삶을 보기 좋게 반영하는 것에 불과할 때도 관계의 확실성으로 인해 특유의 자발성과 생기발랄함이 드러난다. 이러한 연극들을 일반적 도덕에 근거해 비판하는 것도 그다음 단계의 판단으로는 필요할지 모르지만, 이러한 비판으로 인해 그 형식이 나름대로 그 시대에 일시적 성공을 거둔 사실을 흐리는 것은 어리석은 일이다. 그러나 위철리의 『정직한 사람 *The Plain-Dealer*』(1676)에서도 그 법도의 도덕성 자체는 의문의 대상이 된다. 즉 개인적 배신과 이기심에 대한 작가의 공격이 가장 단순하게는 모든 행동의 문제를 불안하지만 올바른 명랑함의 문제로 환원해버린 그 형식 내부에만 머물러 있기는 어렵다. 1680년대에 중산계급이 권력 획득의 첫 단계에 완전히 도달하여 정치적 위기가 고조될 무렵, 극장

* 실제로 일종의 유사 성행위였던 섹스 게임이 결혼에서 재산의 요소, 그리고 결혼시장으로서의 런던 사교계의 활용과 어떻게 연관되는가는 자세히 검토해볼 가치가 있다. 이것은 특히 유사 성행위와 결혼의 감정적 상태에 있어서 왕정복고기 희극의 도덕적 태도와 어조를 논의하는 데 적합한 기반이 될 것으로 보인다.

은 어려움을 겪고 있었으며 리바이벌이라는 지배적인 정책에 의존하고 있었다. 1695년 새로운 극장의 전통이 가시화되어 종종 극작을 겸하던 배우 겸 매니저가 부상했다. 그러나 1693~1705년의 짧은 기간 동안 진정한 왕정복고기가 지나고 시민들과 그 부인들이 극장을 좀더 자주 드나들기 시작할 무렵, 그리고 귀족적이지 않은 작가들이 점점 더 눈에 띄던 무렵, 우리가 왕정복고 희극이라고 부르는 두번째이자 더욱 찬란한 국면이 꽃을 피웠다가 시들게 되었다. 기이하게도 [존] 반브러와 초창기의 [조지] 파쿠아는 에서리지와 위철리의 양식을 계승한 형식을 보여주었으나, 이 시기에 [윌리엄] 콩그리브는 『세상의 이치 *The Way of the World*』를 통해 풍속희극comedy of manners을 최고 수준까지 끌어올리는 데 성공했다. 그러나 처음 공연되었을 때 이 연극은 그리 성공적이지 못했고, 에피소드 전체는 관객과 형식 사이의 복잡한 관계를 드러내주었다. 후기의 파쿠아에게서 우리는 새로운 감성 양식의 영향력을 목격할 수 있는데, 이는 1690년대부터 시작되었다고 추측되는 '감상희극sentimental comedy'과 조응한다. 그러나 콩그리브의 『세상의 이치』는 사회적 기반이 붕괴되지는 않았지만 빠르게 사라지고 있을 때 가장 섬세하게 표현한 형식이었다는 기묘한 사실에 주목해야 한다. 예술의 역사에서는 가끔 한 형식이 이미 그 본질적 조건은 사라지고 있는 가운데 최고의 성취에 도달하는 경우가 있다. 그러나 사회와 개인의 발전 간 불균등성을 고려하면 이는 놀랄 일도 아니다. 『세상의 이치』의 원숙미와 균형은 돌이켜보면 왕정복고기의 풍속희극이 도달할 수 있었던 최고점이었다. 이 작품의 패턴을 완전하게 이해한다는 것은 결과적으로 이 시기의 희극을 높이 평가하면서 최종적으로 요약하는 셈이 된다.*

* 아마도 콩그리브 또한 이러한 패턴의 추상화를 통해 뚜렷하게 독립적 스타일로 발전하는 경향을 대표하고 있을지 모른다. 이러한 스타일이 전혀 다른 사회적 상황에서, 패스티시보다는 분명 훨씬 높은 수준으로 예컨대 [리처드] 셰리든이나 [오스카] 와일드에 의해 아주 쉽게 모방되었다는 점은 의미심장한 일이다.

예술 형식이 사회 변화의 직접적 결과로 변화할 때, 우리는 비평에서 매우 어려운 문제와 만나게 된다. 국지적 판단으로 미뤄보면 기술 면에서나 원숙도에서 높은 수준에 도달한 형식이 상대적으로 거칠고 성공적이지 않은 형식으로 대체되는 것을 종종 볼 수 있기 때문이다. 귀족적이고 유행의 첨단을 걷는 관객을 기반으로 했던 왕정복고기 극의 종말과, 그것을 대신하여 좀더 넓은 사회집단을 근거로 해서 나타난 매우 잡다한 중산계급의 연극을 보면 우리는 그런 경우에 해당하는 가장 분명하고도 유명한 사례를 접할 수 있다. 비평가는 대부분 타고난 왕당파이며, 그 변화를 연극계의 재앙으로 표현해왔다. 왕정복고기의 제한된 성격과 그에 앞선 일반 관객층의 해체 역시 연극에는 해악을 끼치는 일이었다. 또 18세기 중산계급 문화의 초창기 산물이 천박하다고 여겨지는 한(종종 정당한 판단이기는 하다), 전체적 상황을 이야기하기 위해 우리는 '천박한' 소설이 주된 문학 형식이 되고, '부르주아 비극'이나 '감상희극'이라는 멸시받던 형식이 성숙기에는 현대 연극에 널리 도움이 되었던 지점까지 그 발전과정을 따라가봐야 한다. 중산계급 연극의 발달은 사실 변화하는 사회가 형식을 근본적으로 혁신하는 데까지 직접 이어지는 가장 흥미로운 사례 중 하나라고 할 것이다.

IV

상업적 중산계급이 극장에 반대한 것은 16세기로 거슬러올라갈 수 있으며, 1690년대부터 재개된 왕정복고기의 연극 정신을 효과적으로 파괴했던 비판의 물결은 어떤 면에서는 새로울 것이 거의 없었다. 당시 희극의 방종함에 대해 조목조목 불평하는 [제러미] 콜리어의 비판(「잉글랜드 연극의 도덕성과 불경함에 대한 짧은 견해A Short View of the Immorality and Profaneness of the English Stage」(1698))의 이면에는 극장 자체에 대한 오래된 적대감이 숨어 있었다. 그러나 이제 궁정의 성격이 바뀌어 더이상 극장을 적극적으로 보호해주지 않게 되자 중산계급의 반대는 더 심각하게 받아들여졌고, 반브러 같은 사람이 같은 방식으로 맞받아치는 동안 파쿠아나 새로운 유파의 극작가들은 당면한 반대에 대처하기 위해 의식적으로 연극을 개혁했다. 18세기 극에 대한 온당한 판단이 복잡한 이유는 어떤 경우에는 새로운 도덕적 어조에 반응하여 마지못해서나마 표면적으로만 바뀌었고, 다른 경우에는 확장이나 새로운 발견에 의해서 새로운 정신을 긍정적으로 표현하여 새로운 형식을 만들기도 했기 때문이다. 이러한 복합적인 결과는 관객층의 실제 변화를 보면 이해가 된다. 1680년대부터 상인들과 그 아내들이 극장에 가기 시작했고, 18세기에는 관객층에서 상인 계층이 더욱 증가했다. 그러나 방탕한 궁정의 관객에서 점잖은 중산계급 관객으로의 전환이 갑작스럽게 이루어진 것은 아니다. 사실 일반적인 극장 관객이 이런 식으로 '점잖게' 변한 것은 빅토리아 시대에 와서이다. 18세기의 실제 상황은 상승하는 중산계급의 요소가 여전히 유행의 첨단을 걷는 극장의 대중에 합쳐지는 동시에 궁정과 귀족층의 공적 어조 자체가 변화했던 것이다. 많은 작가가 상업적인 중산층으로부터 나왔고, 이 시기의 특징은 작가들이 대개 '반짝 흥행 작가'였다는 점이다. 18세기 극의 중심 부분이 중산계급과 그 미덕에 대해 의식적으로 그려내려 했다고 말하는 것은 온당하겠으나, 이 새로운 의식의 창조적 가능성은 매우 불균등하고 특히 드라마에서는 더욱더 제한된 양상을 띠었다. 드라마 형식의 불확정성은 유행에 민감한 관객들과 결합하여 배우 자체에 관심을 집중하는 현상으로 나타났다. 이렇게 되면 결과적으로 연극은 일차적으로 특별한 연기 재능의 매체로만 가치를 지니게 돼, 잡다하고 절충적인 경향이 생긴다. 그래서 18세기 극에는 특징적으로 연극적 효과 그 자체에 대한 관심을 찾아볼 수 있고, 바로 이러한 맥락에서 제한된 방식으로 새로운 형식이 만들어졌다.

감상희극은 이 새로운 형식 가운데 가장 덜 매력적인 것이었으나, 영국 연극의 주요 형식으로서 오늘날까지 계속 상연되고 있다. 우리는 그 의식적 발달을 [콜리] 시버의 『사랑의 마지막 트릭 *Love's Last Shift*』(1696)과 『무심한 남편 *The Careless Husband*』(1704), [리처드] 스틸의 『거짓말하는 애인 *The Lying Lover*』(1703)에서 찾아볼 수 있다. 이 특수한 의식의 요소들은 사실 17세기 초반으로까지 거슬러올라가지만, 이제는 동시대의 행위에 직접 적용하는 것이 좀더 분명해진다. 스틸의 『거짓말하는 애인』의 서문 중 다음 구절은 새로 강조하는 것이 무엇인지 분명하게 보여준다.

> 그는 가짜로 사랑을 하고, 술에 취하고, 하인을 죽이지만, 5막에 가서는 어느새 자신이 감옥에 와 있는 것을 발견하고는 후회하고 뉘우치면서 자신의 방탕에서 깨어난다. ……여기서 그가 표현하는 고뇌와 그런 절망에 처한 외동아이와 자상한 아버지 사이에 생겨나는 상호적인 슬픔은 아마도 희극의 법칙에는 어긋나는 것이겠으나, 도덕성의 법칙에는 합당할 것이라고 확신한다. 그러한 본성을 가진 사람의 생애는 무대 위에서 꽤 자주 갈채를 받았으니, 이제 우리나라 종교의 가르침에 따르면 우리가 마땅히 공포에 떨어야 할 그런 이미지들로부터 웃음거리를 끌어내는 일은 더이상 하지 말아야 할 것이다.

여기서 기본적인 것은 새로운 형식에 대한 설명으로서 명시적인 도덕적 언급이 결부된 희극과 페이소스의 혼합이며, 이는 다른 말로 '울리는 희극' 혹은 '감상희극'—도덕적 견해라는 의미로서, '감상적sentimental'이라는 말의 복잡한 역사에는 두 가지 요소가 결합되어 있다—이라고도 한다. 그러나 또한 주목해야 할 것은 '후회와 뉘우침'에 대한 접근방식이 묘하다는 것인데, 관습화된 온갖 극적 음모의 흥분 뒤에 따라오는 '5막의 회개'라는 요소가 위선과 감상성—'즐길 수 있을 때까지 즐기고, 미안하다고 말하라'—이라는 명목으로 계속 공격을 받는 빌미가 되었기 때문이다. [올리버] 골드스미스는 이를 염두에 두고 감상희극을 공격하면서 다음과 같이 썼다.

> 그들이 잘못 혹은 결점을 지녔더라도, 관객들은 그들의 선한 마음을 고려하여 용서해야 할 뿐 아니라 갈채를 보내야 한다.

이 비판은 이런 수많은 연극에 대해 정곡을 찌르고 있으며, 감상희극의 이러한 측면은 끈질기게 이어져 골드스미스의 말은 있는 그대로 현대 드라마의 상당 부분에도 해당할 수 있다. 골드스미스는 다음과 같이 말한다.

> 감상희극에 대한 수많은 비판에도 불구하고 무대에서 계속 상연하도록 만드는 호의적인 주장이 한 가지 있다. 다른 어떤 것보다도 가장 쉽게 쓸 수 있다는 점이다. 그저 소설 한 편을 쥐어짜낼 정도의 능력이면 충분히 감상희극 한 편을 상연할 수 있다. 일단 인물들을 설정하고, 주인공을 리본으로 치장하거나 여주인공에게 작위를 수여하고, 특징도 유머도 없는 맥빠진 대화들을 그 인물의 입에 집어넣고, 그들에게 선량한 마음씨와 멋진 의상을 주고, 새로운 장면들과, 한두 개의 슬픈 장면을 만들고, 전체적으로 자상하고 애잔한 대화를 여기저기 뿌려두면, 여자들은 모두 울고 남자들은 모두 박수갈채를 보낼 것임에 틀림없다.

이는 정당한 발언이지만, 소설을 아무렇지도 않게 무시하는 것은 잠시 생각해봐야 한다. 소설과 감상희극은 둘 다 분명 같은 종류의 복합물이며, 골드스미스는 이 둘을 모두 과거의 기준으로 경멸했다(희극과 페이소스를 섞는 데 대한 공격을 고전적 어휘로 하면 서로 구분되는 전래의 종류들을 혼동하는 것이다). 그러나 나쁜 사례들이 늘어나는 반면 그들이 보여주었던 감성은 새로운 의식의 일부가 되었고, 사실상 그렇듯 간단히 무시할 것은 아니었다. 전통적인 비극이나 희극에서처럼 해체와 재앙으로 이어지는 죄악을 보여줌으로써 올바른 판단을 내릴 수 있게 하고, 우스꽝스러운 것을 통해 악덕과 실수를 판단하는 능력은 종교적인 신성함이나 확립된 사회의 엄격한 기준에 근거한 것으로서, 새로운 중산계급이 실제로 가지고 있는 것보다 더 절대적인 도덕성에 의지하고 있다. 이미 엘리자베스 시대 극에서도 그러했고 17세기에 발달한 연극의 어떤 부분에서는 확실하게 그러했지만, 우리는 전통적인 극의 종류와 그 기본적 태도들이 종종 뒤섞이고, 비슷한 이유로 인해 그 연극들의 판단 양식이 억눌려서 드러나지 않는 것을 본다. 낭만주의 시대의 희극은 감상희극의 길을 더 개척해나갔고, 우여곡절 끝에 마지막에 어떻게든 해피엔딩을 짜내는 '5막의 회개'는 셰익스피어 시대부터 분명히 보인다. 왕정복고기의 희극은 이러한 요소를 가지고 있었으나, 매우 제한된 사회계층에게만 접근하면서 자신감 있는 판단으로 어느 정도 감성의 통일성을 유지했다. 즉 상류층의 비위를 거스르면 그로부터 쫓겨나는 것이 여지없는 사실이지만, 상류층의 코드를 존중하면서 신과 인간을 비난하는 것은 용서받을 만했던 것이다. 서로 다른 수준과 그만한 이유가 있었기에 새로운 중산계급의 드라마는 이를 넘어서서 새로운 판단에 도달하고자 했다. 그것은 분명 그보다 앞선 연극들과 마찬가지로 억지로 해피엔딩을 짜냈고, 옛날 희극의 날카로운 공격은 종종 감상적인 이유에서 둔화되었다. 그러나 그것은 또한 동시대의 삶을 다루면서 필연적으로 결혼의 신성함과 가정생활, 약자에 대한 돌봄을 절대적 미덕으로 제시함으로써, 왕정복고기 풍속희극이라는 일시적인 승자에게 도전하게 되었다. 이러한 미덕들은 왕정복고기에는 무시되거나 우스꽝스럽게 형상화되었는데, 이는 단지 왕정복고기의 극이 기생적 계층, 즉 행위의 진정한 결과를 결코 완전하게 체험하지 못하는 계층에 봉사했기 때문이다. 새로운 부르주아의 도덕성은 편협하긴 했지만 적어도 그 결과가 현실적으로 드러나는 사회, 인위적으로 보호받는 계급의 양식을 유지하는 일 이상으로 할일이 많은 사회를 겨냥한 것이었다. 이러한 가치관에 호소하는 것의 '감상성', 그리고 단지 '가정적 미덕'이라고 넘겨버릴 수 있다고 여기는 것의 '재수없음'을 말할 때, 우리는 스스로 어디에 서 있는지 확실하게 알고 있어야 한다. 어떤 비평가들은 환상 속에서 자신을 왕당파 난봉꾼이나 창녀들의 무사태평함과 동일시하는 것처럼 보이는데, 정작 그들에게 실제로 어떤 도덕적 전통에 속해 있는가를 묻는다면, 그들은 대개 우스꽝스러운 꼴이 된다. 솔직히 말해서 우리 스스로 18세기 부르주아의 후손임을 고백하는 것은 비단 이런 측면에서만이 아니다. 감상희극과 소설의 주요 전통을 받쳐주는 광범위한 기반은 바로 그런 특수한 인도주의적 감성이며, 명시적으로 드러나지는 않아도 근본적으로 '선한 마음'에 강렬하게 호소하는 것이다. 이는 모든 개인이 악덕과 어리석음에 가까이 가 있다는 생각으로, 악덕의 사례에 나오는 이들에게 동정심을 가지는 것이 가장 적절하며, 누구든지 그러한 상태에서 회복하고 재활할 수 있다는 것을 믿어야 한다. 마지막으로 이러한 의식에 절대적 가치는 거의 없으며 관용과 친절이 주요 덕목이다. 감상희극을 초창기 사례들이나 이후의 역사에 비추어 비판하려면, 도덕적 가정의 측면과 삶에 대한 중대한 감성 전체에서 우리 모두 혈연관계에 있다는 점을 깨달을 준비를 해야 한다.

감상희극은 실패했고 이후로도 실패했는데, 그 이유는 어떤 사회적 미덕이 지배적이라는 믿음과, 선한 인간은 그에 거스를 수도 있다는 신념 사이의 갈등을 강렬하게 파고들지 못했기 때문이다. 감상희극의 역사는 인위적 해결이나 '부드러운 우울함을 흩뿌리는' 정도로 이런 갈등을 회피했다. 실제적인 인간관계의 면에서 새로운 부르주아의 형식은 실패였지만, 어떤 자산 관계—이는 초창기 부르주아 비극의 바탕이기도 하다—에서는 성공이었다. 도둑, 정직하지 않은 도제, 이득을 추구하여 살인하거나 유혹하는 자는 단호하고 절대적인 판단의 대상이 되었다. 그런데도 여기서조차 그 형식은 특징적인 페이소스를 담고 있다. 즉 판결이 실행되는 한은 동정이 가능하고 현실적이라는 것이다. [조지] 릴로의 『런던 상인 *London Merchant*』(1731)에서 도제인 반웰은 그를 유혹하는 밀우드에게 빠져 절도와 살인을 저지르고, 그녀와 함께 옛날 도덕극의 확실성을 결합한 분위기에 싸여 교수대로 가게 된다.

> 무엇이 그들의 파멸을 가져왔는지 눈여겨보지 않으면,
> 그리고 그것을 피하여 우리 자신의 파멸을 막지 않는다면—

여기에 새로운 페이소스가 추가된다.

> 피 흘리는 심장과 눈물 흘리는 눈으로 우리는
> 다른 사람의 슬픔에 대한 인간적이고 너그러운 감각을
> 보여주네

여기서 동정심은 판결과 거기에서 나오는 교훈이 없다면 '허황된' 것이어서, 감성은 감상희극에서는 보통 가능하지 않은 방식으로 행위와 통합된다.

부르주아 비극의 발흥은 매우 중요하다. 엘리자베스 시대에

'가정비극'이 있긴 했으나, 18세기 초반까지도 진정한 비극은 반드시 높은 사회적 지위의 인물에 한정되어 있다고 느껴졌었다. 이제 비극적 감성이란 평범한 인간의 자질이며, 일상적인 보통 사람의 삶을 기반으로 해서도 진지한 비극이 나올 수 있다는 주장이 지속적으로 제기되었다.

왕족의 허식과 화려한 외양을 버리고
그의 뮤즈는 개인적인 슬픔의 이야기를 들려주네
삶의 평범한 풍경에서 절망을 만들어내지,
음험한 형제나 상처 입은 아내 같은.

그러나 이러한 주장은 강력하게 내세워져야 하는 상태로, 여전히 기본 전제는 아니었다.

우리는 비천한 삶에서 절망적인 장면들을 이끌어낸다
당신과 동등한 인간들이라고 해서 덜 동정하지는 말기를.

처음에는 비록 편협했으나, 이러한 발전은 모든 진지한 현대극의 분명하고도 필수적인 기반이다. 일상적 삶 속의 비극적 상황에 대한 깨달음이 처음에는 일정한 사회적 범주—채무의 결과, 사치, 잘못된 거래, 탐욕—에 한정되어 있었으나, 현실적으로 진보한 것은 사실이었다. 엘리자베스 시대 비극의 범위는 전체적 자연 질서의 견지에서 경험한 주요한 인간적 염원이었고, 그 비극의 긴장은 중세극에서는 볼 수 없었던 염원의 규모와 강렬함 자체에서 나왔다. 그러나 그 높이는 이미 영웅극이 무대를 장악할 즈음에는 사라졌고, 왕정복고기와 신고전주의 시대의 유사類似 고전적 비극 작가들도 이와 비슷한 하락세를 보였다. 부르주아 비극은 새로운 시도이며, 이것은 영웅적이거나 유사 고전적인 시도보다는 좀더 적절한 창조적 행위였다. 그것은 종종 그 나름대로 편협하고 거친 사회적 비극이었으나, 부르주아적 시도가 시작되기 한 세기도 더 전에 이미 사라졌던 보편적 비극이기도 했다. 『런던 상인』은 영국 18세기 극에서 몇 안 되는 창조적 작품 중 하나이며, 옛날 방식의 작품인 『카토 *Cato*』[아디슨의 1712년 비극]나 『더글러스 *Douglas*』[존 홈의 1756년 비극]보다 본질적으로 더 뛰어난 것은 분명하다.

이 시기에 세번째로 흥미로운 새 형식은 발라드 오페라인데, 이 역시 귀족 취향에 대한 중산층의 의식적 도전이다. 발라드 오페라의 이례적인 성공은 단명했으나, 그 주된 이유는 이 형식이 가진 충동이 대부분 정치적 풍자였으나 그것이 1737년의 사전허가법 Licensing Act [1968년까지 모든 희곡을 상연 전에 검열하던 법]으로 단절되었기 때문이다. 이탈리아 오페라의 유행을 따르는 스타일에 대한 정통파의 도전은 1705년에 시작되었고, 『거지의 오페라 *The Beggar's Opera*』(1725)와 뒤이은 작품들은 그 스타일과 감성에서 진정으로 창조적이었기에, 이렇게 전통이 단절되었다는 것은 매우 큰 타격이었다.

18세기 극 전체에 대한 흥미로운 사실은 부르주아 비극과 발라드 오페라에 나타난 창조적 반응이 사실은 중간계급의 초창기에 만들어졌으나 실제로는 곧 상실되었다는 점이다([윌리엄] 호가스와 그에 뒤이은 전통이 보여주는 도전과 퇴보도 이와 비슷한 경우이다). 부르주아 비극의 발전은 프랑스와 독일로 건너갔고, 영국에서는 19세기 말 입센이 이를 주된 형식으로 끌어올리기 전까지 진지한 수준으로 회복하지 못했다. 발라드 오페라도 사라졌으며, 코믹 오페라의 미미한 전통이 20세기까지 지속되어왔다. 같은 시기에 같은 계층이 시작한 창조적 반응인 리얼리즘 소설은 내내 강성했지만, 그것도 1750~1830년에는 몇몇 개별적인 사례를 제외하면 퇴보했다. 마치 중산계급이 극적인 도전을 했다가,

적어도 연극 분야에서는 이것을 계속 밀고나갈 조직을 갖지 못한 것처럼 보였다. 전체적 결과로 볼 때, 극장은 늘어났으나 여러 가지 저급한 형식으로 넘쳐났다. 1600년의 런던에는 성공한 극장이 여섯 군데 정도 있었으나, 왕정복고기의 축소를 거치면서 1700년에는 두 개의 극장만 있었다. 1750년에는 비록 두 개의 특허 극장이 여전히 군림했지만, 다른 극장 다섯 개와 오페라하우스 한 곳이 있었으며, 유행의 첨단을 걷는 지방의 중심지에 최소한 극장이 다섯 개 있었다. 1800년이 되어도 런던의 상황은 나아지지 않았지만, 지방에는 극장이 40여 개 생겨났다. 1850년이 되면 런던에는 21개, 지방에는 75개의 극장이 있었다. 1900년에는 실질적 확대과정을 거치면서 런던에는 63개의 극장과 40개의 뮤직홀, 지방에는 300개 이상의 극장이 있었다. 이렇게 보면 1750년부터 여러 가지 수준에서 진정한 극장의 확대가 이루어진 듯하지만, 사실 영구적 가치가 있는 작품을 찾아보면 1750~1850년의 기간은 영국의 연극사에서 가장 황량하다. 1770년대에 골드스미스와 셰리든이 주도했던 고급 코미디의 짧은 부활 기간이 그나마 두드러져 보인다. 이러한 역설—극장은 늘어나고 연극은 퇴락하는—은 핵심적 사실을 설명한다. 즉 이 시기를 통해 골드스미스와 셰리든이라는 일시적 예외를 빼면 극장과 문학의 연관이 실질적으로 끊어졌다는 것이다. 새로운 계급은 인쇄물을 통해 새로운 대중작품뿐 아니라 발달하고 있는 문학적 전통과 진지한 언론이라는 새로운 전통을 누리고 있었다. 극장에서도 창조적 대응이 이루어지긴 했으나 주된 확장은 내내 아주 저급한 수준에서 이루어졌다. 즉 소극, 팬터마임, 희가극burlesque, 스펙터클 위주의 쇼, 그리고 19세기 초부터는 멜로드라마 같은 장르 말이다. 이 시기에 셰익스피어가 더 자주 공연되기 시작한 것은 사실이지만, 그 공연은 대부분 각색된 텍스트를 기본으로 하거나, 스펙터클 또는 연기 자랑을 위한 구실이었다. 더 나아가 그 결과 하나의 문학적 모델로서 셰익스피어 극에 대한 숭배가 생겨났고, 이는 새로운 동시대적 형식의 가능성에 대한 관심을 분산시키는 역할을 했다. 19세기 초반, 오로지 읽는 것을 목적으로 하는 희곡이 자주 등장하면서 어디에서나 문학과 극장의 분리가 지배적인 요인이 되어버리는 실망스러운 상황이 벌어지게 되었다. 이러한 상황에서 극장은 진지한 작가들이라는 핵심적인 요소를 잃었을 뿐 아니라, 연극이 동시대의 가능성으로부터 등을 돌리고 죽은 형식을 가지고 작업하는 경향을 보이면서 희곡 자체도 고초를 겪게 되었다. 전체적으로 보면 낭만주의 운동은 『파우스트*Faust*』[괴테의 희곡]에서 『페르 귄트*Peer Gynt*』[입센의 시극]에 이르는 위대한 드라마의 전통을 낳았으나, 또한 흥행에는 성공했으나 사실상 막다른 골목에 이른, 의상과 음모로 가득찬 쓸모없는 형식을 낳기도 했다.

영국 중산계급 드라마의 역사에서 새로운 계급과 효과적인 새로운 형식 사이의 관계가 갖는 복잡한 본질은 이렇듯 매우 뚜렷하게 드러난다. 우리는 다소 실망스럽더라도 그러한 발달의 시간 척도를 살펴볼 수 있을 것이다. 18세기 중산계급은 이미 몰락한 의미와 이해관계에 의지하고 있던 오래된 형식을 무너뜨렸다. 대안적 형식이 만들어졌으나 상대적으로 그 성공은 고립된 성과였고 일시적이었다. 아주 나중에, 그 중산계급이 자신의 주요한 사회적 제도들을 건설하고 나서야 비로소 여러 수준의 진지함을 갖춘 뚜렷한 문화적 전통을 만드는 방향으로 효과적인 전환이 이루어지게 된 것이다. 이러한 현상은 인쇄물의 경우보다 극장에서 늦게 나타났는데, 이는 주로 극장이 중산계급의 중심부보다는 주변부와 연관되어 있었기 때문이다. 1830년대까지 신문, 정기간행물, 단행본, 극장의 실질적 팽창이 뚜렷하게 드러나고, 바로 이 세대에 오래된 사회적 형식들에 대한 규제가 여러 가지 방식으로—1832년의 선거법 개정, 1836년의 인지세 축소, 1843년의 특허 극장 독점의 종말, 1855년의 인지세 폐지 등—제거된다. 바로 이 시기부터 전 영역에서 문화적 진보가 시작된 것이다. 확실히 극장의 경우에는 이러한 진보가 여전히 느렸다. 이제 더욱 진지한 새 관객들이 모여들고 있었으나, 1860년대의 [토머스] 로버트슨에 와서야 릴로와 [존] 게이가 시작했던 시도들이 다시 진지하게 재개되었고, 그것도 마치 전례가 없었다는 듯이 매우 조야한 수준에서 시작되었다. 그러나 극장 건설의 물결 속에서(1860~1900년 웨스트엔드에 새 극장이 27개 세워졌고, 교외와 지방에서도 급속한 팽창이 이루어졌다) 부활은 빠르게 진행되어, 세기가 바뀔 시점이 되면 영국은 다시 관객들의 호응도가 높으면서도 진지한 드라마를 갖게 된다. 이제 이 최근의 국면으로 가기 전에, 우리는 1840년대부터 시작된 뮤직홀의 성장도 잠깐 살펴봐야겠다. 특히 극장의 독점이 끝나면서 런던의 소극장들은 점점 '정극'으로 옮겨갔다(그들은 이전에는 독점 때문에 '비정규'극의 형식에 한정되어 있었다. 물론 이러한 구분은 절대적인 것이 아니고 그 선도 쉽사리 긋기 어렵지만 말이다). 처음에는 술집에 붙어 있던 뮤직홀이 나중에 술집을 인수하거나 새로운 공간을 매입하여 오래된 '비정규' 극장을 '정규화'하면서 우후죽순처럼 생겨났다. 이들이 했던 것은 과거의 비정규 극장들이 했던 바로 그 일이었다. 뮤직홀이 '옛 잉글랜드'의 정신을 표현하는 것처럼(뮤직홀이 표현하는 것이 낡은 것이 아니었다는 점에서 이는 말이 안 된다), 혹은 마치 위대한 문화적 활력을 표현하는 것처럼 감상적으로 가치를 부여하는 경우가 흔하다. 사실 뮤직홀은 매우 복합적인 제도이며, 18세기 극장의 혼란상에서 뮤직홀을 거쳐, 이제 무시하면 어리석다고 할 수밖에 없는, 텔레비전이나 영화에 나오는 대중적 소재들로 이어지는 직접적 흐름이 있다. 이러한 동시대 작품—스트립쇼에서 '팝' 가수까지—에 대해 불평하는 것, 그러면서도 뮤직홀을 이와 대조적인 활기와 건강성의 예로 사용하는 것은 이러한 오락을 확립한 것이 바로 비정규 극장과 뮤직홀이라는 뚜렷한 증거를 무시하는 것이다. 한 세기에서 싫어하는 것을 다른 세기에 좋아할 수는 없다. 붐을 타는 유행, 엄청난 보수, 높은 압박감을 느끼게 하는 유명세 같은 부수적인 특징들은 뮤직홀의 역사에도 분명하게 드러난다. 그러나 뮤직홀의 역사에 대해서도 말할 수 있고, 오늘날의 비슷한 작품에서도 중요하게 남은 것은, 〈샴페인 찰리〉 같은 노래들, 고급 천과 금은사로 만든 사치스러운 장식, 엄청난 애국주의 스펙터클과 노래들과 더불어, '정극'이 무시했거나 불합리하게 경멸했던 새로운 영역의 경험을 공연에 불러들인 공연가들—W. G. 로스(〈굴뚝청소부 샘 홀〉), 제니 힐, 댄 레노, [앨버트] 슈발리에, 마리 로이드 등—이 있었다는 사실이다. 산업혁명이 창출한 도시의 노동계급은 이런 공연에서 자신의 진정한 목소리를 찾았고, 뮤직홀 전통의 이러한 부분은 분명 존중받아야 할 것이다. 그러나 18세기와 마찬가지로 창조적 대응은 종종 서로 다른 목적들을 추구하는 매우 복잡한 제도 내에 자리잡아야 했으므로 간과하거나 과대평가하기도 쉽다. 새로운 삶의 정수는 틀림없이 거기에 있었지만, 그것은 앞선 시기에 그와 비교할 만한 변화를 겪으며 대응했듯 전적으로 새로운 형식과 제도 속에 스스로를 확립하지 못했다.

V

소극, 멜로드라마, 스펙터클의 홍수는 줄어들 줄을 몰랐다. 영화, 전신, 텔레비전을 통한 배급망의 확대와 함께 발달한 현대극의 역사는 대부분 18세기 역사의 연속이라고 봐야 한다. 더욱이 영국에서 꾸준히 중산계급 관객에게 의존했던 진지한 연극의 주요 형식은 감상적인 희극이었고, 이는 여러 면에서 소설의 영향을 받아 세련되면서 이러한 형식의 감성을 상당한 수준의 성취까지 끌어올렸다. 그러나 여전히 나오는 연극마다 유행을 타는 감상, 부드러운 우울, 선의의 실수라는 뻔한 설정이 뒤따랐다. 진지한 부활은 이루어지지 않았지만, 주로 성숙해가는 부르주아의 비극과 풍속희극(와일드)과 사회 풍자(G. B. 쇼)의 일정한 부활을 엿볼 수 있다.

부르주아 비극은 그 목적 중 한 가지에서는 완전한 성공을 거두었다. 즉 일상적인 동시대의 경험에 비극적 지위를 부여하는 것 말이다. 실로 그 성공은 대단해서 '부르주아'라는 수식어를 떼어놓아도 될 정도였고, 이렇게 해서 얻은 것이 '사회 비극'이라는 중요한 현대적 형식이다. 그리스나 르네상스의 비극과 비교하여 중요한 차이점은 바로 그 경험이 사회적이고 세속적인 것이라는 데 있다. 비극의 주인공은 우주적 패턴에 포획된 인간이 아니라, 그 사회의 특수한 도덕 법률과 갈등을 빚는 사람이다. 입센에서 [아서] 밀러에 이르는 이러한 형식의 가장 뛰어난 작품에서 두드러지는 특징은 보통 주된 지적 관심사와 연관되어 그러한 경험을 풀어내는 데 동원되는 강렬한 비판적 진지함이다. 또한 중요한 것은 그 형식이 성숙해진 것이 마침 초창기 부르주아 극이 예증하고 설명하려 했던 부르주아 사회의 가치들이 새로운 변화의 시기를 맞아 근본적으로 비판받을 무렵이었다는 것이다. 사회 비극과 그 후속격인 '문제극'은 이러한 의미에서 보통 '진보적'이었기에 인간이 절대적 법칙에 의해 판단되는 것을 보여주는 대신(좁은 기반을 가진 부르주아 극이 그리스나 르네상스 비극과 가진 공통점은 이러한 것을 보여준다는 점이다), 특수한 경험의 견지에서 그러한 법칙을 상당한 정도로 비판했다. 그것은 새로운 단계의 개인주의를 재현한다는 중대한 의미에서 자유주의적이었다. 과거의 비극은 개인적 염원의 높이를 보여주었지만, 그 염원에 반대되는 법칙을 옹호하는 것으로 끝났다. 사회 비극에서 현대의 주인공은 특징적으로 어떻게든 가능한 형식으로 드러난 법칙에 대항하는 반항아이며, 영웅주의는 바로 이 반항 자체에 있고, 심지어 패배할지라도 옹호된다. 게다가 어떤 작품에서는 반항이 대안적 가치나 법칙으로 일반화되기도 하여, 자유주의적인 주인공은 해방자로서의 주인공이 된다.

사실 이러한 작품은 개혁에 헌신하는, 혹은 적어도 그것을 경청하고자 하는 관객들이 보내는 특별한 사회적 지지에 의지하고 있다. 19세기 말엽, 이러한 집단의 증가는 프랑스, 독일, 러시아, 영국 등의 극장 관객들에 반영되었고, 새로운 연극은 실질적으로 이러한 경향에 의지했을 뿐 아니라 그런 경향을 강화하기도 했다. 한 가지 주목할 만한 사회적 발전은 1870년대부터 시작해서 새로운 작품을 공연할 효과적인 대안적 무대를 제공했던 '자유 극장'과 극장 클럽의 성장이다. 1950년대의 영국 드라마와 극장('시어터 워크숍'과 '로열 코트'[둘 다 극장 이름])의 역사가 분명히 보여주듯, 우리는 여전히 이 시대에 속해 있다. 실질적으로 이 시대의 연극사는 중산계급이 그 사회의 다수파 가치관에서 벗어나는 경우가 증가했다는 사실에 기반을 두고 있으며, 사회 비극과 사회 풍자를 오늘날처럼 강력하게 만들어놓았다. 또한 1918년 이후부터 그러한 연극의 사회적 범위는 노동계급의 삶으로 확장되었는데, 이러한 요소는 계속 성장하는 중이지만 여전히 부수적인 요소이기는 하다.

이렇듯 다수의 중산계급 극장이 연속성을 유지하는 가운데, 중요하고도 새로운 움직임이 좀더 진지한 앞선 시대의 형식이 가진 잠재력을 상당 부분 실현하게 되었다. 그러나 실제의 역사는 연속성과 새로운 운동이라는 식으로 요약되지 않는다. 사실 사회 비극이라는 형식은 미처 성숙하기도 전에 강력한 도전을 받았다. 그러한 형식의 주요 관심사는 보통 특정한 사회와 개인 간의 갈등에 한정되어 있었다. 그러나 반체제적 성향을 가진 집단들이 가치관에 의문을 제기하는 것은 종종 일상적인 사회 비평보다 좀더 넓은 맥락에서였다. 어떤 경험을 표현하는 데는 옛날 형식의 발전이나 세련만으로 부적절해 보였고, 형식이 많이 발달하여 결국에는 오래된 형식이 무너지고 새로운 요소, 혹은 전적으로 새로운 형식들이 창조되었기 때문이다. 가끔은 아일랜드 극장의 경우처럼 특정한 민족의식이 일시적으로 단일한 운동 안에서 통일되어, 사회극의 성숙과 새로운 극을 발달시키거나 창조해내기도 했다. 민족의 전설이나 역사적 자료는 『파우스트』나 『페르 귄트』 같은 낭만극에서부터 사용되었는데, 적어도 이때까지는 두 작품이 마치 그리스나 르네상스 비극과 비슷한 정도로 그러한 자료들(시대 의상과 음모를 강조한 기존의 극에서는 흔히 사용되었으나)을 종교적 철학적 경험에 대한 극적 기반으로 바꾸어 사용하는 독보적인 예였다. 잠시나마 아일랜드 극에서 주로 예이츠가 이루어낸 이러한 발전으로 인해 관객들이 모이고 실제로 활동하는 극장과 접촉할 수 있었다. 그것은 전반적인 민족주의 극운동의 일환이었기 때문이다. 예이츠의 극은 다른 곳에서도 관객을 끌어모았는데, 특히 고전적 신화의 활용을 중요하게 여겼던 프랑스에서 성공을 거두었다. 잉글랜드에서는 그중 진지한 작품들의 경우(왜냐하면 역사나 전설의 소재를 감상희극이나 다른 낡은 형식에 사용하는 것과 구분해야 하기 때문이다) 사회적 기반을 구축하는 데 그다지 성공적이지 못했다. 사실 이 시대극은 두 부류의 관객에 기대고 있었는데, 한 부류는 교회와 연결되어 그런 작품을 후원하여 T. S. 엘리엇의 『성당의 살인*Murder in the Cathedral*』 같은 극을 소개하는 데 효과적인 기반을 제공하는 부류이며, 또 한 부류는 특히 고전적인 자료를 사용한 극의 경우 주로 극장보다는 소수 집단의 방송에 의지하는, 고전 교육을 받은 제한된 대중이다. 진지한 현대극은 대부분 이 전통에 속해 있으나, 실제 운영하는 극장과 계속 연관을 맺을 수밖에 없고 따라서 관객 수가 제한될 수밖에 없는 속성 때문에, 제한받아왔으며 때로는 정말 멈추어버리기도 했다.

동시에 사회극의 형식은 실제 경험이 가하는 압력에 의해 확장되기도 하고 깨지기도 한다. 초창기의 부르주아 비극에서는 그 편협한 가정이 확실한데도 겉보기에 비사회적인 경험의 요소, 즉 운명이라고 묘사할 수밖에 없는 요소가 뚜렷하게 드러났다. 이는 실로 우연의 일치에 의해서라도 특정한 법칙들이 확실하게 실현되도록 하기 위해 작동되었다. 그러나 그런 법칙들은 신의 법칙이 아니었으며, 섭리도 아닌 그냥 운명이었다. 이 단계에 이르면 그 법칙들은 형식에 도전하기보다는 그것을 지지하는 역할을 했다. 입센의 작품에서는, 분명히 사회적 성격을 지닌 극에서조차 운명이라는 요소가 다른 근거로 규정된 행위들을 강화하는 낡은 방식으로 사용되기도 하지만, 결국에는 전혀 다른 시각에서 보이게 된다. 운명은 극의 사회적 행위가 받아들이지 않으려 하는 경험을 규정하는 데 사용된다. 수많은 작가가 일상적인 사회적 형식을 변형하는 것은 바로 이러한 압력, 즉 다른 종류의 경험 때문이다. 사실주의적 틀 안에서 비사실주의적 요소들을 사용함으로써 극은 궁극적으로 발전된 낭만주의 극과 비슷한 방향으로 확장된다. 행위가 동시대적이고 사회적인 형식이든 혹은 역사적이거나 전설적이든, 극에서 다루어지는 경험은 이제 그 형식이 애초에 그 경험을 위해 고안되었던 것처럼, 개인과 사회관계의 영역에만 한정되지 않는다. 특히 입센에게 이러한 발전은 분명하고도 중요하며, 새로운 극—직접적 기반이 무엇이건 간에 본질적으로 '상징적'이고 보편적인 성격을 지닌—은 관객들이 익숙하게 여기는 관습에서 출발했다는 점에서 중대한 이점을 지닌다.

그러나 다른 방향으로 압박이 계속되었다. 부르주아 극의 스타일은 본질적으로 대화적인 산문으로 인해 처음에 제시된 목적을 위해서는 적합했으나, 그 이후의 목적들에는 부적합한 것으로 보였다. 흔히 자연주의라 불리는 그 스타일은 일상생활의 눈에 보이는 행위들을 통해 본질적 가치가 드러날 수 있을 것이라는 독창적 가정에 입각해 있었다. 자연주의에 대한 반발은 본질적으로 이것이 사실은 불가능하다는 불신이 점점 커지는 것을 의미했다. '무의식'과 어떻게 해도 표현되지 않은 경험들의 중요성도 한 요인이 되었다. 분명 다른 요인은 인간적 가치가 기존의 사회적 가치를 통해서는 적절하게 사유될 수 없다는 확신이 점점 커져간 것인데, 이는 실로 사회극을 원숙하게 만든 독창적 저항의 일부이기도 했다. 이렇듯 오래된 형식의 기반들은 언어와 행위의 면에서 점점 거부되어갔다.

이러한 저항에서 상당히 중요한 두 새로운 형식이 나타났다. 하나는 현대 시극으로서, 자연주의적 행위의 틀을 받아들이면서도, 일상적 행위가 표현할 수 없는 경험을 표현하는 방식으로 극적 운문이라는 더욱 넓은 영역을 사용했다. 이는 몇몇 훌륭한 극을 만들어냈으나, 이러한 시도에 내재한, 언어와 행위를 분리시키는 경향 때문에 진정으로 통일된 하나의 형식을 만들어내는 데에는 매우 어려운 문제들이 생겨나게 되었다. 또하나의 새로운 형식은 '표현주의' 극으로서, 의식적으로 자연주의적 행위의 틀을 깨고 어떤 장면이 통상적으로 분명하고도 관찰 가능한 행위로 드러나든 아니든, 일차적으로는 정신의 활동을 나타내는 장면을 고안하여 좀더 넓은 영역의 경험을 발화하려고 했다. 낭만주의 극이 신화를 사용했다면, 표현주의 극은 보편적인 경험의 영역을 표현하는 행동이라는 공통된 의미에서 신화를 창조하려고 했다. 때로 이는 극단적으로 개인적인 극을 낳기도 했는데, 이는 타인이 오로지 개인 정신의 견지에서만 실체를 지닐 정도로 단일한 정신의 운동을 표현하는 것이었다. 다른 경우에 표현주의의 방법은, 역사를 연구하거나 사회를 분석할 때 나타나기도 하지만, 보통 사람들의 삶에 근본적 영향을 미치는 경우에도 국지적 행위의 디테일로는 딱히 드러나지 않는 변화와 긴장을 표현하는 데 사용되었다. 이렇듯 우리에게는 서로 수준이 매우 다른 의식을 가진 '개인적 표현주의'와 '사회적 표현주의'가 있다. 브레히트의 성공과 영향력으로 인하여 현재의 드라마에서 이러한 노선은 특별히 중요하게 되었지만, 브레히트가 거둔 성공은 상당 부분 그가 보편적으로 강력한 동시에 개인적으로 개성이 뚜렷한 도덕적·지적 체계를 적용하여 늘 잠재적으로는 불투명한 형식을 새롭게 바꾸어놓은 덕분이라고 할 수 있다.

르네상스 극이 몰락한 이후 처음으로 20세기에 와서 드라마가 중심적인 활동 분야가 되었으며, 어떤 영역에서는 문학과 살아 있는 연계를 회복하고, 디자인을 통해 다른 주요 예술 분야와도 연관을 회복했다. 영국 오페라의 부활과 진지한 현대 뮤지컬을 쓰려는 시도들은 연극의 중요성이 점점 커지는 데 일조했다. 오늘날 연극은 공연, 영화, 방송, 텔레비전 등의 새로운 매체들이 발달하면서 극장이 종종 어려움을 겪기도 하지만, 역사상 어느 때보다도 광범위하게 보급되어 있다. 이는 상당 부분 오래된 형식들을 확산하는 데 그치긴 했지만, 그와 마찬가지로 새로운 매체들의 엄청난 유연성은 새로운 형식의 실현에 더욱더 중요한 요소가 되고 있다. 그 예로 방송에 등장한 시극, 모든 매체, 특히 영화에 표현된 표현주의와 진지한 낭만주의 극, 역시 모든 매체에 걸쳐 있는 확장된 사회극 등은 극적 방법에서나 관객의 면에서 엄청난 지원을 받고 있다. 이 상황이 활동은 많은데 지속적인 기반은 없는 1630년이나 1735년의 상황인지, 아니면 중요한 운동의 시발점이 된 1590년이나 1890년의 상황인지 한 세대 이내에 알아보기는 쉽지 않을지 모른다. 사회사적 관점에서 현재 분명한 것은 모든 극이 역사상 가장 많은 정규 관객을 확보하게 되었다는 것이다. 그러나 어떤 지점에서 매우 뚜렷하게 보이는 주류극과 비주류극 간 형식들의 혼동, 특히 분리는 많은 제약을 초래하는 요인이다. 우리는 새로운 형식을 통한 창조적 대응이 분명해 보이는 혁명 시기를 지나며 살고 있는 것이 분명하다. 동시에 이는 주로 소수파의 사회집단에 의지하고 있으며, 중세 혹은 엘리자베스 시대와 같이 상대적으로 동질적인 관객의 등장은 영화나 텔레비전의 경우에는 형성중일지 몰라도, 연극계에서는 어려울 것으로 보인다. 우리는 앞으로 어떤 일이 일어날지 예측할 수 없지만, 한 가지 원칙은 제시할 수 있다. 드라마의 역사를 결정하는 것은 단지 새로운 관객의 출현이 아니라, 관객층을 이루는 실질적인 집단들이 가진 의미와 가치를 표현할 수 있는 새로운 형식을 창조적으로 발견하는 것이다. 새로운 관객이 등장하여 중요한 수준에서 그에 걸맞은 형식을 가지지 못하면 겉보기에 확장인 듯 보이는 현상이 실제로는 퇴락일 수도 있다. 그러한 형식의 발견은 창조적 개인의 작업이지만, 한 형식의 생존을 확보하는 데 필요한 관습과 태도는 개별적 발견과 새로운 보편적 의식 사이의 대응 정도에 의존한다. 현재 우리가 보는 형식들 가운데서 주로 자연주의적인 사회극의 힘은 확장된 관객층의 삶에 적절하게 관련되어 있으며, 그 내용을 비교적 좁은 사회 영역에 한정하려는 경향을 지닌 예술에도 존재한다. 그러한 드라마의 약점은 자유주의적 반항의 시기로부터 사회와 갈등하는 개인이라는 주제에까지 광범위하게 존재하는 규범적 제한인데, 이는 종종 일반적으로 의미심장한 쟁점들을 제기하기도 하지만, 소수의 집단에만 봉사하고 일반적인 경험에 분명 좀더 가까운 다른 형식들(더 저급한 형식일지라도)을 버려둔 표현주의 드라마의 고립, 파멸과 비슷한 양상을 겪을 수도 있다. 다른 한편으로, 특수한 인간적 가치들과 인간의 영역과 목적에 관한 확립된 정의들 사이에서 생겨나는 좀 다른 종류의 갈등은 확장된 사회극이나 일부 낭만주의 극, 표현주의 극에서도 좀더 일반적인 의식 변화에 다가가고 그것을 표현할 수 있다. 나는 우리의 위기가 사회적 위기라고 믿지만, 반항하는 자의 단순한 자유주의나, 학대와 치유, 권위와 그 비판자 사이의 판에 박힌 갈등으로는 이 위기의 상태를 다 표현할 수 없다고 생각한다. 나로서는 표현되지 않은 경험과 가능한 한 공통의 보편적인 내용으로 다가갈 수 있는 좀더 역동적인 형식들이 우리의 실제 역사에 더 적합하다고 생각한다. 이제까지 그러한 형식의 약점은 흔히 호소하는 가치관, 특히 영국의 시극이나 낭만주의 극에서 드러나는 가치관이 동시대의 경험(그것이 반드시 동시대의 배경이나 지시 대상을 요구하는 것은 아니다)에 기초하는 것이 아니라 다른 사회와 다른 극에서 보존된 가치관에 기초하고 있으며, 그것을 지지하는 집단들도 본질적으로는 우리 사회의 일반적 방향과 반대인 지점에서 사회적 기반을 가졌다는 것이었다. 이렇듯 사회를 개혁하려는 소수는 변화의 규모에 미치지 못한 반면, 좀더 광범위한 문제를 언급하는 소수는 오로지 과거에서만 가치와 의미를 찾는 식으로 일관된 준거에 한정되어 있다. 그런데도 어떤 방향에서는 적합한 형식이 나타나기도 하는데, 그 공통점은 운동을 다룰 수 있고 이제까지 일반적으로 표현되었던 개인과 사회라는 고정된 범주를 해체하는 경험들에까지 도달할 수 있다는 것이다. 영화의 기술과 표현주의 극의 역동성이 주가 되고 이것이 현대 음악과 춤, 더 다양해진 극적 언어와 연결되면서 우리의 실질적인 사회사에 대응하는 요소가 되어가는 것 같다. 미래를 보거나 과거를 보거나, 극적 형식이 그 나름의 현실적인 사회사를 가지고 있다는 주장을 받아들일 수 있으려면, 우리는 이 형식들을 좀더 잘 살펴보아야 하며, 극적 형식들과 그들이 틀림없이 의존하고 있는 현실의 운동이나 이념과의 연관을 포착해야 할 것이다. 그 영역은 너무 넓고 복잡하여 많은 것이 불확실하지만, 앞서 검토했던 현실적 관계들로 미루어보면 그러한 역사가 존재한다는 사실은 받아들일 수 있을 것이다. 지연이나 변화의 불균등, 변화에 대한 대응의 필연적 다양성 등으로 인해 그것은 매우 복잡한 양상을 띠고 그중 일부만이 적절하게 의사소통되는 단계를 성취할 수 있겠지만, 개요는 분명 존재하며, 그것을 통해 우리는 하나의 사회적 예술로서뿐 아니라 변화에 대한 중요하고도 실질적인 지표이자 의식의 창조자로서의 극을 볼 수 있을 것이다.

7

리얼리즘과 현대소설

1956년은 영국에서 '리얼리즘'이 비평 용어로 사용된 지 100주년이 되는 해였지만, 그것을 기념하는 사람은 없었다. 지난 100년간 리얼리즘의 역사는 너무나 방대하고 복잡하고 씁쓸해서 어떤 기념행사라도 아마 대규모 난투극이 되어버렸을 것이다. 그러나 리얼리즘은 확인되고 고정되어 전유할 수 있는 대상이 아니다. 오히려 방법과 태도를 묘사하는 하나의 방식이며, 그 묘사는 당연히 경험을 일상적으로 교환하고 발전시키면서 다양하게 나타날 것이다. 최근 나는 이러한 묘사들을 현대소설의 방법과 실체에 대한 개인적 관찰을 규정하고 일반화하는 한 방법으로 다시 생각해보게 되었다. 이제 나는 다음과 같은 내용을 써보고자 한다. 첫째, 설명적 용어로서 '리얼리즘'의 현존하는 변종들에 관해서, 둘째, 현대소설이 발달해온 방식에 관한 나의 견해, 셋째, 리얼리즘의 새로운 의미.

처음부터 '리얼리즘'을, 관찰된 세부사항을 예술에서 정확하고 생생하게 그려내는 것으로 설명하는, 단순한 기술적 용법이 있었다. 앞으로 살펴보겠지만, 사실 이렇듯 얼핏 보기에 단순한 용법이 그 이후 모든 복잡함을 다 안고 있다. 그러나 처음에는 이 정도면 한 기법을 다른 것과 구분하기에는 충분히 정확한 것으로 보였다. 즉 이상화나 캐리커처와 반대되는 의미의 사실주의 말이다. 그러나 처음부터 이 기술적인 용법에는 내용에 관한 언급도 뒤따랐다. 즉 어떤 주제는 리얼리즘으로 비쳤고, 다른 종류는 이와 대조되었다. 가장 일상적인 정의는 전통적으로 영웅적이고 낭만적이거나 전설 속의 소재와 반대되는, 평범하고 동시대적이며 일상적인 현실로 설명된다. 르네상스 이후 '평범하고 동시대적이며 일상적인 현실'에 대한 옹호와 지지는 보통 상승하는 중산계급, 즉 부르주아지와 연관되었다. 이러한 소재들은 '리얼리즘적'이라 불리기 이전에 '가정적'이고 '부르주아적'이라 불렸는데, 이 사이에는 분명히 연관이 있다. 문학에서 18세기 초반 독립적인 중산계급의 발흥과 더불어 발달한 가정극, 무엇보다도 소설은 이 새로운 의식의 주요 매체가 되었다. 그러나 '리얼리즘적' 묘사가 나오자 이는 내용이나 그에 대한 태도 면에서 좀더 발전하게 되었다. '리얼리즘'과 함께 사용되는 흔한 수식어에는 '깜짝 놀라게 하는'이 있었는데, '평범하고 동시대적이고 일상적인 현실'의 주류에는 불쾌하고 빈곤하고 누추한 것에 대한 관심이라는 특수한 흐름이 두드러졌다. 이렇듯 리얼리즘은 부분적으로는 평범한 부르주아 세계관에 반하는 저항으로 나타나기도 했다. 리얼리스트들은 나아가 대다수의 부르주아 예술가가 차라리 무시하고 싶어하는 일상적 소재를 선택하기도 했다. 이렇듯 구호로서의 '리얼리즘'은 진보적이고 혁명적인 운동으로 넘어가게 되었다.

이 역사는 '자연주의'의 발전과 평행하게 진행되는데, 자연주의란 단순한 기술적 의미로는 예술의 특수한 방법을 묘사하는 것이지만, '평범하고 일상적인 현실'을 특징적으로 확대하는 과정을 거쳐 특히 [에밀] 졸라에 이르러 혁명적 유파의 표지가 되었다. 1881년 『데일리 뉴스』는 이를 "혐오스러운 사건들을 불필요할 정도로 충실하게 그리는"이라고 표현했다.

이렇듯 기술적 묘사와 얽힌 채 19세기의 의미들에는 교리적 소속감이 존재한다. 가장 적극적인 것은 자연주의를 신의 배제라고 한 스트린드베리의 정의이다. 철학적 전례에 비추어 자연주의는 초자연주의에 반대되는 개념이라는 것이다. 그러나 이미 세기 말이 되기도 전에 '리얼리즘'과 '자연주의'는 그 나름대로 선명하게 분리되었다. 예술에서 자연주의는 단순히 기술적 측면을 언급하게 되었지만, 리얼리즘은 이러한 요소가 있긴 했지만 예술의 주제나 그 주제에 대한 태도를 묘사하는 데 사용되었다.

20세기의 중요한 발전은 흥미롭다. 서구에서 이미 사용되던 용법과 더불어 '리얼리즘'을 '심리적 현실에 대한 충실성'이라는 의미로 사용하는 용법이 널리 두드러지게 되었다. 우리가 경험의 현실성, 그 본질적 리얼리즘을 서로 다른 수많은 예술적 방법에 의해, 그리고 소재를 굳이 평범한 것, 동시대적인 것, 일상적인 것에 한정하지 않고도 확신할 수 있다고 주장하게 된 것이다. 반면 소련에서는 리얼리즘에 대한 초창기의 정의가 유지, 확대되어 이렇게 규정된 '사회주의 리얼리즘'은 우리에게 그 전통을 더 분명하게 보여주었다. 여기에는 네 가지 요소가 있다. 민중성narodnost, 전형성tipichnost, 이념성ideinost, 당파성partiinost이다. 민중성은 정신의 표현이기도 하지만 결과적으로는 기술적인 것으로, '형식주의'의 난해성과 반대되는 민중적 단순성과 전통적 명료성을 요구하는 것이다. 이념성과 당파성은 이러한 리얼리즘의 이데올로기적 내용과 당파적 소속감이며, 민중성이 리얼리즘의 일상적인 기술적 의미를 다시 서술한 것처럼, 이념성과 당파성도 앞서 설명한 이데올로기적이고 혁명적인 태도가 발전된 형태이다. '사회주의 리얼리즘'이 '부르주아 리얼리즘'과 구분되는 것은 이데올로기와 소속감과 연관된 아주 단순한 의미에서이다. 수많은 서구의 대중문학도 사실은 그 나름의 이념성과 당파성을 지니고, 민중성에 일상적으로 집착하는 '부르주아 리얼리즘'인 것이다. 문제가 커지는 것은 네번째 범주인 전형성과 연관해서이다.

엥겔스는 '리얼리즘'을 '전형적인 상황의 전형적인 인물들'

이라고 정의했고 이는 매우 일상적 의미로 통용되고 있으나, 이 경우 그 이면에는 마르크스주의적 사고가 있다. 전형성은 이러한 정의가 발전된 형태이며, 이는 리얼리즘의 문제 전체에 근본적 영향을 미친다. 왜냐하면 소비에트의 이론가들은 "전형적인 것을 흔히 만날 수 있는 것과 혼동해서는 안 된다"고 말하기 때문이다. 진정으로 전형적인 것이란 "미래의 사회 발전 법칙과 전망에 대한 이해"에 기초하고 있다는 것이다. 이것이 특히 소비에트 문학에 어떻게 적용되었는가를 잠시 제쳐두면(여기서 비평적 시금석이 되는 것은 알렉세이 톨스토이의 『기병대로 가는 길』의 '외면적' 패턴에 대비되는 숄로호프의 『고요한 돈강』이나 『개간된 처녀지』에 드러난 탁월성이다), 전형성의 개념이 관찰된 현실을 직접 재생산한다는 리얼리즘의 의미를 바꾸어놓았음을 알게 된다. 리얼리즘은 이제 원칙에 따라 조직된 선택이다. 만약 '전형적'인 것을 개인이나 사회에서(분명 마르크스주의자들은 이를 그들 자신의 깊은 믿음과 연관시켜 생각할 것이다) 가장 심오한 특유의 인간적 경험이라고 이해한다면 그것은 지금 서구에서 사실주의적이거나 비사실주의적인 기법으로 만들어진 수많은 작품에 대해 아주 흔히 하는 이야기인 '실감나게 현실적이다'라는 발전된 의미와 그리 멀지 않다는 것이 분명하다. 그리고 이 복잡한 이야기 속에서 우리가 선호하는 유일하게 진정한 '리얼리즘'을 지금 당장 선택해야 하는 것은 아니다. 다만 우리는 실제로 사용되는 의미들을 받아들여 그것을 구분하고 분명히 하며, 가능하다면 문학에 대한 우리의 실제적 반응을 묘사하는 데 어떤 것이 유용할지 살펴보아야 한다.

19세기 유럽 소설의 주요 전통은 흔히 '리얼리즘'으로 묘사되며, 어쨌거나 서구에서는 이 특수한 전통이 끝났다고 가정한다. 최근에는, 리얼리즘 소설이 이륜마차를 타고 사라졌다는 말까지 나왔다. 그러나 얼핏 보기에도 이것이 실제적으로 어떤 의미인지를 파악하기는 쉽지 않다. 왜냐하면 분명히 우리가 여전히 문학이라고 간주하는 소설들을 포함하여 현대소설의 압도적 다수에서 리얼리즘의 일상적 기준이 여전히 유지되고 있기 때문이다. 여전히 동시대적 주제라는 기준이 있다는 것만이 아니다. 금기들이 사라지면서 여러 가지 방식으로 평범한 일상의 경험이라는 요소는 19세기 소설보다 더욱 분명해졌다. 분명 현대소설에 '리얼리즘'이라는 용어가 묘사하고자 했던 놀랄 만하거나 불쾌한 요소가 없다고 불평하는 사람은 아무도 없을 것이다. 대상을 실제 나타나는 것처럼 묘사한다는 원칙에서 벗어나는 작가들은 거의 없다는 의미에서 대부분의 묘사는 여전히 리얼리즘적이다. 우리는 보통 리얼리즘 소설이 '심리적 소설'로 대체되었다고 말하는데, 의식의 상태에 대한 직접적 연구나 새롭게 이해된 심리 상태가 일차적으로 현대의 특징이 된 것은 분명한 사실이다. 그러나 이러한 상태들을 묘사하고자 하는 리얼리즘은 아직 전반적으로 포기되지 않았다. '일상적이고 평범한 현실'이 이제는 다르게 인식되고, 이 새로운 현실을 묘사하기 위해서 새로운 기법들이 발달되었으나 여전히 그 의도는 전적으로 리얼리즘적일 뿐이라고 해야 하지 않을까? 사실 이러한 물음들은 매우 어려운 것이지만, 그 대답에 이르는 한 방법은 우리가 리얼리즘 소설을 버렸다는(혹은 그것을 넘어서서 더 발전했다는) 일상적 믿음을 한편에 떠올려보고, 그와 나란히 현대소설에 일종의 형식적 간극이 있어서 그것이 어떤 경험, 특히 중요하고도 '리얼리즘'이라는 말이 유효하게 적용된다고 생각되는 경험을 표현할 수는 없다는 나의 느낌을 대비시켜 놓아보는 것이다.

이제 소설은 문학적 형식이라기보다는 그 자체로 문학 전체이다. 그 드넓은 경계 내에는 온갖 종류의 현대적 글쓰기가 포함된다. '소설'을 다른 모든 산문 작품과 동일하게 여기는 것은 소설의 전통에서나 소설에 필요한 비평적 토론에 해악을 끼치는 일일 것이다.

그것은 톨스토이가 『전쟁과 평화』에 대해 "이것은 소설이 아니다"라고 말했던 잘못된 등식이다. 사실상 『미들마치*Middlemarch*』[조지 엘리엇]와 『현혹*Die Blendung*』[엘리아스 카네티], 『폭풍의 언덕』과 『허클베리 핀*Huckleberry Finn*』[마크 트웨인], 『무지개*The Rainbow*』[D. H. 로런스], 『마의 산*Der Zauberberg*』[토마스 만]을 동시에 포괄하는 형식이란 이미 말했듯 문학 전체와 마찬가지다. 나로서는 지금 형식적 간극으로 보이는 부분에 시선을 돌리면서, 이 거대한 형식 전체가 그 간극을 메우는 방향으로 나아가야 한다고 말할 생각은 없다. 그러나 그것이 문학 전체와 거의 마찬가지이기 때문에 소설의 형식적 간극은 특별히 중요하게 보인다.

소설에서 리얼리즘의 전통을 생각할 때 나는 개개인의 특성이라는 견지에서 전체 삶의 특성들을 창조하고 판단하는 종류의 소설을 생각한다. 이러한 성취에 개입되는 균형이 아마도 가장 중요한 요소일 것이다. 처음에는 이것이 너무 일반적인 것으로, 대부분의 소설이 다 하는 일로 보일 것이다. 그것은 『전쟁과 평화』에서도, 『미들마치』에서도, 『무지개』에서도 볼 수 있다. 그럼에도 불구하고 이러한 부류의 소설이 지닌 특징은, 삶의 전체적 방식에 대해 가치 판단을 하며, 개인의 합보다 더 큰 사회를 제시하고, 그와 동시에 이러한 생활방식에 속해 있어서 그 생활방식에 영향을 받으면서 동시에 그것을 규정하는 데 도움을 주며 그 자체로 절대적 목적인 인간의 창조 행위에 가치를 부여한다. 어떤 요소도, 사회도, 개인도 여기서는 우선권이 없다. 사회는 개인의 관계들을 탐구하는 배경이 아니며, 개인은 생활방식의 측면들을 예시하기 위한 것이 아니다. 개인적 삶의 모든 측면은 보편적인 삶의 질에 근본적으로 영향을 받지만, 그 보편적인 삶은 완벽하게 개인적인 견지에서만 가장 중요해 보인다. 우리는 온 감각을 동원하여 보편적인 삶의 모든 측면을 주목하지만, 가치의 중심은 늘 인간 개인에게 있으며, 개인이란 고립된 한 사람이 아니라 보편적인 삶의 현실 자체인 수많은 사람들이다. 특히 톨스토이와 조지 엘리엇은 종종 이러한 면에서 그들이 실현하고자 하는 것은 바로 이러한 시각이라고 이야기했다.

물론 리얼리즘의 전통에서도 성공의 정도는 천차만별이지만, 그러한 시각, 개인과 사회의 관계를 이해하는 특별한 방식은 하나의 양식으로 간주될 수 있다. 이러한 시각은 그 자체로 성숙함의 산물이며, 18세기부터 소설의 역사는 본질적으로 이러한 입장의 탐구라는 점을 기억해야만 할 것이다. 물론 초반부터 실패한 사례들이 많지만 말이다. 18세기 소설은 우리 시대와 비교할 만한 압력과 불확실성 아래 있었다는 점에서 형식적으로는 우리 시대의 소설과 가장 비슷하다. 그리고 그 형식이 실제로 성숙해진 것은 바로 개인과 사회의 관계에 대한 이해가 깊어지면서이다. 리얼리즘의 전통이 무너졌다고 할 때, 내가 보기에 특수한 경험에서 오는 새로운 압박에 눌려 사라졌다고 느끼는 것은 바로 이러한 성숙한 시각이다. 이것이 특정한 스타일을 의미하는 것은 아니며, 그래야 한다고 말하는 것도 아니다. '이륜마차를 타고 퇴장한' 리얼리즘적(이제는 이것을 '자연주의적'이라 부르자) 묘사는 결코 여기에서 본질적인 것이 아니다. 아마도 [아널드] 베넷 같은 작가에게는 그러한 묘사 자체가 리얼리즘의 대체물이었을지도 모른다. 그러한 비전은 가게나 밀실이나 역의 대합실을 자세하고 꼼꼼하게 묘사하는 것으로 실현되지 않는다. 그것은 행위의 요소로서 사용될 수는 있겠지만 본질적인 리얼리즘은 아니다. 그것이 묘사를 위한 묘사로만 사용될 경우에는 이러한 방법의 본질인 균형을 사실상 파괴할지도 모른다. 예를 들어 묘사를 위한 묘사는 독자의 관심을 사람에게서 물건으로 옮겨가버리게 할 수도 있다. 모든 것이 다 갖춰진 소설에서 정작 실제 개인의 삶은 빠져 있음으로 인해 1920년대 '리얼리즘'이 오명을 뒤집어쓴 것은 바로 이러한 느낌 때문이다. 이에 대한 극단적 반작용은 버지니아 울프의 『파도 *The Waves*』에서 볼 수 있는데, 여기서는 모든 가구, 심지어 신체조차 창문으로 빠져나가버려서 우리는 오로지 목소리와 감정, 허공에 뜬 목소리만 보게 되는 것이다. 앞으로 살펴보겠지만 이것 역시 균형을 깨뜨리는 것이다. 스타일의 양극화라는 견지에서 현대소설의 역사를 쓸 수는 있겠지만, 1900년 이후에 일어난 좀더 본질적인 양극화는 개인의 실체와 특성이라는 견지에서 한 생활방식의 실체와 특성을 창조해냈던 리얼리즘 소설이 두 개의 분리된 전통, 즉 '사회'소설과 '개인'소설로 나뉘었다는 점이다. 사회소설에서는 보편적인 삶, 즉 집단에 대한 정확한 관찰과 묘사가 있으며, 개인소설에서는 개인, 즉 단위들에 대한 정확한 관찰과 묘사가 있다. 그러나 양쪽 모두 다른 한 가지 차원이 결여되어 있는데, 삶의 방식이란 집단도 단위도 아닌, 전체적이고 분리할 수 없는 한 과정이기 때문이다.

우리는 이제 이렇듯 '사회'소설과 '개인'소설을 구분하여 말한다. 어떤 면에서 우리는 이러한 관심의 구분을 당연한 것으로 받아들이기도 한다. 몇몇 예를 살펴보면 실질적 이슈들이 좀더 분명해질 것이다. '사회'소설에는 두 종류가 있다. 하나는 묘사적인 사회소설, 즉 다큐멘터리가 있다. 이는 우선적으로 보편적인 삶의 방식, 특수한 사회 혹은 노동의 공동체를 창조한다. 물론 이 안에는 인물들이 있고, 때로 그 인물들은 매우 세심하게 그려지기도 한다. 그러나 그러한 소설은 우리가 탄광촌의 삶이나 대학생활, 아니면 상선이나 버마[미얀마]의 경찰에 대해 알고 싶다면 읽으라고 말할 수 있다. 실제로 이런 종류의 많은 소설은 가치가 있다. 좋은 다큐멘터리는 늘 흥미롭다. 이러한 소설이 계속 쓰여야 하며, 가능하면 더욱 다양한 배경으로 쓰여야 한다는 것은 사실이다. 그러나 우리가 여기서 빠뜨리고 있는 차원이 분명히 있다. 인물들은 일차적으로 광부, 교수, 군인, 즉 그 생활방식의 사례이다. 이는 내가 설명하려던 강조점, 즉 개인들 자체가 절대적인 관심의 대상이지만 삶의 전체적인 방식의 일부로 보이는 그런 형태가 아니다. 현재의 소설들 가운데서 이런 소설은 기껏해야 겉보기에만 내가 리얼리즘 소설이라 부르는 것에 근접할 뿐이지만, 읽어보면 핵심적 구분이 분명하다. 즉 사회적 묘사의 기능에 실제로는 우선권이 있다.

이와는 매우 다른 아주 생기발랄한 사회소설이 현재 매우 인기가 있다. 여기서 주안점은 묘사가 아니라 사회에 대한 공식formula을 발견하고 그것을 구체화하는 것이다. 사회적 경험을 모아 특수한 패턴을 추상화하고, 이 패턴으로부터 하나의 사회를 창조하는 것이다. 가장 간단한 예는 미래소설 분야인데, 여기서 '미래의' 장치(이는 오로지 장치일 뿐인데, 왜냐하면 거의 항상 묘사되는 것은 현재의 사회이기 때문이다. 사실 미래소설은 사회적 경험에 대해 쓰는 주된 방식이 되어가고 있다)는 선택된 패턴과 일반적 관찰들 사이의 일상적 긴장을 제거한다. 『멋진 신세계*Brave New World*』[올더스 헉슬리], 『1984』[조지 오웰], 『화씨 451*Fahrenheit 451*』[레이 브래드버리] 등은 매우 강력한 사회소설로서, 현대사회에서 추출한 하나의 패턴을 전체적으로 전혀 다른 시공간 속에 구체화하고 있다. 다른 예는 [윌리엄] 골딩의 『파리 대왕*Lord of the Flies*』과 『상속자들*The Inheritors*』, 그리고 거의 모든 순수 SF들이다. 이들 대부분은 리얼리즘 소설과 비슷하게 쓰였고, 본질적으로는 동일한 조건에서 움직인다. 이들 대부분은 기본적으로 개인과 사회에 대한 어떤 개념을 가지고 있는데, 대개는 착한 개인, 혹은 소규모의 개인 집단이 사악한 사회에 대항하는 식이다. 대개 행위는 개인-사회 복합체의 긴장을 해제하는 것으로 설정되는데, 여기서 해결이 아닌 해제라는 말을 쓴 이유는 보통 소설의 장치가 갈등의 내용을 미리 선택된 방식으로 미묘하게 바꾸어놓기 때문에, 그것을 탐구하는 것이 아니라 그 속에 탐닉하도록 만들기 때문이다. 고립과 소외, 자발적 망명의 경험은 우리 시대 감정 구조의 중요한 부분이며, 현대의 모든 리얼리즘 소설은 이를 현실적으로 다루어야 한다(우연히도 그것이 『죄와 벌』이나 『전쟁과 평화』의 베주호프에서와 같이 리얼리즘 전통의 어떤 지점에서는, '망명자와 대중의 대립, 그리고 교착상태'라는 현대적 공식과는 매우 다른 결말을 만들어내는 것은 아이러니하다). 우리 시대의 '공식' 소설이 활기를 띠는 것은 생기발랄한 사회적 감성을 다루기 때문이지만, 그들에게 분명히 결여된 차원은 바로 실체가 있는 사회와 그에 대응하는 실체가 있는 개인들이다.* 일상의 삶은 하나의 추상이고, 개인의 삶은 이 공식에서 그들이 하는 기능에 의해 규정되기 때문이다.

'리얼리즘' 소설이 '사회'소설과 '개인'소설로 나뉘고, 우리 시대의 '사회소설'은 다시 사회적 다큐멘터리와 사회적 공식으로 나뉜다. 이러한 예는 앞선 시대에서도 찾을 수 있지만, 지금처럼 하나의 양식으로 자리잡지는 않았다. '개인소설'에 대해서도 같은 이야기를 할 수 있는데, 이것도 마찬가지로 다큐멘터리와 공식으로 나뉜다. 우리 시대 최고의 소설 중 일부는 선택된 개인적 관계들을 주의 깊고 미묘하게 묘사한다. 이들은 종종 앞서 묘사된 리얼리즘 소설의 일부 같은 느낌을 주며, 방법과 내용에서도 연속성이 있다. [E. M.] 포스터의 『인도로 가는 길*A Passage to India*』은 좋은 예인데, 여기서는 여전히 전통적인 균형이 뚜렷하게 보이지만 좀더 높은 수준으로 가면 개인과 사회가 분리된 종류에 속한다. 이는 소설 속에 나타난 인도 사회의 요소들이 실제의 사회를 인물들의 요구에 맞게 낭만화하기 때문이다. 이는 아주 흔한 형식

* 어빙 하우는 내가 정의상 이 형식이 제시할 수 없는 것을 요구하고 있다고 생각했다. 그의 말은 이해하겠으나, 그러한 형식주의적 접근법은 받아들이기 힘들다고 생각한다. 물론 그 형식, 그리고 '정의상' 그것이 '할 수 없는' 것도 경험의 보편적 위치에서 보면 비판의 여지가 있다. 나는 하우 씨와 매우 자주 서로 동의하는 사이였기에, 내가 이렇게 강경하게 주장해야 하는 것이 유감이다.

이다. 즉 하나의 사회, 삶의 보편적 방식은 분명 거기 있지만, 그것이 사실은 종종 고도로 개인화된 풍경으로서 개인들이 실제로 살아가는 나라라기보다는 개인의 초상을 분명하게 만들고 틀에다 넣으려 한다는 것이다. 그레이엄 그린의 사회적 배경은 분명한 예이다. 그의 소설에 나오는 브라이튼, 서아프리카, 멕시코, 인도차이나 등은 등장인물의 실제 생활방식이 아니라 그들의 필요와 감정적 패턴에 연결되어 있다는 공통점이 있다. 그것이 카프카의 경우처럼 솔직하게 절대적으로 이루어지는 경우에는 적어도 혼동은 없다. 그러나 일반적으로는 표면적으로 리얼리즘의 성향을 띠고 있어서 이런 경우에는 낯익은 불균형이 존재할 뿐이다. 여기에는 사회 묘사 소설에서 드러나는 것과 같은 결핍을 볼 수 있다. 다만 그 방향이 다를 뿐이다. 한쪽에는 사회의 측면일 뿐인 인물들이 있고, 다른 쪽에는 개인의 측면일 뿐인 사회가 있다. 우리가 기억하는 균형은 삶의 보편적인 방식과 개별적인 인간이 둘 다 절대적으로 거기 존재하는 균형이다.

물론 종종 그 나름대로 매우 훌륭하기도 한 수많은 개인소설에서는 삶의 보편적인 방식이 이렇듯 부분적으로 은폐된 채 나타나지도 않으며, 쇼핑, 전쟁의 발발, 버스, 다른 사회적 계급 출신의 기이한 군소 인물들과 같은 단순한 배경으로 제시될 뿐이다. 사회는 종종 난폭하게 사람들을 침범하기도 하지만, 사람들 외부에 있다. 물론 이제 의도적 선택과 집중이 이루어지는 경우, 개인소설은 가치가 있다. 왜냐하면 직접적으로 개인적이지만 동시에 의미가 있는 방대한 경험의 영역이 있어서, 매우 흥미롭게 탐색해볼 수 있기 때문이다. 그러나 내가 보기에는 의식적 선택의 모든 경우마다(말하자면 프루스트가 전적으로 타당하게도 특정 소재에 집중하지만 결과적으로는 매우 간접적으로만 보편적 생활방식에 대한 탁월한 초상을 만들어내는 경우처럼) 그러한 제한이 그저 의식의 실패가 되는, 즉 보편적인 삶의 방식의 실체가 가장

은밀한 개인적 경험에 적극적으로 영향을 미치는 정도를 깨닫지 못하는 실패의 경우는 수천 건이 있다. 물론 이러한 작가들에게 사회가 최악의 사회소설에 나오는 것처럼 지루하고 추상화된 대상이 된다면, 그들이 왜 사회에 관심을 가져야 하는지 알 수 없다는 식으로 나오는 것도 놀랄 일이 아니다. 그들은 사람을 사회적 단위가 아니라 우선은 사람으로서 다루어야 한다고 주장하며, 그렇게 하는 것은 전적으로 옳다. 그러나 여기서 빠진 것은 거듭거듭 위대한 리얼리스트들이 이해할 수 있었던 것으로 보이는 공통된 본질의 요소이다. 작은 집단 내에서는 개인성의 가치가 존중받지만, 그 집단 밖으로 나가면 그것은 아무것도 아니다. 우리는 종종 행간을 들을 줄 아는 사람이어서 이러한 것들이 중요하다. 그러나 버지니아 울프의 평소에 따뜻했던 감수성이 '가정부'나 '마을 여인'에 대해서 갑자기 냉랭하게 사라지는 묘한 사례는 [개인소설의] 공통적 한계를 상징적으로 보여준다. 이것을 단지 사회적 특권의식이나 속물근성이라고 진단할 수도 있지만, 문제는 그뿐만이 아니라 우리 자신의 삶에 있는 보편적인 사회적 요소의 본성을 깨닫지 못한다는 것이다. 우리는 (이런 소설들이 말하기를) 사람, 사람들, 하여간 그와 같은 것이다. 나머지는 세계, 사회, 정치, 혹은 그 무엇으로서 신문에 쓰이는 지루한 어떤 것들이다. 그러나 사실 우리는 사람, 그것도 사회 속에 사는 사람이며, 이는 리얼리즘 소설의 중심에 놓인 전체적 관점이다.

그 한계에도 불구하고 개인을 묘사하는 소설은 종종 실질적 성취를 보여주었다. 그러나 여기서 뚜렷하게 드러나는 경향들은 점점 이 양식을 다른 개인적 종류, 즉 개인적 공식의 소설로 분해하는 것처럼 보인다. 여기서는 사회적 공식의 소설과 마찬가지로 특수한 패턴은 경험의 총계로부터 추상되는데, 여기서는 사회가 아닌 개인들이 이러한 패턴에서 창조된다. 이는 매우 강력한 방법이며 그 나름대로 유효한 소설이긴 하지만, 내가 보기에는 빠른 속도로 새로운 양식, 즉 특별 탄원special pleading의 소설을 만드는 듯하다. 우리는 이런 소설에 대해서 오로지 한 사람만을 진지하게 여기며, 그것도 보통 매우 심각하게 받아들인다고 말할 수 있다. 조이스의 『젊은 예술가의 초상*A Portrait of the Artist as a Young Man*』은 이러한 특징이 있을 뿐 아니라 그것을 주된 강조점으로 지니고 있다. 이 탁월한 작품에 대해 언급하는 것은 이러한 강조점이 체현하고 있는 강렬함에서의 실질적 성취, 소설적 방법의 진정한 발전을 인정한다는 것이다. 세계는 한 인간의 감각에 의해 현실화된다. 즉 서술되거나 저쪽 편에 존재하는 것이 아니라, 그것을 체험한 그대로 받아들이는 것이다. 조이스는 『율리시스*Ulysses*』에서 한 사람이 아닌 세 사람을 통해 하나의 세계를 현실화함으로써 이러한 방법의 이점을 탁월하게 보여주었다. 그 작품에는 세상을 보는 데에 스티븐, 블룸, 몰리의 세 가지 시각, 즉 세 가지 세계가 있지만, 세 가지 세계는 사실상 하나의 세계, 즉 그 소설의 세계 전체이다. 『율리시스』는 이러한 균형을 처음부터 끝까지 유지하지는 않는다. 본질적인 글쓰기가 이루어지는 것은 책의 첫 3분의 1 정도이며, 마지막 섹션은 코다coda에 해당한다. 그러나 여기에는 새로운 형식을 갖춘 리얼리즘의 전통이 기법은 바뀌었으되 경험에서는 연속되는 면을 보이고 있다.

『율리시스』 이후 이러한 성취는 그 기법이 희석되면서 약해져갔다. [조이스] 케리의 『말의 입*The Horse's Mouth*』은 흥미로운 예인데, 그 속에는 고립된 시각이 등장하고, 세계가 그 시각에 맞춰져 있다. 이러한 분석은 [킹즐리] 에이미스의 『그 불확실한 느낌*That Uncertain Feeling*』과 [존 베링턴] 웨인의 『현재에 살다*Living in the Present*』로 대표되는 새로운 대중소설에 다가가는 열쇠가 된다. 이러한 소설은 한편으로는 가장 현실적인 동시대적 글쓰기인 것처럼 보이면서도—수많은 현실적인 감정들을 기록했다는 이유로 환영받았다—다른 한편으로는 이러한 소설이 최종적으로 보여주는 현실이 패러디이거나 소극이라는 점에서 역설적이다. 이는 보편적 딜레마를 예시한다. 즉 이 작가들은 실제의 개인적 감정에서 출발했으나 그들에게 주어진 방식이나 그들이 작동하는 행위의 세계 안에서 그 감정들을 유지하고 구체화하는 일이 말하자면 불가피하게 캐리커처 쪽으로 밀려가야만 한다는 것이다. (이는 솔직하게 보고 진술하는 것의 한계점에 이른 디킨스가 겪은 과정이기도 한데, 이런 면에서 캐리커처와 감상성은 현실적 협상을 피하기 위해 사용된 동전의 양면이다.)* 이러한 감정을 위기 상황에서 우스꽝스럽게 변형된 세계가 아닌, 우리가 사는 실제 세계에 가져다놓는 것은 사실상 그 감정에 의문을 제기하는 것이며, 그로부터 현실에 대한 매우 어려운 질문으로 나아가는 것이다. 이러한 현실적 긴장 대신 우리가 얻는 것은 환상적 해제, 즉 전화에다 욕을 퍼붓고, 강의 비슷한 것을 흉내내고, 집중적으로 공격할 만한 정형화된 인물을 찾아내는 것이다. 이것이 우리 시대에 가장 생기발랄한 작가들의 경우이므로, 이 작가들은 우리 시대의 어려움을 가장 뚜렷하게 보여주고 있다. 우리의 감정과 사회적 관찰 사이의 간극은 위험할 정도로 넓어진 상태이다.

특별 탄원의 소설은 한 사람의 감정과 요구를 절대적인 것으로 보고 다른 사람을 바로 그러한 견지에서만 창조해내는 수많은 동시대 소설에서 가장 뚜렷한 형태로 드러난다. 이는 의미심장하게도 대중적인 일인칭 서사에서 융성했으며, 그 서사는 보통 이러한 목적을 위해서만 사용되었다. 『허클베리 핀』의 중간 부분에는 개인적 서사가 폭을 넓히는 보편적 현실이 창조되어 있다. [J. D.] 샐린저의 『호밀밭의 파수꾼 *Catcher in the Rye*』에는 다행히도 아이러

* 액면 그대로 하면 이는 디킨스에게 너무 제한적인 발언이다. 나는 「디킨스의 사회 비평Social Criticism in Dickens」(『크리티컬 쿼터리*Critical Quarterly*』, 1964년 가을)에서 그가 사람들을 보는 방식이 삶과 사회를 특수하고도 비판적으로 보는 방식에 필연적으로 상응하는 문학적 방법이라고 논한 바 있다.

니가 깔려 있으나, 다른 차원은 빠져 있어서 소설이 뒤로 갈수록 한계가 뚜렷해진다. [존] 브레인의 『꼭대기 방 *Room at the Top*』은 완전히 무너지고 마는데, 여기에는 준거가 되는 현실이 존재하지 않기 때문이다. 우리는 그저 조악함과 자기연민의 낯익은 상호작용을 보게 될 뿐이며 이는 기껏해야 부정적인 도덕적 제스처밖에는 안 된다. 예컨대 카슨 매컬러스의 『결혼식 손님 *Member of the Wedding*』을 비교해보면 여기에는 리얼리즘적 차원이 존재하며, 개인적 감정의 현실이 환상으로 되어가면서 그 감정이 체험되어야 하는 세계와 필연적 긴장관계를 이루며 상호작용한다. 혹은 그 반대편에는 [프랑수아즈] 사강의 『슬픔이여 안녕 *Bonjour Tristesse*』이 있는데, 여기서는 개인들이 거의 객관적으로 제시되지만 그러고 나서는 중심인물의 환상에 따라서 행동한다. 매컬러스와 사강의 비교는 리얼리즘과 그 붕괴의 대조라 할 수 있다. 그리고 불행하게도 우리가 수많은 사례를 찾을 수 있는 것은 붕괴의 경우이다. 엄청나게 탁월한 기법을 쏟아부은 일인칭 서사는 이제는 이러한 붕괴를 합리화하는 기제로 작동할 뿐이다. 그러나 특별 탄원의 소설은 여전히 형식적으로는 리얼리즘 소설을 닮은 소설로 확대되는 중이다. 예를 들어 [엘리자베스] 보웬의 『대낮의 열기 *Heat of the Day*』에서 개인들은 일차적으로 중심인물의 감정적 풍경 속에 포함된 요소로만 존재하며, 다른 견지에서는 보이지도, 가치가 매겨지지도 않는다. 그 특별한 탄원을 좀 덜 생경하게 만들기 위해서 일인칭 서사도 없애고, 심지어 때로는 주의깊게 묘사된 리얼리즘도 넣었지만 말이다. 이렇게 발전하고 있는 개인소설은 결국 대다수 사람을 부정하는 것으로 귀결된다. 사회의 현실을 배제하고, 결국에는 극소수의 개별적인 사람들만 남기고 모든 것을 배제하는 데로 나아갈 수밖에 없다. 이러한 상황에서 여기 묘사된 많은 개인적 감정이 사실은 붕괴의 경험이라는 것은 그리 놀라운 일이 아니다.

나는 이 네 가지 분류—사회적 묘사, 사회적 공식, 개인적 묘사, 개인적 공식—를 현대소설에 대한 보편적 분석에서 출발하여, 이와 대조되는 소설들이 다양한 방법으로 대치해버린 리얼리즘의 전통을 규정하는 방식으로 제시하는 것이다. 이제 문제는 이것이 변화한 현실에 조응함으로써 오래된 전통을 이륜마차처럼 정말 부적절한 것으로 만들어버리는 것인가, 아니면 그 자체가 사실은 경험의 매우 심각한 위기의 징후로서 이렇듯 재능 있는 작품들을 낳았지만 여전히 무엇인가가 탐구되지 않은 채로 끈덕지게 남아서 우리를 본질적으로 불만스럽게 만들고 있는 것인가 하는 것이다. 나는 분명 리얼리즘의 균형을 저버린 것이 어떤 식으로든 고의적인 것이라든가, 당혹한 수많은 독자가 그들 탓이라고 할 만큼 이 작가들이 괴팍한 고집을 부려서 위대한 전통에서 일부러 돌아섰다고 말하고 싶지는 않다. 내가 보기에 위기는 그렇듯 간단하게 누구를 비난하여 설명하기에는 너무나 심각하다. 그러나 도대체 이렇듯 보편적인 위기란 무엇인가?

여기에는 즉시 분명하게 설명할 수 있는 요인들이 있다. 리얼리즘 소설은 분명 진정한 공동체를 요구한다. 즉 개인들이 일이나 우정, 혹은 가족 같은 하나의 관계로만 연결된 공동체가 아니라 수많은, 서로 얽히는 관계로 연결된 공동체 말이다. 20세기에 이러한 공동체를 찾기란 분명 어려워졌다. 『미들마치』가 개인과 가족과 노동관계의 복합체이며, 그 불가분의 과정에서 상호작용으로부터 전반적인 힘을 얻는다면, 대부분의 현대소설에서 개인들 간의 연결은 상대적으로 단일하고 일시적이며 불연속적이다. 이것은 문학 형식의 변화이기 이전에 이 사회, 적어도 소설가들 대부분이 가장 가까이 접하는 사회의 일부분의 변화이다. 또한 다른 강력한 요인의 영향을 받기는 했지만, 이와 연관하여 19세기의 특징적 경험이 어떤 장소를 발견하고 그곳에 정착하는 것인데 비해, 우리 세기의 특징적 경험은 개별성을 주장하고 보존하는(이는 18세기의 경험과도 매우 유사하다) 것이다. 모든 패러디 작가들이 알고 있다시피, 보통 빅토리아 시대의 소설은 일련의 정착 과정과 새로운 결혼 약속과 공식적 관계들로 이루어지는 반면, 보통의 20세기 소설은 어떤 사람이 홀로 떠나거나, 지배적 상황에서 스스로를 분리해내거나, 그러면서 자신을 발견하는 것이다. 이는 보통의 문학적 패턴이 되기 이전에 실제로 일어나는 일이기도 하다. 커다란 변화의 시기에 이러한 분리와 발견은 필요하고도 가치 있는 운동이며, 기록된 개인의 역사들이 모여 하나의 공통된 역사를 형성한다. 오래된 체제들이 존속되고 지배적인 새로운 체제가 계속 제도화되는 상황에서 탈출은 계속해서 이루어지고, 개인성의 주장은 형식과 내용을 부여받아 우리 문학의 내용 전체가 되어버리려는 지경에까지 이른 것이다. 나는 그 압력이 어떠한지 알고 있으므로 그 대응들을 인정하지만, 우리는 막다른 길에 다가가고 있고, 리얼리즘의 새로운 정의를 탐구하는 것이야말로 그 막다른 골목을 돌파하여 창조적 방향을 찾는 것이라는 이야기다.

현대소설은 우리 시대의 위기를 반영하면서 동시에 조명해준다. 물론 우리는 사회가 달라져야 우리의 문학적 문제들이 풀릴 것이라는 논의에 기댈 수도 있다. 그러나 문학은 알려진 경험의 세부사항에 관심을 집중하며, 가치 있는 사회적 변화도 역시 마찬가지로 세부사항에 기반을 둔, 실질적이고 책임감 있는 기율이다. 우리는 자신의 실제 상황을 확인하는 일에서 시작할 것이며, 내가 보기에 위기의 지점은 바로 개인과 사회를 각기 절대적인 것으로 분리하는 데 있다. 그것이 어떤 형식들에 반영되어 있는가는 이미 살펴본 바와 같다. 우리 시대에 진정으로 창조적인 노력은 온전한 종류의 관계들을 위한 투쟁이며, 이것은 개인적인 동시에 사회적인 것이며, 관계들의 확장을 실질적으로 학습하는 것이라고 할 수 있다. 위대한 전통에 체현된 리얼리즘은 이에 대한 시금석이다. 왜냐하면 이 분열된 시대에 우리에게 점점 더 필요한 것은 바로 이념을 감정으로, 개인을 공동체로, 변화를 정착으로 바꾸는 생생한 해석이라는 것을 보여주기 때문이다. 리얼리즘의 전성기에 사회는 기본적으로 개인적 관점에서, 개인은 관계들 속에서, 근본적으로 사회적 관점에서 제시되었다. 통합이 모든 것을 좌우한다. 그러나 물론 이러한 통합이 마음만 먹는다고 되는 일은 아닐 것이다. 통합이 이루어진다면 창조적 발견일 것이고, 아마도 리얼리즘 소설의 구조와 내용 안에서만 기록할 수 있을 것이다.

그러나 통합이 회복이 아닌 발견이고, 향수와 모방은 부적절할 뿐 아니라 방해가 되기 때문에 새로운 리얼리즘은 전통과는 다를 것이며, 20세기의 주된 성취인 개인적 리얼리즘의 발견을 포괄할 것이다. 이러한 점을 인지와 커뮤니케이션에 관한 현대적 발견과 연관하여 이론적으로 표현할 수도 있다. 오래되고 소박한 리얼리즘은 어쨌거나 죽었다. 왜냐하면 그것은 이제 불가능해진 자연의 시각이라는 이론에 의존하고 있기 때문이다. 눈을 뜨면 공통된 하나의 세계를 볼 수 있다고 생각했을 때 우리는 리얼리즘이 단순한 기록의 과정이며, 거기서 벗어나는 것은 자발적인 것이라고 가정할 수 있었다. 이제 우리는 문자 그대로 우리가 보고 있는 세상을 창조해내며, 이 인간적 창조—우리가 살아가는 물질계에서 어떻게 살 것인가에 관한 발견—는 필연적으로 역동적이고 적극적이다. 그러니 수동적인 관찰자의 낡고 정적인 리얼리즘은 이제는 굳어버린 관습에 불과하다. 인간이 인지적 세계를 통해 살아간다는 것이 처음 발견되었을 때, 그것은 리얼리즘을 거부하는 기반이 된다고 생각되었다. 오로지 개인적 시각만이 가능하다고 말이다. 그러나 예술은 인지 이상의 것이다. 그것은 능동적 대응의 특수한 한 종류이며, 모든 인간적 커뮤니케이션의 일부분이다. 우리가 말하는 현실은 인간이 노동이나 언어를 통해 공동의 것으로 만드는 것이다. 이렇듯 인지와 커뮤니케이션이라는 행위 자체에는 개인적으로 보고 해석하고 조직한 것과 사회적으로 인식되고 알고 형성된 것 사이의 실질적 상호작용이 풍성하고도 미묘하게 드러난다. 이러한 근본적 상호작용을 파악하기는 매우 어렵지만, 개인적 시각과 사회적 커뮤니케이션에 관한 생각에서뿐 아니라 개인과 사회에 대한 생각 속에도 분명히 우리가 찾던 단서가 있다. 개인은 진화된 두뇌를 물려받고, 그것은 개인에게 공통의 인간적 기반을 제공한다. 개인은 이 유산과 그의 문화가 가르쳐주는 형식을 통해 보는 법을 배운다. 그러나 학습은 능동적 과정이며, 개인이 보는 세계는 변화하고 있기 때문에 새로운 인지, 해석, 조직의 행위가 가능할 뿐 아니라 심각하게 필요하기도 하다. 이것은 개인적 견지의 인간적 성장이지만, 본질적 성장은 바로 거기서 일어나는 상호작용, 즉 개인이 학습한 것을 의사소통하고, 알려진 현실과 견주어보며, 노동과 언어로 새로운 현실을 만들고자 하는 개인의 노력 속에 있다. 현실은 공동의 노력으로 계속 건설되고, 예술은 이러한 과정의 가장 수준 높은 형식 중 하나이다. 그런데도 현실을 구축하는, 어려울 수밖에 없는 투쟁에서 긴장은 커질 수 있고, 수많은 실패와 붕괴도 일어날 수 있다. 내가 보기에 현재와 미래의 우리 시대처럼 이렇듯 유례없는 성장의 시기에는 그 긴장이 특별히 클 것이며, 실패와 붕괴가 그 특징이 될 수도 있다. 그러한 붕괴를 탐구하기 위해 창조적 노력을 기록하는 일이 붕괴를 단순하고, 종종 조야하게 흥미 위주로 이용하는 것과 늘 쉽사리 구분되는 것은 아니다. 혹은 우리에게 이미 학습된 현실들을 상기시키고 이를 통해 일종의 개연성을 확립하려 하는 익숙한 형식으로 회귀하는 경우도 있다. 이렇게 하여 보통의 사회소설에서처럼 긴장을 낮추거나, 보통의 개인소설에서처럼 긴장을 이용하는 것이다. 이는 둘 다 내가 제시하는 의미의 리얼리즘과는 거리가 멀다. 왜냐하면 리얼리즘이란 바로 의사소통 가능한 형식으로 성취된, 살아 있는 긴장 자체이기 때문이다. 이것이 사회 속 개인의 문제로 보이건, 아니면 새로운 묘사와 이미 알려진 묘사 사이의 문제로 보이건 창조적 도전은 비슷하다. 리얼리즘의 성취는 지속적 균형의 성취이며, 현대소설에서 일반적으로 이러한 균형이 부재한 것은 경고이자 도전으로 보일 수 있다. 현대적 균형을 성취하려는 어떠한 노력도 복잡하고 어렵긴 하겠지만, 우리가 계속 창조적인 상태로 있기를 바란다면, 그러한 노력이 필요하고, 새로운 리얼리즘도 필요하다.

제3부

1960년대의 영국

이제까지 우리는 문학에서 사회제도까지 실제의 감정 구조—일과 관계 속에서 체험되는 의미와 가치—를 밝히고 이러한 구조들이 형성되고 변화하는 역사적 발전과정을 규명할 수 있는 분석 방법을 개발하고자 했다. 이제 나는 이러한 견지에서 우리 시대의 영국을 묘사하고자 하는데, 개요만 설명할 수밖에 없고 다른 분석과 측정에 의해 확장되어야 하지만, 우리가 물려받은 현실이 가르쳐주고 그것을 통해 새로운 현실이 창조되고 중재되기도 하는 기본적인 언어—창조되고, 창조하는 의미들—에 대한 설명을 제공할 것이다.

I

1960년대에 들어서면서 영국 사회의 유효한 역사적 패턴은 비교적 분명한 것 같다. 중요한 기술적 국면에서 산업혁명은 계속되고 있다. 새로운 기술 발전에 힘입어 문화적 확장도 계속되고 있다. 민주주의 혁명에서는 최근에 식민지들이 해방되면서 수세에 몰리게 되었다. 국내에서는 민주적 과정이 본질적으로 완성되었다고 여겨졌는데, 특히 보통선거에 의한 의회와 지방정부의 확립, 계급 체제의 붕괴 때문이었다. 이러한 패턴으로 미루어보면 영국은 꽤 분명한 미래를 가진 것처럼 보인다. 즉 산업 면에서 선진화되었고, 확실하게 민주적이며, 교육과 문화의 수준도 꾸준히 상승하는 나라 말이다.

이러한 해석에는 실체적인 진실이 담겨 있다. 이는 일반적 여론일 뿐 아니라 이에 대한 도전은 대부분 불합리하게 보이기까지 한다. 심지어 부분적으로 강력한 비판이라도 지속적이고 보편적인 진보의 의미를 근본적으로 뒤흔들지는 못한다. 그러나 아직은 명확히 드러나지 않은 좀더 깊은 방식으로 보면, 자연스럽게 발전하는 좋은 사회라는 이념은 극도로 오해를 유발하는 것일 수도 있다. 최근의 특징으로 드러나는 전적인 비난, 전반적인 거부에 그토록 감정적인 힘이 실리게 된 것은 아마도 이를 직감적으로 느꼈기 때문일 것이다. 왜냐하면 그런 감정들이 선택적 증거나 특수한 소수파의 긴장에 기초한 것으로 드러나는 경우에도, 그들이 증언하는 경험은 여전히 쉽사리 제쳐놓기 힘든 것이기 때문이다.

내가 보기에 첫번째 난점은 우리 사회가 단일한 패턴에 의해 지배되고 있다고 가정하는 공통적 습관인데, 이러한 습관이 생겨난 것은 전체적 경향들을 경제활동, 정치 행위, 문화 발전이라는 낯익은 범주에 넣어 평준화하기 때문이다. 이러한 상황을 볼 때 우리에게는 전혀 다른 분석 형식이 필요하며, 그것을 가지고 이미 묘사된 각각의 패턴들 내부에 있는 중대한 모순들, 그리고 더 중요하게는 전반적인 변화과정의 서로 다른 부분들 사이의 모순을 인식할 수 있어야 한다. 이는 모든 사실을 인식하고자 한다면 분석이 더 유연해져야 할 뿐 아니라, 새로운 범주와 설명이 필요하다는 것이다. 이러한 범주와 설명을 가지고 우리는 특수한 분야들에서 약간의 진전을 이룩했지만, 가장 보편적인 설명에서는 아직도 눈에 띄게 어설픈 상태다. 우리는 불확실성을 쉽사리 자연스럽고 건전한 진화라는 온화한 설명에다 쉽사리 이용하고, 어짰든 영국 내에서는 거의 개념 규정부터 안 되어 있는 사회주의를 위한 투쟁이라는 만병통치약으로는 우리를 구제할 수 없다는 식으로 내버려둔다.

예를 들어 우리는 영국의 경제적 미래에 대한 낙관주의가 당연히 단순한 현실 순응이라는 것을 알아야만 한다.* 현재의 증거들과 발전의 전망으로 보아, 경제 성장률과 발전 방향이 경제적으로 외부에 노출되어 있고 인구 밀도도 높은 이 섬나라에서 가령 50년 이상 꾸준히 생활수준의 상승을 보장하리라는 것은 전혀 확실하지 않다. 무역에 너무 의존하고 산업화를 일찍 시작했으며(지금은 빠르게 추월당하고 있다), 제국(이제 사라지고 있거나 성격이 바뀌는 중이다)의 존재 덕분에 번영할 수 있었던 나라의 입장에서 볼 때, 다른 곳의 급속한 경제성장, 현재 미개발 상태인 수많은 지역에서 확실하게 진행되는 꾸준한 산업화과정은 불길한 조짐이다. 이러한 장기적 사유는 사실상 시작되고 있지만, 사고와 그것을 수행하기 위한 적극적인 행동 사이의 간극이 일반적인 무력증을 넘어서서 우리 삶의 다른 부분에서라면 만족스럽고 심지어 바람직할 수도 있는 습관의 결과로 보이는 것이다. 전반적 계획에 대한 뿌리깊은 혐오는 우리 경제 행위의 여러 가지 세부적인 부문에서 거듭하여 의미 있는 요소로 정착되고 있지만, 궁극적으로는 우리의 능력을 앗아갈지도 모른다. 그리고 이러한 혐오 자체는 부분적으로 민주주의 혁명의 한 측면, 즉 엄격하게 통제되지 않은 상태로 살겠다고 결의한 결과이기도 하다. 여기에는 매우 깊게 침윤된 실제적 모순이 존재한다. 낭비를 피하기 위해서만이 아니라 본질적인 발전과 연구, 재조직을 도모하기 위한 전반적 계획

* 이는 지금에 와서는 단순하고도 명백해 보인다. 그러나 이 글은 1959년 선거가 끝난 직후 쓰였고 당시에는 거의 모든 논의가 정치적 입장을 불문하고 다른 쪽으로 가 있었다. 1958~1959년의 소비자 신용 붐 자체를 선진사회라고 받아들였던 것이다.

을 주장하는 것은 꽤 그럴듯한 감정, 즉 이러한 경제체제가 우리의 삶을 통제한다는 생각을 거부하는 감정 때문에 실질적으로 무화되고 있다. 사실상 우리는 그 나름의 거부와 경직성을 지닌 전혀 다른 체제에 의해 통제되고 있으며 앞으로도 그러할 것이다. 그러나 우선 이것의 정체를 확인하기가 매우 힘들고, 둘째로, 그 구조와 이데올로기 자체가 자유의 느낌을 제공하는 듯 보이며, 꼭 필요한 경우에는 실제로 그러한 느낌을 제공하기도 한다. 민주적인 계획은 말이 쉽지, 아무도 그것이 어떻게 작동하는지 실제로는 모른다. 다른 나라의 경제 계획이 거둔 엄청난 성공은 결국 보편 민주주의와 공존하지 못하고 있다. 그것이 이 모순의 심각한 폐해이다. 왜냐하면 사실 계획이 절실하게 필요하고 모든 것을 고려해 볼 때 해결하기가 너무 어려워서 문제가 결코 사라지지 않는 경우라도, 이렇게 되면 우리가 아예 계획하지 않는 것에 대한 이유를 대기가 쉬워지기 때문이다.

사실 우리가 전반적인 경제활동을 생각하는 것은 매우 어렵다. 경제활동의 성공과 실패는 늘 확고하게 국지적인 것으로 남아 있고, 이러한 설명(성공을 이룩한 사람이 공표하는 특수한 성공 사례, 위기로 터져나오기 전까지는 공표되지 않는 특수한 실패 사례들)에 대한 유일한 대안은 거의 쓸모도 없고, 마치 단일한 그 무엇이 생산되고 있다는 것처럼 보이는 총생산 측정이다. 경제학자들은 문제를 의미 있게 만들려고 많은 노력을 해왔지만, 일상적으로 생각해보면 이는 이러한 성공, 저러한 실패, 그도 아니면 이렇게 오해의 소지가 있는 단순하고도 일반적인 그래프일 뿐이다. 실제로 어떤 것들이 생산되고 있는지 알고 수요와 질에 대해서 적절한 질문을 던질 수 있을 때라야 우리는 실질적 관점에서 생각할 수 있을 것이다. 생산의 어떤 부분은 정말 불필요할지도 모른다. 그러나 더 흔한 상황은 다양한 생산물 간의 균형이 잘못되었거나 심지어 부조리한 상황이다. 이러한 질문에 대한 통상적 답변은 시장이라는 특수한 설명으로서, 시장이 수요와 질을 규제한다는 것이다. "이것은 팔리므로 필요하다, 팔리지 않는다면 그것은 만들어지지 않을 것이다"라는 식이다. 물론 이는 한 가지 중요한 점을 고려하지 못했다. 즉 필요와 구매력이 들어맞느냐 하는 문제이다. 그러나 어쨌건 그 설명은 너무 많은 것을 제외하고 있으므로 조야하다. 생산의 총계에 맞추어 우리에게는 소비자라는 또하나의 총계가 제시된다. 현대적 용어로서 '소비자'의 인기에는 좀 주의를 기울여야 한다. 그것은 우선 소비자라는 용어가 무의식적으로 경제 행위의 목적을 매우 기이하고도 편파적인 해석(이는 용광로, 혹은 위장에서 끌어온 이미지인데, 그 속에 얼마나 많은 것이 있든지 우리가 그것을 먹거나 태우지는 않는다)으로 표현하고 있고, 두번째로는 그것이 시장에서 그 필요를 충족시키려 하는 사람을 개별적인 모습(아마도 크기는 엄청날지 모르지만, 행동은 개별적인)으로 형상화한다는 점에서 의미가 있다.

왜 '소비자'에서 출발해야 하는가? 우리는 이 점을 분명히 하기 위해서 시장의 개념으로 되돌아가야 한다. 시장은 분명 필요한 물건들을 구할 수 있는 합리적인 장소이지만, 그 장소에 대한 이미지는 수요와 공급의 과정이 사실상 변형되고 나서도 여전히 남아 있다. 우리는 소비자로서 시장과 상점에 간다. 우리는 왜 이제 소비자로 간주되는가? 근본적 변화는 대규모 산업 생산의 발달과정에서 미리 계획하고 시장의 수요를 아는 것이 차츰 필요해졌다는 점이다. 우리가 현재 시장조사라 부르는 것은 생산을 조직화할 수 있도록 수요를 알기 위해 고안된 합리적 대책이다. 그러나 사실 생산이란 전반적으로 계획되는 것이 아니고 수많은 경쟁사가 결정한 결과이기 때문에 시장조사는 불가피하게 광고와 연관될 수밖에 없고, 광고 자체는 주어진 공급을 알리는 과정에서 수요를 자극하고 지시하는 하나의 체계로 바뀌게 되었다. 때때로 이러한 자극은 저 물건보다 이 물건 쪽으로 향하게 만드는 것이기도 하다. ("마운틴 브랜드가 최고") 그러나 종종 그것은 새로운 수요를 자극하기도 하고("당신에게는 포켓 라디오가 필요합니다"), 시들해지는 수요를 되살리기도 한다. ("하루에 우유 1파인트[0.568리터]를 마셔요.") 이렇듯 변화하는 상황 속에서 시장에 대한 단순한 관념은 사라졌다. 장사치가 공급자와 동급이 된 것이다. 그러므로 '소비자'라는 설명이 그토록 인기가 있는 이유는 분명해진다. 왜냐하면 경제활동은 대부분 분명 이미 알려진 필요를 충족시키는 일에 힘을 쏟는 한편, 상당 부분은 이제 점점 더 기업이 생산하기에 편리하다고 여기는 것을 소비하도록 만드는 쪽으로 가고 있다. 이러한 경향이 강화되면서 사회가 경제생활을 통제하는 것이 아니라, 부분적으로는 경제생활이 사회를 통제하고 있다는 것이 점점 분명해진다. 목적 지향적인 사회적 사유가 약화되는 것은 바로 이런 강력한 경험이 직접 개입한 결과이다. 이 경험으로 인해 인간의 활동은 수요라는 예측 가능한 패턴으로 환원된다. 우리가 소비자가 아닌 사용자라면 사회를 매우 다르게 볼 수 있다. 사용이라는 개념은 보편적인 인간의 판단—우리는 사물을 사용하는 법과 사용하는 이유, 특수한 사용이 삶 전반에 미치는 영향을 알아야 한다—과 연관되지만, 소비는 조야하고도 앞일을 생각지 않는 패턴 탓에 이러한 질문을 취소해버리고, 그러한 질문을 그저 외부적이고 자율적인 시스템의 생산물에 자극을 받아 질서정연하게 흡수하는 것으로 대체해버리기 때문이다. 아직 이러한 경향이 완전히 지배적이라고는 할 수 없고, 우리는 여전히 이러한 경향을 뒤집을 수 있는 위치에 서 있긴 하지만, 이 설득력 있는 패턴의 이면에는 우리 사회 대다수의 권력이 존재한다.

'소비자'라는 설명이 초래하는 꽤 중요한 영향은 개인의 모습을 구체화함으로써 경제활동의 효용이 미치는 범위에 대해 우리가 적절하게 생각하지 못하게 만든다는 것이다. 우리가 일상적으로는 개인적으로 사용하거나 소비하지 않지만, 사회적으로는 사용하고 소비하는 매우 중요한 것들이 많이 있다. 우리가 경제활동의 한 기준으로서 사회적 효용을 생각할 수 없다면 매우 빈약한 삶의 양식일 것이다. 그러나 '소비자'가 강조됨으로써 이른바 시장의 법칙과 이러한 것을 만들어내는 생산과 분배의 시스템이 우리를 이러한 방향으로 떠밀어가고 있다. 1960년대의 영국은 사회적 필요와 개인적 필요를 충족하는 것 사이에 심각한 불균형 상태가 생길 뿐 아니라 증대될 것이라는 광범위한 인식이 생겨나기 시작했다. 이 시대 영국의 상점 진열장에서 풍요의 느낌을 받는 것은 쉬운 일이지만, 학교, 병원, 도로, 도서관 등에서는 종종 만성적인 궁핍을 목격하게 된다. 심지어 엄청나게 쏟아지는 새로운 차들의 홍수와 우스꽝스러울 정도로 부족한 도로 시스템처럼, 매일 직접 경험하는 상황에서 이런 것들이 서로 사실적으로 연결되어 있는 경우에도, 이 분열된 사고의 마법은 너무 강고해서 깨지지 않는 것 같다. 이러한 위기는 분명 앞으로 우리의 경제를 지배할 것으로 보인다. 왜냐하면 늦게, 매우 뒤늦게 우리가 그 나름의 사회적 목적뿐 아니라 개인적 사용 패턴의 사회적 결과에 대해서 생각하기 시작했지만, 우리는 사회적 대책들을 진정 사회적 방식으로 생각하는 것이 매우 어렵다고 느끼기 때문이다. 이렇듯 우리는 개별적 사용 패턴을 소비와 만족이라는 호의적 관점에서 생각하지만, 사회적 사용 패턴에 대해서는 내핍이나 세금 징수 같은 혐오스러운 관점에서 생각한다. 사회적 목적들이 대부분 요금이나 세금이라는 방법을 통해, 즉 사회란 끊임없이 우리에게서 무엇을 빼앗아가거나 제한하는 존재여서 이 시스템이 없다면 우리가 모두 이익을 얻으며 소비할 수 있다고 생각하게 하는 방식을 사용함으로써, 개인의 수입에서 사회적 지출을 위한 재원을 끌어낸다는 것이 우리 사회의 근본적 결함으로 보이게 된다. 현대의 바리케이드에 쓰인 열정적 외침을 듣지 못한 사람이 어디 있겠는가? "내 돈을 모두 여기다 써버렸군. 내 돈을 그냥 내버려둬." 여기서 우리가 쉽게 당연한 것으로 여기는, 고도로 조직화된 사회 시스템이 아니라면 돈을 벌거나 며칠 이상 생존할 수조차 없다는 것을 지적하는 것은 우리 중 어느 누구에게도 별 도움이 되지 않는다. 나는 한 광부가 우리가 논의한 누군가에 대해서 한 말을 기억한다. "그는 아침에 일어나서 스위치를 누르면 그냥 전깃불이 들어오는 줄 아는, 그런 인간이에요." 우리는 어느 정도 이러한 위치에 있다. 우리가 현실적으로 다른 이들에게 의존하고 있다는 사실을 포함해서, 우리의 사고방식이 실제적 관계의 넓은 영역을 습관적으로 억눌러 버린다는 점에서 말이다. 우리는 내 돈, 내 조명등을 이렇듯 소박한 관점에서 생각한다. 왜냐하면 사회에 대한 우리의 관념 자체가 뿌리부터 시들어 있기 때문이다. 현 시스템 안에서 우리는 사회적 생산물로써 사회적 목적을 지원한다든가, 우리 사회가 어떤 존재이고 무엇을 하고 있는가를 현실적 관점에서 지속적으로 보여줄 수 있는 방법을 생각해낼 수가 없다. 생산물이 거의 전적으로 복잡하고 지속적인 회사와 사회조직에 의존하고 있는 사회에서 우리는 마치 고립된 개인인 것처럼 자기 의지대로 소비할 것을 기대한다. 그러고는 개인적 소비와 사회적 세금 징수라는 어리석은 비교에 강제로 직면한다. 전자는 바람직한 것이고 확대되어야 하며, 후자는 애석하게도 필요한 것이지만 제한되어야 한다는 것이다. 이러한 사고방식에는 물리적 불균형이 따라올 수밖에 없다.

공동체에 대한 현실적 감각을 성취하지 못하면, 우리의 진정한 생활 기준은 계속 왜곡될 것이다. 말하자면 소비자와 시장이라는 제한된 관점에서만 경제활동을 생각하는 것은 실제로 우리 다수가 하고 있는 일과 경제생활의 패턴이 어떻게 변화하고 있는가를 은폐하는 것이다. 지금도 노동 인구에서 4명 중 1명은 생산에도 분배에도 참여하지 않은 채 공공 행정과 다양한 형식의 일반적 서비스에 종사하고 있다. 오랫동안 이 비율은 꾸준히 증가해왔고, 아마 앞으로도 더 상승할 것이다. 그러나 소비자와 시장이라는 식의 설명으로는 이러한 경제활동을 왜곡된 방식이 아니면 설명할 수가 없을 것이다. 13명 중 1명은 운송 부문에서 일하는데, 특히 철도 같은 운송 시스템에 관한 일반적 논의가 유달리 어렵고 혼란스럽다는 것, 특히 소비보다 더 적합한 기준과 시장에서의 직접적 이윤과 손실보다 더 현실적인 설명 방법을 찾는 문제가 드러날 수밖에 없어서 더욱 그렇다. 의료와 교육에서 예술, 스포츠, 엔터테인먼트에 이르는 행정과 일반적 서비스의 경우를 보면, 논의는 거의 절망적일 정도로 혼란스럽다. 우리 가운데 4명 중 1명이 종사하고 있는 이러한 일에서 나오는 산물은 거의 전적으로 사물과 반대편에 서 있는 삶과 경험에 관련된 것이다. 어떤 회계법이 여기에 적합할 것인가? 누가 삶과 경험의 가치를 측정할 수 있단 말인가? 그 과정의 일부는 좀더 친숙한 어휘들로 환원될 수 있을 것이다. 의료는 노동 일수를 보호해주고, 교육은 노동의 기술을 생산하며, 스포츠는 건강을 창출하고, 엔터테인먼트는 우리의 사기를 높인다는 식으로 말이다. 그러나 우리는 이러한 서비스들 모두가 궁극적으로는 더 큰 목적을 향하고 있다는 것을 알고 있다. 의사들은 노동 연령이 지난 사람의 생명도 구하기 위해 열심히 일한다. 모든 학교에서는 직접적인 노동 기술 이상의 것을 가르친다. 다른 일도 마찬가지다. 시장의 계산법을 강요하는 것은 어리석을 뿐 아니라 궁극적으로는 불가능하다. 그렇게 노력한 결과의 대부분이 장기적이고 간접적일 뿐 아니라, 어떤 경우에도 교환 가치로 드러나지 않기 때문이다. 가장 개명된 보통의 반응은 이러한 활동을 '삶'이나 '여가'라 불리는 주변부에 놓고, '일상적' 경제활동의 모양에 따라 그 규모를 결정하도록 하는 것이다. 반면 우리가 시장이 아닌 인간적 필요에서 출발한다면, 이러한 활동 분야를 더 분명하게 이해할 수 있을 뿐 아니라 '일상적' 경제활동 자체를 판단할 수 있는 수단을 가지게 된다. 이렇게 되면 노력과 자원의 분배에서 생기는 균형이라는 문제뿐 아니라, 어떤 일이 사용자와 생산자에게 미치는 영향의 문제까지도 적절하게 다룰 수 있을 것이다. 희미하게나마 널리 인식된 최근의 위험은 시스템을 인간에게 맞추는 것이 아니라, 인간을 시스템에 끼워맞추는 것이다. 인식이 희미하다는 것은 이러한 과오의 원인을 잘못 짚는 데서 드러난다. 예를 들어 우리가 그것이 없으면 굶어죽을 텐데도 산업 생산을 비판한다든가, 커뮤니케이션의 확장이야말로 우리가 이룩한 성장 대부분의 실체인데도 대규모의 조직을 비판한다든가, 마지막으로 우리를 불구로 만들고 있는 것이 바로 적절한 사회의식의 결여인데도 사회의 압력을 비판한다든가 하는 것들이다.

나로서는 이러한 증거들을 살펴보면서 사실상 우리를 혼란스럽게 하는 것이 바로 자본주의—산업의 과정을 조직하는 특수하고도 일시적인 시스템으로서의—임을 확신한다. 자본주의식 사회관은 오로지 시장일 수밖에 없는데, 자본주의의 목적은 일반적인 사회적 용도의 개념이라기보다는 특수한 활동의 이윤이며, 어떤 공동체 내의 일부로 집중된 소유가 시장의 결정을 넘어서는 공동의 결정들 대부분을 제한된 것으로, 혹은 불가능하게 만들기 때문이다. 이제는 조직화된 수많은 산업의 직업은 지루하거나 좌절감만 주지만, 자본주의에 내재한 임금 노동 시스템은 노동의 의미를 임금으로만 환원하는 경향을 보일 수밖에 없다. 우리 사회의 주된 불안—대개는 만족스럽고 통합된 나라라는 그림을 위태롭게 하는 작금의 싸움들—은 바로 임금의 영역에서 생겨난다. 심각한 파업, 혹은 파업의 위협이 있을 때마다 우리는 노동에 대한 다른 개념—공동체에 대한 봉사, 다른 사람들에 대한 책임감, 정상화 등—을 내세워서 반응하는 경향이 있다. 이러한 반응은 옳다. 노동은 이러한 것들이어야 한다. 그러나 그것이 내내 그래왔던 것처럼 하는 것은 위선적이다. 스위치를 눌러 불이 들어왔을 때 우리는 빛이 늘 이런 정도의 상태를 유지하는 것이 당연하다고 여기지만, 일반적으로 이 불빛이 가능하게 만들어준 사람의 필요를 깊이 있게 인식하지는 못한다. 파업을 멈추게 하려면 우리는 이러한 반응을 끝까지 밀고 나가야 한다. 노동을 거래하는 지금의 체제는 결국 다른 모든 거래와 마찬가지로 제시된 가격에 판매자가 자신의 노동을 팔기를 거부할 권리까지도 포함하고 있기 때문이다. 파업은 시장사회에 통합된 한 부분이다. 당신이 시장의 유리한 점을 원한다면 불리한 점도 같이 가져야 한다. 그로 인해 파국과 혼란으로 치달을지라도 말이다. 기나긴 저항에도 불구하고 우리들 다수가 여전히 그러하듯 노동시장을 이야기하고 있다면, 우리는 그에 걸맞은 행동을 기대해야 하며, 그것이 불편해졌다고 해서 공동의 이익이나 책임감 같은 전혀 다른 개념을 몰래 들여오면 안 된다. 노동의 시스템이 바로 우리가 비난하고 있는 특수한 이익을 기반으로 하여 성립했는데도, 파업자들을 도덕적으로 비난하는 것은 천박하고 어리석은 일이다.

현대 영국의 자본주의에 어떤 일이 벌어지고 있는가? 그것이 변화하고 있다는 얘기가 분명한 사실이기는 하지만, 그것이 장려하는 사고와 행동의 양식은 더할 나위 없이 강고하다고 주장할 수 있다. 이미 논의한 바와 같이 사용을 소비로 환원하는 것 외에도 '판매'의 윤리—팔리는 것은 통하는 것이고, 어떤 것을 파는 것은 곧 그것의 가치를 확인하는 것이라는—가 광범위하게 확산되는 현상을 덧붙일 수 있다. 또한 내 생각에는 노동운동이 눈에 띄게 도덕적으로 하락세를 보이고 있는 현상도 있다. 정치적으로나 산업 면에서 노동운동의 어떤 부문은 거의 완전히, 공식적으로는 그들이 여전히 반대하고 있는 바로 그편으로 넘어가버렸다. 자본주의에 대한 가장 주된 도전은 사회주의였지만, 사회주의는 거의 전적으로 현재적 의미를 잃어버린 상태이다. 그러니 많은 사람이 이제 노동당을 단지 대안적인 권력 집단으로, 조합운동을 단지 그들이 반대하는 고용주들의 관점에서 시장을 가지고 노는 사람들로 보는 것은 놀랄 일이 아니다. 이러한 전개는 일반적으로 해로운

데, 이는 사회가 선택의 근거로서 현실적 대안을 가지고 있지 못하면 의미 있는 성장을 할 가능성이 없기 때문이다. 나는『문화와 사회』에서 노동운동의 제도들—노동조합, 협동조합, 노동당—이 노동계급의 위대한 창조적 성취이며, 미래의 좋은 사회의 전반적 조직을 위한 올바른 기반이라고 주장함으로써 사람들을 놀라게 했던 것을 기억한다. 이제 도덕적 하락을 말함으로써 나는 그 주장을 철회하려 하는 것인가? 내 주장의 요점은 이러한 제도들이 제시하는 새로운 사회적 패턴에 있었다. 나는 그들이 기초를 만든 동기와, 거기서 비롯된 실천에 복합적인 의미가 있다는 것을 깨달았다. 분명 분파적 방어와 자기이익이 작동하고 있었던 것이다. 그러나 그것은 또한 사회·경제적 정책의 원칙으로서 집단적 민주제도의 기반을 마련하고 경쟁을 협동적 평등으로 대체하는 생활방식을 전 사회로 확장될 수 있도록 꾸준히 제시하고 발견하는 일이기도 했다. 실제의 역사에는 이러한 제도들을 도전적이지 않은 양식으로 전환시키려는 기존 사회조직의 꾸준한 압력이 있었다. 협동조합은 단지 거래 조직이어야만 했고, 노동조합은 단지 다른 이해관계는 없는 산업 조직이어야 했으며, 각각의 조합은 자신의 영역을 지켜야 했고, 노동당은 그저 현 시스템하의 다른 한 정부여야 했다(이 나라는 효율적인 야당을 요구하고 있으니까). 이러한 목적이 그 제도들의 원초적 동력의 일부가 아니었더라면 이러한 압력이 그처럼 성공하지는 못했을 것이다. 즉 그들이 가진 패턴의 어떤 요소들은 장려되고, 어떤 요소들은 꾸준히 반대에 부딪히고 약화되었던 것이다. 물론 모든 경우에 주어진 목적의 제한을 수용하는 것이 실질적 효율성 면에서는 단기적으로 중대한 이득을 볼 수도 있다. 그 제한을 수용한 제도권 내의 사람들은 종종 즉각적으로는 더 사리에 맞는 경우도 있다. 그러나 1960년대를 살아가면서 분명한 것은 각각의 제도들이 기존의 사회가 자신의 목적을 제한하기만 한다면 제공하겠다고 내놓은 영역이란 본질적으로 종속적인 것, 즉 광범위한 도전은 빼놓은 채 남은 것은 기존의 조건 내로 흡수될 수 있는 영역임을 발견하는 지점에 이르렀다는 것이다. 여러 가지 이유로 이는 제도의 사기를 저해했으나, 다행스럽게도 제도 내부의 위기와 논란을 초래했다. 스스로 제시한 선택은 종속적 자격을 조건부로 받아들일 것인가, 아니면 얼핏 보기에 절망적인 도전을 새로 일으킬 것인가 사이의 선택이다. 전자가 실질적 이득도 있지만, 후자가 부재한 데서 오는 영감의 상실이라는 면도 있다. 이 제도의 한계를 분명히 보면서도 유효한 대안적 양식으로서 그것들에 대해 계속 기대하는 것이 괴팍하게 보인다면, 나는 단지 이들이 어떤 쪽으로도 갈 가능성이 있으며, 그들의 위기가 아직은 영구적으로 해결되지 않았다는 말만 되풀이하겠다.

기존의 양식 내부에서 개혁적 요소들의 도움을 입어 이 제도들이 압박을 가함으로써 사회에 실질적 변화가 일어났다는 사실이 상황을 더더욱 복잡하게 만든다. 교육을 포함한 사회적 서비스의 확장은 분명 이러한 소득이며, 이것을 그저 물려받기만 한 사람들은 이를 과소평가해서는 안 된다. 그러나 사회적 서비스는 사적 소유의 사회라는 공간에서만 작동되는 것으로 제한될 뿐 아니라 실질적 작동에서도 새로운 사회가 아닌 낡은 사회(이는 브라이언 에이블-스미스가 『확신*Conviction*』[노먼 매켄지가 편집한 에세이집]에서 탁월하게 묘사한 상황이다)의 전제와 규제에 제한을 받는 것이 여전히 사실이다. 다른 실질적 변화인 일부 산업과 서비스의 국유화는 더욱 심각하게 훼손되었다. 이익을 위한 것이 아닌, 사용을 위한 생산이라는 오래되고도 가치 있는 원칙은 바로 이 분야에서 교착 상태에 빠졌다. 공공 소유가 된 시스템들은 사실상 더이상 이윤의 관점에서는 매력적인 것이 아닌 낡은 시스템들이거나(석탄, 철도), 초기 투자가 많이 필요한 새로운 시스템이거나(항공), 아니면 그 이전에 도시 단위나 공적으로 개발된 것

(가스, 전기)들이었다. 이 시스템들 중 어떤 것은 일반적으로 허용되는 것보다 훨씬 더 성공적이었으나, 일단 전반적인 경제 분야에서 통용되는 '사용보다는 이익 우선'이라는 강조점을 바꾸어놓지 못했을 뿐 아니라, 그들 스스로 이 낡은 기준으로 점점 환원되어버렸다. 또한 이 시스템들은 경영과 노동관계에서 전혀 다른 사회적 원칙에 근거한 산업의 인간적 양식을 때로는 끔찍할 정도로 정확하게 재생산했다. 이러한 효과들이 중첩되면서 그 결과는 썩 매력적이지 않았고, 이러한 제도들이 이른바 새로운 사회의 유형과 동일시되면서 전반적으로 혼란이 가중되었다. 오래된 시스템의 과정으로 되말려들어감과 동시에 새로운 시스템의 증거로 제시되는 상황에서 이 시스템들은 경제에서 대안적 원칙을 모두 훼손했고, 결국은 영국 사회주의에게서 효과적인 의미를 다 빼앗아버렸다. 그러자 노동당을 사회주의에 대한 완전한 헌신과 분리하여 이러한 형식적 공백을 받아들이자는 제안도 일리 있게 여겨졌다. 즉 현재의 상황을 실질적으로 인정하자는 것이다. 마침내 자본주의 사회에 대한 진정한 도전을 억제하고 궁극적으로는 없애는 일이 한 세기 이상 동안 자본주의 사회 자체의 일이었다는 사실을 떠올리게 된 것이다.

이는 자본주의적 사고방식의 주요 소득이며, 이에 압도되기는 쉽다. 한편 자본주의는 소비 확대의 성공과, 그 나름대로 일종의 번영을 창조해낸 거대한 소비자 신용 제도의 확산을 내세울 수 있다. 경제적 준거점으로 소비자만을 염두에 둔다면, 이러한 시스템은 쉽사리 도전받지 않을 것이다. 또한 소유의 제한이라는 점을 고려하면 자본주의는 좀더 광범위한 주식 소유를 촉진하여 소유를 확대하려고 해왔다. 이러한 대답은 비판의 초점을 놓치고 비판받는 시스템의 용어로 개혁을 제안한다는 점에서 아주 특징적이다. 주로 반대하는 논지는 부분적으로는 제한된 개인 소유(이는 여전히 유지되고 있다)이며, 사회적 소유가 없다는 사실에 대한 것뿐이다. 그런데 15명 중 1명이 주식을 소유하게 된 확장과정으로 인해서 우리는 점점 더 돈을 보편적 요구를 만족시켜주는 체제의 부산물로(사실 이 돈은 다른 14명의 노동을 통해 만들어진 것인데도) 생각하게 된다. 그러나 그렇다고 해서 필요는 보편적인 것이라거나, 에너지와 자원의 분배가 공동의 견지에서 이루어지는 것이 옳다는 것이 확인되지는 않는다. 최근에 공적 자금을 사적 소유의 시스템으로 흘러가게 함으로써 이러한 분배과정을 제한적으로 통제하는 장치는 자본주의에 대한 원래의 도전이 지닌 바로 그 열망이 자본주의를 강화하는 수단으로 쓰이고 있다는 사정의 또다른 예일 뿐이다. 마지막으로 자본주의는 (그리고 이전 사회주의의 옹호자들은) 주식 소유주에 의한 통제가 더욱 약화되고(물론 주식의 확대는 새로운 소유 형태가 아니라 단지 투기의 확대라는 점에서 아이러니한 논평이다), 관리자와 기술자의 중요성이 커지고 있음을 강조한다. 사실 경제는 보통의 주식 소유주들이 통제하는 것이 아니며, 관리자와 기술자가 통제하는 것도 아니다. 경제는 사실상 몇몇 노동당 정치가들이 여전히 심술궂게 '경제의 지도층'이라 부르는 사적인 제도들의 강력한 연결망이 통제한다. 경영 혁명(그리고 실질적 혁명은 권력이 금융제도와 자기 금융회사들로 옮겨간 것이다)이 일어났더라도, 원래의 도전은 이미 패망한 상태이다. 왜냐하면 공통의 경제생활이란 그 경제가 지탱하고 있는 사회에 대한 시장 기준 이상의 것이 없다면, 기술적 결정들로 환원될 것이기 때문이다.

이 경쟁적 영역에서 중요한 점은 이제는 조직된 시장과 소비자의 개념들이 우리의 경제적 삶과 사회의 나머지 대부분을 결정한다는 것, 그리고 그에 대한 도전은 너무나 효과적으로 교란되어서 어떤 원칙을 갖춘 반대도 임금에 대한 요구와 파업의 끝없는 승강이와 씁쓸함으로만 남는다는 것이다. 우리가 이러한 상황에 만족하리라고 믿기는 어렵다. 현 상황은 우리를 계속 서로 싸우게 하고, 매우 빠르게 조야한 경제적 냉소주의의 패턴을 장려하면서도 이에 대한 뚜렷하고도 실질적인 대안은 없다. 그 명백한 미래가 사실상 실현될 것이라면, 이는 새로운 의미를 창조하고 그것을 실체화하려는 도전에 직면해야만 할 것이다.

II

영국 민주주의의 진보는 경제에서 일어난 일들에 의해 깊은 영향을 받기도 했지만, 다른 요인에도 영향을 받았다. 우리 경제생활의 전반적 방향을 통제하려는 열망은 민주주의 성장의 본질적 요소이긴 하지만, 이는 여전히 실현되었다고 말하기 힘들다. 일반적 통제를 넘어서는 것 이상의 열망이 있는데, 그것 역시 지금은 요원하고도 혼란스러운 상태이다. 일과 같이 삶의 중심 부분에서 우리에게 직접적으로 영향을 미치는 결정에 전혀 참여하지 못하고 있다면, 우리가 실제로 스스로를 통제하고 있다고 느끼기는 힘들다. 이러한 참여를 보장하는 절차의 어려움은 실로 막대하다. 그리고 우리가 일하는 제도들이 다양하기 때문에 단일한 답변이 나오기도 어렵다. 그러나 그렇게 하고 싶은 마음이 있다면, 방법을 찾아볼 수는 있고 경험을 통해 서서히 개선할 수도 있을 것이다. 나는 내 직업에서 그러한 길을 찾아보고 경험하여 어려움의 일부를 알고 있으며, 실질적 소득도 얻게 되었다. 실제적 경험을 통해서만 나는 다음과 같은 [에드먼드] 버크의 말에 동의한다.

> 내가 보았던 모든 기획은 반드시 그 일을 주도하는 사람들보다 이해력이 훨씬 떨어지는 사람들이 관찰하여 수정하곤 했다.

아무리 작은 집단이라도 지도자를 만들어낸다. 모든 기획에 대해서 늘 똑같은 지도자를 만들어내는 것은 아니지만 말이다. 이 리더십이 무엇을 의미하는가를 해석하는 데는 어려움이 있다. 특히 일에서 우리 사회 대다수의 패턴은 모든 상황에 대해서 지도자를 고정할 뿐 아니라, 독립적 결정을 내리고 그것을 단호하게 추진하는 것이 그들의 권리이자 의무라고 장려하는 식의 해석을 제공한다. 결국 개가 사람을 지키는 것이 아니라 개 스스로가 줄을 이끌고 가는 것이다.

우리 사회에는 수많은 타고난 독선가가 있고, 그들이 일으키는 말썽은 상상을 초월한다. 아마도 확인하기 어려워 더 위험한 것은 군대에서 '인재 관리'라 부르는 일에 능숙한 사람들일 것이다. 여기서 중요한 점은 물론 당신이 명령을 내려야 한다는 것이지만, 내가 기억하는 한 사람들이 지도자를 따라야 하기 때문에 지도자는 그가 이끄는 사람들의 마음 상태에 매우 열심히 주의를 기울여야 한다. 지도자는 그들을 이해하려고 노력해야 하고, 그들의 문제에 대해 이야기하고(자신의 문제를 이야기하면 안 된다), 그들의 마음 상태가 어떠한지를 그려볼 수 있어야 한다. 그리고 이렇게 의사 타진을 해보고, 그가 이끄는 사람들의 감정을 정말로 이해한 후 앞으로 나아갈 방향을 지시하게 되는 것이다.

나는 현대 영국에서 으뜸가는 사회적 즐거움이 인재 관리를 관찰하는 것이라고 생각한다. 인재 관리를 하는 사람들이 도처에 있기 때문이다. 그들은 물론 그 일을 잘 못한다. 그들 스스로는 매우 잘한다고 여기고 있지만 말이다. 차분하게 감정鑑定하는 눈길(8분의 1인치 정도로 좁아진. 더이상 가늘게 뜨면 의심스러워 보인다), 부드러운 침묵, 사람의 속내를 이끌어내는 매력적인 과정, 나는 이런 것을 자주 보아왔지만 어떤 연극보다 낫다. 이들은 우리의 공적 삶의 주인공들이며, 그들 배후에 상호적 선망이라는 단단한 무게가 있다. 정치적 논평이라고 통용되는 것은 대부분 한 정당의 지도자가 이러한 기술을 얼마나 가지고 있는가에 대한 공적 토론이다. 어떻게 수상이나 야당 당수가 이런저런 '어색한 요소들'을 '다룰' 것인가, 어떻게 그가 자신의 개입 시기를 적절하게 조절할 것인가, 어떻게 이런 이야기를 하면서 저런 이야기를 피할 수 있겠는가 하는 문제 말이다. 이러한 논평에서 정말 재미있는 것은 그것이 수백만 장의 종이에 인쇄되고 그 '어색한 요소들'을 포함해서 거의 모든 사람이 이것을 읽는 공적 성격을 띤다는 것이다. 섬세한 기술은 공적 신화가 되고, 그것이 도전받는 일은 거의 볼 수 없다. 분명히 이는 민주주의의 리더십이 갖춰야 할 요소이다.

물론 이는 방어적인 독재의 전술이기도 하다(그리고 사람들이 이에 익숙해지기 위해 꼭 독재 체제에서 태어날 필요는 없다). 민주적 결정의 실제 과정은 모든 사실을 공개하고 문제를 공개적으로 토론하며, 단순한 다수결 투표에 의해서건 아니면 공론에 도달하기 위해 자발적 변화를 거치건, 그 결정에 공개적으로 도달하는 것이다. 다른 사람의 말을 잘 듣고 문제를 명료하게 만드는 기술은 이러한 과정에서 정말 필요하지만, 이는 단지 토론을 듣고 나서 자신의 방식대로 추진할 수 있는 용어를 찾아내는 지도자의 자세와는 본질적으로 다르다. 사실에 대한 완전한 기록을 확보하고, 일반인들의 기여를 자유롭게 보장하며, 진정으로 개방적인 결정을 내리고 그 결정이 실현되는 과정을 검토할 기회를 가지는 등 민주적 조직에서 만들어낸 복잡한 장치들은 그야말로 그 가치를 따질 수 없는 것들이다(어떤 사람들은 내가 위원회 절차를 우리의 문화적 유산이라고 언급할 때 농담을 하고 있다고 생각하지만, 그들이 민주주의를 진지하게 생각한다면 비웃음을 사야 할 사람들은 바로 그 사람들이다. 이러한 과정은 민주주의가 작동하는 수단이 되기 때문이다). 그러나 그 장치들이 복잡하다는 바로 그 이유로 인해 인재 관리자들이 쉽게 남용한다. 실제로 이런

저런 위원회들을 '다루는' 방식에 대해 빼기며 자랑하는 이야기도 들린다. 나는 이러한 방식을 세간에서 '말썽을 피하는' 한 방법으로 실현하는 경우를 보아왔지만, 그것이 도리어 말썽을 일으키지 않는 경우는 없었다는 이야기를 덧붙이고 싶다. 대체로 자유로운 상태가 되고 나면 사람들은 자신의 이해관계를 주장할 수밖에 없고, 이것이 결정과정에서 제대로 반영되지 않는다면(이는 수합해서 '고려하겠다'는 것과는 반대되는 개념이다), 결국 실제의 상황이 드러나게 될 것이고, 종종 그것은 인재 관리라는 것이 얼마나 나쁜 것인가를 씁쓸하게 보여주는 결과가 될 것이기 때문이다. 현재 우리의 주된 문제점은 여러 가지 형식의 민주주의가 실제로는 민주주의를 신봉하지 않는 사람들, 공동의 결정에 공개적으로 도달하는 것을 진심으로 두려워하는 사람들, 그리고 불행하게도 민주주의 제도를 실체화할 수 있는 민주주의적 감정의 양식들을 약화하는 데 성공한 사람들의 전술에 의해 지속적으로 혼란을 겪는다는 점이다.

이러한 상황을 완전히 이해하기 위해서는 현재의 토론이 진행되는 어조에 한마디 덧붙여야겠다. 대학을 나온 사람들은 대부분 공공의 과정에서 통용되는 토론의 관습을 알고 있다. 그중에서 가장 중요한 것은 잠정적 진술의 습관이다. 이는 특징적으로 '그 생각은 미처 못 했는데'라든가, '잘 모르겠지만 ~한 것 같다'는 구절로 시작된다. 이러한 방식은 종종 옥스퍼드대학 교수가 자신의 강의 주제에 관해서 실제로는 아무것도 모른다며 이야기를 풀어나가거나, 어찌어찌하여 자신의 노트를 잃어버렸다거나 하는 식으로 강의의 실마리를 푸는 책략과 비슷하게도 사실은 그냥 피상적인 이야기에 불과하다(나는 외국 대학원생들 앞에서 세 명의 강사가 연속해서 이 책략을 쓰는 것을 지켜보았는데, 그 학생들은 매혹되기는커녕 강사들이 스스로 생각하는 것만큼 훌륭하지 않다고 결론을 내렸다. 이는 사실상 모욕에 가까운 겸손의 포즈에 대해 '전적으로 부정확하지는 않은' 진단이다). 이러한 결점은 분명하지만, 어떤 토론에서는 이러한 관습이 이로울 때가 있다. 이는 수많은 임금 노동자의 토론 관습과 쉽사리 대조된다(육체노동자들의 경우가 특히 그렇다. 반면에 노조 사무원들은 반드시 그렇진 않아서, 실로 놀라울 정도로 유창하게 완곡한 어법을 배운 경우도 있다). 처음에는 '그 생각은 미처 못 했는데'라는 식의 완곡어법을 너무 오래 들은 뒤라서 무뚝뚝한 진술과 주장이 매우 신선하게 들린다. 그러나 그러한 토론의 관점은 말하는 사람의 개인적 특권과 아주 많이 연관되어 있다는 점을 알아차릴 수 있다. 그 의견을 공격하려면 그를 한 인간으로서 공격해야 하고, 그가 의견을 수정하려면 마치 높은 곳에서 기어내려오는 듯 보이게 된다. 나는 자포자기의 심정으로 이러한 토론을 들어본 적이 많은데, 결국에는 아예 그 토론 모임을 폐회하고 마당에서 싸우는 것이 나을 정도로 육체적 공격과 도전의 모든 징후가 그 이슈에서 이미 드러났다. 물론 그렇게 한 뒤에도 내일 다시 토론이 시작될 것이라는 것만 빼놓고 말이다. 잠정적 진술이라는 관습은 의견을 말하는 사람의 개인적 특권과 합리적으로 떼어서 볼 수 있다는 데 가치가 있다. 이는 공동의 의견에 도달하려면 결국 필요한 방식이기도 하다. 노동운동의 솔직한 화법은 모든 것을 고려해보면, 인재 관리와 비밀스러운 독재자로부터 이슈들을 억지로 공개해버렸다는 점에서 위대한 성과이다. 그러나 동시에 민주주의의 작동은 공격적 주장을 하는 습관으로 인해 해를 입었으며(이는 많은 경우 연단에서 포효하는 늙은이로 의인화되기도 했다), 이는 분명 민주주의라고 하기엔 부족한 단계로 간주되어야 한다. 그것은 이 세상에서 자신의 위치를 찾기 위해 외치고 때로는 공동의 과정을 개인적 시위로 바꿈으로써 공동의 개선이 이루어지지 않을 것임을 확인시키는, 평등하지 않은 사람들의 언어니까 말이다.

모든 것을 고려해볼 때 민주주의 형식은 이미 존재하지만, 우리는 그 작동법에 대해서 충분히 연습하지 못했다. 우리들 대부분은 지도자가 되지는 않을 것이며, 원칙적으로 학교나 다른 곳에서, 지도자들이 언급하는 결정에 참여하고자 할 때에만 현실적 가치를 지니는 기율과 충성의 가치에 대해서 배운다. 지도자가 되고자 하는 사람들은 주로 내가 앞서 말한 대로 전반적인 자신감의 발달에 중심을 둔 리더십의 패턴을 훈련받는다. 그러나 사실 근본적인 의심을 품을 수 있을 정도로 자신감이 있어야 한다는 것은 거의 언급되지도 배우지도 않는다. 공동의 결정과 수행이라는 어려운 과정에서 필요한 실천은 전체적으로 될 대로 되라는 식으로 남겨지는데, 그 결과는 예상할 수 있다시피 어느 쪽으로도 가능하다. 민주주의의 가능성에 대한 믿음이 약화될 수밖에 없고, 우리는 미래에 헌신하는 과정에 양분을 제공하고 그것을 더 깊이 있게 만드는 일보다는 오히려 '보편적 기율'이 없음을 더 개탄하게 된다(노조의 지도자들은 그 구성원들을 통제하지 못하며, 정당의 지도자들은 확고하지 못하다. 느슨한 토론과 끊임없는 논란이 이어지고, 결국 사람들은 불합리하게 행동하게 된다).

이 나라의 민주적 제도의 실제 역사가 강화한 이러한 감정의 대척점에는 정부 스스로 적극적 민주주의를 심각하게 제한한다는 접근법이 있다. 빽빽하게 조직된 정당 체제와 의회는 국가의 투표를 마치 법정의 선거처럼 바꾸어놓았다. 한 개인으로서 우리는 몇 년에 한 번씩 전국 규모의 투표를 통해 단일한 태도를 취할 수 없는 정책과 특수한 결정들에 대해서 한 표를 행사한다. 이렇듯 조야할 수밖에 없는 과정에서 몇몇 장관이 등장하고(부분적으로는 전혀 선출되지 않은 사람들 중에서 나오기도 한다)* 그래서 우리 중 누구라도 우리의 일을 다루는 정부에 조금이라도 직접 참

* 이러한 과정이 1964년 노동당 정부에서도 반복되었다는 것은 수치스러운 일이다. 그 이후 이러한 목적을 위해 보궐선거를 관리하려는 시도는 다행스럽게도 부분적으로나마 성공적이었다.

여한다고 느끼기는 매우 어려워진다. 적어도 대체할 만한 임원들이 있다는 사실을 이용하면 정당 조직을 통한 접근이 좀더 실질적인 것으로 보인다. 그러나 당 내부의 민주주의는 거대 정당 양쪽 모두에서 특히 어려울 뿐 아니라, 지도자들은 얽매이지도 않고 그렇다고 딱히 올바르게 헌신하지도 않을 권리를 점점 더 많이 주장하는 것도 사실이다. 결국 당 간부들이 재선되어야 하기 때문에 여론의 전반적 영향은 중요하다. 그러나 현대 정치 발전의 정도와 범위를 고려하면 선거의 간격은 아주 길다. 1955년과 1959년 선거 사이의 4년 반 동안 전혀 예측하지 못했던 몇 가지 위기 상황이 발생했고, 여론은 사실상 아주 거세게 요동쳤으나 전반적으로 정부는 자신의 전제, 즉 여왕의 정부를 지속해야 하므로, 정부의 의무는 다스리는 것이라는 전제에 대해 무조건적 자신감을 가지고서야 겨우 수습할 수 있었다. 이것은 정말 민주주의처럼 들리지도 않는데, 우리는 지도자들이 직접적인 대중 참여 정부는 민주주의와 관련 없는 것이라고 최소한 일관되게 생각한다는 점을 감안하면서 그들을 공정하게 평가해야 할 것이다. 어떤 행정부이든 자체적으로 정책을 개발하는 데 일정한 시간이 필요하다는 것은 사실이다. 그러나 이것은 곧 '강력한 정부'의 중요성에 대한 작금의 무비판적 믿음과는 다르다. 분명 좋은 정부이면서 강력한 정부이기를 바라기도 하겠지만, 정부는 강하고도 나쁠 수 있으며(우리가 1930년대에 그런 정부를 가졌었다는 데에는 많은 사람이 동의한다. 나는 그 이후로도 우리가 그런 정부를 한두 번 더 가졌던 적이 있다고 생각한다), 그런 경우에는 가능한 한 제일 나쁜 공공의 악일 수도 있다. 나는 적어도 하원의 대부분에서 2년 간격으로 재선거를 실시하는 것이 왜 우리의 당면한 목표가 되면 안 되는지 이해할 수 없다. 왜냐하면 민주주의가 건강해지기 위한 핵심은 우리 중 좀더 많은 사람이 이에 직접 연루되어 있다고 느낄 수 있는 일이기 때문이다. 이러한 변화는 지금 의회에서 토의되고 있는 개혁

조치들, 정당 내의 민주화 과정과 함께 실질적이면서도 합리적인 성취가 될 것이다. 그게 아니라면 일반적 장치로서 현대의 커뮤니케이션을 이용하여 괴물처럼 확대된 인재 관리가 재빠르게 확장될 뿐 아니라 당 간부 접견실로 밀고 들어오는 조직된 압력집단들이 기분 나쁘게 발달하는 현실밖에 없다. 좀더 고쳐야 할 것은 정기적인 선거 날짜를 고정하는 것이다. 이 날짜를 정부 자체의 결정에 맡기는 것은 심리학적으로 완전히 잘못이다. 폭넓은 제한 범위에서 정부가 우리에게 인정받으려고 하게 해서는 안 된다. 선거의 권리는 그들의 것이 아니라 우리의 것이니까 말이다.*

이러한 변화는 아주 제한된 변화밖에는 가져오지 못할 테지만, 적어도 점점 형식적이고 비개인적이며, 겨우 지도자를 정기적으로 선택할 수 있다는 믿음 따위에 의해 힘을 부여받고 있는 현재 영국 민주주의의 분위기를 바꾸는 방향으로 나아갈 수는 있다. 그다음 개혁 분야는 분명 선거제도일 텐데, 이는 기존의 형태들을 영속화하는 방향으로 기획되어 있는 것처럼 보인다. 선거제도의 가장 뚜렷한 특징은 때로 조잡하게도 여론의 비교적 미약한 경향들을 과장한다는 것이다. 전후의 선거사는 강력한 노동당에서 강력한 보수당 정부로 옮겨가는 여론의 격렬한 동요를 드러낸다. 그러나 국민의 입장에서 관측한 실제 의견은 그렇게 많이 변화하지 않았다. 현재의 정치 논평에서 가장 두드러지는 것은 정치가 실제 인물들의 기록된 의견이 아니라 정부 차원의 결과에 사로잡혀 있다는 것이다. 그것은 접견실에서 살기 좋아하는 사람들에게는 자연스러운 일일지 모르지만, 매우 비민주적인 정신이

* 우리는 이러한 감정을 1961~64년 시기에 완전히 익혔다. 1964년 선거 이후의 정치적 불안은 그런 면에서 다행스러운 일이었는데, 그것이 정부에 대한 심리적 안정감을 줄였기 때문이다. 우리의 문제는 어떤 경우에도 이러한 방식으로는 해결되지 않는다. 오로지 책임감과 선택을 적극적으로 확장해서야 가능할 뿐이다. 우리가 다음 10년간 좀더 자주 투표할 수 있다면, 정치 관리자들의 입장에서는 반가운 일이 아니겠지만 민주적 정치를 위해서는 좋은 일일 것이다.

다. 1959년 선거에서 실제로는 투표한 사람의 절반도 안 되는 사람들이 보수당에 투표했고, 투표 자격이 있는 성인 중 3분의 1도 안 되는 인원이 우리 모두가 5년 동안이나 헌신했던 강력한 정부를 지지했는데도 이를 두고 보수주의에 대한 압도적 지지를 이야기하는 것은 우스꽝스러운 일이다. 물론 그 이전에 노동당이 거두었던 '압도적' 승리의 경우도 마찬가지로, 설명 방식을 보면 우리는 이런 면에서 실제 사람들에 대해서는 전혀 생각하지 않는 듯하다. 정직한 민주주의를 원한다면, 비록 이따금 한 번씩 하는 투표로 매우 조야하게 기록되고는 있지만, 공동의 결정과정이 정부의 형식적 과정을 이런 식으로 왜곡하지 않은 채 진행되어야 한다고 나는 믿는다. 정치인들의 관습적 사고의 무게는 이러한 경향을 거스르고 있지만, 그 관습적 사고도 근원을 따지고 들어가면 역시나 방어적 독재의 전략적 지혜이며, 독재사회와는 전혀 다르다고 주장되는 상태에서도 무기력하고 도전이 결여된 상황을 틈타 지속되고 있다. 우리가 이 영역 전체를 살펴보면, 민주주의 혁명이 실질적으로 완성되었다는 일상적 명제에 잠시나마 동조하기도 어려워진다.

우리 삶의 다른 광범위한 분야에서 민주주의가 상대적으로 결여되어 있다는 것은 이 중요한 시점에서 특별한 의미가 있다. 민주주의가 전국적 수준에서는 정부를 선출하는 과정으로 제한되어 있고 다른 분야의 사회조직이 지속적으로 비민주적 결정 양식을 제공하고 있기 때문에 상황은 현상태대로 유지될 수 있다는 것이다. 제도의 실제 권력이란 그 제도가 특수한 감정의 방식을 적극적으로 가르치는 것인데, 실질적으로 민주주의를 가르치는 제도가 부족하다는 것은 단박에 분명해진다. 핵심 영역은 일로서, '노사 협의'라는 제한적 실험을 하면서도 일상적 결정과정은 특별하게 엄격하고 섬세하게 구분된 서열 제도에 뿌리박고 있으며, 그러한 결정과정에 참여할 수 없는 우리들 대다수가 보일 수 있는 유일한 일상적 반응이란 무관심, 점잖은 청원, 혹은 반항뿐이다. 그 증거가 제시하는 대로 상당수의 파업을 이러한 의미의 반항으로 본다면, 우리가 도달한 발달의 단계가 어느 정도인지 좀 더 분명하게 볼 수 있을 것이다. 그러니 방어 전술은 인재 관리이며, 이제는 좀더 거창하게 인사 관리라고 다시 명명되고 있다. 이는 단순한 독재의 진전이지만, 일터에서의 인간관계라는 문제에 대한 대답으로서는 아직도 얼마나 민주적 충동의 흐름이 미약한가를 보여줄 뿐이다. 산업 민주주의는 분명히 소유의 문제와 깊이 연관되어 있는 듯하다. 정치적 투표에 반대하는 논리는 늘 새로운 투표권자들인 '대중'이 이 나라에 별 이해관계가 없다는 것이다. 그렇다면 새로운 형태의 소유를 발전시키는 것이 민주적 진전의 본질적 부분이며, 다만 정치적 투표권이 결국에는 더 앞서나갈 수밖에 없다고 할 수도 있다. 공공의 소유는 하나의 해결책이 될 수 있지만, 개인적 독점들을 대체로 여전히 권위적인 국가가 독점권을 갖는 것으로 바꾼다고 해도 별로 얻을 것이 없다는 논지에는 일말의 진실이 있다(그러나 국가가 민주적인 방향으로 나아가는 정도에 따라서 얻는 것이 있을 수도 있다). 복잡한 대규모 경제에서는 수많은 중앙 집중적인 결정이 이루어져야 하는데, 그 기제가 쉽사리 관료적으로 되거나, 전반적 통제를 통해 쉽사리 보호된다는 것도 분명하다. 그 수준에서 산업이 서로 분리된 민주적 경영을 할 수 없다는 것은 분명하다. 진정한 진보 노선은 이러한 기제들을 선출된 정부의 직접적 책임으로 만드는 것이며, 아마도 산업이나 서비스의 대표와 선출된 정치적 대표들을 결합한 중재위원회를 통해 그렇게 할 수 있을 것이다. 예컨대 교육 행정에서 그러하듯, 이러한 틀이 만들어지면 특수한 사업에 대한 국지적 결정들에 직접 참여하는 발전을 시도해볼 수 있을 것이다. 물론 어려움이 극심할 것이고, 단일한 해결책을 찾기는 어려울 것이다. 내가 보기에 이러한 일에 진지한 태도를 보이는 정부라면, 회사법을 개혁하는 데 분명한 투자와 권리와 연관하여 실제적이고 계약상으로 보증된 멤버십을 장려하는 일에서부터, 이미 공공의 소유인 분야에서 가능한 것처럼 공동의 명단에서 나오든, 아니면 처음에 합의된 비율로 각각의 이해관계를 대표하는 선출된 위원들을 수용한 전국 규모의 틀 내에서 결정권을 갖든, 서로 다른 여러 문제에서 다양한 실험을 해볼 수 있을 것이다. 흔히 현대사회의 일들은 너무 기술적이라서 민주주의적 절차에 종속되기 어렵다고 반대를 제기하지만, 어떤 분야, 특히 교육과 의료 분야에서는 구성원들을 자치활동에 참여시키는 복잡한 과정이 '서비스'의 기준을 주장하기만 하고 받아들여지지 않은 분야의 일보다 이미 훨씬 더 많이 진전된 상태이다. 교육이나 의료는 어느 분야 못지않게 기술적이거나 전문적이지만 계급적 구조가 좀 덜 분명한 편이고, 이는 매우 중요한 사실이다. 필요한 원칙은 관리자를 포함하는 모든 근로자가 안전과 자유를 포함하여 실제로 일을 하는 데 필요한 조건들을 보장받아야 한다는 것이며, 이것이 그 사업체의 전반적 방향에 관한 결정과 완전하게 양립할 수 있는 방향으로 그렇게 되어야 한다는 것이다. 보통 주주들이 선출한 관리 위원회는 모든 근로자에게 안전과 자유를 더 적게 주는 방향으로 지시를 내리곤 한다. 근로자를 대표하는 사람들이 없기 때문이다. 공공 소유의 산업과 서비스, 그리고 개혁된 회사에서는 산업이나 서비스의 구성원이 선출한 위원회의 원칙이 합의된 전국적 틀 내에서 작동하도록 되어 있어서 분명 그리 어렵지 않다. 이러한 기제를 설정하고 개선하는 것은 분명 길고도 지속적인 과정이 될 것이며, 심각하고도 예기치 않았던 수많은 문제가 필히 발생할 것이다. 그러나 민주주의를 지지하는 논리의 기본은 이러한 문제들의 실체가 어쨌든 존재하며, 결정과정에 참여하는 것을 과거처럼 무관심에서 양보, 저항 사이를 오가며 흔들리는 것보다는 좀더 합리적이고 책임있는 해결책으로 이끌 수 있다는 것이다.

민주주의의 성장이 급박하게 필요한 또다른 분야는 공동체의 발전에 대한 일상적 결정과정이다. 이 문제에 접근은 했었으나 여전히 혼란스럽고, 불행하게도 중앙정부보다 지방정부에 대한 불만이 점점 커지면서 무관심한 상태에까지 이르고 있다. 중앙의 권위적 패턴은 지방의회에도 광범위하게 재생산되는 것처럼 보인다. 지방의회에서는 훨씬 더 많은 과정이 공개되고 우리의 일상적 경험 내에서 불행하게도 일상적 과정을 통해 민주주의가 얼마나 쉽사리 왜곡될 수 있는가 하는 증거들을 아주 많이 보여주고 있다. 그러나 여기서의 문제들은 널리 이해되고 있고 왜곡된 것을 바로잡으려는 투쟁도 고무적이다. 좀더 심각하게 말하면 이 투쟁의 배경에는 오래된 사회적 형식의 낯익은 무기력이 자리잡고 있다. 주택 문제가 아주 적절한 예인데, 주택과 부동산은 매우 분명하게도 원칙적으로 공동의 지급 대책이 합리적이겠으나, 이미 예외적인 필요를 구제하는 것 이상으로 문제가 확대되어버렸다. 그렇다면 왜 이 정도나 그 이상의 확장이 우리들 중 다수를 냉담하게 되도록 만드는가? 분명 하나의 대답은 주택과 부동산이 이른바 민주주의적 당국에 의해 일반적으로 관리되는 방식에 있을 것이다. 나는 지방정부 소유의 공영주택 담당 공무원들이 세입자에게 보낸 편지를 보고 거의 머리카락이 쭈뼛 서는 경험을 했는데, 그런 수많은 부동산에 대한 자의적이고도 편협한 규정은 이미 악명이 높다. 심지어 노동당 정부 당국에서도 이러한 이야기를 할 수 있는 판국이니, 민주주의의 정신이 깊이 혹은 널리 학습되었다고 느끼기는 어려운 것이다. 일상적으로 만나면 대개 유쾌한 공직자가 왜 그렇게 자주 사회적 보장을 전반적으로 발전시키는 데 유달리 해를 끼치는 공무원으로 돌변하는가? 그 사람 위에 너무 많은 공무원이 있는 것도 한 이유가 아닌가 한다. 일반적으로는 리더십, 행정의 패턴과 어조가 여전히 민주주의의 전 단계에 머물러 있기 때문이 아닌가도 생각한다. 고객들을 다루는 사업가는 친절한 인상을 주도록 학습한다. 일반적으로 그 수준에서는 공무원들도 그러하다. 그러나 공영주택에 입주해 사는 사람들은 원래 열등한 인간이라고 생각하는 공무원도 있는데, 그들은 그런 생각에 맞게 말하고 쓴다. 물론 치유법은 그들에게 인재 관리를 가르치는 것이 아니라, 공공 설비의 분야에서 민주적 형식들을 개발하는 것이다. 왜 주택 자산의 관리를 선출된 당국자와 그 주택에서 살고 있는 사람들 사이에서 선출한 대표로 구성된 합동 위원회에 위임하지 않는가? 일반적 재정 정책은 공동체 전체에 의존하기 때문에 주택을 사용하고 유지하는 문제와 부동산 시설, 필요한 규정에 관해서는 앞서 말한 채널을 통해 훨씬 더 우호적이고 내 생각에는 훨씬 더 효율적으로 조정될 수 있는 결정의 영역이 매우 넓다. 만약 이러한 실험이 이루어진다면 우리는 이에 대해 좀더 알게 되고 확대할 수 있을 것이다. 만약 아직 시도하지 않았다면, 바로 여기서 민주적 참여의 작동을 시험해볼 수 있을 것이다. 특히 노동당의 지방정부는 지속적으로 이러한 방향을 생각해야만 한다. 왜냐하면 이러한 조직들이 완고하게 방어적이거나 부정적이라면(일반적인 세입자협회처럼) 대중운동에는 커다란 위험 요소가 될 것이며, 민주주의가 방어적 연합이나 단일하게 선출된 최소한의 행정 조직으로 축소되도록 내버려둔다면 노동당에게 가장 큰 손실이 될 것이다. 민주주의를 이미 확립된 권위의 틀 내에서 실질적으로는 '신민의 자유' 정도의 감정 패턴에 따라 '투표할 수 있는 권리' 혹은 '언론의 자유' 등으로 정의하려는 압력이 있다. 이제는 우리 사회생활의 넓은 영역에서 참여 민주주의를 향해 압력을 가해야 하며, 그 안에서 자치의 과정에 사람들을 좀더 긴밀하게 참여시킬 수 있는 방법과 수단을 학습하고 확대할 수 있을 것이다.

III

우리의 경제, 정치, 사회적 삶의 패턴에 대한 모든 설명의 이면에는 1960년대의 영국에서 매우 불확실하고 혼란스러운 '계급'에 대한 사고방식이 놓여 있다. 여기서 급한 대로 우리 경험의 일상적 의미로 되돌아가볼까 한다.

나는『문화와 사회』에서 사회적 용어로서의 '계급'이 산업혁명이 실제로 시작되었던 시기에 일상적인 영어 관용법이 되었음을 보여주었다.* 이 특수한 역사에서 형성된 계급이라는 개념은 처음부터 중대한 과도기에 특징적으로 드러나듯 사회적 사실과 경제적 사실을 둘 다 지시하는 혼란스러운 준거를 지니고 있었다. 불행하게도 이러한 혼란은 아직 남아 있고, 여전히 우리는 어떤 사회적 계급에 속할 때 결정적 요인이 태생인지, 아니면 성인이 되어서 하는 일인지 확신하지 못하고 있다. '노동계급'은 전통적으로 새로운 생산방법과 연관하여 등장한 거대한 임금 노동자 집단을 설명하는 말이었다. 수많은 경제 이론에서 이 계급은 자연스럽게 유산계급, 즉 땅이나 다른 생산수단을 소유하고 임금 노동을 고용하는 사람들과 대조되었다. 이렇듯 노동계급은 토지 소유 귀족과 대조되고, 다른 한편으로는 더 일반적으로 자본가들과 대조되었다. 그러나 자본가들이 보통 귀족계급이 아닐진대, 자본가란 사회적으로 누구란 말인가? 그리고 소규모의 독립된 사업가나 소상인, 소농, 그리고 전문 직업인은 사회적으로 어떤 계급에 속하는가? 이러한 두 가지 질문에서 하나의 대답이 나온다. 후에 '중

*『문화와 사회』를 쓴 이후로 나는 '계급'이라는 말을 근대적 의미로 사용하는 것이 1743년경부터라는 것을 알아냈다. 나는 또한 근대적 의미의 '문화' 개념이 1721년부터 사용되었다는 것도 발견했다. 그 예는 특별한 경우이긴 하지만, 이러한 변화에 주목해야 하며, 의미의 유효한 사회사는 늘 그 의미가 통상적 용법으로 사용되기 시작한 것을 기준으로 해야 한다.

산계급'으로 정착된 '중간계급'이다. 그러나 여기도 분명히 대규모의 고용주에서 소상인에 이르기까지, 성공적인 전문 직업인에서 지역의 독립적인 장인에 이르기까지 매우 넓은 범위의 변종들이 존재한다. 그렇다면 궁극적으로 중산계급이란 '상층'과 '하층'으로 나뉘지만, 상류의 중산층은 점점 더 부유해져서 과거의 귀족층이나 '상류'계급과 뒤섞인다. 노동의 성격이 변하고 전통적 의미의 '육체노동'이 아닌 임금 노동이 많이 생겨나면서 '노동자'와 '하류 중산계급'인 임금 생활자 사이에 뚜렷한 구분선을 긋기가 어렵긴 하지만, 노동계급과 하류 중산층 사이의 이동 역시 드물지는 않다. 이러한 어려움과 복잡성은 오늘날도 여전히 존재하고, 사회적 구분을 직업적 혹은 아마추어적으로 시도해본 사람이면 누구나 이것이 얼마나 복잡해졌는지도 잘 알고 있다. 그러나 우리가 던져야 하는 질문은—그리고 이러한 질문을 하는 경우는 매우 드문데—이 모든 구분이 무엇을 위한 것이냐, 즉 사회에서 그것이 어떤 실질적 목적에 봉사하느냐라는 질문이다. 어떤 사람들은 그 구분에 좀더 정확성을 기하려고 새로운 공식들을 제안한다. 다른 사람들은 과거의 계급에 관한 설명을 수정하여 이를 '현대적 경험'과 일치시켜야 한다고 주장한다. 내 입장은 이러한 구분을 대부분 없애도 된다는 것이며, 우리가 할 일이 무엇인가를 생각한다면 대개는 필요 없는 노력을 절약할 수 있다는 것이다.

현재 영국 사람들은 대부분 스스로를 '중산계급'이나 '노동계급'이라고 생각한다. 그러나 우선 지적해야 할 점은 이것이 진정한 대안이 아니라는 점이다. '중간'의 대안은 '하층'이나 '상층'이며, '노동'의 대안은 '독립'이나 '유산有産'이어야 한다. 우리가 처해 있는 엄청난 혼란은 주로 이러한 혼동에서 나오는데, 하나는 일차적으로 사회적 용어이며, 다른 하나는 일차적으로 경제적 준거를 가지고 있다는 것이다. 사람들은 그들이 노동계급에 속해 있느냐고 물었을 때 대개 그렇다고 답한다. 그들에게 하층

계급에 속해 있느냐고 물으면 훨씬 적은 사람들만이 동의할 것이다. 그러나 끈질기게 '중간'이라는 용어를 제시하는 것은 노동계급이 '하류'이기 때문이며, 수많은 임금 생활자에게 '하류'가 명시적이거나 암시적으로 대안이 된다면, 차라리 스스로를 '중산계급'이라고 생각하겠다고 하는 것은 놀라운 일이 아니다. 또한 수많은 '중산계급' 사람들은 그들이 '노동계급'에 속하지 않아서 일을 하지 않는다고 암시하거나 제시하면 격분한다. 그들이 격분하는 것은 당연하지만, 어떻게든 임금으로 생활하는 '노동계급'이라는 경제적 설명과, '하층계급'이라는 사회적 암시 사이의 혼동에 기여했다면 이는 모두 그들 스스로의 탓이라고 할 수 있다. 우리는 이 분류가 어떤 목적을 위해서 사용되는가뿐 아니라, 그렇게 끈질기게 혼동을 일으킴으로써 어떤 목적에 봉사하게 되는가를 물어야만 한다.

사실 우리는 여전히 태생에 근거한 사회적 계층 구분에서 돈과 실제적 지위에 의한 계층 구분으로 이행하는 단계에 있다. 후자의 사회로 가려는 동인은 매우 강하다. 그것은 우리의 경제체제에 내재되어 있고, 끊임없이 거기에 자극받고 있다. 그러나 영국에서 오래된 사고방식을 발견하려면 멀리 나갈 필요가 없다. 다른 방면으로라면 별 의미도 없는 '상류'계급의 주요 기능은 바로 태생과 살아 있는 가족들에 의한 구분을 유지하는 것이다. 영국에서 권력에 대한 단순한 설명은 바로 이러한 구분의 부적절성을 보여줄 것이지만, 결국 여전히 영국에는 왕실이 존재하고, 상원, 가문의 이름과 지위를 바꾸는 것을 포함하는 서훈 제도가 있다. 이 체제들은 오래된 사회의 흔적으로 간주되기는커녕 지금은 실제적 효력이 상당할 정도로 매우 강력하게 선전되고 있다. 그러한 것들이 거칠고 논란이 많은 권력의 공공연한 행사와 멀리 떨어져 있다는 바로 그 이유로 인해 그들의 사회적 지위는 더 높아진다. 그러나 이 변화하는 사회에서 왜 그러해야 하는가? 왕실에 대한 강렬한 선전(양립할 수 없는 두 요소 안에 모든 기능적 마법의 징후들을 지닌 장엄함과 일상성의 절묘한 조화에 의해)은 근본적 변화를 거스르는 의식적 과정이다. 통일성, 충성심, 여왕의 신민이 느끼는 가족적인 분위기 등은 영국적 삶의 사실들과 화해하기 어렵지만, 하나의 이상으로서는 비록 우스꽝스럽긴 하지만 꼭 필요한 만큼의 실질적 욕망을 포착하여 꼭 필요한 만큼만 현실적 장애물에 대한 의식을 혼란스럽게 하여, 상황을 현재 그대로 보존하게 하는 강력한 감성의 원천이 된다. 이러한 부드러운 황혼이 여전히 실제적 결정의 여러 분야에서 중요하고 부수적인 권력 체계 위로 드리운다. 그 체계 내에서는 민주적 절차가 아닌 가족의 지위에 따라 선택된 사람들이 상원이 되었거나 공식적이든 비공식적이든 영향력 있는 수많은 위원회에서(이는 묘하게도 자발적인 공적 업무라고 알려져 있는데, 그 일을 실행하는 사람들이 평민적 분위기를 지니고 있다면 그 마법은 더욱더 강력한 것이 된다) 특수한 위치에 앉아 일을 수행하는 것이다.

이러한 상황은 만약 상승하는 중산계급이 독립적이거나 실질적 자신감을 유지하고 있었다면 일어날 수 없었다. 19세기의 어느 시점에(비록 그 이전에도 조짐이 있긴 했지만) 영국의 중산계급은 그 기개를 잃어버렸고, 사회적으로 자신들이 실제로 패퇴시켰던 바로 그 계급과 완전히 타협했다. 개인적 차원에서 오래된 가족 지위의 시스템으로 향하면서, 중산계급은 사회적 이상으로서 위는 불분명하나 자신의 아래로는 선이 뚜렷한, 분명한 계급의 체계를 채택했다. 퍼블릭스쿨을 문법학교와 구분하면서 타협이 이루어졌는데, 퍼블릭스쿨 교육과정에서는 중산계급을 훈련하기 위해서 필요한 교과목을 최소화하고, 오래된 신사의 교양을 보존하는 데 필요한 오래된 교과목은 그대로 유지했으며, 사회적 성격에서는 그 계급 전체의 우월성을 강조하는 한편, 권위와 봉사라는 개념에 대한 엄격한 훈련을 절묘하게 혼합하여 형식적 체계를 보강하되 동요하지는 않도록 만들었다. 이러한 시스템을 유지하는 데서 발생하는 주요 어려움은 새로운 중산계급의 집단이 이미 평화를 정착시킨 사람들 뒤를 이어 상승하고 있다는 것이다. 그러나 아무리 문법학교가 퍼블릭스쿨로 이름을 바꾼 소수의 학교를 흉내내더라도 그 거리는 유지해야 했고, 어떤 사람 귀에 '문법학교'는 곧 '수프 키친soup kitchen'[무료 급식소]과 마찬가지로 들리게 되었다.* 최근 영국의 사회적 삶에서 주요 긴장은 주의깊게 조율된 언행을 보이는 기존 중산계급의 고정된 성격과, 뒤늦게 상승한 사람들, 혹은 여전히 상승하려고 분투하는 사람들 사이의 긴장이다. 최악의 속물근성이, 가족이 실제로 중요한 사회적 기준이라면 무시당할 만한 사람들에게서 특별히 자기과시적인 뻔뻔함으로 계속 드러나고 있다. 타협이 이러한 문제를 해결한다. 타협은 (귀족들이 기꺼이 학습한 것이기도 한데) 노동, 특히 노동을 통해 돈을 버는 일에 엄청난 존엄함을 부여하기 때문이다. 이러한 타협이 기본 성격을 바꾸지 않으면서 일정한 패턴을 유지하도록 만든다. 랠프 새뮤얼이 주장했듯 산업의 수장은 사회적 영웅이 되었지만, 영국에서는 특히 산업의 수장 스스로가 과거의 관점에서 특권을 나타내는 가족의 타이틀과 지위를 만든다. 서훈제도는 계속 만들어지고 확장된다는 점에서 쉬운 것이므로, 개인적 노력의 결과나 미덕이 세습적 가치의 차원에서 확인되는 시스템을 만들어낼 수 있었다. 심지어는 공공 서비스 분야에서 격식을 갖춘 매우 섬세한 등급도 있어서, 부르주아 민주주의의 사다리를

* 나는 이것을 1939년 케임브리지에 와서야 알았고 이는 1950년대까지 계속되었다. 그러나 이제 문법학교에 가고, 그것을 민주적 공교육의 중요한 단계로 소중하게 여기는 사람들은, 자기가 다니지도 않은 문법학교를 칭송하는 바로 그 사람들이 우리가 그들을 가치 있게 생각하는 원칙과 정책에 반대하는 전술로서 그렇게 한다는 것을 알게 된다. 이것이 내가 분석하고자 하는 사회적 긴장의 후기 단계이며, '종합'[일반적인 공립 중등학교를 말함]이라는 말은 이제 무료 급식소의 언어가 되었다.

올라 다다른 특정한 지점은 마법과도 같이 특수한 봉건적 등급으로 바뀌어버린다. 즉 수상은 백작에 해당하고, 장관은 기사에 해당한다는 등등과 같은 식이다. 이렇듯 상승하는 중산계급의 힘을 배경에 둔 근본적 계급 체제가 사회적 의미를 유지하려면 '하층' 계급이 필요하다. 이 하층 역할을 맡은 사람들은 사실 계속 돌아가면서 자기 아래에 있는 사람들을 손가락질한다. 이것이 기본적으로 영국의 '중산계급'이 비현실적인 이유이며, 그 모호성을 설명하는 것이기도 하다. 나는 소상인의 집단과 함께 앉아 있을 때, 그들이 어떻게 '저 계층의 사람들(상점의 직원들)'을 믿을 수 없는가를 설명하려고 했던 것을 기억한다. 가장 원색적인 어조로 하면, 그들은 늘 온갖 일에 참견한다는 것이다. 그 특별한 토론의 절정은 구성원 중 한 명이 스스로를 '정상급 비즈니스맨'이라고 묘사한 것이었다. 이는 매우 좋은 반응을 얻었다. 사실 이것은 한 집단의 사람들이 가정한 중산계급의 소속과 구분인데, 그들은 동일한 중산계급 내에서 조금만 위로 이동하더라도 자기들이 가게 점원들의 위치를 정하고 경멸했듯 바로 그렇게 위치가 결정되고 경멸당할 것이다(그들은 아마도 웨이트리스를 '미스'라고 부를 것인데, 이는 18세기 젠트리들이 젊은 미혼 여성을 부르는 말이지만 지금은 물론 분명히 '저급한' 말이다). 그러나 한 집단이 돌아서서 손가락질할 다른 집단을 발견할 수 있는 한, 모순을 알아차리기는 쉽지 않을 것이다. 영국의 모든 계급 구분은 부드러운 황혼에 가려진 맨 꼭대기에서 아래로 향한다. 그것이 그냥 사라질 것인지는 매우 의심스럽다. 왜냐하면 앞서 지적한 사회적 설명과 경제적 설명 사이의 혼동이 이미 설명한 대로 체제 자체에 깃들어 있기 때문이다. 돈이나 권력, 지위를 향한 욕구는 자수성가의 특권적 지위라는 별개의 이상을 만들어냈을지도 모르지만, 그것은 분명히 오래된 체제로 향했고, 그 대가로 우리는 여전히 혼란스러움 속에 빠져 있다.

이런 면에서 나는 전쟁 이후 많은 논의가 되었던 어정쩡한 집단에 속해 있다. 우리가 계급에 대해 관심을 갖는 이유는 교육의 이동성이 곧 계층 간 이동성이 아니라는 사실, 그리고 우리가 아무리 멀리 나아가더라도 여전히 우리 위에는 오래된 체제가 있다는 사실에 좌절했기 때문이라고 많은 사람이 말했다. 이는 중산층의 아주 아래쪽에서 태어났으면서도 그 에토스를 받아들이고 있는 사람이 가지고 있는 계급 감성을 매우 잘 드러내주는 설명이다. 차별적 이동성을 의식하는 것은 수많은 중산계급 집단이 자신의 계층적 관점에서 생각하려고 할 때 직면하는 혼동이다. 나에 관해서 말하자면, 나는 자신의 이동성을 '사회적 계층의 상승'이라는 관점에서 느껴본 적이 없으며, 앞에 가로놓인 낡은 장벽에 대해 원한을 품은 채 계속 올라가고 싶다고 느꼈던 적도 없다. 자신의 삶 속으로가 아니라면 도대체 다른 어디로 갈 수 있다는 말인가? 동시에 임금 노동자의 가족에서 오래된 대학으로 간 특수한 역사는 이 사회적 계층을 매우 빠르게 가로지를 수 있도록 해준다. 이는 또한 현재의 혼동을 품고서 살아남는 것이기도 한데, 왜냐하면 정작 이런 일이 벌어지더라도 그 움직임이 매우 제한되어 있고, 구분이 매우 주의깊게 유지되고 있기 때문이다. 그러니까 정작 놀라운 것은 영국 계급 시스템이 불공평하다기보다는 오히려 어리석다는 것이다. 사람들은 존경받고 싶어하지만, 이 자연스러운 욕구는 원칙적으로 다른 사람을 경멸하고 반대로 경멸당할 수밖에 없게 만드는 관점으로 존경을 규정하는 체제에 의해 성취된다. 계급의 경계를 넘나들면서 나는 한 집단의 기준을 의식하면서 동시에 다른 집단의 기준을 보는 식의 경우들이 끊임없이 연결되어서, 이에 대해 씁쓸하다고 하기에는 매우 이상한 느낌을 갖게 되었다. 지배적 느낌은 일종의 페이소스라고나 할까. 이러한 일은 광범위하게 경험할수록 더 좋다. 그렇게 되면 아마도 우리의 기개를 되찾을 수 있을지 모른다. 그러나 이제 우리는 분석 단계에서 머무를 수가 없으며, 그 체제가 실제 우리 사회와 같은 사회를 운영하는 데서 무엇을 위한 것인지 살펴보아야 한다.

이미 말한 대로 부분적으로 그것은 존경 때문이다. 물론 그 존경을 차별성 있게 만드느라 종종 자신을 파괴해버리기도 하지만 말이다. 그러나 영국을 둘러보면, 차별적 존경이 아주 분명하게 작동해서 사람들은 자신의 위치를 향상시킬 수 있는 한 계층 구분을 받아들이도록 유혹받는다. 차별적 현실을 경험하고 싶은 사람은 단지 물리적으로 익숙하지 않은 지점에 자신을 갖다놓고, 일상적 교환이 이루어지는 몇몇 신호를 바꾸어보면 된다. 그러면 차이를 즉시 느낄 수 있을 것이다. 계급 구분이 사라졌다고 생각하는 중산계층의 사람에게 가령 하루만이라도 자신이 늘 입던 옷, 차, 악센트를 버리고 사람들이 그를 모르는 곳에 가서 자신이 일반적으로 어떻게 받아들여질지 알아보라. 그는 현실을 즉시 깨달을 것이다. 육체노동자의 작업복을 입지만 그의 '표준' 악센트는 그대로 유지한 채 가게로, 사무실로, 술집으로 가도록 하여 그 모순된 신호들이 처리되면서 야기하는 혼동을 보게 하라. 일상의 경험에서 이렇듯 복잡한 차별화가 진행되지만, 우리가 그것을 완전히 인식하기 위해서는 경계를 건너서 보아야 한다. 왜냐하면 우리는 보통 명백한 시장 가치가 지시하는 존경에 익숙해져 있기 때문이다. 이러한 차별은 특유의 위선 때문에 걱정할 만한 일인가? 물론 개인적으로는 걱정하지 않는다. 그러나 남녀가 서로를 진정한 개인으로서 존중하거나, 그렇게까지 가까울 수 없다면 모두가 서로를 보편적으로 존중하는 공동체를 갖는 것은 하나의 변화가 될 것이다.

특권적인 물건들을 과시하듯 소유하는 형태로서 화폐가 다른 형식의 계급 구분을 몰아내고 있다는 징후는 여러 가지가 있다. 이러한 변화야말로 계급 구분이 없어져간다는 주장의 배경이다. 이는 의미를 단순하게 혼동한 것인데, 계급 체계를 만드는 것은 그것이 어떤 형식을 통해 작동하느냐가 아니라, 바로 차별 대우의 현실 자체이기 때문이다. 이 점은 매우 중요한데, 우리가 버는 돈이 차별적 시스템을 굴러가게 만들면서 그 자체로 특별히 복잡한 내재적 차별화에 종속되어 있기 때문이다. 특별한 기술이나 책임감에 대한 차별은 이 시스템의 일부이지만 단지 일부일 뿐이며, 이 차별의 기반이 일반적으로 작동되는 유일한 것이라고 가정된다면 급여에 대한 논의는 형편없이 혼란스러워진다. 우선 그 사람이 종사하는 일이나 서비스의 일반적인 재정적 위치에 따라 근본적 차별성이 부과된다는 분명한 사실이 있다. 돈이 부족한 업종인 교사와 기관사는 돈이 흔한 업종인 카피라이터나 자동차 조립 노동자와는 전혀 다른 전체적인 스케일에서 출발한다. 한 공동체 내의 위치가 점점 직접적으로 금전적 관점에서 평가된다면, 상황은 처음부터 심각하게 왜곡된 것이다. 그다음 근본적 차별은 계급과 더 밀접하게 연관되어 있다. 우리들 대부분은 자신의 노동을 팔아서 생활하지만, 어떤 경우에는 급여가 월급이라고 불리고, 어떤 경우에는 임금이라고 불린다. 실제로 이는 언어적 차이 이상의 것이다. 즉 우리는 어떤 사람에게서는 임금을 요구받고, 다른 사람에게서는 급여 명세서를 요구받는다. 공공의 분노, 혹은 신문에 그렇게 보도되는 것은 늘 '임금 요구'에 한정된 반면, 봉급 생활자의 보수에 대한 더 광범위한 '조정'은 별로 논평도 없이 넘어간다. 한 산업 분야의 노동자들이 급여를 더 달라고 선동하면, 전체적인 급여 수준과는 거의 비교하지 않고, 그보다 나을 것이 없는 다른 노동자들과 너무 많이 비교한다. 혹은 몇몇 소수 신문의 공적 토론에서 그해에 임금 인상률이 어느 수준으로 제한되었다는 이야기를 읽게 되기도 한다. 그러나 같은 해에 전혀 다르고 훨씬 더 높은 비율의 인상이 봉급에 관해서 논의되곤 하지만, 이는 거의 같은 기준으로 이야기되는 법이 없다. 이것을 실제 계급 체제 말고 달리 무엇이라고 불러야 할지 모르겠다.

수많은 박봉의 근로자들은 실제로는 임금 생활자로 대우받고 있다. 바로 이 지점에서 임금 척도에 엄청난 혼란이 생겨난다. 그러나 어떤 수준에서는 비단 직접적인 돈 문제만이 아니라 자동화된 인상 척도, 병가病暇 기간의 급료나 해고에 대한 예비비 같은 중요한 권리를 부여하는 서비스 계약, 그리고 컵에서 카펫에 이르기까지 수많은 차별적 시설 같은 매우 중요한 요소들에서 전체적으로 차별이 시작된다. 그 체제는 자체 내에서는 거의 무한대로 등급화되어 있지만, 그 아래로 그러한 혜택을 받을 수 없는 계급의 선만은 매우 뚜렷하게 그어져 있다.

그러나 그러한 분석을 봉급을 받는 고용 형태와 임금 노동 사이의 비교에만 한정하는 것은 오해의 소지가 있다. 수많은 봉급 생활자들은 경제의 다른 부문에 종사하는 다른 봉급 생활자나 고용주에 비해서 비용에 대한 세금 공제 등의 측면에서 자신들이 부당하게 대우받고 있다고 생각한다. 이 모든 집단 사이에는 여러 세대 동안 냉소적인 공동체를 형성할 만큼 원한이 서려 있다. 나는 엄청난 어려움이 있지만 급여에 대한 특수한 주장들이 준거로 삼을 만한 일반적인 형평의 원칙을 확립하려는 시도가 이루어져야 한다고 믿는 경제학자들을 지지한다. 현재의 원한, 그리고 그것이 투쟁으로 드러나는 조야한 방식은 건강한 공동체가 감당할 수 있는 수준을 넘어선다.

한편 과시적인 소비 시스템을 재정적으로 지탱하기 위해서 특별한 신용 네트워크가 만들어졌는데, 이것은 우리의 실제 계급적 상황과 그것이 변화하는 방식을 드러내주는 것임을 알 수 있다. 임금 생활자든 봉급 생활자든 이런 면에서는 마찬가지라서, 그들 대부분은 실제로 벗어나기 힘들 지경으로까지 확산된 고리대금업 시스템에 재빠르게 연루되고 만다. 이른바 중산계급이라고 불리는 사람들 중 얼마나 많은 수가 실제로 자신의 집과 가구와 차를 소유하고 있는가? 그들 중 대부분은 전통적인 노동계급처럼 기본적으로 무산계급이며, 이제 점점 더 같은 고리대금업의 과정에 연루되어가는 중이다. 그것은 부분적으로 유산자들이 무산자들의 필요에서 만들어내는 오래된 강제 징수와 같은 것으로, 중산계급이 그들을 실질적 시민으로 만들어줄 자산이나 독립성에 대해 이야기하는 것은 점점 더 보기 딱한 환상이 되어가는 중이다. 이러한 환상을 유지하는 한 가지 요인은 일반적인 구매자를 재정적으로 지탱해주는 자본이 대부분 보험이나 기타 등등의 형태로 자신의 호주머니에서 나온다는 사실인데, 이는 마치 사회적 자본을 합리적으로 축적하는 과정으로 보이도록 만들 수 있다. 사람들이 보통 보지 못하는 점은 이러한 과정의 노선을 따라 일군의 사람들이 이 과정의 복잡성을 이용하여 이웃의 사회적 필요로부터 실질적 이득을 만들어낸다는 것이다. 보통의 봉급 생활자는 이미 언급된 임금 노동자와 자신의 차이 때문에 자신을 중산계급이라고 생각하면서 그를 넘어서서 실제로, 그리고 지속적으로 그를 착취하고 있는 진정한 계급을 보지 못한다. 공개적 차별이라는 제한된 관점에서만 계급 구분을 봄으로써 그는 자유의 상실에 순응하고, 심지어 분투하는 중산계급이 흔히 그러하듯 상류층과 자신을 동일시하는 덫에 걸려서, 계급 구분이 자신의 체제이며 자랑거리라도 되는 듯이 무산계급의 일원이라는 자신의 실체를 드러내는데 동의해버리기도 한다.

이 특징적인 현대 세계로 들어오면서, 우리는 이른바 무계급 상태라는 새로운 현상을 단순한 의식의 실패로 볼 수 있게 된다. 공공의 토론은 모두 공개적 차별과 복잡한 게임에 맞춰져 있지만, 그것이 궁극적으로 좀더 분명한 형평성으로 해소된다고 해도 실질적인 무계급 상태는 없을 것이다. 아마도 사회적 자본이 사회적으로 소유되기 전까지는 그러한 상태가 오지 않을 것이다.

바로 이러한 맥락에서 중산계급과 노동계급 사이의 구분을 고려해야 한다. 그들 사이에 선을 긋기는 어렵지만, 이제는 남아 있는 차별로 인해 은폐될 뿐 아니라 부분적으로는 애초에 의도적으로 은폐된 공동의 운명에 연루되었다는 점에서 더더욱 그 경계가 흐려지고 있다. 노동계급의 조건이 나아졌으니 그들은 중산계급이 되는 것일까? 중산계급은 대부분 자신의 노동력을 팔아서 생활해야 하고 어떤 중요한 의미에서도 자산이 없다는 특징으로 보아 사실은 노동계급이 되어버렸다. 전통적 규정이 붕괴되었고 그 결과 나타난 혼란은 의식의 심각한 축소로 이어진다는 점을 깨닫는 것이 진정한 설명이 될 것이다. 새로운 일, 새로운 형식의 자본, 새로운 소유 체계는 그러한 것들과 관련하여 인간에 대한 새로운 설명을 요구한다. 진정한 조건은 아직 우리가 통제하지 못하고 있는 복잡한 경제적·사회적 조직과 연관하여 우리들 대부분이 실제로는 상류, 중간, 하류라는 등급을 부여받고, 이러한 등급을 끈질기게 고수하거나 그에 분개하는 하인이라는 것, 그러나 대부분의 하인이 그러하듯 전반적인 기존의 상황을 당연한 것으로 받아들이고 그 내부의 용어로만 언쟁을 벌이는 상황이라는 것이다.

이러한 상황은 현대의 정치에도 뚜렷하게 반영되어 있다. 보수당은 여전히 기본적으로 유산자와 관리자의 정당이며, 이러한 과정들이 희미해진 부드러운 황혼에 전통적으로, 그리고 자연스럽게 무릎을 꿇는 정당이다. 그러나 보수당은 늘 그러하듯 상류층과 자신을 동일시하고 아래로는 분수를 지키라 하며, 다행스럽게도 임금의 비율에 따라 정확하게 표시되는 대로 차별하는 데에 사로잡혀 스스로를 '중산계급'이라 부르려고 안달인 사람들 대부분의 정당이라고 느껴지기도 한다. 이와는 다른 체제의 흔적처럼 남은 이념을 지닌 노동당은 이러한 감정 구조에 대한 대안을 거의 제시하지 못하며, 이제 막 배우기 시작한 상류층과의 동일시는 저 아래 계층까지 확산되는 중이다. 특수한 투표 결과가 마치 그것을 극적으로 드러내는 듯해도, 이는 결코 갑작스럽거나 극적인 변화가 아니다. 그것은 사회의 특수한 체제 논리의 일부로서, 그 체제가 무엇이고 무슨 일을 하고 있는가에 대한 의식이 적절하게 생겨나고 확산되지 않는 한 그대로 작동할 것이다.

1959년 노동당의 세번째 선거 패배에 뒤이은 일상적 토론으로는 그러한 의식이 생겨나기 어렵다. 가장 대중적인 공식은 노동당이 프롤레타리아와 동일시되고, 프롤레타리아가 붕괴하고 있기 때문에 노동당의 패배가 불가피했다는 것이다. 이는 지극히 의심스럽다. 물론 점점 더 많은 임금 노동자들이 현대식 주택, 현대식 가구와 텔레비전 세트와 세탁기, 그리고 어떤 경우에는 자동차까지 가질 수 있게 된 것은 사실이다. 그러나 『이코노미스트』가 E. M. 더빈이나 다른 사람들을 따라서 그렇게 했듯, 이러한 과정을 '탈프롤레타리아화'라고 부르는 것은 어떤 의미가 있는 것인가? 만약 1950년대의 선거에서 노동당이 하락세를 보인 것이 그 증거라면, 양차 세계대전 사이의 불황기처럼 노동계급의 생활수준이 낮았을 때, 그래서 더욱더 '프롤레타리아적' 상황이 존재한다고 생각할 수 있었을 때, 사실은 지금보다 훨씬 더 적은 숫자의 사람들이 노동당에 투표했었다는 사실을 어떻게 생각해야 하는가. 또한 세번째 패배를 맛보았던 1959년의 노동당에 대한 투표수는 가난과 공황이 극심했던 시기에 비해 거의 절반 정도나 더 많은 것이다. 1924년 노동당 지지표는 550만, 1929년에는 850만, 1931년에는 650만, 그리고 1935년에는 850만이었다. 1945년의 유명한 승리에서 노동당 지지표는 1200만 표까지 치솟았고, 보수당의 저조한 득표로 인해 노동당은 의회에서 엄청난 다수를 차지할 수 있었다. 대중적인 공식에 의하면, 이 절정기 이후 노동당은 사회주의 성향의 정책들이 호감을 잃으면서 선거에서 지지표가 떨어지기 시작했다. 그런데 묘한 것은 1950년에는 노동당 지지표가 1323만 5610표였고, 1951년에는 영국 정당 사상 최대 득표인 1394만 9105표를 획득했다는 것이다. 공황기의 '프롤레타리아적' 상황이 최대 850만 표 정도를 끌어모았던 데 비해, 1951년의 완전 고용 상황은 거의 1400만 표를 끌어모았다. 그리고 그뒤 더 많은 소비재와 소비자 신용 제도로 인해 과거의 '프롤레타리아'가 와해된 이후의 선거에서는 어떠한가? 1955년 노동당은 총투표수가 감소한 가운데 1240만 5246표를 얻었다. 1959년에는 1951년보다 투표율이 더 떨어진 가운데 1221만 6166표를 얻었다. 두 선거에서 투표자의 감소는 눈에 띄게 두드러졌다.* 1955년에는 투표일의 날씨가 좋지 않았고 내적인 불화(이는 1951년에도 마찬가지로 심각했다)가 있었으며 '무관심'이 문제라고들 했다. 1959년에는 날씨도 좋았고 불화도 줄어들었으며 선거도 텔레비전을 통해 그 어느 때보다 대중에게 잘 홍보되었다. 그러나 투표율은 다시 더 낮아졌고, 더 중요한 것은 총투표수가 1951년보다 5퍼센트 정도 감소했다는 것이다. 이는 분석하기 어려운 상황이지만, 우리는 '프롤레타리아'나 '탈프롤레타리아화'의 신화에 의해 방해받을 필요는 없다. 대체로 1939년까지의 '프롤레타리아적' 시대에 노동당은 총투표의 38퍼센트 이상을 얻지 못했다. 1945년의 '탈프롤레타리아' 시대에 노동당에 대한 지지표는 43퍼센트 이하로 내려가본 적이 없다. 이러한 사실은 일반적 분석을 무의미한 것으로 만들어버린다.

대규모의 임금 노동자와 그 가족들로 이루어진 전통적 의미의 영국 노동계급은 사실 임금 노동자 가족에서 자라난 사람이라면 누구나 말하지 않아도 알 듯, 한결같이 노동당에 투표했던 적은 없다. 임금 노동자의 70퍼센트 정도의 지지를 늘 얻었더라면 노동당은 영구 집권했을 것이다. 임금 노동자가 프롤레타리아의 지위로 태어났다고 해서 프롤레타리아 당에 꼭 투표하리라고 가정하는 것은 정치를 대단히 오해한 것이다. 산업 면에서나 정치면에서 노동운동의 건설은 특수한 정치적·사회적 의식을 만들어

* 1964년 노동당의 득표는 1200만을 약간 넘었다. 그 수준에서 정치적 상황은 놀랄 만큼 정체되어 있다.

내려는 지속적인 투쟁이었다. 교육과 선전의 일상적 어려움 외에도 이러한 운동을 가로막고 혼동시키고 탈선하게 만드는 다른 사회집단들의 지속적인 캠페인이 있었다. 때로는 조금도 진전이 없는 경우도 있으며, 때로는 현실적인 패배를 경험하기도 했고, 또 때로는 중대한 진전이 이루어지기도 했다. 부정적 측면에서 다음과 같은 진술들을 고려해보라.

> 노동자에게 노동자 전체에 영향을 미치는 엄청난 조치를 제안해보라. 그러면 그는 즉시 다음과 같이 물을 것이다. 내가 그것으로 인해 무엇을 얻을 것인가? 즉 지금 이 순간 내 손에, 혹은 내 호주머니에 무엇을 가질 수 있겠는가 하는 것이다. 그는 이 문제에 매달린다.

> 랭커셔의 노동자들은 수천 명이 누더기 차림이며 대다수가 음식이 부족했다. 그러나 그들의 지성은 어딜 가든 돋보인다. 당신은 그들이 모여서 정치적 정의의 위대한 교리들을 토론하는 것을 볼 수 있었으며…… 아니면 그들은 진지하게 사회주의의 가르침에 대하여 논쟁을 벌이곤 했다. 이제 당신은 랭커셔에서 그런 집단을 볼 수 없다. 그러나 잘 차려입은 노동자가 주머니에 손을 넣고 걸어가면서 협동조합이나…… 그들의 지분 혹은 주택조합에 대해 이야기하는 것을 들을 수 있을 것이다.

> 노동자들에게 쾌락이나 이익과 관련되지 않은 것에 대해 들어보라고 설득하기 어렵다는 것은 오래전부터 인식되어왔고, 내 생각에 예전보다 그 어려움은 더 커진 듯하다.

> 사람들은 모두 늘 사느라고 바쁘고, 일부는 너무 바빠서

> 자신의 일 이외에는 생각할 수가 없으며, 어떤 사람은 자기 앞에 펼쳐진 쾌락에 너무 몰두하여 지식에 대해서는 개의치 않는다.*

이러한 진술들은 노동자들의 '난 괜찮아' 이데올로기의 세련된 표현을 통해 지금 언제라도 이루어질 수 있다. 그러나 위 진술들이 나온 해는 각기 1835년, 1870년, 1882년, 1900년이다. 이는 노동운동의 기초가 세워진 시기를 골고루 망라한 것이다. 영국에서 사회주의를 토론하던 누더기 차림의 집단들은 아마도 '그들의 지분에 대해 이야기하는, 잘 차려입은 노동자들'로 바뀌었을지도 모른다. 그러나 이는 새로운 현상이 아니다. 끊임없는 변화는 실제의 역사적 과정이며, 우리가 살펴보았듯 사실상 1930년대의 누더기 집단 시절보다 옷을 잘 차려입은 우리 시대의 노동당 투표자가 더 많다. 사실은 그 과정이 진공 속에서 이루어지는 것이 아니기 때문에 단순한 상승 그래프란 없다는 것이다. 그것은 변화하는 정치적 조건과 전체적 사회 변화의 국면에 깊이 영향을 받는다. 현대에 대한 진지한 분석도 결국은 이러한 실제 역사의 맥락에서 출발해야만 한다.

전후 정치적 변동에 대한 나의 견해를 간단히 밝히겠다. 1945년 노동당의 승리는 분명 보수당과 널리 동일시되고 있는 전쟁 이전의 조건으로 되돌아가지는 않겠다는 표현이었다. 그해의 저조한 보수당 지지표(850만)는 노동당 지지표의 증가만큼이나 의

* 이는 [A. E.] 돕스의 『교육과 사회운동*Education and Social Movements*』에서 재인용했고, 1차 사료는 순서대로 다음과 같다. [프란시스] 플레이스, 원고 번호 27827; 『토머스 쿠퍼 자서전*Life Of Thomas Cooper, by Himself*』, 392쪽; 아널드 토인비[경제사학자이자 노동운동가. 역사가 아널드 조지프 토인비의 삼촌], 「협동조합 총회Cooperative Congress」, 1882; 『토인비홀 보고서*Toynbee Hall Report*』, 1899~1900.

미심장한 것이었다. 1945~1951년, 여론조사에 의하면 노동당은 1945년에 노동당을 지지했던 봉급 생활자 다수를 잃어버렸다. 그러나 1950~1951년, 노동당 지지표는 상승했고, 이는 주로 임금 생활자들이 적극적 지지자로 변했다는 것을 의미했다. 전후의 내핍과 경제계획이라는 조건 속에서 치러진 1951년의 투표는 영국에서 기록된 것 중 가장 의식적으로 노동계급이 전쟁 이전의 사회로 돌아가지 않을 것이며 새로운 체제로 나아가겠다는 결의를 보여준 사건이었다. 그러나 1951년경이 되면 보수당도 기술적인 면에서뿐만 아니라 정책적인 면에서도 체제를 재조직했다. 이제 보수당은 1930년대로의 회귀와 동일시되는 것이 아니라 기본적으로는 복지국가를 받아들이면서도 내핍과 통제를 완화하는 것과 동일시되었다. 보수당은 1951년의 실제 투표에서 노동당을 이길 수 없었지만, 선거제도의 예측할 수 없는 변덕 때문에(거대한 노동당 지지표가 쌓여서 중공업 지역에서 낭비되었다) 의회 권력을 다시 잡았다. 수백만 명의 봉급 생활자가 보수당 지지로 돌아섰으며, 보수당에 대한 전통적인 임금 노동자의 표도 최소한이나마 살아남았다. 보수당 정부는 새로운 정체성에 비교적 충실했다. 때때로 사회 서비스 분야의 예산을 삭감했고, 부유층에 호의적인 방향으로 조세 제도를 재정비하긴 했지만, 이 모든 것은 좀 더 눈에 띄게 성장하는 경제와 전체적인 조세 감소의 맥락에서 이루어졌다. 1930년대로 되돌아갈 것이라는 두려움은 걷혔고, 복지국가의 이념은 해체되지 않았다. 완전 고용, 초과 시간 노동, 그리고 일하는 아내들의 증가로 인해 소득이 늘었고 구매할 것도 많았다. 빈곤과 기본적 불평등의 문제를 해결하는 데는 보수당이 거의 한 일이 없지만, 주어진 최소한—한 보수당 의원이 '집사 사회주의'라 불렀던—은 분명 권력을 위해 치러야 할 대가였고, 보수당은 그것을 지불할 수 있었고 기꺼이 지불했다. 이러한 조건에서 구매력의 수직 상승에 뒤이어 새로운 선거가 있을 때마다, 새로운 사회의식을 창출한다는 노동당의 영원한 과제는 아주 힘겨울 수밖에 없었다.*

직접적인 정치의 이러한 세부사항에서 잠시 물러나서, 이러한 증거들로부터 우리가 사회 일반의 발전에 대해 배울 수 있는 것은 무엇인가? 우리는 이미 '탈프롤레타리아화'라는 일상적 설명을 거부한 바 있다. 프롤레타리아는 산업 시스템에 의해 현실적으로 창조되었을 것이지만, 정치적 행위에 의해서 정치적으로 창조된다. 그리고 영국에서 이것이 완전히 성취된 적은 없다. 수백만의 임금 노동자들과 아내들은 여전히 그 이전 선거에서와 마찬가지로 보수당에 투표한다. 중요한 질문은 이들이 어떤 부류의 사람들이냐 하는 것이며, 그들을 형성하는 새롭고도 영구적인 사회적 패턴이 존재하는가이다. 이러한 질문에 확실하게 대답하기는 힘들지만, 한 가지 사실만은 두드러진다. 성별에 의한 투표 성향의 분리는 통상적 계급 분석을 가로질러 나타나서, 우리가 일상적으로 사용하는 정치적 범주 내에서는 쉽사리 조정되지 않는 문제를 야기한다. 그리하여 1959년 선거에서 영국 국민이 결정적으로 보수주의를 지지했을 때, 모든 남성(여론조사에 의하면)의 표는 근소하게 노동당 쪽으로 기운 것으로 드러났다. 남성들 사이에서는 노동당이 51퍼센트, 보수당이 49퍼센트였던 데 반해서, 여성들

* 그것은 여전히 어렵다. 그러나 1961~64년에 1950년대의 보수당이 창조했고 대표했던 일시적 안정성은 와해되었고, 그에 따라 급진주의적 해결책이 모색되었다. 1964년 노동당이 가까스로 거둔 승리는 노동당 자체의 미덕에 의해서가 아니라 보수당의 가시적 붕괴 때문이었다. 양당이 거의 동시에 찾아낸 유일한 '급진적' 해법은 '현대화'라 불리는 것으로서, 이는 경제를 재조직하여 더욱 효율적으로 만들고, 그러면서도 사회에 근본적 변화는 일으키지 않는 것이었다. 이러한 정책의 공허함은 이미 분명해졌고, 노동당에서 내놓은 더 중요한 사회 정책은 마치 어떤 경제적 프로그램이 특수한 사회적 선택과 기존의 사회구조에 대한 정확한 표현이 아니라는 듯, 추상화된 경제적 노력의 효율성에 의해 통제되고 그에 의존하는 '주변 이득'으로 축소되어버렸다. 이러한 의식의 실패는 다시금 큰 대가를 치르게 될 것이다.

사이에서는 보수당이 55퍼센트, 노동당이 45퍼센트였다. 1950년대에 줄어들기는 했지만 남성 노동당 다수파는 전쟁 이후 일정했고, 보수당 지지 여성들도 이 기간 중 줄어들었다. 각각의 경우 이유는 여전히 추측할 수밖에 없지만, 최소한 성별에 의한 차이를 고려하지 않고서는 임금 노동자의 투표 분포를 분석할 수 없다. 예를 들어 1955년에는 임금 노동자의 표가 노동당 55.5퍼센트, 보수당 40.5퍼센트로 갈린 반면, 남성 전체로 보면 노동당 50퍼센트, 보수당 45.5퍼센트로 갈렸고, 여성 전체로 보면 보수당 54퍼센트, 노동당 42퍼센트로 갈라졌다. 그러니까 보수당을 지지하는 임금 생활자 가족뿐 아니라 남편은 노동당을 지지하고 아내는 보수당을 지지하는 가족도 있다는 얘기가 가능해지는 것이다. 1939년 이전에는 모든 임금 노동자와 그 아내들이 당연하게 노동당을 지지했다는 식의 '프롤레타리아' 신화를 제거하고 실제의 경향을 놓고 보면, 이러한 복합체에 근본적으로 새로운 패턴이 있다고 말하기는 어렵다. 노동당은 실업률이 높은 시대보다는 세탁기와 텔레비전의 시대에 총투표에서 더 많은 비율로 득표했고, 이 내부의 조정은 분명 단일한 설명을 하기에는 너무 복잡하다.*

또다른 접근법은 새로운 공동체라는 관점이다. 우리가 지난

* 1964년에도 남성의 경우 보수당보다 노동당 지지가 우세하다는 것이 분명해졌다. 그 차이는 8.6퍼센트였다. 여성의 보수당 지지는 4퍼센트 정도로 우세도가 줄어들었다. 자유당 투표는 남녀 모두 상승했고, 이는 노동당의 승리를 도왔다. 투표의 계급적 패턴 역시 여전히 분명했다. 상류층과 상류 중산계급에서는 75퍼센트가 보수당, 9퍼센트가 노동당으로 나타났고, 하류 중산계급에서는 61퍼센트가 보수당, 25퍼센트가 노동당으로 나왔다. 숙련 노동자에서는 54퍼센트가 노동당, 34퍼센트가 보수당이었고, 비숙련 노동자, 연금 생활자, 실업자 등에서는 59퍼센트가 노동당, 31퍼센트가 보수당이었다. 이렇듯 놀라운 계급 소속감은 물론 앞서 살펴본 대로 성별과 나이별로도 달라진다. 1959년 이후 노동당은 젊은층에서 지지가 증가했고, 특히 25~44세 집단이 1959년 보수당의 우위를 결정적으로 뒤집었고, 45~64세 집단에서는 격차를 거의 좁혔으나, 65세 이상의 집단에서는 훨씬 뒤진 상태였다.

세기 영국의 정치적 지형도를 살펴보면, 공동체의 종류와 정치적인 대표 선출 사이에 중요한 연관이 있고, 이는 현재의 변화를 이해하는 데 실질적인 단서로 보인다. 노동당이 선출되는 지역은 실제로는 탄광촌과 대도시이며, 중요한 예외로는 잉글랜드의 사회적 패턴이 적게 드러나고 노동당이 띄엄띄엄 건설된 시골 선거구에서도 승리할 수 있는 '셀틱' 지역이다. 보수주의는 거의 모든 잉글랜드의 카운티와 일부 스코틀랜드와 북아일랜드(여기는 영국의 정치와 종교의 분리 문제로 매우 혼란스러운 상태이다), 그리고 잉글랜드의 소읍에서 강력하다. 이러한 다양성은 현실이며, 이것이 전체적인 계산과 현재 선거제도의 과장에 의해 은폐되어 있다. 1960년대의 '보수당 영국'에서도 웨일스는 노동당이며, 스코틀랜드도 최초로 노동당이 다수당이 되었고, 두드러지는 경우만 보아도 런던, 버밍엄, 맨체스터, 글래스고 등에서 모두 노동당이 우세하다. 그러므로 중공업 지역과 대도시에서는 임금 노동이 노동당과 동일시되는 경우가 우세한 반면, 전체적으로, 심지어 그 비슷한 차원에서는 그렇지 않다는 것이다. 쉽게 확인되는 다른 공동체에서도 이와 비슷하게 잉글랜드의 시골 카운티나 전통적인 주거형 휴양지에서는 으레 그러했듯 여전히 보수당에 대한 대중적 지지가 높다. 이러한 극단적인 경우들 사이에 있는 서로 다른 공동체로부터 어려운 사회적 분석이 시작된다.

우리는 새로운 주택개발단지, 새로운 교외 주거지와 신도시를 새로운 영국의 특징으로 생각하며, 전체적으로 노동당의 희망이 완전히 무너진 것은 바로 이런 지역에서이다.* 이곳은 현대사회 분석에서 또다른 대중적 인물인 '반쯤 분리된 프롤레타리아'의 주거지이다. 그러나 사실 이 지역에는 수많은 부류의 사람이

* 1964년에는 이들 지역 일부에서 노동당의 상승세가 보였으나, 너무 불균등하여 어떤 명확한 패턴을 제시하기는 어렵다. 지역적 차이는 훨씬 더 두드러진 경향을 보인다.

살고, 그들 사이에도 중요한 차이점들이 있다. 주로 그러한 물리적 이동으로 인해 오래된 공동체의 패턴이 무너진 데 주의를 집중해왔으나, 여기에는 차별화된 설명이 필요하다. 우선 여전히 주로 한 가지 일에 봉사하는 건물부터 그 기원과 일의 중심이 혼합된 새로운 도시에 이르기까지 다양한 사회적 변종이 있다. 또한 사회적 관계들이 이웃들끼리의 우연한 접촉 수준인 1세대 주택 지구에서 태어나고 성장하여 결혼까지 하게 되는 2세대 주택 지구에 이르기까지 역사적 변종들도 있다. 어떤 이동 과정에서 눈에 띄는 대가족의 해체는 일시적 현상이다. 모든 1세대 주거지는 반드시 똑같은 가족 패턴을 가지지는 않더라도 2세대, 3세대 주거지로 이어져나간다. 우리는 앞으로 무슨 일이 일어날지 알 수 없지만, 예전의 모든 패턴이 완전히 사라질 것이라고 예상하는 것은 성급한 일이다. 오래된 노동계급의 공동체는 한 세기 동안 현재의 국면과 완전히 비교될 만큼 이주와 빈곤의 상황에서 성장해왔다. 가장 새로운 공동체가 지닌 일시적이고 인위적인 본성을 감안하면, 그리고 사물(그것이 집이든 세탁기이든)이 인간을 형성한다고 가정하는 단순한 결정론만 극복한다면, 우리는 아마도 전적으로 새롭고 영속적인 패턴들이 있고, 특히 이들이 어떤 것들인지 이미 알고 있다고 가정하는 일에 조금 더 신중하게 될 것이다. 현단계에서 온당하게 지적할 수 있는 것은 오로지 이 공동체가 그 안에 살고 있는 사람들이 아니라, 이 사람들에게 무엇이 필요하며 사회나 공동체를 무엇이라고 생각하는가에 대해 자기 나름의 생각을 지닌 다른 사람들이 기획했다는 것 정도이다. 여기에도 다양한 변종이 있지만 많은 곳에서 일정한 사고의 패턴이 제시되고 있으며—초창기 산업도시의 테라스하우스에서 그러했듯—이는 최근의 중산층이 스스로 공급한 것보다 저가형이라는 특징이 있다. 이렇듯 집과 아파트는 주변에 공간을 더 많이 확보하게 되었는데, 이는 확실히 소득이지만 내가 생각하기에 그에 딸린 사회적 부속 건물이 거의 없다는 것은 손실이다. 이렇게 좀더 나은 주택 설비에 특수한 사회적 패턴이 포함된 것이다. 하나를 가지려면 다른 것도 같이 받아들여야 하고, 주택은 그 이전의 다른 조건이 주어진 상태에서 받아들여야 하는 것이다. 이와 동시에 과거의 사회적 패턴 위에서이긴 하지만 새로운 커뮤니케이션 체제가 광범위하게 세워져서 즉시 접근할 수 있게 되었다. 즉 저렴한 전국 규모의 신문, 여성지, 텔레비전 등이다. 이 외부적 시스템이 새로운 시도는 아니지만, 분명 그 규모는 새로운 것이다. 그들의 성장은 전반적인 변화의 불확실성과 긴밀하게 연관되어 있고, 저항감을 불러일으키는 요소는 덜하다. 여러 가지 일이 뒤섞여 있는 새로운 공동체에서 새롭고 불확실한 요소는 일에서 획득된 사회적 의식—이는 노동자 의식의 성장에서 고전적인 중심이기도 하다—과 공동체에서 획득된 사회적 의식 사이의 상호작용의 정도를 말한다. 상호작용의 양쪽 요소들 자체가 변화하고 있어서 이에 관해 확실한 것을 말하기는 아직 이르지만, 나로서는 노조의식(일터에서 배우는 가장 초보적인 형태의)과 혼합된 공동체와 사회 전체의 관점에서 생겨나는 좀더 넓은 의미의 노동의식 사이에 균열이 생겨난 몇몇 증거에 관심이 있다. 이러한 균열을 장려하는 것이 어떤 집단에게는 이익이 되므로, 우리는 이러한 징후들을 신의 행위라고 받아들여서는 안 된다(종종 '미국의 미래'라 부르는 것이 사실은 대부분 사람의 행위에 의한 것이듯). 동시에 이러한 변화의 조건은 엄연히 존재하며 만들어진 것이다. 이렇듯 다양한 흐름에 휩싸인 새로운 공동체의 남녀들은 명시적으로는 전체로서의 사회와 연관되어 있는 학습과 반응의 패턴을 실천하며 살아간다. 나는 현대의 보수주의가 부분적으로는 이러한 복합체를 향하고 있으며, 수많은 사람에게 이에 대한 해석을 설득력 있게 제공한다고 해도 그리 놀랄 일이 아니라고 생각한다. 왜냐하면 바로 이 시점에서 노동당은 제시할 것이 거의 없기 때문이다. 노동당은 새로운 해석의 공동체, 새로운 의식의 패턴을 제시할 수가 없었다. 노동당의 타협 정책은 낡고 사라져가는 습관과 기억에 대한 호소, 그리고 현재의 사회적 혼란에 대한 문화적 적응이라는 서로 관련 없는 두 가지 요소를 결합한다. 노동당 내의 구좌파와 신우파는 적절한 분석과 도전을 제시하는 것을 미루고 있다는 점에서 무의식적 동맹관계에 있다. 사람들이 어느 정도는 변화시키고 거부하기 마련인 오래된 관습을 환기하고, 이와 함께 근본적으로 다른 인간적 질서로서의 사회주의를 거부함으로써, 노동당은 지배적 해석과 방향을 본질적으로 도전받지 않은 채로 내버려두게 한 것이다. 따라서 새로운 공동체에서 가장 두드러지지만, 사회의 거의 모든 곳에서 드러나는 복잡하고도 불균등한 의식의 성장을 정치적으로 표현할 수 있는 채널이 거의 남아 있지 않게 된 것이다. 상황이 영구적으로 이러하지는 않을 것이다. 남녀는 영구적으로 이미 확립된 시스템에 봉사하지만은 않을 테니까 말이다. 새로운 학습, 새로운 반응은 우리가 아직 그려보지 못한 형식으로 구현될 것이다(올더마스턴 행진 Aldermaston March [핵무기 반대 시위], 교육과 서비스에 관한 지역 모임 등은 초창기의 예가 될 것이다). 왜냐하면 세계 어느 곳에서라도 새로운 사회에서 그러하듯, 새로운 공동체의 남녀에 관한 절대적인 사실은 다른 사람의 해석이 아니라 인간의 이미지를 따라 그들이 창조되었다는 것이다. '텔레비전에 딱 달라붙은' 대중은 존재하지 않는다. 이는 이류 사회 분석가들이 만들어낸 나쁜 허구에 불과하다. 과거의 대중이건 새로운 대중이건, 그들이 무엇을 할 것인지는 예측하기 어렵다. 그러나 영속적인 난관에 처해 있는 실제의 남녀는 관찰하고 배울 것이며, 나는 결국 그들이 그저 다른 사람을 횡재하게 하는 존재가 될 것이라고는 생각지 않는다.

사회적 계급에 관해 받아들여진 설명들은 이런 새로운 상황에서 기껏해야 혼란스러울 뿐이다. 신도시 혹은 새로운 주택 단지에서 그가 '노동'계급에 속하는지 혹은 '중산'계급에 속하는지 어떻게 알겠는가? 이제까지 통했던 전통적 의미들은 경제적 용어가 아니라(이미 살펴보았듯 노동계급-중산계급에 대한 묘사는 이끌어내기가 매우 어렵다) 삶과 행위의 스타일에 관한 용어이다. 많은 사람에게 '노동계급'은 단지 가난과 나쁜 주택, 빈곤의 기억일 뿐이며, '중산계급'은 사용할 돈, 좀더 나은 집, 더 설비가 갖춰지고 통제 가능한 삶의 다른 이름일 뿐이다. 사회 전체의 생활양식이 어쨌거나 변화하고 있는 상황에서 이러한 대조는 매우 쉽게 과거와 현재의 대조로 되어버린다. 즉 '노동계급'은 사람들이 그로부터 점점 멀어지는 과거의 양식이고, '중산계급'은 새롭고 '현대적인' 스타일이라고 말이다. 이쯤 되면 이 용어들이 실제의 사회조직을 설명하는 말로서 적절한 의미를 잃어버린 상태임을 쉽게 지적할 수 있지만, 그 말들의 감정적 의미는 여전히 강력하다. '노동계급이며 그것이 자랑스럽다'는 것은 과거의 공동체와 정치적으로 활동하는 몇몇 개인에게는 지탱될지 모르지만, 대부분의 경우 이제 매우 혼란스러운 상태에 있다. 한편으로는 '나는 내 생계를 위해 일한다'(이는 거의 모든 사람이 하는 일이다)고 말하고, 다른 한편으로는 '노동하는'='낮은' 계층이라는 강력한 사회적 관념이 있어서, 제정신을 가진 사람이라면 아무도 열등하고 궁핍한 그 상태로 돌아가고 싶지 않을 것이다. 나는 최근 사회주의자들이 노동계급에 대해 이야기할 때, 계급과 열등함에 대한 온갖 자연스러운 반감을 스스로에게 끌어들이고 있다는 인상을 받는다. 사회적 의미에서 사람들은 대부분 불안할 때 계급에 대해 이야기하며, 사람들 사이에 이러한 구분이 있다는 느낌을 없애버리고 싶어할 때가 많다. 나는 이러한 욕망을 존중해야 한다고 생각하는데, 그것은 특별하게 가치 있는 사회적 성장과 원숙을 보여주는 것이기 때문이다. 그러나 계급이라는 것이 낡은 개념이고 문제가 되지 않는다는 생각은 점점 커져서, 지금 눈에 띄게 붕괴하고 있는 관점과는 다른 관점에서 여전히 본질적으로 경제적 계급에 기초한 사회체제를 승인하는 데 사용되는 지점에 이미 도달했다.

현재의 혼란을 영속화하는 것은 사회의식을 최소화하는 것이다. 우리는 그 대신 두 가지 일반적 사실에 주목하고자 한다. 공개적 차별과 사회적 자본의 소유 및 통제다. 여전히 혼란스럽고 혼란을 일으키기도 하지만, 노동계급-중산계급 사이의 구분을 현실화하는 공개적 차별이 그것 자체로서만 논의된다면, 이 사회를 이해할 수 없다. 차별이란 단지 특정한 사회의 작동 기능일 뿐이며, 한 부류의 노동자를 다른 부류와 대조하여 그 내부에서 좀더 치열한 경쟁을 장려하는 것은 전체적 시스템을 영속화하는 형식으로 사회의식을 이끄는 효과를 지닌다. 내가 생각하기에 차별은 수정되어야 하지만, 이에 대한 유일하게 가능한 기반은 진정한 공동체의식—우리가 자신과 서로를 위해서 일하고 있다는 진정한 앎—이다. 비록 그것이 지금은 이상일 뿐이고 지속적으로 혼동되고 있으며, 어떤 경우에는 우리 대부분이 일하는 수단과 생산물을 소유하거나 통제하지 못하고 있다는 단순한 사실 때문에 그러한 공동체의식이 사라지기도 하지만 말이다. 산업 경제에서 사회적 생산은 사회 전체가 소유하고 통제하거나, 사회의 나머지 부분을 고용하는 사회의 일부가 소유하고 통제한다. 이러한 대안들 사이의 결정은 계급에 대한 중대한 결정이 될 것이며, 우리가 계급 체제를 종결시키려고 진지하게 생각한다면, 결국 그것들을 지탱하고 있는 견고한 경제적 중심을 볼 때까지 다른 구별이 남아있게 해서도 안 되고 부적절성이나 혼란을 제거해야 한다. 이렇듯 기본적 불평등을 따로 떼어놓은 상태로, 우리는 이제 모두가 질려버린 계급에 대한 부적절한 논의를 멈추고 나서야, 인간 사이의 차이, 그 나름대로 가치 있고 다양하게 살아가는 실제 사람들과 공동체들 사이의 차이에 관한 좀더 흥미로운 토론을 진행할 수 있을 것이다.

IV

문화의 확대는 경제적·정치적 삶의 실제 사회적 맥락 내에서 고려되어야 한다. 특수한 문화적 제도의 성장에 관한 내 연구는 실제적 확장이 여전히 지속되고 있음을 보여주었지만, 그것이 사회 내의 다른 사실들에 의해 어느 정도나 영향받거나 규정되는가도 보여주었다. 1960년대의 성장률은 유망하게 보이고, 우리는 그 성장률을 유지하고 끌어올리는 일로 바쁘다. 그러나 아주 분명한 것은 여기서도 단순히 상승하는 그래프만 따라가다가 주요 모순을 쉽게 간과하는 경우가 있다는 것이다. 진정한 예술과 주장들이 더욱 광범위하게 향유되는 반면에, 당혹스러울 정도로 다양한 종류의 나쁜 예술과 나쁜 주장이 훨씬 더 빠르게 증가하고 있기 때문이다. 우리는 이렇듯 서로 다른 성장 노선과 비율 사이의 모순이 심각하고 피할 수 없게 되었지만, 이러한 상황을 보는 사람들조차 무슨 일을 어떻게 할 수 있을 것인가에 관해서는 특히 불확실하게 느끼는 그런 지점에 도달했다.

우선 이러한 토론을 삽시간에 혼란스럽게 만들 수 있는 특수하고도 국지적인 모순을 살펴보아야 한다. 만약 어떤 사람이 좋은 예술과 좋은 주장을 확산시키고 나쁜 것들은 줄이는 방안을 제시한다면, 다른 사람들은 대개 속물이 되면 안 된다고 답변할 것이다. 결국 축구는 체스만큼 좋은 것이고, 재즈 역시 진정한 음악적 형식이며, 정원 가꾸기와 살림 역시 중요한 것이라고 말이다. 그런데 이렇게 말하는 사람은 도대체 누구와 토론을 하고 있는 것인가? 실제로는 그가 답변한 사람과 토론하는 것이 아님이 분명한데도 말이다. 불행하게도 그는 실제 사람들과 낯익은 감정과 논쟁하고 있는 것이다. 어떤 문화적 형식은 사회적 구분을 주장하는 수단으로 사용되어왔고, 새로운 형식을 도매금으로 비난하는 것도 계속 (낮은) 위치에 남겨져 있는 두 집단의 사람들, 즉 대중과 젊은이들의 열등함을 보여주기 위한 것이었다. 이러한 습관에는 저항해야만 한다. 그러나 대중적 선동선전에는 선택적인 예들을 사용하여 나쁜 문화의 문제를 전적으로 비껴간다는 또다른 위험이 존재한다. 우리가 아마도 좀더 어려운 문제로 넘어가기 전에 축구란 훌륭한 게임이며, 재즈는 진정한 음악 형식이고, 정원 가꾸기나 살림 또한 중요하다는 데 동의하고 넘어갈 수 있을까? 그러면 우리는 또한 공포영화, 강간소설, 일요 스트립 신문, 최근의 틴팬 쇼 같은 것이 딱히 진정한 예술의 세계에 속해 있지는 않으며, 괜찮은 잡지의 로맨스나 남성다운 모험소설(턱밑까지 들이미는), 예쁘고 재치 있는 텔레비전 광고 역시 진정한 예술의 부류에 속해 있지는 않다고 동의할 수 있을까? 이러한 것들과, 그것을 계산적으로 유포하여 얻는 이윤에 반대하는 논의가, 살아 있는 좋은 문화는 다양하고 변화하는 것이라든가, 스포츠와 오락에 대한 요구는 예술에 대한 요구만큼이나 실제적인 것이라든가, 사회적 구분의 한 형식으로서 '취향'을 공공연히 과시하는 것은 속된 것이라든가 하는 부수적인 논점에 의해 혼란스러워져서는 안 된다.

문화적 형식은 어쨌거나 변화하지만, 교육을 통해서는 의미 있는 반응의 능력을 깊이 있고 세련되게 하기 위한 작업이 거의 이루어지지 않는 방향으로 변화하는 사회, 따라서 혼란스러운 사회에서 우리는 비평의 방법만이 아니라 행동의 형식도 배워야 한다.

두 가지 노력이 동시에 필요할 것이다. 한편으로는 새로운 형식을 창조하려고 진지하게 노력하거나 전통적인 형식에서 의미 있는 작업을 하는 예술가들을 최대한 격려하고, 다른 한편으로는 이러한 작품들을 꾸준히 제공하고, 이에 대한 진정한 비평과 계산된 냉혹한 조작을 최소한 구분해주는 작업을 포함하여, 이들에 대한 토론을 지속하는 일이 그것이다. 이러한 노력이 이루어지지 않고 있다고 말하면 잘못일 것이다. 여전히 부족하지만 예술을 지원하고 있으며, 책임 있게 제시하고 토론하는 일들이 공적으로 인정받고 있다. 이러한 정책들은 진화론적 개념 내에 위치한다. 즉 가치 있는 성장의 요소들을 꾸준히 장려한다는 것이다. 그러나 그들을 지원하고 그들이 확산되기를 바라면서도, 나는 그것으로 문제의 뿌리까지 다다르기는 어렵다고 느낀다. 왜냐하면 저급하고 파괴적인 요소들이 훨씬 더 적극적으로 선전되고 있다는 사실, 예를 들어 관현악단이나 화랑을 지원하는 일보다는 새로운 비누를 광고하는 데에 더 많은 돈을 쓰고 듣기 좋은 어구를 붙인다는 것, 그리고 새 잡지를 두 가지 창간하려고 할 때 하나는 진지하게 새로운 작업을 하려고 하고, 다른 하나는 단지 이미 알려진 대중시장에서 한몫을 잡으려고 경쟁하는 것뿐인데도, 두 잡지의 투자액을 비교해보면 터무니없게도 전자에 대한 투자는 바닥이고, 후자에는 엄청난 양의 돈을 쏟아붓는다는 것을 사람들은 흔히 깨닫지 못하고 있다. 문화의 성장 조건은 다양한 요소들이 적어도 공평하게 이용될 수 있어야 하고, 새롭고 낯선 것들을 수용할 수 있는 합리적 기회를 가지려면 오랜 기간에 걸쳐 꾸준히 제공되어야 한다는 것이다. 우리가 가진 현재의 문화적 조직으로는 이런 정도의 책임을 지닌 정책들이 불가능해 보인다. 가치 있는 요소들을 장려하는 일은 방어적인 현상 유지책보다 나을 것이 없는 정도에 머물러 있는데, 이는 물론 아주 없는 것보다는 낫지만 전반적인 변화를 가져올 가능성은 거의 없다고 봐야 한다. 나머지 분야는 시장에 맡겨져 있는데, 그나마 시장의 자유로운 작동에 맡겨진 것도 아니다. 우리의 주된 문화적 제도들을 재정적으로 감당하는 데 연루되는 자본의 양이 엄청나서 여기에 진입하는 것은 상대적으로 소수의 파워그룹에 제한되어 있으며, 따라서 생산과 분배가 실질적으로는 몇몇 집단의 손에 달려 있다는 것이다. 가령 앞서 언급했던 진지한 새 잡지의 경우 보통 헌신적인 사람들의 자발적인 노력으로 만들어지지만, 실제로는 누군가가 들춰볼 수 있을 정도로 평균적인 책 가판대에 놓여서 구매를 기다릴 가능성조차 없는 반면, 새로운 상업 잡지는 널리 전시되어 이를 피하기가 오히려 더 어려운 지경이 된다. 그러니까 진정한 경쟁이 없는 상태에서 직접적인 결과만을 가지고 대중의 천박성이 변함없다는 증거로 삼는 것은 어리석고 심지어 악의적인 일이다. '대중'의 문화적 조건에 대한 의례적 분개와 절망 대신(이는 현재 심지어 대중의 친구라는 사람들에게서도 점점 늘어나고 있다) 문화제도 대부분이 사회의 건강과 성장에는 관심이 없고 그저 [대중의] 부족한 경험을 이용하여 신속하게 이윤을 챙기는 데에만 관심 있는 투기꾼들의 손 안에 있다는 중대한 사실을 정면으로 돌파해야 한다. 물론 공격을 받으면 이 투기꾼 중 몇몇은 그들이 의미심장하게도 '특권'이라고 부르는 다른 제한적 조치들을 양보할 수도 있다. 즉 제한적이나마 공적인 책임감을 보존하는 정도로 계속 일할 수 있도록 허용되는 것 말이다. 그러나 진정한 문제는 사회가 문화적 기구들을 그렇게 무책임한 손에 놓아두어도 되는가 하는 것이다.

이제 나는 많은 사람이 이러한 문제의 중요성을 느끼고 있지만, 가능한 대안을 생각해내는 어려움을 훨씬 더 강렬하게 느끼고 있다고 생각한다. 분명 제한된 분야의 꾸준하고도 특수한 장려 정책은 꽤 널리 인정되고 있지만, 상황 전체와 대결하려는 시도는 큰 어려움에 부딪히곤 한다. 왜냐하면 실질적 변화를 일으키는 데에 필요한 양의 자본과 노력은 결국 공적인 원천에서 나오는 수밖에 없는데, 여기에는 두 가지 장애 요인이 있기 때문이다. 하나는 그러한 자원이 실제 필요한 규모로 동원 가능하냐의 문제이다. 이는 앞서 논의된 어려움과도 다시 연관된다. 즉 우리로서는 사회적 산물로 사회적 정책을 지원한다고 거의 생각할 수 없으며, 그것을 가능하게 하거나 하다못해 가시화할 수 있는 회계 시스템을 알지도 못한다는 것이다. 물론 현재의 투자가 전체적으로는 사회와 경제에서 오는 것은 사실이다. 광고비의 보급(이는 거의 현대의 만나에 해당한다)은 결국 노동자 겸 구매자인 우리에게서 나오는 것이다. 그것이 현재는 사회적 자본의 통제권을 소수의 제한된 집단에게 주는 통로로 흘러들어가고 있지만 말이다. 우리가 경제 조직의 한 종류를 통해 현존하는 문화 시스템에 돈을 지불하고 있다는 것을 깨달을 수 있다면, 우리는 앞서 말한 일에 필요한 자원의 규모에 두려워할 필요가 없다. 왜냐하면 그 조직도 사실은 변화할 수밖에 없기 때문이다. 우리가 그것을 기본적으로 자본주의 조직의 결과로 보려면, 이러한 문화적 문제를 좀더 분명히 알아야 한다. 나는 이것이야말로 최소한 자본주의가 종결되어야 하는 가장 좋은 이유라고 알고 있다. 특히 새로운 젊은 세대가 현존하는 시스템에 대해 일으키는 가장 생기발랄한 반란이 바로 이러한 문화적 관점에서 이루어지고 있음은 의미심장하다.

그러나 두번째 장애는 바로 이 지점과 연관이 있다. 자본주의에 대한 대안은 무엇인가. 사회주의이다. 사회주의의 문화란 무엇인가? 국가의 통제이다. 아마 수많은 훌륭한 자유주의자, 그리고 다수의 불안한 사회주의자들은 만약 이러한 전망이라면 물러날 것이다. 그들은 말한다. 관료 패거리, 공식적 기관, 그리고 검열 제도가 도입될 가능성보다는 차라리 투기꾼이 낫다고.

이러한 어려움은 대표적인 의미를 띤다. 이렇듯 꼬여 있는 것은 단지 문화적인 문제일 뿐 아니라 우리 사회의 변화에 대한 사고 영역 전체와 관련된 문제이다. 여기에 민주주의 발전의 가장 심오한 어려움이 있다. 즉 우리는 투기꾼과 관료 사이에서 선택해야 하는 처지로 전락한 것 같다. 우리는 투기꾼을 좋아하지 않지만, 그렇다고 관료가 딱히 더 매력적이지도 않다. 이런 상황에서 에너지는 소진되고 희망은 약해지며 현재 투기꾼과 관료 사이에 이루어진 타협은 도전받지 않은 채로 남는 것이다.

민주적 정책은 공개 토론과 공개 투표로 만들어진다. 비교적 작은 단체에서는 구성원과 정책 사이에 긴밀하게 접촉이 이루어진다. 물론 여기서도 결정에 관한 책임은 구성원 전체보다는 선출된 대표들에게로 넘어가고, 많은 행정 업무가 필요한 것은 관료들에게로 넘어가겠지만 말이다. 민주적 조직 내에서 관료의 원칙은 분명하다. 그는 선출된 정책 내에서만 관리하고, 그의 행위에 대해서 구성원들에게 책임을 진다. 우리가 알다시피 실제는 그렇지 않을 수 있다. 그러나 적절한 편제와 구성원들 사이의 진정한 평등이 갖춰져 있다면 그것은 알려진 것 중에서는 최상의, 그리고 가장 책임 있는 체제일 것이다.

문화적 교환의 수단을 전국적으로 조직해야 한다는 주장이 강력하게 제기되고 있지만, 아무리 민주적인 나라라도 지나치게 큰 조직은 결국 경직되고 어떤 면에서는 뚫고 들어가기 어렵게 되어버린다는 위험이 상존한다. 모든 적절한 문화 조직은 공개적이고 유연해야 하며, 진정한 표현의 다양성에 헌신해야 한다. 다양한 문화 조직을 운영하는 최상의 사람들이란 자신의 작품 생산을 위해 그것을 사용하는 사람들이라고 말하는 것이 간단해 보인다. 왜냐하면 바로 여기에 그 조직을 유연하고 개방적인 것으로 만들어야 할 가장 심오하고도 실질적인 이해관계가 있기 때문이다. 그러나 이와 마찬가지로 분명한 것은 문화적 작품의 실제 생산자들은 가진 자원을 다 동원해도 가장 단순한 수단 말고는 소유하기 어렵다는 점이다. 그들이 수단을 소유할 수만 있다면 어떠한 변화도 필요치 않다. 그러나 언론, 방송, 텔레비전, 영화, 연극에서는 이렇듯 단순한 협동조합식의 소유 형태가 불가능하다. 그렇다고 이렇듯 값비싼 수단의 소유권을 가장 높은 가격을 부르는 입찰자에게 주어야 한다는 의미는 아니다. 특히 그가 실제의 작업보다는 주로 재정적 가능성에 관심이 있는 것이라면 말이다. 현대 영국에서는 모든 결말 중 최악의 상태, 즉 이윤이 지배적인 정책 기준이 되고, 이러한 점을 강조하는 가운데 생산자들이 고용인으로 변해가는 상황이 정상인 것으로 되어가는 징조들이 나타나고 있다. 신문과 텔레비전의 경우가 특히 그러해서, 똑같은 시스템을 [라디오] 방송으로까지 확장하려는 강력한 이해관계가 작동하고 있다. 대안적 원칙을 규정하는 것이 시급한데, 생산자들이 그들의 작업 수단을 소유할 수 없다면, 공동체가 그것을 소유하고 생산자들에게 위탁하며, 이 위탁관계를 유지할 수 있는 행정 기구가 세워지는 형태가 될 수밖에 없지 않을까 생각한다. 여기에도 분명히 어려움이 있지만, 사실 모든 행정과 편제의 수립은 무엇이 바람직한 것인가를 강조하는 데서 비롯된다. 나는 우리가 이러한 목적이 바람직하다고 동의할 수 있다면 그에 적합한 실질적 방법을 고안해내는 데 우리가 어떤 사회보다도 더 좋은 자격을 갖추었다고 생각한다.

예를 들어 연극 분야에서는 극장을 대부분 공공의 소유로, 되도록 지방 자치단체에서 소유하도록 하는 것이 가능하리라고 본다. 물론 여기에 소규모의 전국적 네트워크를 추가할 수 있을 것이며, 이를 배우들의 집단에 허가해줄 수 있을 것이다. 그렇게 되면 이 극단들이 자유롭게 참여하거나 참여하지 않을 수 있는, 공개된 지역적·전국적 조직을 통해 재정적으로 필요하면 특정한 제작물을 극장들에서 계속 상연할 수 있도록 보장하는, 비교적 장기적인 정책을 따를 수 있을 것이다. 영구적 혹은 정례적 관계를 통해 방송이나 텔레비전의 경우에도 비슷한 타결책을 만들어낼 수 있다. 적절한 직업 안정성이라는 맥락에서 보면, 그들 나름의 다양한 전통을 만들어내는 상설 극단의 드라마는 의심할 나위 없이 큰 이점이 있다. 우리가 극장에서 보는 거의 모든 좋은 연극은 그러한 극단에서 나온 것이다. 이들이 지금은 거대한 전국 규모의 극장을 통솔하는 투기꾼들에게 고용되리라는 희망을 가지고 최선을 다해서 분투하고 있지만 말이다. 우리가 예술의 자유에 대해 진지하게 생각한다면, 이러한 방식으로 실제의 예술가들에게 자유를 줄 수 있다.

영화에서도 이와 연관된 시스템이 가능하다. 현재 상황을 보면 영화 제작자들은 거의 전부 배급업자들의 손에 달려 있으며, 배급업자들은 영화가 만들어지기 전에 조야한 기준을 가지고 그 영화가 만들어질 가치가 있는지를 결정한다. 이것이 우리의 자유주의자들이 그렇게도 흐뭇한 듯이 옹호하는 예술가의 자유이다. 수많은 영화관들이 어쨌거나 몰락해가는 것만은 분명하다. 이것이 제시하는, 분별 있는 재조직의 기회를 놓쳐서는 안 될 것이다. 영화는 공공의 자산이어야 하고, 독립적인 공공의 권위에 귀속되어야 한다. 대안을 확보하기 위해서는 한 가지 전문화된 회로를 포함한 두세 가지 경로를 마련해야 한다. 생산은 독립적인 상설 제작단의 손에 들어가야 하며, 이는 극장이 그들의 전문적 능력으로 공공의 권위를 만족시켜야 하는 것과 마찬가지다. 이러한 제작단에게 공적 자금을 제공해야 하고, 이들은 여러 경로 중 하나를 통해 상영을 보장받을 수 있는 영화들을 만들어야 한다. 영화사가 독립적일수록 더 좋으며, 이들 영화사와 앞서 언급한 극단 사이에 어떤 연관을 볼 수 있다면 더욱 고무적일 것이다. 독립적 권위를 지닐 수 있는 조직이란 의회가 임명하고 그에 대해 책임을 지는 관리들과, 상설 제작단들이 선출한 대표 사이의 연합 대표단이 될 것이다.

책의 경우에는 우리에게 이미 꽤 다양한 독립적인 출판사들이 있다. 비록 그들에게 독립적인 정책을 포기하게 만드는 압력이 거세지만 말이다. 급속한 통합과정(종종 겉으로는 독립적인 판권을 유지하면서)이 이미 진행중이고, 종종 문학에는 거의 관심이 없는 새로운 소유주가 점점 더 흔해지고 있다. 높은 비용과 '페이퍼백 혁명'의 광범위한 기회로 인해 출판계는 20세기 초에 신문이 도달했던 단계에 이른 듯하다. 이러한 시스템에서 나올 수 있는 수량적 사고는 어떤 지점을 넘어서면 출판계에 재앙이 될 수 있는데, 나는 이제 최근에 실제로 일어난 변화와 취할 수 있는 행동의 방향에 대해 문제를 제기할 때가 왔다고 생각한다. 한편 지금처럼 책임 있고 다양한 정책을 추구하는 출판인들에게는 모든 가능한 도움을 제공해야 한다. 이는 현재 혼란스러워진 배급 영역에서 가장 잘 이루어질 수 있을 것이다. 괜찮은 서점이라 불릴 만한 것이 없는 도시가 수백 개나 된다는 것은 정말 수치스러운 일이다. 좋은 독립 서점은 특히 소중한 역할을 한다. 그러나 그 지역에서 운이 좋지 않으면 파산하게 된다. 현존하는 체인식 서점은 책이나 정기간행물에 단순히 양적 기준만을 적용한다. 즉 어떤 숫자 이하가 되면 그들은 특정한 품목을 다룰 만한 가치가 없다고 여긴다. 이것을 자유, 혹은 입수 가능성의 자유라고 부를 수 있는가? 우리는 한편으로는 출판업자와 서적상, 저자들을 대표하고, 다른 편으로는 의회를 대표하는 출판 위원회를 만들어서 출판의 지속적인 독립성을 보장할 의무를 갖게 하고, 동시에 국내외에서 최상의 서적과 정기간행물 배급을 담당할 책임도 지게 할 수 있다고 생각한다. 출판을 표준화된 품목만 제한된 가짓수로 출판하는 상태로 만드는 것은 분량상으로는 쉽게 팔릴지 모르지만, 공공 정책의 차원에서 거부해야 한다. 위원회는 현존하는 서적 판매의 양태를 조사하여 책과 정기간행물의 현실적 다양성이 보장되지 않는 곳에는(아마도 이런 경우가 널리 발견될 것인데) 앞서 약술한 정책을 수행할 독립적인 사업을 설립하고 보장하는 힘을 갖춰야 할 것이다. 우리가 책을 빌려보는 공공 도서관 서비스에서는 이러한 원칙을 이미 받아들였으면서도, 정작 독자들이 구매하여 간직하는 책을 제공하는 일에는 이 원칙이 한참 못 미쳐 있다는 것은 참으로 기이한 일이다.

신문과 잡지는 통제권이 점점 더 소수의 손으로 넘어가며, 신문 잡지의 질이 아니라 이윤 창출 능력에만 골몰하는 정책에 한정되어 있는 상황을 다루어야 한다. 이윤 창출 능력이라는 기준은 말도 안 되는 수준까지 격상되어서, 예를 들어 일간지는 100만 명 정도가 구매하지 않으면 발행을 중지하는데, 이렇게 되면 신문과 잡지의 수가 계속 줄어들 것이 확실해진다. 그렇다면 이것을 자유, 혹은 입수 가능성의 자유라 할 수 있겠는가? 신문의 질은 권고에 의해서건 검열에 의해서건 올라설 기미를 보이지 않는다. 다른 모든 분야의 경험으로 미루어보아 직업의 기준이 상승하는 것은 그 직업에 종사하는 사람들 스스로가 기준을 통제할 때이다. 상설적이고 일관성 있는 정책 같은 직업적 책임감은 이제 실제로는 불가능하다. 언론의 전체 조직(영화와 극장의 조직과 마찬가지로)이 다른 분위기를 만들어내어, 통제하는 사람이 할 수 있는 이윤에 대한 평가를 기초로 기준을 세우고, 실제 생산자들은 그들의 일에 대해 공동의 책임감을 느끼는 대신 아주 많은 경우 미리 정해진 품목들을 공급하느라 서로 경쟁하도록 장려된다. 개인적 기준은 늘 서로 다르겠지만, 가장 비양심적이고 진지하지 않은 사람에게 성공을 부여하는 제도를 만들어내는 사회는 빈약한 사회다. 그러나 이러한 제도를 개혁하고자 하는 시도는 늘 장기화된 비난과 오보에 직면해야 한다. 분명 우리는 국가가 소유하는 언론을 바라지는 않는다. 그러나 우리는 이제 진실로 독립적인 신문과 잡지의 유지와 확장으로 매진할, 공공이 선출한 언론인 대표들로 구성된 새로운 언론 위원회가 필요한 지점에 도달했다고 생각한다.* 특히 지역 신문의 생존을 확보해야 하고, 지금 흔히 그러한 경우와는 달리 이들을 그 지역에서 소유하고 운영해야 한다고 나는 생각한다. 지역 신문의 소유에 지방자치제가 개입하는 것에 심각한 반대가 있을 수 있으나, 어떤 경우에는 그렇게 될 수도 있을 것이다. 좀더 일반적으로 말하면 독립성의 보장, 그에 필요한 자본의 조달이 앞서 규정한 언론인 대표를 포함하는 언론 위원회를 통해 전국적 규모에서 공공 서비스로 받아들여져야 한다

* 언론 위원회는 이제 민간인 대표를 포함하는 식으로 바뀌었고, 독점 위원회를 통해 언론사 합병을 조사하고 통제하는 방법을 찾으려 하고 있다. 이는 환영할 만한 개혁이지만 여기서 논의한 정책에는 못 미친다.

는 것이다. 이와 마찬가지의 공공 서비스 원칙이 잡지에도 적용되어 전문적으로 인정된 편집 기구의 독립성을 보장해야 할 것이다. 경험이 축적되면 이러한 원칙이 전국 규모의 언론에도 확대될 수 있을 것이다. 나는 신문이나 잡지의 편집 기구가 왜 그들 자신의 민주적 결정에 따라 자유롭게 언론 위원회를 통해 독립된 기업으로 인정받고, 그에 따라 외부의 사적인 재정적 통제로부터 자유를 보장받아서는 안 되는지 모르겠다. 이러한 인정과 지원을 확보할 수 있는 조건은 제작자 자신의 정책 규정이어야 할 것이다. 공적인 혹은 직업적인 대표들을 포함한 위원회가 제안받은 특정 정책을 지지하기를 꺼려할 수도 있지만, 그러한 경우에도 지금보다 상황이 더 나쁘지는 않을 것이다. 그러한 정책을 시장에서 시험해보거나 지금과 같은 형태로 재정을 충당할 수 있을 테니까 말이다. 왜냐하면 신문이나 잡지가 출판 금지되는 경우는 없기 때문이다. 나는 경험과 선의가 있다면 직업적으로 책임감 있는 독립적인 신문들이 다수 만들어질 것이라고 생각하며, 심지어 다수를 형성하지 못할지라도 적어도 어떠한 신문이나 잡지도 질에는 관심이 없고 당장의 이윤에만 골몰하는 재정 조직에 의해 말살되지 않도록 할 수는 있을 것이다. 이러한 분야에서 공적 지원을 받고자 한다면 개혁은 오직 내부에서만 이루어질 수 있다.

방송과 텔레비전에서 우리는 불완전하나마 여전히 전반적으로는 책임감 있는 공적 권위인 BBC가 새로운 조직에 의해 강력한 도전을 받고 있는 것을 본다. 새로운 서비스가 확대되면서 우리가 선택의 확대를 계속 필요로 한다는 것은 분명해졌다. 그러나 우리가 어떤 책임 있는 기반 위에서 선택의 여지를 갖게 될지, 또한 다른 곳(주로 현재로서는 광고)에서 온 활동 자본의 소유를 독립성이라고 해석할 수 있을지는 지극히 의심스럽다. 배급의 기술적 수단을 소유하고 있는 두 개 이상의 당국이 있을 수도 있으나, 앞서와 마찬가지의 원칙이 적용될 수 있을 것이다. 정책은 공공 당국이 규정하지만, 실제 작품의 보급은 실제 생산자들의 손에 들어 있어야 한다는 것이다. 실질적 네트워크가 있어서 폭넓게 사용하는 것은 분명 바람직하지만, 이러한 네트워크를 위해 일했으면 하는 것은 진정한 지역적 소속감과 대안적 정책을 지닌 다양한 독립 집단이다. 현재 상업적인 텔레비전의 프로그램 제작사들이 이 부류라고 보기는 힘들고, 본질적으로는 실제의 생산자들을 고용하는 재정적 이해관계의 집합이다. 공공 당국을 통해 배급의 기술적 수단을 확보할 수 있는 전문 제작사들의 설립을 장려하는 것은 공공 정책의 문제이다. 이러한 집단의 핵심은 전문적인 방송, 텔레비전 프로그램 제작자들이어야 하며, 그들은 그 지역의 연극, 영화, 언론의 다른 전문 제작사들, 오케스트라나 이와 비슷한 다른 제도들, 그리고 가능하다면 교육 위원회나 수많은 자발적 모임을 포함한 광범위한 지역 조직들과도 연합할 수 있는 수단을 강구해낼 것이다. 이러한 방식으로 중앙 독점 아니면 투기꾼에 대한 단순한 투항이라는 양쪽의 위험에서 벗어날 수 있을 것이다.

이러한 제안의 개요를 내놓으면서 나는 세부적인 기획이나 개선이라는 면에서 앞으로도 적절한 경험을 가진 사람들 사이에 토론을 통해 해야 할 일이 많다는 것을 잘 알고 있다. 나는 이러한 재구성의 조치들이 어느 하나 쉬울 것이라고 생각하지는 않는다. 그러나 내가 강조해서 주장하고 싶은 것은 공공 자원을 분별 있게 사용하여 문화적 생산자들이 지배적이지만 본질적으로는 기능적으로 쓸모없는 재력가 집단에 의존하는 상태를 단절하고, 공적 자금을 사용하는 데 책임감을 유지하면서도 생산자들에게 그들의 실제 작업을 통제할 수 있게 하는 계약 형식을 도입함으로써 문화적 생산자들의 자유를 엄청나게 확장해줄 문화적 조직을 그려볼 수 있다는 것이다. 이것은 분명 희망에 찬 전진이며, 사실 원칙에 대해 실질적으로 동의한다면 조직의 편제는 언제든 마련될 수 있을 것이다.

이 문제는 현재 매우 시급한데, 자유주의자들이 여전히 예술가의 자유라는 이름으로 개혁에서 발을 빼거나, 문화는 어떤 식으로든 조직될 수 없는 것("바람[영靈]은 불고 싶은 데로 분다"[요한복음 3장 8절])이라고 주장하는 동안 전혀 다른 종류의 매우 신속한 재조직이 진행중이고, 우리 문화의 모든 분야에서 실질적 소유권과 독립성이 축소되는 상황이며, 분명 앞으로도 그러할 것이기 때문이다. 나는 그러한 자유주의자들에게 도대체 무엇을 그렇게 지키려 하느냐고 묻겠다. 왜냐하면 그들이 소중하게 여기는 자유와 텔레비전 서비스나 '당신의 돈을 찍어낼 면허'로서의 거대 신문 소유주들이 최근에 묘사한 현실적 자유 사이에는 거의 공통점이 없기 때문이다. 우리는 자유와 독립성이 공적으로 확인되고 보장되어야만 그것을 구할 수 있는 위기 상황에 도달했다. 내가 제안한 방법은 이를 위한 작업 기반으로서 관료주의와 국가 통제의 실질적 위험을 피해가거나 최소화하는 방식으로 진행될 것이다.

우리의 문화적인 삶이 이러한 조치로 향상될 것인가? 그런 식으로 방출될 수 있는 현실적 에너지로 보면 그럴 것이라고 나는 확신한다. 그러나 변화가 하루아침에 이루어지리라고 생각하는 것은 아니다. 나는 단지 통로들이 더 개방되어 신속한 이윤에 대한 압박이 줄어들고, 좀더 진정한 의미에서 선택이 가능해지리라고 말할 뿐이다. 더욱이 사회 변화에 대해 내가 주장한 바는 이론의 차원에서 설명한 요소들의 상호의존성이 변화를 가능한 한 넓은 전선에서 생각해야 한다는 주장과 이어진다는 것이다. 즉 경제에 중점을 두든, 일상의 노동관계에서든, 민주적 제도에서든, 교육에서든 모든 변화는 이렇듯 좀더 명시적인 분야의 문화적 변화와 연관된다는 것이다. 나는 가장 중요한 교육의 문제에서 강조점을 되풀이하고자 한다. 현재 등한시되고 있는 15~21세의 대다수를 위한 새로운 교육 정책이다. 성인 교육의 성장 또한 중요하다. 각 공동체 내에서 이렇게 늘어나는 작업을 적절하게 수용하고 더욱 광범위한 문화 서비스와 교육의 연계를 개선하기 위해서는 많은 일이 이루어져야 할 것이다.

이제 사용할 수 있게 된 새로운 상품의 질과 용도에 관한 정보와 관련하여 특수한 직업이 기다리고 있다. 우리는 연간 4억 파운드가량을 광고 시스템에 소비하는데, 광고는 합리적 서비스를 수행하는 대신 암시와 마법의 세계에 살고 있다. 물론 기존의 '소비자 조언' 연합체도 장려되어야 하지만, 특징적으로 다른 예술에 대한 기존의 장려와 마찬가지로 그들 역시 매우 제한된 대중에게만 봉사하고 있다. 그렇다면 모든 도시에 적절한 사무실과 전시관을 갖추고 평범한 구매자들에게 진정한 선택을 가능하도록 해주는 공공의 연구 및 정보 서비스를 가질 수는 없는 것일까? 공중을 그저 '대중'으로서 조종하는 민주주의 이전 단계의 형식에 불과한, 낡아빠진 광고 시스템에 현재 사용하는 비용으로 이러한 것이 이루어질 수 있을 것이다. 이러한 새로운 작업이 서로 결합할수록 이렇듯 새로운 공동체 서비스는 실질적으로 연계될 것이며—구매와 학습, 사용과 감상, 공유와 구분 등—여기서 건강한 문화적 성장이 이루어질 가능성도 그만큼 더 커질 것이다.*

V

기나긴 혁명에서 인간의 에너지는 사회의 낡은 형식에 주는 압력과 제한을 뚫고 새로운 공동의 제도를 발견함으로써 인간이 삶의

* 나는 이러한 제안을 『커뮤니케이션』과 「노동당의 문화정책Labour's Cultural Policy」(『뷰즈*Views*』 1964년 여름호)에서 논했다. 그 논의는 제니 리의 백서인 『예술을 위한 정책*A Policy for the Arts*』에 관한 『트리뷴*Tribune*』(1965년 5월 5일자) 기사에서도 이어졌다.

방향을 잡을 수 있다는 믿음에서 나온다. 이러한 과정은 반드시 성공과 실패를 모두 포함한다. 우리가 최근의 세기들을 되돌아보면 성공은 그야말로 눈부셨다. 우리는 그러한 성공을 상기하면서 지금 현실의 가장 일상적인 부분에 대한 제안이 몰이해와 혼동과 혐오감으로 받아들여지고 있다는 사실 또한 상기해야 한다. 동시에 실패도 분명하다. 새롭고 아직 실현되지 않은 복잡하고 도전적인 실패도 있지만, 특정한 변화들이 오래된 체제 내로 끌려들어가고, 이전의 경험에서 깊이 학습된 사고방식이 지속되어 변화의 가능성을 제한하는 직접적인 실패도 있다. 우리는 성공을 흡수하면서도 실패의 단단한 매듭에 사로잡히는 경향이 있다. 혹은 실패에 접근하여 어떻게 할 수 없을까 살펴보다가도 성공의 합창으로 정신이 산란해지곤 한다.

나는 미국에 있는 친구들에게서 혁명은 사실상 멈추었다는 이야기를 듣는다. 즉 내가 생각하는 혁명의 지속적인 창조적 에너지가 가진 가능성은 풍성하지만 오해의 소지가 있는 열망이라는 것이다. 미국에 있는 그들은 미래를 내다볼 수 있어서 그것이 소용없다고 한다. 산업과 민주주의와 커뮤니케이션의 확대는 사회의 대중화로 이어질 뿐이라는 것이다. 그렇다면 다른 자세가 필요하다. 혁명가의 자세가 아닌, 그 조류를 뒤집을 수는 없지만 대안적 비전이 살아 있게 만드는 반대자의 자세 말이다. 나는 같은 패턴이 뚜렷하게 드러나는 영국에서도 같은 이야기를 듣는다. 사실 최근 대부분의 서구 문학에서 이것이 의미심장한 반응이다. 사회의 운명은 정해졌거나, 어쨌거나 저주받았지만, 열정이나 아이러니를 통해 개인 혹은 어떤 집단은 인간적인 소군락을 보존할 수 있다는 것이다. 한편 나는 소련의 친구들에게서 혁명의 결정적인 싸움에서 세계의 거의 절반이 승리했으며, 공산주의의 미래는 분명하다는 말을 듣는다. 나는 이 말을 존경심을 가지고 듣지만, 그들도 우리만큼 해야 할 일이 많으며, 혁명이 끝났다는 느낌이야말로 어쨌거나 혁명은 소용이 없다고 생각하는 것만큼이나 해롭다고 생각한다. 방법은 모두 발견되었고 이제 한 체제에 소속되기만 하면 된다고 가정하는 것은 내가 보기에 순응이라는 다수파의 공식으로나, 우리는 저주받은 영웅이라는 소수파의 (강인하고 완고하고 현실적인) 선언으로나, 서구 사회에서 어떻게 해도 환심을 사기는 어렵다.

우리는 기나긴 혁명의 과정에서 우리 나름의 척도를 만들고 있으며, 기대라는 문제는 혁명에 돌입하는 모든 사회에서 핵심적이다. '이걸로 충분해'라는 생각이 되풀이해서 속삭여지고 있으며, 그 목소리가 어디서 오는가를 확인하려고 살펴보면 그 목소리는 변화를 멈추거나 늦추고 싶어하는 부자들, 지배적이고 권력 있는 사람들의 목소리일 뿐 아니라, 더이상 관심이 없으며 자신의 실질적 소득을 걸고 싶어하지 않는 수많은 다른 사람들의 목소리이기도 하다는 것을 알게 된다. '이제 충분해. 우리는 최악의 가난을 없앴고, 투표권을 얻었고, 모든 아이가 교육을 받게 되었잖아.' 그리고 실제로도 그건 사실이다. 한때 이 모든 것은 불가능한 기대처럼 보이기도 했으니까. 그 기대를 만드는 데에도 여러 사람이 목숨을 바쳤고, 그 기대를 실현하는 데에는 여러 세대의 작업이 필요했다. '그렇지만 이젠 충분하잖아. 이제 정리하고 협조하자.'

우리는 기나긴 혁명을 지속적으로 제한하고 방해하는 세 가지 사고방식을 구분할 수 있다. 첫번째이자 가장 중요한 것은, 미처 알아차리지 못하는 경우가 많지만 여러 특권 집단이 그들의 특별한 지위에 영향을 줄 수 있는 부, 민주주의, 교육, 문화의 확산에 지속적으로 저항하는 것이다. 이러한 저항은 과거에는 대개 노골적이었으나, 후에는 이미 진보를 성취했으니 더이상 나아가지 말아야 한다고 주장하거나, 최대한 진보를 늦추는 매우 미묘한 전략으로 바뀌었다. 이렇듯 의식적이고 고도로 기술적인 반대가 있었기 때문에, 기대가 노골적인 폭력과 맞닥뜨려야 했던 과거와 그 형식은 달라도 그 과정은 여전히 혁명이다. 아프리카의 민주주의에 대한 최근의 논의와 조치는 19세기 초반의 영국과 비슷하다고 할 수 있지만, 그 이상의 연관성이 훨씬 더 중요하다. 말하자면 영국에서 적절한 규모의 교육을 확대하는 것 역시 같은 역사적 과정의 일부이다. 이 전략은 분명 단계마다 새로 규정되고 반대에 직면할 것이다.

그러나 모든 단계마다 특권 집단은 낯선 동맹자들을 찾아내곤 한다. 한 국면의 지도자들을 성취와 묶어 생각하고, 그들에게 기존의 질서와 동화되도록 장려하는 일상적 전술은 매우 성공적이다. 노동운동의 역사는 바로 이러한 경우들로 가득차 있는데, 과거의 지도자들이 그 이상의 변화를 가로막는 단호한 반대자가 되고, 자신의 에너지를 자신이 몸담았던 운동에서 새롭게 나타나는 요소들과 싸우는 데 써버리는 식이다. 이는 매우 오래된 형태로 지속되고 있다. 그런 사람들이 하고 있는 일의 실체는 보통 그들이 죽기 전까지는 일반적으로 잘 알려지지 않고 있지만 말이다. 우리 세대에도 이런 새로운 계급이 등장하고 있다. 공공 교육의 확장으로 혜택을 받았고, 그들 중 놀랄 만큼 많은 수가 그들을 새로 받아들인 계층과 스스로를 동일시했으며, 새로운 동료들의 갈채를 받으며 많은 시간을 그들이 두고 떠나온 사람들의 절망적 천박함을 설명하고 기록하는 데 쓰고 있는 남녀들이다. 이는 교육을 지금 이상으로 더 확산하는 것이 실용적이라는 신념을 약화시키는 데 필요하다. 직시할 배짱만 있다면 그들이 선 곳에서도 엄청난 천박성과 편협함을 발견할 수 있을 것이다. 가게 점원들이나 공산주의자, 혹은 모든 불온분자들에게 격노하는 기사 작위를 받은 노조 지도자라도, 그가 이제 새로 진입한 세계에서 엄청나게 많은 자의적이고 무지한 권력과 의식적인 음모를 발견할 수 있듯이 말이다. 우리 시대에 자신이 혜택을 입은 바로 그 혁명을 실질적으로 제한하고 반대하는 사람들을 간과하기는 힘들다.

[혁명을] 제한하고 반대하는 세번째 사고방식은 이해하기 가장 어려운 것이다. 미국이 '대중화'라고 부르는 현상은 아무리 엘리트들이 노력하더라도 그들이 '대중'이라고 부르는 사람들 중 다수가 자신을 이런 식으로 받아들일 때에만 일어난다. 그러나 오랜 시간 동안 엘리트들이 대중을 현혹하고 그들에게 아부하는 기술을 가지고 실질적인 목적에 필요한 만큼의 다수를 확보할 수 있는 것도 사실이다. 나는 언젠가 뒷골목의 피시앤칩스 가게에서 억센 그 지역 악센트를 쓰는, 분명 그리 부유하지는 않은 남자와 그의 아내가 매우 즐겁게 자신과 같은 악센트를 쓰는 손님들을 무식한 어릿광대의 무리처럼 말도 안 되는 존재처럼 만들어버리는 텔레비전 프로그램에 대해 이야기하는 것을 본 적이 있다. 이것은 그러한 해석이 왜곡하고 모욕하는 사람들의 오락을 위해 정규적으로 널리 방영되는, 보통 사람들에 대한 인간적인 해석의 수많은 예 중 하나이다. 어떤 사람들이 스스로를 '대중화'에 내맡기는 것은 바로 이러한 증거들을 통해 알 수 있다. 즉 대중은 스스로를 만들어내고, 그들에게 제공된 열등한 위치도 받아들이는데, 이것은 변화가 일어날 수 있다는 희망의 종말을 의미한다. 나는 이러한 증거들이 많이 있음을 의식하고 있지만, 보통은 잘못 해석되고 있다고 생각한다. 그런 모든 해석에는 아주 기술적으로 애매한 진술이 들어 있다. 즉 열등한 것은 다른 사람들이며, 실질적으로는 그들 자신이 결코 아닌 것이다. 다른 사람들에 대한 의미심장한 해석이 대안으로 존재하지 않으면, 폄하하는 해석이 쉽게 전면으로 나온다. 그러나 다른 사람에 대한 이러한 해석은 정확하게 말하면 사회적 기대이다. 대중으로서의 보통 사람들에 대한 이러한 해석은 엘리트들(이들은 이런 일에 매우 열심이긴 하다)의 의식적 창작품이다. 그것은 또한 대중의 존재가 필요한 사회 형식의 내부에서 일어나는 실제 경험에서 나온 것이기도 하다. 타인에 대해서 다른 기대를 형성하는 것은 늘 종종 매우 심오하게 그와 양

립할 수 없는 패턴들을 가르치는 기존 문화의 압력에 저항하여 진행되어야 한다. 이것의 좋은 예는 '난 괜찮아, 잭'[1959년 코미디 영화 제목. 자기밖에 모르는 이기적인 태도] 식의 태도가 우리의 대다수 사회적 감수성을 해석한 것으로 받아들여지는 것이다. 이러한 태도의 이기적인 측면에 도덕적인 이야기를 덧붙인다 해도, 사실 그것은 우리 사회의 조건이 사람들에게 받아들이도록 요구하는 보통 사람들에 대한 해석이다. 즉 모든 사람이 자신만을 염두에 두고 있다면, 왜 굳이 사회적 변화에 신경을 쓰겠는가? 그러나 이것을 그들 자신의 감정을 적절하게 설명한 것이라고 받아들이는 사람은 거의 없을 것이다. 다른 사람이 그런 것이다. 그리고 아이러니는 원칙에 입각한 저항에 직면할 수도 있었을 실제의 사회적 행위도 이 냉소적인 태도가 체현하는 안전한 태도들을 장려하고 확인해주는 결과를 낳게 된다는 것이다.

중심적 문제는 기대이다. 나는 '난 괜찮아, 잭' 식의 태도가 우리 대다수의 사회적 감성을 올바로 설명해준다고는 생각지 않는다. 그것은 오히려 성취된 기대를 기술적으로 안정화한 것이다. 그저 논쟁으로 치워버릴 수 없고, 해결을 위해 장기적이고도 힘든 노력이 필요한 실제의 모순에 직면하면, 우리 대다수는 욕망과 성취의 관계가 직선적이고 실제적인 직접적 생활 영역에 집중하게 된다. 자신의 위치를 받아들이고 자기 일에 충실하면, 삶에서 많은 것을 개선할 수 있는 것이 사실이다. 대안적 노력은 눈에 보이는 진전을 가져오지 못할 뿐 아니라, 사실상 무엇을 위해 노력을 했는지조차 그리 분명하지 않다. 지난 100여 년간 사회 비평의 주된 압력은 주로 개별적 빈곤의 철폐를 겨냥한 것이었고, 이제는 이러한 사회적 조건이 부분적으로는 성취되어 당연한 것으로 받아들여지는 지점에 도달했기에, 극단적 빈곤에서 벗어나는 것은 개인적 노력의 문제로 보이게 되었다. 사회적 노력이 이루어지지 않으면 대부분의 경우 과거와 같이 개별적 노력이 무용지물이 된다는 것을 상기하자는 것이 아니다. 그럴 수도 있는 일이지만, 대부분의 사람은 과거에 대해 별로 개의치 않을 것이다. 문제는 삶이 현재와 달리 어떠한 것일 수 있겠는가에 대한 지속적인 해석의 견지에서 늘 새로운 기대를 형성하는 일이다. 그러므로 다가오는 세대의 중대한 정의는 사회적 빈곤의 문제, 즉 우리가 이미 없애버린 누더기와 기아가 그러했듯, 이제는 번성하는 영국에서도 과밀한 병원이나 교실, 부적절하고도 위험한 도로, 추악하고 지저분한 도시 등에서 분명히 드러나는 사회적 빈곤의 문제가 될 것이다. 그러나 모든 문화적 성장의 특징은 오래된 패턴들을 학습하는 강도 자체가 새로운 패턴의 소통에 장애가 된다는 점이다. 사회 변화를 반대하는 사람들은 어쨌든 과거에 반대를 받았던 오래된 패턴이었을지라도, 그 오래된 패턴을 살리기 위해 모든 노력을 다할 것이다. 그리고 이러한 패턴들은 추상이 아니라 심오하게 학습된 사고와 감성의 방식, 행위의 형식이기 때문에 당분간 그것을 선호하는 대다수를 확보하기가 쉽다는 것은 그리 놀라운 일이 아니다. 새로운 패턴을 소통하기 위한 노력은 계속될 수 있지만, 그것을 전달하고자 하는 사람들이 오래된 절망에 빠져 현실적 압력에 눌려 있는 다른 사람들을 두고 일부러 그들의 조건을 연장시키고 있는 무지하고 이기적인 대중이라고 무시한다면, 그러한 노력은 중도에 차단되고 약화될 수 있다.

사회적 빈곤의 정의와 그에 대한 저항은 실제로 이미 시작되었다. 이에 대응하는 문화적 빈곤과 부적절한 민주주의에 관한 정의 또한 활발하게 형성되고 있다. 이러한 사고방식은 새로운 사회 분석뿐 아니라 인간적 기대에서 새로운 관계 해석과 새로운 감성을 필요로 한다. 특징적으로 이러한 의식 성장의 첫 국면은 대부분 부정적이었다. 1950년대 중반의 새로운 감성은 그 자체로 창조적이지 않았다. 그것은 새로운 공식에 대한 반대의 한 단계였고, 경멸, 역겨움, 분노가 주된 인상을 이루었다. 불안정한 권태에 뿌리를 둔 이러한 감정은 이미 성취된 유토피아의 일반적이고 합리적인 목록에 대한 기이한 상응물이었다. 이러한 저항을 고립시키고, 이미 알려진 기대의 패턴으로 에너지를 모아놓은 사회 분위기와 동떨어진 소수의 괴팍한 사람들의 표현이라며 그것을 평가절하하기는 비교적 쉬웠다. 그러나 사회 내의 실제 의사소통 패턴들은 늘 변화하며, 옛날 방식으로 생각하는 사람들은 느닷없이 그들 뒤에서 새로운 세대가 자라나 자신이 고립되고 이제까지 만족스럽게 보였던 이미 성취된 패턴에서 의미를 찾을 수 없는 상태가 되어버린 것을 알게 된다. 그 새로운 감성은 여전히 불신과 권태와 경멸의 단계에 머물러 있긴 했지만 놀라운 속도로 자리를 잡아가기 시작했다. 예민한 부분을 건드리는 정도의 의미이긴 했지만, 새로운 감성과 기대의 영역이 적극적으로 성취되었다. 이러한 것이 실현되자 이 새로운 감성을 희석하고 진압하고 지도하려는 낡은 시도가 시급하게 이루어졌다. '청년'이 문제가 되었고, 이러한 이야기를 할수록 대부분의 젊은이는 점점 더 경멸감과 모욕감을 느꼈다. "저들은 자기네들도 문제라는 것을 모르나?" 문화적 변화를 연구하는 역사가들에게는 매우 낯익은 과정이 유례없이 뚜렷하게 드러났다. 오래된 정의와 기대에 얽매여 있는 사람들은 늘 그러하듯 새로운 감성이 무책임하거나 오해를 하고 있다고 생각했다. "아마 우리가 그들에게 설명해줘야 할 것 같아. 사람들이 괜찮은 임금을 받고 있고, 모든 아이에게는 교육의 기회가 있고, 우리는 모두 투표권이 있다고. 사람들이 이러한 것을 위해 그동안 싸워왔는데, 이 젊은 애들이 약간의 존경심을 보여줄 수는 없는 걸까?" "아니면, 우리가 그들을 좀더 주의깊게 훈련시킨다면, 그러니까 자격을 갖춘 리더십 같은 것에 좀더 현명하게 투자를 한다면, 그들도 우리와 같은 가치관을 갖게 될 거야." 그러나 특징적으로 수많은 위원회를 거쳐간 이러한 반응은 사실 쓸모가 없다. 의식은 정말로 변화하고 있으며 새로운 경험은 새로운 해석을 찾는다. 이것이 영속적인 창조의 과정이다. 만약 기존의 의미나 가치가 새로운 에너지에 봉사할 수 있다면 문제가 없을 것이다. 새로운 젊은 세대 사이에서 널리 만연한 불만과 증가하는 저항은 사실 사회의 성장을 의미하며, 이러한 관점에서 고안되지 않은 어떠한 정책도 적절하지 않다. 새로운 세대가 수행한 가장 유용한 봉사는 사회로 하여금 그 이상과 실천을 비교해보도록 도전장을 내밀었다는 것이다. 우리가 이미 살펴보았던 이 비교는 새로운 학습의 첫 단계이다. 사람들은 환경 전체에서 배운 것을 통해 현실감을 얻고 그에 대한 자신의 태도를 의식한다. 물론 사람들에게 특정한 의미와 가치를 제시하고, 그것을 고려해보고 가능하면 받아들이라고 하는 문제는 별개이다. 그러나 우리는 모두 자연스럽게 의미와 가치관만이 아니라 현실적 맥락도 보게 된다. 예를 들어 우리가 협조적이고 책임감 있으며 비폭력적이어야 한다면, 실제 세계에서 정확하게 어디에 살아야 마땅한 것인가? 경제가 협력적인가, 문화가 책임감 있는가, 정치가 비폭력적인가? 이러한 문제들에 정직하게 답변하지 않는다면, 가치관에 대한 선전 그 자체로는 거의 효과가 없을 것이다. 회피의 정도에 따라 경멸의 정도도 커질 것이며, 이는 저항과 새로운 건설로 성장해나가는 것만큼이나 냉소적인 무감각 상태로 떨어지게 되기도 쉽다. 유일하게 유용한 사회적 주장은 현실적 모순이 그들을 교란하고 부정하는 지점까지 의미와 가치관을 따라가는 논의이다. 그리하여 실제 상황을 인정하고 나면 비아냥거리는 비교나 반대의 단계가 건설적 에너지로 변한다. 나는 현재의 상황이 기나긴 혁명에서 매우 중대한 국면이라고 생각한다. 단기적 관점에서 새롭고 건설적인 단계에 제때 도달하게 될지가 결코 확실하지 않기 때문이다. 반대와 권태가 새로운 오락으로 자본화될 경고의 조짐이 많이 보인다. 범죄자, 폭력배, 아웃사이더를 우리 사회에 걸맞은 영웅으로 숭배하는 것은 특히 위험하다. 왜냐하면 영웅주의를 실제적인 것으로 만들 정도의 현실적인 감성을 따라잡고는 있으나, 그것을 현대사에서 범죄자 집단이나 심지어 파시즘에서 종종 이루어지는 혁명의 패러디로 발산해버리기 때문이다. 이러한 파괴적 표현은 가장 넓은 의미에서 사회가 혁명적 국면에 도달했을 때에만 생겨날 수 있다. 지금은 건전한 성취에 대해서 정리하여 나열할 시간이 아니라, 새롭고 창조적인 정의에 대해서 이야기할 때이다. 겉보기에는 만족하고 있는 사회와, 깊숙한 곳에서 흐르다가 주로 비이성적이고 추악한 방식으로 드러나는 불만 사이의 모순이야말로 우리에게 닥친 피할 수 없는 도전이다.

최근 들어 점점 많은 사람이 새로운 접근법에 대해 설명하고 그것을 실질적인 것으로 만들고자 한다. 물론 그들은 주로 유토피아적이라거나 극단주의라는 식으로 몰아붙여진다. 그러나 돌이켜보면 '그 당시의 여론과 반대였던' '동시대 사람들을 격노케 했던' '전반적인 순응에 도전했던' 사람, 어쨌건 지금 우리와 함께 살고 있고 심지어 '시대의 한계로 인해' 길들여진 것처럼 보이는 그 사람들이 그 당시에는 어떻게 보였던가? 새로운 것을 만들어내기 위해 작가나 사상가는 이러한 사람들과 자신을 쉽게 동일시한다. 물론 그들이 전적으로 틀렸을 수도 있다. 새로운 모든 것이 전달되고 경험되는 것은 아니니까 말이다. 그러나 자신이 살고 있는 시대의 극단주의자들에게 관대하게 꼬리표를 붙이는 합리적인 사람, 도대체 그는 정확히 누구인가? 그도 과거에서 온 이러한 인물들과 자신을 동일시하는데 말이다. 그는 과거의 예로부터 합리적인 사람이 되도록 학습하지 않는가. 그렇다면 '당시의 여론'이라는 드넓은 주변의 공백에는 누가 남는가?

나는 우리 모두가 그 주변부의 여백에 서 있다고 생각한다. 그것이 우리가 배운 것이고 살고 있는 곳이다. 그러나 불균등하게, 잠정적으로 우리는 움직임을 느끼며 의미와 가치관이 확장되는 것을 느낀다. 나는 앞으로 나아갈 몇 가지 가능한 길을 설명하려고 했고, 이것을 고려해보고 개선해달라고 요구할 뿐이다. 그러나 내가 제시하는 것은 바로 이 과정에 대한 의식이다. 내가 기나긴 혁명이라고 부른 것 말이다. 의미가 전달된다면, 이는 움직임에 대한 승인의 의식, 그리고 필연적인 방향감각을 말하는 것이다. 그 과정의 본질은 아마도 특별한 혁명적 행위를 지시하고 있을지도 모른다. 공개된 토론, 확장되는 관계들, 제도의 실질적 형성 같은 것들 말이다. 그러나 그것은 또한 필수적인 힘에 관해서도 이야기하고 있다. 무기든 돈이든 자의적 권력에 대항하고, 장구하고도 어려운 인간적 노력을 의식적으로 혼란시키고 약화시키는 데 대항하는, 그리고 서로 다른 방식으로 이러한 혁명을 지속하게 만들고 있는 사람들을 위한, 그리고 그들과 함께하는 힘 말이다.*

* 나는 주로 영국에 관해 썼지만, 서론에서도 인정한 바와 같이 현실적이고 다양하게 펼쳐지는, 거의 전 세계적인 규모의 혁명을 염두에 두었다. 이러한 연결과 확장이 결정적이라는 사실은 이제 분명해졌다. 우리가 영국에서 하려고 하는 일은 자원이나 관계 면에서 다른 곳에서 벌어지는 좀더 적극적인 혁명에 대한 우리의 정책으로 인해 분명 현실적으로 제한을 받는다. 수에즈 동쪽 지역에 군비를 확대하기 위해 학교 예산을 삭감하는 일뿐만이 아니다. 정치 혁명 단계에서 우리는 기존의 세계 질서를 딱히 방어하지는 않더라도 최소한 다른 국가들의 변화를 관리하고 통제하는 방식으로 기존의 세계 질서를 유지할 위험도 있다. 그리고 한 사회에서와 마찬가지로 그 과정을 한 사람의 상대적 이득에 맞춰서 안정화하려는 시도는 그 수사법은 유지한다고 하더라도, 불가피하게 그 과정의 본질적 가치에 실질적으로는 반대하게 된다는 것이다. 아직 파악하기는 힘들지만 헝가리, 쿠바, 아덴[예멘의 항구도시], 콩고, 베트남 등은 우리가 처한 위기에 다름 아니며, 그러한 경우에 우리가 하는 일과 하지 못하는 일은 기나긴 혁명에 명시적으로 도움이 되거나 방해가 되거나 할 것이다. 바로 지금, 교육받은 참여 민주주의를 지지하고 그 보편적인 의미와 수단을 진지하게 생각하는 것이야말로 우리가 여전히 학습하고 있으며 이제는 새삼스럽게 더 강조하며 다른 사람들과 연대함으로서 확장하는 혁명인 것이다.

옮긴이의 말

웨일스 출신의 비평가 레이먼드 윌리엄스Raymond Williams(1921~1988)는 한국 독자들에게 영국의 문화연구Cultural Studies를 상징하는 인물로 알려져 있다. 1990년대 이후 한국 사회에서 봇물 터지듯 쏟아져나온 수많은 '문화비평' '문화평론가', 온갖 멋진 이름들을 걸고 나온 '잡다한(?) 문제 연구'의 배후에는 알게 모르게늘 그가 있었다. 그러나 그 이전에도 이미 그는 영문학도들 사이에서 '아는 분들만 아는' 마르크스주의 비평가였다. 그의 단행본은 1980년대 초부터 조금씩 번역되기 시작했지만,[1] 제5공화국 시절의 악명 높은 문화 규제와 탄압으로 인하여 조금 쩨쩨한 꼼수가 동원되기도 했다. 윌리엄스의 저서 중 처음으로 번역된 것은 『조오지 오웰』(탐구당, 1981)인데, 당시 한국에서 '반공도서'로 널리 읽혔던 『동물농장』과 『1984』의 작가를 제목에 내세웠다는 점에서 '안전한' 책으로 여겨졌다. 1982년에 출간된 『이념과 문학』은 '마르크스주의와 문학Marxism and Literature'이라는 원제목을 숨

1. 현대 문학과 현실에서의 실천에 관한 글들을 모아놓은 백낙청 편, 『문학과 행동』(태극출판사, 1978)에는 이 책의 일부인 「리얼리즘과 현대소설」이 번역·수록되었는데, 아마도 이것이 윌리엄스의 저작 중 한국어로 번역된 최초의 글인 듯하다.

기느라 '이념'이라는 두루뭉술한 단어를 사용해야 했다.[2] '문화연구'라는 분야를 새로 정립한 책인 이 『기나긴 혁명』은 1961년에 처음 출간되었고, 영문학 연구자들 사이에서는 꽤 익숙하게 거론되고 있었지만, 한국어 초역본은 2007년에야(주로 역자의 게으름 때문이지만) 나올 수 있었다. 길거리를 뒤덮은 '붉은 악마'가 익숙해지고, 40주기를 맞은 체 게바라의 얼굴이 티셔츠에 새겨져 불티나게 팔리고, 이제는 '혁명'이라는 단어조차 꽤 고색창연하게 들리던 시점이었다.

언제나 자신을 '좌파' 혹은 '사회주의자'라고 여기던 레이먼드 윌리엄스는 케임브리지대학에서 드라마를 가르쳤고 영국 소설과 드라마에 대한 중요한 저서들을 남겼으며 몇 편의 소설까지 출간했다는 점에서 기본적으로 '문학도'였지만, 그의 지적 작업은 언제나 단일한 분과학문들의 경계를 무시로 넘나들었다. 언어, 문학형식, 교육, 출판, 언론, 방송 분야를 거대한 커뮤니케이션의 연결망 속에 배치하고, 이러한 영역에서 일어나는 변화가 공동체의 사회사와 어떻게 연결되어 있는가를 탐구하는 것이 그의 평생 과제였다. 텍스트와 역사, 사회, 그리고 개개인의 일상이 늘 서로 연결되어 있음을 의식하고 있었던 그는 『문화와 사회』(1958), 『기나긴 혁명』(1961), 『커뮤니케이션』(1962)으로 이어지는 '문화 3부작'에서 문화적 형식과 개인의 사회화 과정, 그리고 공동체와 계급, 자본주의 체제의 관계를 다루었다. 그중에서도 『기나긴 혁명』은 하나의 학문으로서 문화연구를 새롭게 정립하고 이의 실천적 가능성을 모색했던 그의 노력을 가장 분명하게 보여준다.

2. 『마르크스주의와 문학』이라는 '정상적인' 제목을 되찾아 재번역된 것은 2008년에 와서이다. 이와 비슷하게 미국의 비평가인 프레드릭 제임슨의 『맑스주의와 형식』(창비, 2013)도 1984년의 초역본은 『변증법적 문학이론의 전개』라는 다소 우회적인 제목으로 출간되었다. 1980년대의 마르크스는 차마 이름을 입 밖에 내지 못하는 『해리 포터』의 볼드모트 같은 존재였다.

'기나긴 혁명The Long Revolution'이라는 제목은 얼핏 보면 모순어법처럼 보인다. '혁명'이라는 말에서 우리는 일반적으로 비교적 짧은 기간 동안 이루어지는 급격하고 때로는 폭력적이면서 또한 근본적인 변화를 떠올리기 때문이다. 그러나 윌리엄스는 정치권력의 속성이나 공동체의 의사결정 과정을 바꾸는 정치혁명도, 기술의 발달로 경제체제가 달라지는 산업혁명도 그렇게 짧은 기간에 이루어지지 않았고 현재진행형이라는 점을 지적한다. 그리고 이 정치적·경제적 혁명과 긴밀히 얽혀 있는 제3의 혁명, 훨씬 더 점진적이고 광범위한 혁명이 일어나는 중이라고 말한다. 이를 저자의 용어를 빌려 '문화혁명'이라고 부를 수 있을 텐데, 『기나긴 혁명』은 영국 사회에서 수백 년에 걸쳐 이루어졌고 현재도 진행중인 문화혁명과 그 패턴에 대한 서술이라고 말할 수 있다.

『기나긴 혁명』은 총 3부로 구성되어 있다. 1부에서는 문화와 창조성의 개념, 개인과 사회를 분석하는 새로운 방법론과 개념들을 제시함으로써 문화연구의 기초를 제공한다. 2부에서는 이러한 '패턴'의 분석을 통하여 기존의 역사서에서는 일반적으로 다루어지지 않았거나 미미하게만 언급되었던 교육제도, 출판, 대중 언론, 연극, 표준어에 대한 구체적이고도 포괄적인 서술을 시도한다. 3부에서는 저자가 지켜본 동시대(2차대전 이후에서 1960년대 초반까지) 영국 사회의 문화적·정치적 지평을 분석하면서, 문화에 대한 어떠한 시각과 실천이 참여 민주주의를 향한 공동의 과정에 기여할 수 있을지 모색한다.

영국 문화사 분야의 실증적 연구라는 기준으로 보면 『기나긴 혁명』의 내용들은 그저 아주 거칠게 서술된 개괄적 설명에 지나지 않을지도 모른다. 게다가 1960년대에 출간된 문학비평서, 혹은 문화비평서의 대다수가 그러하듯, 이 책에는 참고문헌 목록도 없고, 통계자료나 인용문의 출처를 명시한 주석도 지극히 부실하다. 처음에는 서문에 "끝부분에 수록된 목록의 저자들께도 감사"

한다는 문장이 있었지만, 끝내 이 목록은 수록되지 않았고, 개정판에서는 참고문헌 대신 주석이 추가되면서 서문의 이 문장이 삭제되었다. 그러나 윌리엄스 이후 수많은 연구자들이 '문화연구'의 중요성을 의식하고 그의 작업을 계승하여 훨씬 더 탄탄하게 보강된 연구 결과들을 내놓음으로써, 윌리엄스의 작업은 자료의 부실함보다는 '초석'으로서의 의미가 더 두드러지게 되었다. 『기나긴 혁명』에 이르러서야 비로소 영미권의 문화연구는 기초적인 개념들과 방법론을 온전하게 갖추게 되었고, 이러한 영미권의 문화연구는 그와는 좀 다른 양상의 사회·문화적 변화로 인하여 전환기의 혼란을 겪던 한국의 문화계와 학계에도 '문화연구'와 '문화비평'의 바람을 일으키기에 이르렀다. 윌리엄스에 의해 본격화된 문화연구는 한국 사회 내에서 문자 텍스트의 권위가 흔들리고 인문학과 현실 간의 갈등 혹은 괴리가 뚜렷하게 의식되는 시기가 도래하면서 이러한 '위기' 상황에 대한 합리적 대안으로 제시되었다.

그러나 영미권은 물론, 한국 사회에서 문화연구 혹은 문화비평은 윌리엄스의 의도와는 달리 '마케팅' 전략의 일환으로 이용되는 경우가 허다했다. 1980~90년대에 걸쳐 폭발적으로 정원이 늘어난 대학이 엘리트 선발 기관에서 시장을 위한 지식 거래소로 변모한 이래, 수많은 인문학 계열의 학과들은 '법'이나 '경영' 같은 실무적 지식을 습득하기 위한 '예과'의 성격을 띠거나, 고루한 '문학'보다는 '문화 콘텐츠'라는 이름의 세련된 '상품'을 생산하는 방법을 배우는 학과로 그 기능을 바꾸어갔고, 이 추세는 2020년대에 들어서서도 계속 강화되고 있다. 전통적으로 일상적 담론과 구분되는 '신비한'(혹은 '신비화하는') 영역으로 자신을 규정해 온 문학 텍스트에 대한 비평도 마케팅과 저널리즘의 영향에서 자유롭지 못한 현실에서, '문화연구' 역시 엄청난 양의 '문화 콘텐츠'를 '마케팅'과 무관하게 '공평무사'한 비평정신으로 온당하게 평가하고 분석하리라고 보장할 수는 없게 되었다.

윌리엄스가 평생 정치적으로 일관된 좌파였다는 사실에서 기인하는 것이기도 하지만, 그는 이미 2차대전 이후의 영국 사회에 뚜렷한 흐름으로 자리잡은 '마케팅적 사고방식'에 대해 매우 단호한 입장을 보여준다. 그는 자본주의가 목표로 하는 것이 사회적 효용이라는 보편적 개념이 아니라 특정한 활동에서 얻어지는 이윤이라는 점을 지적하면서, 문화적 측면에서 '시장의 결정'을 넘어서는 '공익적' 결정과 민주적 통제를 주장한다. 근대 이후 수백년간 이루어져온 기나긴 문화혁명 속에서 개개인은 기존의 제약과 압박을 뚫고 새로운 공동체, 새로운 제도, 새로운 감정과 새로운 표현양식을 발견함으로써 스스로의 삶을 주도적으로 이끌어나가게 되었다고 그는 말한다.

윌리엄스는 개인이 결국에는 '소비자 대중'의 일원이 될 수밖에 없다는 미국 좌파의 비관주의나, '혁명'은 이미 완성되었으므로 그 체제로 들어오기만 하면 된다고 주장하는 소련의 낙관주의(물론 이는 1960년대의 상황을 전제로 한 것이다)를 모두 비판하면서, 문화연구라는 지적 작업의 목표가 무엇인가를 다시 한번 상기시킨다. 시장경제에 종속됨으로써 문화는 '투기꾼'들의 손에 넘어가 있으며, 반대편 극단으로 소비에트 사회주의 체제하에서는 부패한 관료의 손에 넘어갔지만, 투기꾼과 관료라는 우울한 양자택일을 넘어서서 제3의 길을 찾아내야 한다는 것이 그의 주장이다. 물론 그가 이 책 3부에서 동시대 영국 사회를 일별하면서 제시하는 각 분야에 대한 실천적인, 그러나 때로 모호한 대안들이 그대로 현재의 영국 사회에 적용되기는 힘들 것이다. 하물며 그의 제안들이 현재의 한국 사회에 적용되기란 더더욱 어려울 것이다. 그럼에도 불구하고 이 책에는 현재 문화'산업'에 종사하는 이들이나 정책을 결정하고 운영하는 사람들이 귀담아들어야 할 조언이 풍부하게 들어 있다. 그가 제시한 문화연구의 핵심은 여전히 유효하기 때문이다. 그것은 새로운 세대의 창조적인 에너지를 끌어올리고 그것이 더 많은 참여, 더 많은 자유, 더 책임감 있는 문화에 기여하도록 만드는 것이다.

1961년에 출간된 『기나긴 혁명』은 올해로 '환갑'을 맞았고, 또 올해는 마침 레이먼드 윌리엄스의 탄생 100주년이기도 하다. 이쯤 되면 이제 윌리엄스의 저서는 '고전'의 반열에 올랐다고 해도 과언이 아니지만, 『기나긴 혁명』은 '과거의 기록'으로서보다는 살아 있는 지침서로서 읽혀야 하는 책이다. 우리 주변에 난무하는 수많은 문화적 담론이 과연 어떤 종류의 '혁명'을 위한 어떤 실천을 염두에 두고 있는 것인지 판단하는 하나의 준거점으로서 말이다.

2007년에 『기나긴 혁명』을 처음 번역·출간하면서 이 고전적인 저서가 너무 늦게 번역된 것 같아 살짝 아쉬워했던 기억이 떠오른다. 개정판 작업을 하고 있는 2021년 여름, 이제는 이 책이 어쨌든 사장되지 않고 계속 나올 수 있어서 무조건 다행이라는 생각이 든다. 이번 개정판에서는 초역본의 번역 오류나 누락된 부분, 오타 등을 바로잡고, 난삽한 만연체 스타일의 원문을 훼손하지 않으면서 가독성을 높이려고 거의 모든 문장을 재번역하는 마음으로 조금씩 다듬었다. 원저자가 의도했던 책이 빡빡한 주석이나 참고자료를 최소화하면서 우리 시대에 필요한 문화혁명의 방향을 분명하게 제시하는 것이었던 만큼, 명료하고 소박하면서도 깊이 있고 강렬한 메시지를 전해주는 원문의 느낌을 가능한 한 그대로 살리려 했다. 물론 번역이라는 작업의 속성상 결과물이 의도만큼 완벽하지는 않겠으나, 현상황에서는 최선을 다했다고 말씀드릴 수 있겠다.

너도나도 가볍고 재미있는 책을 만들어 팔고 사는 데 골몰해 있는 와중에, 이런 묵직한 책의 재출간을 결정해주신 문학동네에 진심으로 감사의 인사를 드린다. 특히 초역본의 원고를 꼼꼼하게 다시 정돈해주고, 원고 작업부터 출간까지 모든 과정이 원활하게 진행되도록 꾸준히 소통해준 문학동네 인문팀에게도 특별한 감사의 인사를 전한다.

2021년 8월
성은애

기나긴 혁명

초판 1쇄 ¦ 2007년 10월 31일
개정판 1쇄 ¦ 2021년 9월 27일

지은이 ¦ 레이먼드 윌리엄스
옮긴이 ¦ 성은애

책임편집 ¦ 김영옥
편집 ¦ 김봉곤
디자인 ¦ 슬기와 민 인진성
저작권 ¦ 김지영 이영은 김하림
마케팅 ¦ 정민호 이숙재 우상욱 정경주
홍보 ¦ 김희숙 함유지 김현지 이소정 이미희 박지원
제작 ¦ 강신은 김동욱 임현식
제작처 ¦ 천광인쇄(인쇄) 경일제책(제본)

펴낸곳 ¦ (주)문학동네
펴낸이 ¦ 염현숙
출판등록 ¦ 1993년 10월 22일 제406-2003-000045호
주소 ¦ 10881 경기도 파주시 회동길 210
전자우편 ¦ editor@munhak.com
대표전화 ¦ 031)955-8888
팩스 ¦ 031)955-8855
문의전화 ¦ 031)955-3578(마케팅) 031)955-1905(편집)
문학동네카페 ¦ http://cafe.naver.com/mhdn
문학동네트위터 ¦ @munhakdongne
북클럽문학동네 ¦ http://bookclubmunhak.com

ISBN 978-89-546-8244-2 93300

www.munhak.com

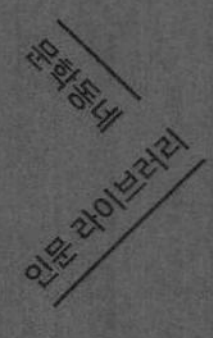

세상은 언제나 인문의 시대였다.
삶이 고된 시대에 인문 정신이 수면 위로 떠올랐을 뿐.
'문학동네 인문 라이브러리'는 인문 정신이 켜켜이 쌓인 사유의 서고書庫다.
오늘의 삶과 어제의 사유를 잇는 상상의 고리이자
동시대를 이끄는 지성의 집합소다.
살아 움직이는 유기체적 지식을 지향하고, 앎과 실천이 일치하는
건강한 지성 윤리를 추구한다.

1¦ **증여의 수수께끼** | 모리스 고들리에 ¦ 지음 | 오창현 ¦ 옮김
2¦ **진리와 방법 1** | 한스게오르크 가다머 ¦ 지음 | 이길우 외 ¦ 옮김
3¦ **진리와 방법 2** | 한스게오르크 가다머 ¦ 지음 | 임홍배 ¦ 옮김
4¦ **역사—끝에서 두번째 세계** | 지그프리트 크라카우어 ¦ 지음 | 김정아 ¦ 옮김
5¦ **죽어가는 자의 고독** | 노르베르트 엘리아스 ¦ 지음 | 김수정 ¦ 옮김
6¦ **루됭의 마귀들림** | 미셸 드 세르토 ¦ 지음 | 이충민 ¦ 옮김
7¦ **저자로서의 인류학자** | 클리퍼드 기어츠 ¦ 지음 | 김병화 ¦ 옮김
8¦ **검은 피부, 하얀 가면** | 프란츠 파농 ¦ 지음 | 노서경 ¦ 옮김
9¦ **전사자 숭배—국가라는 종교의 희생제물** | 조지 L. 모스 ¦ 지음 | 오윤성 ¦ 옮김
10¦ **어리석음** | 아비탈 로넬 ¦ 지음 | 강우성 ¦ 옮김
11¦ **기록시스템 1800·1900** | 프리드리히 키틀러 ¦ 지음 | 윤원화 ¦ 옮김
12¦ **비판철학의 비판** | 리쩌허우 ¦ 지음 | 피경훈 ¦ 옮김
13¦ **부족의 시대** | 미셸 마페졸리 ¦ 지음 | 박정호·신지은 ¦ 옮김
14¦ **인간성 수업** | 마사 C. 누스바움 ¦ 지음 | 정영목 ¦ 옮김
15¦ **자유의 발명 1700~1789 / 1789 이성의 상징** | 장 스타로뱅스키 ¦ 지음 | 이충훈 ¦ 옮김
16¦ **그래프, 지도, 나무—문학사를 위한 추상적 모델** | 프랑코 모레티 ¦ 지음 | 이재연 ¦ 옮김
17¦ **햄릿이냐 헤쿠바냐** | 카를 슈미트 ¦ 지음 | 김민혜 ¦ 옮김
18¦ **뮤즈, 글쓰기를 배우다** | 에릭 A. 해블록 ¦ 지음 | 권루시안 ¦ 옮김
19¦ **기나긴 혁명** | 레이먼드 윌리엄스 ¦ 지음 | 성은애 ¦ 옮김